近代史资料

专刊

辛亥革命资料类编

XINHAIGEMING ZILIAOLEIBIAN

本书共收录辛亥革命资料13篇。《天南电光集》为1911年12月至1912年10月云南都督府军政电文，反映了当时云南的基本形势，以及援川、援黔、援藏的军事行动，是研究云南辛亥革命历史的重要史料；《罗福星革命案》完整记录了1913年以同盟会员罗福星为首的台湾爱国志士的反日爱国英勇斗争；《罪案》系山西革命党人景梅九以笔记体裁撰写的回忆录，所记山西省辛亥革命时期党人的革命活动，以及武昌起义后山西地区的形势颇详；《黄花岗起义》共辑录有关记载八篇，所记均为解放后已出版各有关资料所略而不详的一些侧面；《新中国武装解决和平记》、《运动北军反正记》以日记体裁记述段琪瑞、靳云鹏等秘密串连北洋各军，胁迫清廷退位，拥戴袁世凯窃取革命政权等幕后活动颇为详尽，为研究辛亥革命时期袁世凯的活动，提供了有价值的史料。

中国社会科学院近代史研究所
《近代史资料》编译室 主编

知识产权出版社
全国百佳图书出版单位

内容提要

本书共收录辛亥革命资料13篇。《天南电光集》为1911年12月至1912年10月云南都督府军政电文，反映了当时云南的基本形势以及援川、援黔、援藏的军事行动，是研究云南辛亥革命历史的重要史料；《罗福星革命案》完整记录了1913年以同盟会员罗福星为首的台湾爱国志士的反日爱国英勇斗争；《罪案》系山西革命党人景梅九以笔记体裁撰写的回忆录，所记山西省辛亥革命时期党人的革命活动，以及武昌起义后山西地区的形势颇详；《黄花岗起义》共辑录有关记载八篇，所记均为解放后已出版各有关资料所略而不详的一些侧面；《新中国武装解决和平记》、《运动北军反正记》以日记体裁记述段祺瑞、靳云鹏等秘密串联北洋各军，胁迫清廷退位，拥戴袁世凯窃取革命政权等幕后活动颇为详尽，为研究辛亥革命时期袁世凯的活动，提供了有价值的史料。

责任编辑：兰 涛

图书在版编目（CIP）数据

辛亥革命资料类编/中国社会科学院近代史研究所《近代史资料》编译室主编. —北京：知识产权出版社，2013.1

（近代史资料专刊）

ISBN 978-7-5130-1692-6

Ⅰ.①辛… Ⅱ.①中… Ⅲ.①辛亥革命—史料 Ⅳ.①K257.06

中国版本图书馆CIP数据核字（2012）第259026号

近代史资料专刊

辛亥革命资料类编

中国社会科学院近代史研究所

《近代史资料》编译室 主编

出版发行：知识产权出版社

社 址：	北京市海淀区马甸南村1号	邮 编：	100088
网 址：	http://www.ipph.cn	邮 箱：	bjb@cnipr.com
发行电话：	010-82000860转8101/8102	传 真：	010-82000860转8240
责编电话：	010-82000860转8325	责编邮箱：	lantao@cnipr.com
印 刷：	北京中献拓方科技发展有限公司	经 销：	新华书店及相关销售网点
开 本：	787mm×1092mm 1/16	印 张：	23
版 次：	2013年1月第1版	印 次：	2013年1月第1次印刷
字 数：	342千字	定 价：	70.00元

ISBN 978-7-5130-1692-6/K·160(4528)

再版前言

《近代史资料专刊》是由中国社会科学院近代史研究所《近代史资料》编译室主持编辑的专题性近代史资料的总称。《近代史资料》编译室以整理发表近代历史最新资料为职志，也是国内从事近代史料整理编辑工作最早的机构。自1954年组建以来，经过几代学者不间断地努力，先后编辑出版了120余期的《近代史资料》刊物、数十部《近代史资料专刊》及《北洋军阀》等大型专题史料集，为新中国近代史学的建立和发展、为新中国史学工作者的成长都做出了应有的贡献，在海内外均具有较大影响。

《近代史资料》编译室最初叫《近代史资料》编辑组。近代史研究所成立初期，为推动中国近代史学科的建设与发展，在所长范文澜先生主持下，于1954年成立了以荣孟源先生为主编的《近代史资料》编辑组，负责近代史料的搜集整理，编辑出版《近代史资料》期刊。郭沫若院长亲自为《近代史资料》题写了刊名。除“文革”时期曾一度被迫停刊外，数十年来《近代史资料》编译室坚持为近代史学术研究与教学服务为宗旨的办刊理念，陆续整理刊出1840～1949年间中国政治、经济、文化、军事等各方面的档案文献史料，受到广大读者的肯定和欢迎。因《近代史资料》期刊每期的容纳量仅有20万字左右，针对篇幅较大、期刊无法容纳的专题性史料，从1957年开始又创办《近代史资料专刊》，专门发表专题史料，不定期出版。以

《近代史资料专刊》名义出版这些专题史料，不仅选题精道，而且篇幅容量较大，内容充实丰富。某个专题的新史料一次性大量公布出版，往往会对于相关领域或专题的研究起到极大的推动作用，如《太平天国史料》、《山东义和团案卷》、《辛亥革命先著记》以及《一九一九年南北议和资料》等。可以说，这些《近代史资料专刊》的整理出版，都曾为推动相关领域的研究发挥过重要作用，许多都已成为该领域研究必不可少的基础史料。

因为种种原因，20 世纪 80 年代中期以后，《近代史资料专刊》的编辑出版一度中断。但是实际上编译室的同仁并未曾停止专题性史料的整理工作，也陆续整理出版了《梦蕉亭杂记》、《民国人物碑传集》和《翁文灏日记》等，只是未加以专刊之名。近年来，在所领导的支持和学界朋友的鼓励下，我们在坚持编辑《近代史资料》期刊的同时，尝试着恢复了这项传统工作，先后又以《近代史资料专刊》的名义出版了《抗战时期西北开发档案史料选编》和《倪嗣冲函电集》。然而，对于那些由于出版年代较久，如今已流传较少的专刊史料，精选其中部分重新再版，于学术研究及文化保存也是一件很有意义的事情。此次重新整理再版的《近代史资料专刊》，最早出版的一本是 1957 年由科学出版社出版的《辛亥革命先著记》，距今已超过半个世纪，最晚的是 1984 年由齐鲁书社出版的《太平军北伐资料选编》，距今也近三十年了。因为出版时间较久，特别是早期的版本现在存世很少，随着社会经济的发展和对历史文化的重视、中国近代史研究者的更新换代，以及研究思想与方法的变化等因素的影响，许多旧的历史结论已经成为陈迹，在审读史料中重构历史，解读其中未曾被重视的历史信息，已经越来越为新的研究者们重视。因此重新整理发表这些珍贵史料，也具有重要的学术价值和不可替代的作用。

此次再版《近代史资料专刊》，不是简单的旧籍重印，而是将过去 50 余年中陆续刊出的史料予以重新整理，并按照近代历史发展时序重新编排。各卷目次、初版时间及出版社名称如下：

《鸦片战争时期思想史资料选辑》，中华书局 1963 年版。

《太平天国资料》，科学出版社 1959 年版。

《太平天国文献史料集》，中国社会科学出版社 1982 年版。

《太平军北伐资料选编》，齐鲁书社 1984 年版。

《山东义和团案卷》（上、下），齐鲁书社 1980 年版。

《义和团史料》（上、下），中国社会科学出版社 1982 年版。

《筹笔偶存》，中国社会科学出版社 1983 年版。

《庚子记事》，科学出版社 1958 年版，中华书局 1978 年再版。

《杨儒庚辛存稿》，中国社会科学出版社 1980 年版。

《辛亥革命先著记》，科学出版社 1957 年版。

《鄂州血史》，龙门联合书局 1958 年版。

《云南杂志选辑》，科学出版社 1958 年版。

《云南贵州辛亥革命资料》，科学出版社 1959 年版。

《辛亥革命资料类编》，中国社会科学出版社 1981 年版。

《华侨与辛亥革命》，中国社会科学出版社 1981 年版。

《徐树铮电稿》，中华书局 1963 年版。

《一九一九年南北议和资料》，中华书局 1962 年版。

《秘笈录存》，中国社会科学出版社 1983 年版。

《五四爱国运动》（上、下），中国社会科学出版社 1979 年版。

《五四运动回忆录》，中华书局 1959 年版。

《陆海军大元帅大本营公报选编》，中国社会科学出版社 1981 年版。

《陕甘宁边区参议会文献汇辑》，科学出版社 1958 年版。

以上凡 22 种 25 册，约 1000 余万字。

再版整理工作采取极为审慎的态度，并遵循以下基本原则：

1. 初版之时的序、前言或编者说明之类的文字原则上不再重印，由再版整理者重新撰写编辑说明，对初版整理工作给予必要的介绍和说明。

2. 对于原稿或初版时因印刷等原因存在的明显讹误之处，再版整理者径加改正；对于校勘修订之处，均于舛误文字后加正文，并以〔 〕号标明；脱字或无法辨识者，标以□号；漏字增补者，以【 】号标明；疑问处加（?）标明；原稿文中加注之处，原为双行排印者，均改为单行排印，或加（）标明，或用小字排印；原始资料行文或署名中并列双排者也均改为单行，个别文件除外；疑有脱字或衍文者，于页下脚注标出。

3. 个别史料中，同一人名、地名前后用字不统一的现象，记录史实前后矛盾或表述不一致的现象，均保留原样未予擅改；清朝或北洋政府文献中对革命党、起义民众等污蔑诋毁之词，也都一律保留原样，以存历史之真，均请读者使用中注意。

此次能将几十年间陆续出版的《近代史资料专刊》重新整理出版，要特别感谢知识产权出版社这种嘉惠学林的眼光与勇气。兰涛编辑不辞辛劳，往来联络指导，以及各位编辑的认真工作，都应该得到学界和社会的掌声。

参加此次再版整理编辑工作的有，《近代史资料》编译室的刘萍、卞修跃、孙彩霞和李学通。由于整理者水平有限，其中如有不当之处，尚请读者批评指正。

李学通

中国社会科学院近代史研究所
《近代史资料》编译室　主任
2012 年 9 月

编辑说明

本书共收录辛亥革命资料十三篇，题名《辛亥革命资料类编》。

《天南电光集》为辛亥云南起义后，1911 年 12 月至 1912 年 10 月云南都督府军政电文集，所收电文反映了当时云南的基本形势，以及援川、援黔、援藏的军事行动。这不仅是研究云南辛亥革命历史的重要史料，也为研究蔡锷其人，提供了不少有价值的资料。

《罗福星革命案》系据日本统治时期台湾总督府日文档案中译出，原刊于台湾出版的《中华民国开国五十年文献》一书。这是一份记录台湾人民响应武昌起义，组织反帝革命斗争的珍贵史料。自从 1895 年日本帝国主义侵占台湾后，台湾人民在祖国人民的支持下，从来没有停止过反对日本帝国主义殖民统治的斗争，特别是辛亥革命的胜利，更给予台湾人民以极大的鼓舞。仅在 1912 年至 1913 年间，较大规模的反帝爱国革命斗争就有 1912 年 3 月以刘干为首的台中林杞埔起义，1912 年 12 月以沈阿荣为首的台中反日爱国斗争，1913 年以罗福星为首所领导的反日爱国运动和以张火炉、赖来等为首的两次武装起义。这些斗争都直接或间接与辛亥革命有关，其中尤以罗福星革命斗争的规模和影响最大。这份资料，完整地记录了以同盟会员罗福星为首的台湾爱国革命志士的英勇斗争，它是台湾人民反帝爱国斗争的光辉史篇。

《罪案》（节录）一书的作者景梅九，系山西革命党人，全书是以笔记体裁撰写的回忆录。所记山西省辛亥革命时期党人的革命活动，以及武昌起义后山西地区的形势颇详。同时，因作者崇信无政府主义，故书中记载在日本东京的中国革命党人中间，有关社会主义和无政府主义思想的传播情况等，均为一般辛亥革命资料所不载。《黄花岗起义》共辑录有关记载八篇，系录自台湾出版的《中华民国开国五十年文献》一书。各篇所记均为解放后已出版各有关资料所略而不详的一些侧面，如起义时广州新军情况，惠州地区革命党人活动等，本刊特予转载刊出，供研究参考。《新中国武装解决和平记》、《运动北军反正记》两文均印行于民国初年。作者廖少游、夏清贻于 1911 年 12 月秉承袁克定、段祺瑞之意，以袁世凯出任民国大总统为先决条件，赴上海与革命党人秘密谈判。全文以日记体裁记述段祺瑞、靳云鹏等秘密串连北洋各军，胁迫清廷退位，拥戴袁世凯窃取革命政权等幕后活动颇为详尽，为研究辛亥革命时期袁世凯的活动，提供了有价值的史料。

以上各篇，有的是全文刊出，有的是节录，对文中明显讹误之处，编者据前后文或其他资料可以校正者，均予订正。有些人名或事迹，须注释者，就编者所知加了简注。

本书原由荣孟源同志主编，章伯锋同志编辑。本次再版，对全书进行了重新编辑校订，改正了初版中的错误。由于编辑水平有限，错误在所难免，敬请读者指正。

编　者

2012 年 12 月

目 录

黄花岗起义

编者按：本文辑录了有关辛亥年（1911 年）三月二十九日黄花岗起义回忆录八篇，原刊于台湾出版《中华民国开国五十年文献》一书。这些回忆录多系国民党中央党史资料编纂委员会所藏原稿，为当事人所撰写，具有一定史料价值，其中有关起义时新军情况，以及惠州革命党人的活动，可补以往史料之不足。篇目前加有“▲”者为国民党中央党史资料编纂委员会藏稿。

▲三月二十九日之役与广州新军

马锦春

自上次新军失败后，同志星散，赵声、黄兴来信嘱予无论如何总须保留管带地方，以为他日号召地步。缘新军同志中级军官只予一人与士气有关也，至下级军官及目兵，已另有同样通知。故失败之余，士气绝不颓丧，而坚忍且过于前。不过清吏侦探严密，时有戒心，而侦探又贪功造谣，常作无谓之密报，幸宪兵均属同志，凡有拿办之人，常预通消息，使之潜逃。

至于稽查军火、邮电，固属应有尽有，及出入城门，上下火轮渡之人，亦须一一检查，可谓密矣。然于最密之中，党人视若无事。通信与军官职员者，则由陈炯明、朱大符等；通信与目兵及游散人员者，则由罗声、邓明德等。盖其时陈为咨议局议员，朱为报馆主笔，且均为士林有声望之人，而罗、邓前在新旧军皆当过兵士，人均以营混视之也。军火大半由发篓之内运送，缘香港理发店积存剃落乱发，运至省城及内地可为肥料及什物之用，污贱之货置于船上污秽之处，人不注意也。又各女同志置械于下衣之内，往来运送，亦不在少数。至于运入城内，有假式茶壶、假式秤锤内置炸弹，公然携于手中而行，亦未为人识破也。

同人后又计议中级以上军官同志只予一人，其余非同志者，势力甚巨，恐予一人不足以制之，因派邓明德、褚银山、罗声三人来省专事运动上中级军官之马弁护兵，使有事时，即以其人之弁兵而对付其本人，较为直截了当。

未几，罗声、褚银山、邓明德皆被清吏捕获，迭次严讯，均甘受刑，不肯实供牵累同志，可谓硬汉矣。最后邓判永远监禁，至辛亥八月广州将欲光复时，清吏秘密杀之；罗、褚判令递解回籍，至中途一并脱亡。自罗声等案件发生后，党人工作略为停顿，而清吏乃派陈□□至香港希图暗算赵声，盖陈前在赵之部下为队官，与赵熟习也。在港同志何□又复与陈勾结。幸由宪兵探出实情，密报于赵，始免于祸。赵密嘱予在省设法除去陈、何二人，予因诈言已保准该二人为本营排长、司务长，嘱其来营供职，二人狡滑不来。及光复后，该二人又自称革命要人，获居高位，殊觉可笑。

又可笑而可怜者，侦探往往诬陷平民为革命党，予每见报纸之登记，或同事传言某某日拿获革党若干名，心颇悬悬，及经调查，乃知大都虚构，盖由兹而冤死之人，不知凡几也。

报纸宣传之职，则由朱大符、邓慕韩主之。《平报》仅发行一日，即被封闭。盖该报首页登载之论说，为革命党之大文章，故为清吏注意也。然封闭自封闭，而宣传自宣传，未数日《可报》又发行于市。曾记该报插画，画一人抡拳怒目，其冠离头上飞。题其上曰：“问天何事？有三光不办华夷。把腥风吹向人间。看中原变了黄沙地。蓦冲冠怒起，蓦冲冠怒起。”借录旧词，宣传巧妙，极见心思。

私运军火不足，陈炯明乃运动瓦木匠人，嘱其于修理军械局或子药库时，随身偷带子弹出外，不惜重价收买。匠人贪利照办，其事既密且微，亦始终未为人识破。

以上各节均庚戌秋冬之事，因系三月二十九日事前之预备，故特记之。

辛亥正月，陈炯明、姚雨平、莫纪彭皆假贺年及春宴为名，来私宅晤谈。予即不在，亦必留信约时再来；因赵声、黄兴等已与孙中山先生及各同志决定广州起义大纲，凡同党负望之人，均陆续集中于港，协力办事，故其时接洽之事较多也。

一日陈炯明寻予不见，留信在家，灯后再来。灯后会见时，陈出赵声手书与予，并言日间因赴粤督张鸣岐之宴，急欲先将此信交予，及未会见，只好转至督署，因藏信在身，心颇为危。盖信中所云，均直言无隐，如军事方略，后更大书而特书曰："扫除余孽，还我河山"等语。

一日李竟成来云：赵声嘱其寓于予家，如举事，赵来省时先至予宅。此事甚密，余人均不知。并嘱予本营兵力不可无谓损失，待赵来时生死共在一处云云。嗣后李竟成往来省港，予与赵之关系事件皆由其口达。

正积极进行时，忽有温生才刺杀孚琦之事发。缘孚时为广州将军，温居南洋，受党人宣传，种族观念极深，此次回国，单独以旧式手枪邀击孚琦于东门外大道之上。按孚琦是日阅飞机，于燕塘阅毕回城，护卫颇盛，温以个人向前攀轿，枪声甫发，而卫士已弃轿四散。孚死，温从容向西南行约二里余，四望无人，乃弃枪就水塘洗身上血迹，讵有警察暗随其后，致遭擒获论死。当温案发见后，省城戒备非常严密，同人举动极感困难，于是通告同志，各宜忍耐沉著，不可徒泄小忿；又命机关报纸暂停宣传；军械由胡毅生专管，不奉总部命令，概不发给；及军营运动，军械运输，亦暂持冷静。

新军及在省城各同志，均以消息沉滞，迹近消极为疑。其实香港主要同志已举定赵声为正司令，黄兴副之。赵因省城熟人太多，一时不能即来，委托代表宋玉琳驻省城内马鞍街，随带敢死之士及军械若干。黄兴亲自来省，驻城内司后街横巷内，亦随带死士军械。此外各机关分驻各处，不能详记。又原定计划各机关地点责任彼此均不得而知，恐一处失败，牵动全部也。惟总计人数，初定八百人入城决死，后竟增至千六百人以上，另有妇女，膂力不足，不能应战，派在城内临时放火者，尚不在其内。

省城稽查素严，凡无铺保无家眷者，概不租屋。铺保早有同志预备，并临时开设店铺若干处，可无顾虑；家眷固以女同志假装充数，并有临时设法雇用者。城内同志究属散居各处，军械又多半手枪炸弹，临时恐不敌大炮长枪，故亟筹新军入城之法。陈炯明主张雇定船只，由外县装载柴草来至附城河下，伪作售卖，临时即以柴草和泥带水堆放外城根，以便进城。陈说明时甚为得意，云柴草便于堆高，和泥带水则可不怕枪火。胡毅生则云彼运大炸弹数个，已在城外附近，临时用以轰毁城门而有余。予则云广东居民各家均有上神龛梯一具，若将多数梯子酌用麻绳捆缚，沿东北角城外攀跻而上入城最近之屋，即为飞来庙军械局；既入城，该局即为我有，转将局内子弹系出城外分配新军，更为便利。后决议三计并行。

又议赵声攻取水师行台，缘水提而兼陆提之李准氏兵力最强也。黄兴攻取督署，陈炯明占领小北门，洪承点占领大北门，予则在城外指挥新军沿东北角入城。其余各有职务，最主要者计分十三部分。

又议赵声于发难之日，始来省城，同行随带有军械者三数百人，由港附轮抵省后，即不受检查，整队登岸，遇清军或阻挠者即杀之。

又命令各党员，事前总以沉着为是，即被查获，亦不用武力抵抗，以免浪费武器，且引起清吏注意，拼得个人以成大事；况举事在即，坐数日牢，或尚可生存无事。新军固以予之二标二营为革军主力，奈其时标统陶懋榛竭力破坏，因陶本主张革命，早年多与同志往还，自为标统后，忽变初志，对于一般军人，固极尖刻，对予尤为严虐；盖素知予与革党之关系也。予营队官、排长等，皆与予一气呵成，毫无隔阂，陶乃密保其私人吴文华充予营前队队官。吴常语人云："陶统带嘱其转告各官兵，予之命令可听受，可不听受，当视统带之言为标准。"又予之行动语言，吴皆密报于陶。一日野操，经过大北门外东西炮台，予所属略谈清军国初入广东城占领此处而制胜，其作用自系暗示种族主义，而兼为临事时我军进攻之一点也。吴又密报于陶，陶唤予至标部，陶持手枪佩军刀，声色俱厉，罚予立正。其余借故为难者，不计其数。其初新军防范，只将兵棚内枪弹取去，各营本部尚存子弹若干；陶则并营部之子弹一律取去；最严重时，又将士兵枪机刺刀搜去，可谓无微不至矣。然标部完全，军械子弹存积，过于平时数倍之多，予使右队队官吴庆恩，诈与吴文华交结，得以与陶亲近，盖临时欲借此抢夺标部军火也。

陈炯明、姚雨平知予营内详细，约定将伊等所存军械酌分若干与予，俟予营排长轮充全标卫生长时，嘱同志军官伪作私人衣箱，携带入营，其所以如是者，因不论官兵凡携箱物入营者，皆须一律检查也。又宪兵队在予营部之后身，仅隔大操场一所，所有军械，尚属完全；予已暗嘱各宪兵临时由标部后门来营会合举事。届时予任全部指挥，北校场二、三标新军交吴庆恩办理，燕塘一标及炮标等，由苏慎初办理；并有遣人持陶标统首级至燕塘，苏即动手之约，后惜未能践言也。

又予之私宅略藏军火，李竟成、冯锦富等住予宅内，以待赵声来省。又赵光率领余鑫涂、石国庆、马守东、韩天慰等若干人，并各带军械寓于予宅附近之张成衣铺内，亦专待赵声之来者。各事布置粗具，专待起义时期。事前本有四月初一日之说，惟未曾正式通知耳。三月二十六日，予至司后街四十六号陈炯明寓，及清海门外嘉应会馆姚雨平处商量事件，研究地形，尚无变更。及回私寓，李竟成忽自港来，口称事又停顿，因昨夜今晨清大吏忽将外县巡防营纷纷调省，赵、黄决议已令在省同志回港取械，其实借此退却，以免涣散及横议之弊而已。本晚多数同志皆回香港，果如其言。二十九日下午六时，予以公事之余，返至私宅，正拟脱去军衣，改换便服探访同志机关，俾知究竟，因同人虽有退却之举，而清吏戒备愈严，谣言亦颇众也。其时李竟成去港复来，声称仍旧四月初一日为起义确定时期，询其何以先后反复？李云前次退却者，外县防营来省也，此次复行原定计划者，因巡防营来省之数不及十营，据姚雨平云，其间已过半数，可为我所用也。

予在私宅正与李竟成谈话时，营内护兵忽来请予回营，言系陶统带嘱人来请者。言未毕，营内迭派人来，或言标统立待，或言协统已至标部，或言城内火起，城门紧闭。予即著军服快马入营，讵至营内不见一人，询知系陶统带嘱予营前队队官吴文华鸣号集传全营，口称奉统带令本营归渠率领出发，即予来有所命令亦不可受云云。

予转至标部时，协统蒋尊簋已先在座，对予言词尚和平得体，而陶标统则以军刀撞地作声，詈予荒谬。继又转拍予肩，连说数句事全仗予；予实无以为对，惟询知予之全营由吴文华率领向白云山而去；即因退出标部，仅嘱马夫徐乐文备马，随予向白云山方向而行。未数里，过一深密竹木之林，忽遇有多数士兵阻止去路，下马细视，知为予营右队队官吴庆恩率本队止于是处，探予行踪；并告知吴文华为难情形；除右队外，前、左、后三队皆随吴文华前往，离此北行不及十里即是；惟全营官兵皆切望予来，吴文华不足虑也。予即与吴庆恩率队前进，未几与前、左、后三队会遇，予一面派人监视吴文华，一面召集吴庆恩及后队官沈葆华、本营排长何振、韩福祥、吴楚等会议办法，佥以看城内火光为进止，相率登高探望火势，略大为之色喜，略减为之不悦，如此数次，火竟低灭，各皆丧气，而回至平地。

二十九日之事，予事前固无闻，即前约以衣箱运送子弹之说，亦未实行，且下级军官及目兵同志多半逃散不见，一无准备，为之一叹。

越日，探悉二十九日下午清吏特派军警多人，由候补州同马镛桂率领，在司后街□号内拿获嘉应州同志饶□□等九人，并有即日沿户搜查之说；黄兴闻讯恐搜及渠之重要机关，遂率所部为先发制人之计，集众持械攻入督署，拟擒总督张鸣岐不果，即纵火焚烧督署其他机关；同志不知此举，未能接应。黄见其势不佳，且已伤折手指，乃以袜裹创，向藩署双门底方面而逃。途遇巡防军，黄诈称革党已受困于督署，当速往扑灭，巡防军不知其计，乃听其直出大南门而去。过此数分钟，各城门均紧闭不开矣。

张鸣岐当事起时，即越墙逃至水师提督李准处，传令闭城，各街口派驻重兵，禁止行人，不必救火，不许喧哗，又令无论何人凡有能杀党人者，以所杀之数计算，每一首级赏洋壹百零二元，盖以百元作赏赐，二元作抬埋尸身之费者，纷纷情实不明。事后传言葬于黄花冈者七十二人实非确数，如吾邑阮德山亦死于是役，而七十二人中竟无其名，可知埋没者尚多也。

是日宋玉琳来晤黄兴，行至中途，事发不能通行，即遭擒获丧命。宋临死时，慷慨从容，并言渠为党人领袖，渠已被擒，余皆无能之辈云云。盖思以一己之死而或宽及同志也。所属马鞍街部分因无主脑，且不知究竟，遂亦纷散逃命。其他机关，亦同此情，不知所措。惟居于城内东西南三区者，逃避尚易，因党人注重大小北门，清吏似已侦知也。城北各街巷居户细密搜查至三数日方毕，在此区域之内党人遭害最多；有十数人事急跳城而出者，均各安全无伤。按广州北门城墙最高，乃一时精神奋发，本领超过寻常。

又宪兵全部及经过教练所之警察均与党人一致，此次逃命党员，颇受其暗中保护。记有一事颇可发笑：有前因革命嫌疑去职之宪兵董希龄此次亦在城内攻打督署之一人，失败后避于民家，无计出险，适宪兵李江、钟智仁巡查至其处，即设法为董借换华服，雇轿一乘，董乘于内，二人随轿而行。凡至街口及城门兵警询问时，即由二人代答轿内系藩台大人舅老爷，因病出城就医。兵警揭帘看视，董故作病状及官亲身分甚肖，兵警为之行礼，董亦徐徐答礼如仪。

新军皆驻城外北校场、燕塘等处，皆因枪机刺刀全无，无所为计；各同志又有大祸将临之惧，燕塘同志军官徐维扬、苏慎初等因事急越营出走香港。余如黄埔（陆军小学）同志军官邓铿、张我权等，虎门（武备学校）同志军官钟鼎基等，各受上官监视，不能通讯。予驻北校场与吴庆恩、任鹤年、沈葆华、刘浩等受陶懋榛监视尤甚，几至不能出本营队一步。其他不在营之军官目兵，陶均禀请通缉；幸协统蒋尊簋不肯照行，且于见张督时声言新军安静。予营见习官雷醒民出外数日，忽又回归，陶闻之，命予将雷拿押营仓，予当嘱吴庆恩自后门送雷逃逸，以未曾来营为复；陶几欲拔枪击予，其怒可知。

粤督张鸣岐素称能吏，见蒋协统面，伪信其言，使人分送米肉于各营，并派候补道庄奕持大令至各营慰问劝导；越若干日，又有分别查明记功奖给之命。其实已派巡防军暗中监视新军，并急调广西提督龙济光带兵二十营来粤增防。命龙兼任新军镇统，借整顿之名，开除军官多名，重则借故拿办。未几予即奉命撤职，后又令秘密拿获。盖张鸣岐狡滑过人，阳避拿办党人之名，阴则秘密另设机关，专办党人，至死亦不宣布。有刑人时加用蒲包覆其首面者，防人认识也。予被拿讯押情形附记于下：

予自新军二标二营管带撤职后，交代欠款不能离省。因予为中级军官，十余年所入，均消费于革命事业，且因二十九日之役，挪用公款甚多，私有马匹器皿，新任又不肯折价承受，陶统带从中助虐，监视督斥无所不用其极，不得已面求协统蒋尊簋代为设法。蒋云："君之撤职固属一己欠妥，各同寅不肯论交亲善者，亦恐受嫌疑耳。"予即答言："予有何不妥？同事又何必如斯？即有谣言，协统应主持公道，代为辨白，何以亦复尔尔？"蒋言："我何尝不为辨白。"同时以手指虚画桌面作一革字，继之曰："阁下名太大了，我总向新任管带及陶统带竭力说项，你亦尽力筹款可也。"散后，予质物借贷至十余日始清其事。家眷因闻二十九日之事，由江苏赶来视予，所携衣饰为予全数质去，以致生活艰窘，难以成行。

六月初二日上午十一时，予由长堤雇乘小船渡江，拟过河南向亲友筹款。讵船过海珠约半里许，江面忽有水师长龙快船二艘，内乘十余人各持枪械，追上予船，拘予转上长龙，送至海珠小木屋内，着人看守。予向守者询问缘由，其人摇首不答。直至下午约四时前后，有数人来唤予同行至海珠正厅之客屋内，先有一人坐上座，嘱予在下首坐下，其余人环立。正座之人先向予曰："你能见我，真好采数，到此鲜有不死，更少有见我之面者。你为江苏人，我亦苏州木瀆人，随祖父至粤，今已三代，故人皆以我为粤籍。我此时不必与你谈乡亲，先问你与赵声等革命之事，如照实说，或可成全。"予其时默不作答。渠又言曰："我李世桂非欺人者，原可即时杀几个人与你看看，然又何必。我问你，你可是李军门学生否？你赴东洋可是军门助你资斧否？"予思此问实属不伦，然所谓军门，即水师提督兼陆路提督李准也，李正声势赫赫，伪应之似亦无损。李世桂笑曰："你们的事我尽知道，所以知而故问者，看你有改过之心否。今日不必迫你，容你思量三日后再见，见时如再不作切实回答，那时勿怪我了。"转面目视侧立之一人曰："贺队长将他带回去。"予恐受非法私刑，不如速死，因急言曰："公事当在公处了结，了结以速为贵，即请立时解决可也。"贺曰："我是贺文彪，现任西关汛事，与阁下虽未会过，总是同寅，绝不暗箭伤人。"予不待其词毕，即曰"丈夫一言，同走可也"。事后询之李世桂为侦缉督办，前系已革副将，由粤督张鸣岐奏请开复原职，专办侦缉事者；贺文彪本西关把总，现为侦缉队长，世桂之心腹也。此项侦缉机关，即专事秘密杀害党人者也。予与贺同走时，四周手枪大刀十余人，由海珠乘船至长堤登岸，入靖海门穿过街巷数条，至一宽大住宅。入内，见数十人皆手铐脚镣加铁索于颈，然后再分系于巨木之上，另用人持枪往来巡视不断。数十人内有惊呼予之姓名职官者，有面目似曾相识者。其时不能自由与之接谈，默念予与此数十人不久将同为断头之鬼，为鬼时当再把晤接谈也。贺命将予送入后进厢屋，屋内置一板铺，铺上置破席一床，旁有破瓮一口，大小便均在其内，饮食自牖出入，屋门反锁，派人持枪看守。本日及初三初四共三日，上灯后，贺文彪将予唤至伊之烟榻前讯诘，约半小时，即仍送回原处。予于贺之讯诘时，总请其迅予处死，并言杀头事小，坐牢不愿，余无他词。初五日上午，忽迁予至一华屋之内，床铺器具均极精致，惟锁门看守如故耳。午饭菜至十余件之多，予私计今日之优待，其为毕命之日乎？于是索酒狂饮，仍回屋内就榻酣睡。睡约二三小时，忽有人来促予起身，引至客室，见李世桂、贺文彪皆已先在斯处。李云："原约三日后会晤，今届其期，本拟邀予仍往海珠，因今晚督师派龙提台传你讯问，伊故特来送信，并将内情告知，你可预备晚上回话，好坏与伊无涉。"继曰："此次你撤职后，本可无事，因你统带陶懋榛在督师前禀辞赴前山防务时，督师面谕前山逼近澳门，各事均当小心。陶答出防之事，谨遵师命，惟省内新军不能兼顾，深以为虑。如马管带虽已撤职，现仍常来省、港，多数目兵与之接近云云。督师据此方密谕叫我拿你，及拿到后我去面禀督师，师谕即时枭首，我奉谕后本拟即回海珠处分，因便道看李提台，提台说你是他的学生，嘱我成全，我今日见督师代为求情，督师不准，后来李巡警道帮同说情，始有派龙提台讯问之事，你可好自为之。"言毕，嘱贺文彪好为照料，起身而去。予仍回原屋。是晚饭菜丰美，与午餐同。饭后约七时许，贺率十余人各持刀枪，送予至巡警道署。巡警道李湛阳唤予至花厅内坐下，言貌和平，细询家常身世，未及公务。未几传言龙提台来，予起立迎接，见来者即广西提督龙济光，龙怒目视予，略问年龄籍贯照例之言，即厉声曰："我在广西杀人甚多，如统领、督带亦常常被我杀去，你知道否？"予即答曰："军门威望素著，学生久仰。”龙闻予言，面色改变，似欲作怒发言。李湛阳即起立而言曰：“天气太热，请军门至花园纳凉，此事可交周委员讯问。”同时并向下座随龙来者之一人曰：“周委员！你来问他，如说实话，军门总成全的。”言时邀龙同出客厅而去。片刻李独折回向予言曰：“为你的事，在督师前几乎撞响头，你不可再负气了。如有人虐待，或叫你难堪，可告诉我吩咐他们优待何如?”予对龙之威严绝无所畏，对李之平和说话愧无可言。李去，周来，询知为云南周子文氏，广东即补县也。周云：“大家都是同寅，承审不敢当，惟大家来商量个解释方法耳。”又云：“李军门竭力成全此事；龙军门虽无善意，却无恶意，切勿误会，另生枝节。”此后相对无言，即间有二三语亦不过起居琐事。约历三小时，仍由贺将予带至原处看管。

越日，周子文来至予处，略谈即去。晚间贺文彪唤予至烟榻旁从事诘问，经二小时之久。以后每日午后周来，晚间贺问，几如定课。大概周尚忠厚，贺则狡诈，言词不同，而目的则在命予指出机关，供出同党；予则抱定决死之心，不肯以一己之生，而致数十百人之死，并破坏同党全局，只承认与赵声同谋，不知其他。有一次贺传李世桂意旨，嘱予供认蒋尊簋、黄士龙二人为革党之领袖，并言如照此画供，龙军门允许李世桂为协统，予为标统。予以事实不符不能妄供却之。盖蒋、黄与予感情均好，予在押时，二人均尽力营救，予何肯出此。贺冷笑数声而罢，然此后贺言逐渐强硬。至十七日午刻，贺忽邀予及周子文同桌午饭，菜之丰美超过平时。贺向予曰：“阁下来此十余日一无所言，大概系我辈不是，将阁下抓错了。”予无可言，亦即以冷笑报之。贺继嘱将卷取来，从人在旁已携卷立候，予不知也。卷至，交予阅看，予见卷可盈尺一大束，内则三二纸即为一宗，略阅数宗，皆已拿获党人之供词，后判处死刑者。供词涉予之事甚多，大概实事居十分之一，虚言居十分之九，刑讯之下，语言错乱势所必然也。予见其时情形险恶，即笑向贺曰：“今日多饮我酒，并备纸笔，俟我醉后缮供何如?”贺亦笑而允之。酒后，予执笔急书，先述身家抱负，次认与赵声、黄兴同谋不讳。书毕，贺、周略阅一遍，即询予曰：“既认同谋，何不将现在机关同党供出，以为赎罪之地乎?”予曰：“机关在香港、南洋等处，同党即在机关内。如省城之小机关小党人，予因党内身分却处于重大地位，向不过问也。”按当时新军、宪兵、警局等往来同志甚多，此时对贺实虚言也。贺言：“阁下如坚执不移，恐祸将立至。”予答：“固所愿也。”周有不忍决裂之意，久久向予发言曰：“你能劝赵声投诚否”？予曰：“能。”按赵声自三月失败后，愤怒过度，痈发于脏，肠裂而死，予曾秘密至香港一次，见无办法而回，当时以“能”字回答者，亦诈言也。周转向贺曰：“如照此计议，似尚可行。”贺之颜色始略和缓。散后予遭管押如故，惟传问之繁较前稍好。予偶见周、贺，反转诘其办法。如此约七八日，周、贺又同予吃饭，问予：“可有十人以上印结具保否？”予以身遭羁押，一般旧识人情难知为对。踌躇许久，周、贺商量同意嘱予信唤家属前来接洽，予允照办。次日信唤马锦富、张沐如前来告知前事，盖一为堂弟，一为旧友，其时寄寓予宅也。二人允于外面亲友接洽后，再来回复。由此每日二人同来，均云十人尚可设法，惟现任印结确难寻觅。数日后，予思得省城特别区警官吴江左同志似觉可寻，二人前往，果如予言，领衔具保加印于上。贺又派人调查明确，是月二十九日引予至海珠同见李世桂说明一切。李笑曰：“乡台大难不死，必有大贵。”继讯予之家人状况以及仆役几何，甚为详细。予自撤职拿办后，仆役无存，李当荐二仆为予服役，予有难色，李云：“我辈创事，住、仆、服三者，万不可不讲究，况不死者贵之说，不过寻常之词，若督师才略盖世，凡当杀而不杀者，必大用之，可无疑义，不有仆从，绝不方便。”即唤二仆见予，而属随予同回私宅伺候，盖仍取监视之意也。予虽明知其情，而不能却，回寓后足不出门，以免疑忌。数日后，李世桂又唤予去询问劝投诚方法，予伪言自遭管押，赵之踪迹不明，音信不通，俟有消息再报。由此迟数日李必唤予问答，略如前状，计七八次，约历两月，李忽谓曰：“你被押时，督师曾三次嘱我杀你，皆未动手，及有劝赵之说，我力求督师，师谕此固是一方法，但谨防受其愚诈，今久久不践而言，我实难说。”予当要求至香港一行，李世桂不准。予继言曰：“如虑及借故潜逃，自有保人可寻，如再不见信，容我转求李提台何如？”李世桂始允。此关当时虽然过去，但赵声已死，何处去劝；即再求李提台之说，亦不过空言搪塞，实在亦做不到，盖予前至提辕，阍者拒绝不为通报也。按予前在提台处带卫队八阅月，后见其思想太旧，辞职他去。予在押时，李提【台】托言予系彼之学生，固为顾念前情，竭力营救之一种方法。更兼彼受炸弹未死，心已转移，暗向香港同志胡汉民处输诚，阍者不知，故代为拒绝也。欲作逃走之计，又为李世桂荐来之仆看定，更有同门居住之翁□□始因边防同事，单独向予借居，后乃携眷俱来。翁为广东候补县，后知其为马镛桂所使，有意来做侦探也。予处此环境，欲逃不能。某日晨起，翁约予在本宅厅事围棋，内室忽嘱女仆唤予入内，入内后见马锦富、张沐如二人俱在内室，告予云："顷有同志警察送来密信，当道又欲拘予入狱，因新任广州将军凤山适乘舆赴任，行至大南门外被人炸死，查有予之嫌疑也。"予因此事与予无关，嘱勿轻信慌张误事，仍至厅事与翁对局。未几，富锦、沐如连番走过予前，暗使眼色，予复入内。据云："警察又来过两次，其事真而且急，奈何?"其时予之妻女在旁，予急嘱其早日设法回江苏。众未及答言，予即急步向外出走，翁仍在厅事，究系文人，不敢阻止，李世桂派来二仆一出外，一仆卧，予故得走出大门也。至巡警送信缘因，因广东宪兵早年系由总参议姚鸿法自日本聘予回国开办者，现有一队计百余人，内除旂籍二名外，余皆革命最热心者。巡警开办教练所请宪兵头目四人为助教，故巡警凡教练所出身者，革命心理与宪兵同，亦多半与予素通声气。予自被拘释出后，因防李世桂派来之仆，嘱马锦富、张沐如分班在大门外出入巷内游戏，凡有消息由其转递，故有侦探在屋不知予之秘密也。

予出门后，茫无所之，后至莫纪彭处商量，莫亲送予至西关第七铺革命机关《平民报》馆内暂避。该馆主笔邓慕韩，甫开始与予商量，忽报太史公江□□来馆。江为张督之亲信，不居名之高等□□也，邓知之，无可如何，即嘱予暂隐卧铺之上，因馆屋甚浅也。江来，一味闲谈，约一小时余方去。邓念报馆不妥，转送予至长堤珠江酒店，因该店为同志所开设而挂日本商旗，意在可以藏匿。讵入店片时，忽多数巡警来查房间，盘诘旅客，予当时虽混言搪塞过去，然彼究竟为予所欺，或巡警亦为同人故意放过，则不得而知矣。巡警甫去，予又急走西濠顺泰祥酒店暂避。因予前在军职时常至该处与友人吃酒打牌，多与茶役小账，嘱代隐瞒勿告外人，此人因即利用也。至顺泰祥，亟函莫纪彭、邓慕韩等三数同志前来商量，众以急走香港为是。又以长堤一带及轮船码头军警林立，拟雇一小船停泊轮船外口，俟将开时上轮。予默思约半小时，即对曰："上轮船以即上为是，因其时距开轮船时尚早三四点钟，军警虽多，不大注意，迟则便衣侦探到此，最为可怕。若小船临时由外口上轮，固属不易，又水上警察安知不来查询。"众又以虽上轮侦探仍可往查，因清吏已与外交说通也。予云："如包一大餐间，闭门静卧，有人来查，可买嘱茶房，伪云房内无人，较为可好。"众又计议使二同志伪充予仆，并伪称予为某显者，使侦探不敢入内，如有查询，即由伪仆代答。计决照行，上船后幸未为侦探识破。甫展轮，予卧室外大哗，予又为之一惊，后询知船上有同志数十人知予在船，见展轮后，侦探无可为患，咸来与予一见也。抵港后，至中外日报馆寻晤诸同志，始定攻打惠州及转取广州诸计划，一切情形，当另记之。

广州新军之动态

何　振

庚戌新军之役，第一标虽遭散失，惟吾革命军人咸抱信心，以此为仅系暂时失败，若更继续努力，终必成功。以是当时清吏设所收容，各皆忍辱负重，重为投效。而原驻北较场之第二标犹复完整如初，革命种子不消失，故仍堪为三月二十九之役之骨干。当三月二十九之前一日，新军第二标内部运动早已成熟，一切准备如派谁人围攻标本部，活捉标统陶懋榛，谁杀反对党第三营管带蒋炳隆、二营左队官蒋琦及排长吴文华等，皆已布置完成。盖此次军运有鉴于庚戌之疏，故不论平时或临事，均特别较为严密与专责。平时每营每队每排均设有代表一人，以为运动与管理该营队排士兵加盟事务，全标总代表则为二营左队班长陈德洪，所有全标士兵加盟管理及官兵上下沟通与乎对外传递等，均其兼任。时余原任二营前队见习官，为便于掩护陈德洪班长工作起见，特商准于第二营马管带锦春同志，（别字贡劳，江苏人，由莫纪彭介绍，始知其原为同志）保荐其为左队排长，自此官兵上下（新军纪律严肃，平时官兵不轻易交接），消息更加灵通，而陈班长之出入营门及种种工作，便利尤多矣。又当三月二十九举义未定期之前数日，余尝偕一班同志军官苏慎初、张念雄、赖培基等应此次军运总负责人姚雨平之招，到嘉属会馆内会商举义前应准备各事项，结果决定届时由姚雨平派人来营通知，并由后门接济弹药。至临时军中一切布置指挥，则由余与苏、张等同志分任之，并约定全军由小北门入城。不料三月二十九城内黄兴等同志事起仓卒，至发难围攻督署时，吾等军中同志犹未知之。及知之，而北门城墙上八旗兵已满布枪炮口，且瞄准向吾军营房矣。吾军中平时不发弹药，此时望穿秋水，又不见接济到来，以是各同志只得袖手旁观，相对疾首而已。故说者多谓三月二十九之役所以急速失败之主因，邹鲁所编三月二十九革命史第四章第三节谓临时得报新军二标兵士之枪枝被收，尚非事实，事实乃缺乏弹药耳。邹鲁于新军之运动，亦与有劳。盖是时邹鲁为省咨议局书记，省咨议局即今省参议会地址，与新军二标为近邻，吾人每于旁晚率士兵外出散步，借以宣传及灌输其革命思想时，邹亦常参与其间演说，或作暗示宣传，而军中一切消息如攻击反对党蒋琦、吴文华辈之稿件，亦多于是时交邹手转登《可报》。

事后清政府虽明知标营中有党人运动，但亦无可如何，只对于余一人借故撤职而已。余离营后约月余，旋往马管带锦春私寓，欲有所商谈，甫入门，则见马之差人以手频作势，暗示意余令急退出，余即转身飞遁。后乃查知马管带此时已在寓受监视，出入已不能自由矣。（马后匿于慕韩所办《平民报》中，由慕韩与佛山轮船买办彭俊生同志设法暗藏，渡往香港。）乃决计逃港，与莫纪彭、庄汉翘诸同志谋再举。后侦知新军二标已移防前山，大喜，以为旧事尚可重提，乃转赴澳门，与林警魂、林君复等同志设立机关，跟踪新军，继续以前运动工作。卒于九月十六晚只身潜入前山，以新军全标首义，乘夜率众光复香山，促使广东提早独立。是辛亥九月所收得之果，仍为三月前所种之因也。语云：“有志者事竟成”，又曰：“有是因，必有是果。”观于此益信焉。

▲黄花岗同志赴难拾遗

李树藩

辛亥三月二十九日，黄花冈同志赴难者多，是役除殉难七十二人以外，生还者亦不乏人。吴适、梁栋等，即生还之人也。是役经过事实，虽有几个专著出世，且其中遗漏之处尚多。福建革命纪念品陈列馆主任林逢时，与吴适、梁栋诸同志系属患难之交，询以当时赴难情况，录诸笔记，以征实际，亦将谈话大略，纪载于左，以备一种参考罢了。

据吴同志说：黄花岗赴难诸同志由香港到广州后，寓于莲塘街杨公馆。出发时，由吴适、冯超骧两同志督队，林时塽同志在前引导。林同志手执号筒，由莲塘街冲到督署，督署二门开枪还击，不得已退抢军械局。巷窄人多，冲不得入，林同志将汽〔号〕筒放下，大呼同胞应一致起来，对方亦未开枪，但终不得入。约半小时后，天已渐黑，折回督署，督署军队冲出，党军被其冲散，吴适时与黄忠炳、黄顺基、胡应升等诸同志，寻得剪发空店一所暂住一宵。次早起来，卓超然死于门口。经数小时后，军队到店搜索，黄忠炳等被执；吴适由窗门跳上，藏匿仰板之上，黄顺基亦跃上仰板，过了一夜。次日军队复至，中有一士兵，仰视仰板上面，板稍倾垂，即向上开枪。吴适由仰板跃下，兵即逃去。后吴由后窗跳出街上，潜在沟中藏匿，至夜间逃上观音山，跳出城外。是时广东报纸登载，吴适被捕时满身泥土，此即藏匿沟中之明证也。吴适跃出城外后，避到草藁盖成之小茶居中饮茶，并求借宿。茶居中人云："你应速去，一小时后军队便来。"吴适即行，未及数武，果有军队头戴竹笠，伏在墓道边，吴适因而被执，即由火车解入水师行营。晚上看见被执同志严刑讯问，吴以一介文人，自分不耐刑讯，因即自认党人不讳。吴以笔谈，书成三纸。当时广州报载，吴适字任之，供词最为激烈，此即供词三纸之证明也。

次日吴适发入番禺县羁留所，到时见有同志三十余人，黄顺基亦在内。经过数日，闻来时之第二名至第八名均被枪决，惟第一名之吴适得以不死，宁非幸事？后经福州党部中人派遣李榕藩同志到粤探视，并运动吴同志出狱不济，满清政府，判决秋审后纠监候处死。未几光复，适遂出狱。计入狱数月，是年九月二十三日，始抵福州。

又据梁栋同志谈及：同时由马江动身，梁同志在马江时实任庶务之职。抵香港后，一般同志，只居湾仔机关所，到粤时住莲塘街杨公馆。二十九晚上，随林文、吴适两同志出发，抵督署二门，梁右腿中弹，仆倒地上，诸同志扶回莲塘街杨公馆。逾二时，军队围捕杨公馆，内部人员一百余人，冲锋而出。大家因不识路，只得追随警察，因警察已被党方运动成熟，一般巡警，均系我同志。警察当前，名为追逐党人，实则引导党人出城逃走。出城后，到原来时茶居休息，遇郭明亮同志，夜坐茶居待旦。次早方应团同志到，说大事已坏，大家须预备逃避。大家出走，路遇同志郑圣应，圣应中创极重，不能行走，众扶其行，遂由郭明亮同志向某方贷款，得抵香港。计到香港者二三十人，多半负伤带创。在湾仔机关处过夜，次早方瑛女士来到机关，看视同志，众同志答以二日未食，方瑛女士便出番饼数元，得以维持食费。方女士并请医生来诊，诸同志经过几次药水敷洗，创以渐愈。方女士逐日到所探问同志，创愈后并以盘费船票分散诸人，即由港搭轮到达福州，由福州转回连江。是时风声紧急，满政府侦骑四出，连江已成不可居住之势，梁栋由同志介绍到定海黄传根家中暂住。

广州新军起义与三月二十九之役[1]

朱浩怀

广州新军，于宣统二年庚戌正月初三日举义，失败，倪映典死之，事详党史。是役，先生（编者按：此指姚雨平）奉派赴惠州，策动巡防营，共谋响应。甫至惠，闻事败，乃间道至香港。

又起义前，朱大符以同盟会会员盟单，嘱先生带至香港保存。先生身怀盟单，由省垣清水濠机关内，乘大轿，拟到南堤天字码头，趁

[1] 本文录自朱浩怀《姚雨平先生革命史》（1948 年广东文化事业公司出版）。文中编者按及篇末注，均为原文所有。

船赴港。轿为外省工友代雇，语言或有误会，轿夫抬轿疾驰，误入巡警道衙署。先生厉声曰："我到天字码头，何以至此?"轿夫曰："讲到衙门，若到码头，须加轿钱若干"。乃立许照加，从容退出。警署卫兵以为某处大官，未加注意，若被盘查搜索，则危虞实甚也。

自新军起义挫败，总理召集黄兴、赵声、胡汉民等，在南洋槟榔屿开会，决定在广州再举，设统筹部于香港，于宣统三年辛亥春成立。黄兴任统筹部长，赵声副之，下设秘书、出纳、储备、调度、交通、编制、调查、总务等八课。先生任调度课长，掌运动新旧军人之事，胡毅任储备课长，掌购运器械之事。

自统筹部在港成立后，原定三月十五日在广州发难。因各方款械未到，且三月初十日，党人温生才刺清将军孚琦事发，全城加紧戒严，党人行动因以迟滞，故省方同志决定展期至二十八日。黄兴于二十五日由港抵省，因二十八日各方之款械仍未能到齐，又展期至二十九日。黄抵省后，先生趋谒于小东营机关内，向其取得一字据，系凭条向储备课领取枪弹者。讵二十七日，有巡防营二营调省，胡毅生、陈炯明等疑官厅有备，主张再展期，先生以为不可。及闻新军二标兵士之枪，被当局收去，则亦不复坚持。因此标为新军之中坚，革命同志甚多也。黄兴见各部意见参差如此，于愤激之余，竟下令将各部遣退，决以一人或少数人死拼李准，以谢海外热心出钱之同志。二十八日，复有巡防营三营由顺德调省，此三营经先生秘密运动，加入革命者甚众，正可因其力，助起义之成功。先生以此事报告黄兴，则二十九日发难之议，复趋于积极。惜已遣退者多不及赶回，且港方同志，以种种原因，二十九难以赶到，电请展期至三十日，并派代表于二十九日抵省，陈述理由，而各代表到时，黄兴已不顾一切，整装待发矣。

二十九日，先生集所部于长堤嘉属会馆，面授发难方略。下午，派郭典三赴仙湖街始平书院胡毅生处取枪弹，以备发交所部使用；乃胡已他去，保管人谓巡警甫来查过，挥手阻勿取。典三走告先生，先生急赴黄兴处，见其屋内陈列刀枪武器，整装待发。告以派人到始平书院取枪弹被阻事。黄即加派陈其尤与先生同往。保管人则谓已展期。先生告以："甫由黄兴处来，见已整装待发，何云展期?"先生以事机急迫，声色俱厉。保管人乃指示枪弹所在处，盖皆藏于屋瓦之下。先生以方桌层叠而上，将枪弹取下，装入皮箱四口，雇轿四乘抬出，拟至长堤嘉属会馆。以枪弹笨重，轿夫力不能胜，且行且出怨言。甫出门，见街上军警汹涌来往，知事发，已不能通过，仍将枪弹抬回始平书院安置。先生愤激之余，与郭典三、黄嵩南、丘锦芳等数人，各持一枪，奔至双门底，冀与所预约之防营会合。盖调省巡防营三营中之革命同志，经与先生约定，本下午协同举义。五时，该三营借拱卫为名，整队入城，因欲直趋水师行台，生擒提督李准，故未即带白布臂号。行至双门底，遇黄兴、方声洞一队人，彼此误会，互相攻击，故该三营早经散去，先生尚不知也。

有平远人、两广方言学堂学生丘徽五者，知党人举义失败，死伤奇重，由惠爱街长兴里丘家祠出门探望，正与先生相遇。丘不忍先生作无谓牺牲，乃由人丛中强执先生手，引至丘家祠，告以所得失败情况。先生即欲复出，以城门已闭，街上戒严，先生已剪辫，出则必被捕，乃止。且念城外新军，平日当局防范甚严，不发子弹，遇事变，则将枪枝收缴或将枪机取去，今日必难参加。所部选锋，虽已集合，但无枪弹，虽参加又何益。其余各部份，则以事前各守秘密，互不相知。先生实迫处此，乃留丘家祠。

翌日，仍戒严，不开城。四月初一日晨，闻已开南门，先生装假辫出，至文明门，被巡警盘诘搜查，假辫落地，遂被捕，解至大南门拘押。各同志与平远同乡得知消息，计议营救方法。乃托陈复初之妻陆氏，伪称家属，前往探监，并示意可冒称丘徽五，请陈复初、吴倚沧二人担保。先生会意，故由张鸣岐之特派员审讯时，即自承为方言学堂学生丘徽五，问官不疑，准保。乃函告陈、吴二人，转请方言学堂监督丘逢甲，倘官厅来查丘徽五被捕事，当予承认。吴则以平远留学公所保状，亲往保领，遂获释。

先生虽恢复自由，但不敢回寓，即行至天字码头，趁船赴香港。时有肇庆人陈德洪，任新军班长，已加入革命，是日开南门，陈预知藏匿之同志必由此脱险，乃至南门口观望，相机救护。先生正彷徨之际，德洪见之，即点首示意，先生乃尾之行，到码头，引登哈德安船，见谢良牧先在，喜出望外。急欲问讯，良牧止之，惟暗示黄兴亦在此船，乃脱险而至香港。

是役也，同志间以发动日期之二三其说，步骤凌乱，先生以领枪弹之耽延，未能依照原定计划进行，各方同志不无误会。四月间，先生与叶楚伧、谢星乔，由香港赴南洋英、荷各属游历，劝请各同志继续出钱，赞助革命。抵新加坡时，始知黄兴、胡汉民致海外同志报告书，对先生未依时行事，误会尤深。乃函约各埠同志，到新加坡开会评判，但为该处同志劝阻。惟将当日实情，函告香港黄、胡诸人。南洋各埠同志，经先生说明经过，众始释然。

注：三十五年（1946年）五月，编者曾将本书初稿油印本，送请胡毅生先生核阅，并叩询三月二十九日一役之实况。胡谓："邹著之党史稿，未曾注意，惟当日情形，须统筹部之干部人员始能明了。当日之干部，现仅有姚雨平、何克夫、徐维扬与余四人而已。且当时广州市电话仅一百余号，为官厅及大商号所有，党人不敢利用。马路则仅有长堤西濠口一段，并无汽车与自行车，交通困难，消息阻隔，亦为失败之一因。"并承于本篇眉批二段如左。兹照录出，以供参考：

一、余与雨平约，在河南溪峡，交与械弹，盖溪峡过河，即长堤之嘉属会馆也。雨平于二十九早九时，派一人颊间有一黑痣者来取，余乃点交三箱与之。彼随运下，泊于后门之小艇，余即出前门而去。后知所运者二箱，较轻者，皆为枪械，其重者为子弹，竟留在溪峡未运，此运弹之人贻误，非余之责。至始平之弹，乃备他方之用，而非留与雨平者也。

二、二十八日下午有巡防营调回省，雨平谓："有同志在内，乘夜入营接洽"，嘱必俟其亲自回报始可决定发动。二十九午后一时，陈炯明来始平书院云："尚未见雨平面，众议改期"云云。故余信其言，出东门，命选锋之众，暂止入城。

广州三月二十九革命之经过[1]

梁镜球

新军起义失败后，姚君雨平，嘱余在惠州主持一切，遂与中学堂诸同志，各捐款项，组织机关数处于惠州城内，运动防营，经已成熟，只待军械，以响应广州；不料姚君命人运军械抵澳头，为防军截获，并拿去严德明、陈甫仁两人，余等尚不知失事，本约定三月初二运到军械，而逾期不至，风声益紧，正怀疑间，适有亲戚在提督署当

[1] 本文录自邓慕韩编《广州三月二十九日革命史续编》。

差者，暗中通知，嘱余速逃，遂乘夜请求母亲，向店中支得数十元，与李子先君，用皮革袋藏短枪十四支（此械系由同志李勉周捐助），带到广州，报知雨平，连夜用小艇送短枪至花埭培英学校，交一温姓同志收藏。以李君不为满吏所注意，嘱其仍回惠州，与陈经等主持响应事务，余则留省城办事。嗣因到司后街机关处，陈竞存一见，即嘱余速在莲塘街赁一民房为机关，限两日办妥，临时由其派同志百十人前来，归余督队，以遏观音山上之兵。陈与余本素不相识，乃初次相见，即委以重任，绝无所疑。翌日余即赁定莲塘街六十四号门牌，每月租银十六元，内有两厅四房一楼，天井门官厅俱全，足可藏百人以外。是时风声极紧，满吏查察甚严，对于新迁入者，尤为注意，后由陈竞存派来何少卿、胡佩嫄两女同志，乃秀坤学校之校长教员；又派海丰籍之两壮年，前来相助，报警署则称学界，在门前标一香山梁寓之字条，借掩耳目。然终以两壮年言语不通，而办理各务，势难独当，因挥函至高等大学，请挚友欧阳俊出来相助，并于亲戚借得一小孩，给以玩品，令其在门前嬉戏。至此表面遂居然一家，专候派来同志，即率队发动矣。后陈竞存又命外省同志洪承点至，谓此处由彼担任，临时派人前来，仍责成余带队，余亦允诺。缘余对于省城办事，内里情形，尚不大悉，固不知谁为主动，惟有见一步做一步，求其利于大局者，无不努力为之。惟洪承点见面之后，不知其住居何处，闻彼为吾党健将，故乐共从事，非常满意。随将情形报告姚雨平，彼亦极其奖许，赞为办事敏捷，并切嘱余不可将辫发剪去，以避满吏目标。盖姚君知余此时欲去脑袋上之奴根也。

是时城厢内外，吾党之机关遍布，有假为嫁娶者，有假为办丧事者，各皆临时制变，借掩耳目，而满吏亦已觉之，严行戒备。余以自己任务已妥，只待时而动，暇则助同志运械入城，常以新闻纸裹驳壳枪，公然挟之直入，亦安然无事。嗣闻黄君克强已到，知起事之期迫近，随即往小东营机关谒之，报告余所担之任务。黄君对余勉励一番，立取一时计，及一东洋制之三角形匕首相赠。至二十九早，闻有改期起事消息，特到司后街查问，至则屋内已有百余人，擦掌磨拳，纷纷议论，声势甚壮。惟多是操海丰口音，余不能听。伺间向陈竞存询问，彼谓不必常至此处，免人生疑。至于莲塘街六十四号届时自有办法，不必多问。余睹此情形，不敢多言，满腹疑团，不知是否。随即回来，先将小孩送回亲戚家中，然后折往大石街庄汉翘女士所办之机关处，见其所雇诸比丘尼，尚开坛诵念，梵腔嘹亮，铙钹齐鸣。诸同志则在内厅谈论，余亦不得要领，坐立一刻，即行回来。

至下午仍无消息，心内觉得十分不安，因往小东营机关打探。一入内面，见诸同志各将枪弹试验，取出取入，以习熟手法。内室则卧有一人，遍染鲜血，知为试验失手所误伤。各人又取酒互饮，嘱余速即预备，始知确系发动，遂急急奔回。顺道到司后街陈竞存机关处，讵入去内面，已空无一人，只痰盂上满布纸灰。再登楼上，亦无一人，惟晒台门之瓦坑上，遗有足踏车所用之号筒一具，此物定为吾人带队之用。余取之而下，急急走回六十四号。入门遇庄汉翘女士，对各人饮泣，谓此次恐又失败云云。盖女同志在各机关往来较多，故内情深悉也。吾人向之安慰数语始告别而去。因将所见小东营及司后街两处主要机关情形，与欧阳俊论之，彼谓果是起事，定必临时有人至，只可安心相待，切莫自作聪明，至误事机。余谓万一无人来此，余有自置之曲尺手枪，子弹虽不多，亦必独行出队。

正谈论间，午餐已备，方欲就食，陡闻枪声竞起，杂以爆炸之声。余急登楼望之，见督署之瓦片，随爆炸之声，高飞空中，知是进攻，心气一时顿壮，高呼曰："是矣！"急忙走下，对各人曰："吾去也！"夺门狂奔而出。走至街外，见行人汹汹逃避，猛忆忘佩符号，急足走回。欧阳俊误会余惊恐不敢前往，欲取余之手枪，此际余心中莫名所以，竟不能作答，只以手示意，急取毛巾，横挂胸前，飞步而出，讵欧阳俊亦追随而至，余见之不觉笑绝，盖其手持菜刀，怒目狂跑也。余一面走一面劝其回去，免为敌人所轻视，言之再四，强挥之，始肯回去。余独自奋力前奔，将近督署时，接着一队同志，约四五十人，中一人向余招手，则李君雁南也。余急问之曰："得手乎？"曰："得矣。"言时以手指北，余会意，遂与之偕行，此时欢喜如狂，心花怒放。行至莲塘街口，忽有一兵由督署后便街转弯冲出，状极仓皇，余眼快急趋前一步，先握其枪，此兵已手足无措，登时双膝跪地，口操外省声音，连称大人老爷，哀求饶命。此时已有一同志夺去其枪，余则以枪拟其额，李雁南在旁，对该兵警告曰："吾辈革命党，是救人不是杀人，以后切不可与吾人交战。”说毕即以枪挥之，该兵遂叩首窜去。余等人至莲塘街，将近余所办机关处，观音山之防营大队冲出，众同志各据街边，向之射击；有一佩刀之官长倒地，为各兵扶去，余认得是友人何芪臣，但转瞬间，即将敌人尽行击退。此际余等阵亡一人，正倒于六十四号门前，又微伤数人，王振国右足受一弹，余扶之入六十四号，交两女同志为之裹扎。诸人亦纷纷入内，有一高长巨汉，击断中指，操北江土音，愤然大骂，谓是自己人所伤。余从中相劝，始知是随徐君维扬之人。其实受伤者，不独此巨汉为自己人所误击，即王振国亦然。盖以短枪弹从后而击人，则不问可知，以余辈平时不敢杀鸡之人，投笔携枪，遽入战场，安能免其绝无失误。徒以今日不杀敌，必为敌所杀，即不为满人杀于此时，亦必为白种人杀于异日，是以决死为吾族请命，以图自全耳。当下各人在屋内，任意饮食。彼此纵谈，有谓总督已杀毙者，有谓不死亦当焚毙者，而计算时间，新军想经齐到，明日全局即可平定。纷纷其说，一似闲常笑谈，全忘此身仍在战斗之中；抑亦以见诸同志，早置死生于度外，故有如是之从容。有时或出街外，或登瓦面，绝不须指挥布置。无何莫君纪彭，高卷裤脚，手握号筒，走入屋内，与何、胡两女士招呼，各人留此，约二三十分钟；忽然号筒之声呼呼，彼此互应，纷然并出。欧阳俊已取得王振国之金山劈手枪同来。出至街外，天已入黑，而督署之火尚烛天通红，耳闻似有人呼救火之声。余等抵大石街口，即行折入，实则此时欲达到之目的地点，亦无人知之。此等天兵，不过在人间嬉戏一时而已。正行间，通观音山之横巷，忽有枪射出，余等遂分据巷口，与之对击，但昏幕中不能尽见，只闻声放枪而已。久之忽听前面隆然一声，知是有人放炸弹，继则声音寂然。余偶回顾，后面只余三人，李雁南、欧阳俊均不知去向。东边枪声颇密，间以炸弹之声，余知此时，实分头拒敌也，然又不敢他往，恐横巷虏兵冲出。正顾盼间，有两同志由街边之木柱上跳下，一则李雁南，余则不知姓名。此时欧阳俊亦走来，李君方说其在瓦面对虏兵施放炸弹，掷个正著之情形。讵言尚未终，莲塘街方面，又枪声顿起，遂以两人守此巷口，余等一行五人，跑向莲塘街，闻枪声起在瓦面，越放越密，街中不见一人。有操东莞口音者，在瓦面上对虏兵大呼曰：

"同胞！唔好打呀！大家争番啖气嗜呀。"其声悲壮，令人听之凄然感慨。此声出后，果然枪声顿止；瞬息之间，又密发如故，知诸同志皆登瓦面，与虏兵对击。适正对大石街口，有一轿馆，内空无人，余等入去，觅得一梯，攀登瓦面，回顾督署之火，犹映人面，越至屋顶时，虏兵已觉，排枪射来，但不能见虏兵所在，只闻弹声呼呼唧唧。余定睛四顾，见有白巾蠕动之处，即知为同志，皆三两分散，伏于各处，即街之对面民房上亦有，究不知何以如此，实属莫名其妙。是时余之枪弹，只余数颗，李雁南则挟有驳壳，外尚存炸弹两枚，因以一枚相给。余得弹，心中益壮，蛇行至临街，俯身下视，并无一人，只得伏下，以伺虏兵，惟见瓦面上枪声接续，时起时止而已。伏伺久之，回顾后面，竟不见一人，默思虏兵不出，伏此无益，与其守株待兔，曷若仍寻同志，对虏兵杀个快活，岂不较为上策。不意昏夜中，已迷来时之路，且白巾悬胸，虏兵易见，迫得蛇行弯至一有天井之人家，见其厅中，尚灯火荧然，屋内之人，本在厅上，一见余至，即纷纷走入房内，只得以好声相请，梯余下去。久之始有一妇人，出来张望，余见其状似惊慌，遂柔声与语，并言革命党不怕死，有祸独当，决不肯波累他人，余非欲下去藏匿，不过欲借此出外，与敌人搏战耳。继有两少年，携灯走来，仰面望见，见余为书生状貌，面上似含不胜敬仰之意，旋移一木梯至，余下将去半，各人见有炸弹，纷忙走开，颤声嘱余小心，余急以言语安慰。诸人又走拢前来，向余询问，观看所携炸弹，并以茶相饷，余一一告之。其实炸弹一物，余亦自来未曾试用，不过死志已决，则中无所畏，故亦视如常物耳。当下对此家之人，道谢一过，即启门而出。走至街外，更无所见，即枪声亦已沉寂。默思六十四号，路离不远，莫若回去，再作道理，惟莲塘街直对观音山，恐为虏兵所觉，独自一人，未免吃亏。遂往庄汉翘所办之机关处叩门，久之无人答应。乃走至大石街口，向北一望，绝无动静，然后闪至街边，直跑到门口，呼门而入，则李雁南、欧阳俊，已先我而回。李君左手拇指已被击断，欧阳俊则因穿长衫，登瓦面，折伤右腿，幸均无大碍。各人聚会，悲喜交集，互谈与敌对击之状。欧阳俊问余："何以辫发如此凌乱？"余以手扪之，觉头上有湿，视掌中已鲜红矣，始知余亦被伤。各人忙向余头上查视，见头顶右边一块皮连发脱下，竟全然不知，且心中清朗，毫不觉痛。同人皆向余安慰，此时无事，随将辫发拆开，拭干血迹，始觉微痛，遂再行结回，但鼻腔中亦积有血，则不知何故矣。

嗣闻东方阴沉枪声极密，互相测度，决为新军，因军纪关系，此时方得发动，攻入城中，不觉心气更壮，分整枪械，三人同出，约定不得离开。仍循大石街前进，然东边之枪声，又经停止，街中静寂，人影全无，即夜里寒虫，亦不敢高鸣，以慰吾人无聊之心境，其萧索境况，令人愁闷。余等以此种情形，虽前进又将何往，不啻无的放矢。逡巡间又互相商酌，仍以折回莲塘街机关，再候消息，较为上策。当即决定同回，是时亦颇知事属失败，惟不愿以此两字，出诸已口，只谈新军一至，则马上功成之壮语，人人皆通宵不寐，坐以待时。

直至天色大明，闻街外有人足往来之声，余从门隙中瞧去，不觉登时身寒半截，举止失措，盖已满街虏兵，往来张望矣！急告之诸人，咸现失望之色，不知如何是好；遂将所有军械及一切嫌疑之物，堕下井中。此际不能不预备虏兵查问，先互相认定，假作夫妻叔嫂，以符供证。余则穿回长衣，架起眼镜。王振国身上先藏有长衫，以备失败时之用，将伤脚包好，卧于床中，伪为有病，不能言语。盖王乃赵声先生部下，籍隶安徽，言语不同故也。欧阳俊则自出队至今，未曾卸过长衫，其两海丰籍同志，则作为仆役。惟李雁南已无辫发，指又弹断，最无办法，试以女服穿之，更不僧不尼，反引各人于患难之下，共笑一场，左右思维，惟有密藏不出之一法，或有机缘可待耳。果然不出一刻，外面声称搜查，何女士胆力独厚，先出应门，故意询问一过，始开门纳之。则警察约十人，只在厅上向余盘问，并未入内，彼见对答清楚，毫无惊惶之状，竟不生疑，余反问其昨夜究因何事，彼亦不言。看察一过，在各人身上略摩，即行出去，居然瞒过一时。于是共登楼上，与李雁南坐谈，讨论脱险之法，终无善计可施，不胜愁闷。李君亦自知不免，反嘱各人不必为其个人设想，况来日大难，吾党同志逃出一人，即得一人之用，言下不免洒几点英雄老泪，以祝各人努力前程。是时虏兵极力搜索，吾党同志，莲塘街一带瓦面，伏匿尚多，追杀之枪声，时停时发。陡闻瓦面上一阵呼喝之声，继以枪响，余启楼门望之，见一同志为虏兵所迫，走近临街，余方向之招手，已为虏兵所击中，辗转堕于街下，更加愤气填膺，中心酸痛。而街外之兵，又大声向余等敲门，喝令速开，各人只得纷纷下楼，仍由何女士出应。此次乃是宪兵，一入屋内，即喝令出去，谓瓦面上有人藏匿云云。此际如釜底游鱼，不得不如其命，遂互相牵手而出。至门首，该兵又不准行，余只得立于门之右边近墙根处。忽有一弹击中余头上之墙壁，碎砂下堕，是时枪声纷起，不知由何处射来，故亦不奇。方举手拂拭头上沙泥，一面转首视著弹之墙，陡觉有人执余胸前，以手枪对正弹来，余闻扳机之声，向正一望，不是别人，正是昨夜跪地求饶叩首乞命之兵，想其先对余击一枪，射于墙上，然后走前执胸击之，讵第二枪失燃。余与此君狭路相逢，急以手格拒，一面骂之曰："没良心的!"正是说时迟那时快，余乘势两手一推，即已挣脱，对街钻去，急足飞奔不敢回顾。闯入邻居一巨宅中，走至厅前，独一老人在厅中扫地，非常闲暇，彼不理余，余亦不问，直闯其内室已闭之房门，为余两肩一推，立即破裂，亦不知力所自来，共破房门两度。走入一房，陈设颇雅，而罗帐低垂，床之面前置一新马桶。此际已无路再逃，立登榻卧下。其实该兵并非向余追赶，不过惊慌之下，故极力狂奔，当时诸人未知底里，两女同志，以为余无端与该兵纠缠，仓皇独走，竟公然向该兵质问，极力缠绕，勒其交回原人。此时宪兵甚多，见两女界向一穿草鞋之防营士兵交口责难，反指其躁妄滋事。该兵一时不能分辩，纷乱之下，竟有口难言，大约尚有点天良一时发见，回想昨夜不杀之恩，是以亦不追究，随即窜去。嗣有一宪兵指知余奔入之屋，各人遂互相牵手，联同入去访寻，在厅上高呼余名。余卧于榻上，闻声而出，则扫地老人，已失所在。默思此屋甚奇，家屋齐全，除老者外，别无一男一女，厅房又多，任余奔避，事后思之，不禁好笑。当下步出厅中，与诸人相见，咸问何以如此惊慌，余将冤家路窄之情形，低声告之，各人始为之咋舌。适有一宪兵立于天井中，因许以钱，求其保护出城，该兵点首，余检身上，只余一元多，盖自办此处机关，前后只领过公款九十元，洪承点又不知住何处，以至此时欲求小款赎命，亦不可得。嗣该兵伸两指示意，何女士对余言，适存有纸币二十元，余曰："得矣。"立即给之，该宪兵笑容可掬，接后即藏入鞋内，随对余言，只送回旧寓云（即六十四号），各人始知受愚。然到底心虚，不敢追问，且余此时头上伤口，又有血溢出，以指按之，染有血色，忙即拭净。

继思亦不应撇却李雁南一人，且不卜其生死，回去看视亦可，随令该宪兵送余等回寓。一行人众，仍互相握手牵联而行，乃至入去，则室中各物，为诸兵劫掠一空，但屋内用俱，多属赁来，亦无贵品，殊不在意。各人急忙登楼，则李雁南犹在暗处危坐，互道悲喜。随即闭上大门，默念危险之期已过，此际或有一线生机希望，因当下宪兵大队入内搜捕见屋内无人，遂大肆抢劫，只顾掠物，李雁南得以不为所见，于是各向之安慰。惟通宵不寐，昨日至今，无粒米入口。此屋有一后门，与督练公所只隔一冷巷，余见邻居笼鸡甚多，由冷巷行去，可以取之，遂命何女士往取，如为人所见，即给回相当价值，并诉以无物充饥之苦，余则站于后门以俟。讵何君方伸手入笼，群鸡惊噪，主人闻声而出，大呼窃鸡，何笑而告之，并给以银，遂取其一，欢喜携回；讵鸡之主人，命一佣妇跟踪而至，虽笑容可掬，而左张右望，面带异色，似有意欲看吾人之状，口称主人不愿受酬，喜欢相赠，坚将原银交还，却之则不顾而去，想其已知余等夜来之举动矣。屋中存米，幸未为乱兵掠去，于是杀鸡造饭，同饱一顿，不啻圣餐也。迨至入夜，不意风雨骤至，天气转寒，所有毡被，又劫夺净尽，屋中八人，聚坐于房内，互相讨论脱险之法，而以王振国、李雁南两君，人地生疏，各将身上存银给之，以为逃难之用，并决定明日，由余先出，觅一假辫，另向商店借灯笼一两具，雇肩舆出城，此计或可瞒过。商议已定，心亦稍安，坐以假寐，直至天明，以何女士送余出门，伪为眷属。

此时街中仍静寂异常，间有兵士往来，并不盘诘，被击毙之同志，约有十人，脑浆渍流，鲜血染地，见之令人心痛！两人直行抵督署前，余展眼一望，不觉顿足愤怒，全身发热，猛然间心雄气壮，直贯九霄。盖辕门之内，尸横遍地，赤血斓斑，始知失败后，诸同志死伤之多，满吏之酷，余自来未尝见过，乃以自己同人成兹惨状，活现于眼帘之中，诚毕生不能忘之事也。旁有闲谈数人，亦在此指手画脚。因行近一步，细心辨认，有无素识，惟一时难以分别，其中已剪发者参半，以枪击为多，间有断首者，惟有一特异处，则死者皆面色如生，两颧菲红，令人见之起一敬而壮之之心，绝不似寻常尸首，色如黄蜡，令人望而生畏也。想死难诸同志，丹心浩气，直薄云天矣！余以心事未了，不敢俄延，随令何女士再行回去相待，急到平时所知备有假辫之友人处（当日已剪发者，恐受革命嫌疑，多装假辫以待留发）借来应用。讵转折至惠爱街，不图与欧阳俊等相遇，后面有一宪兵负枪随之。是时街上行人已众，不过督署后面附近，尚少人来往耳。欧阳君与余觌面之时，即分发该宪兵回去，而以目对余示意，当即领会，诸人遂自行分散。嗣欧阳俊言，当余出门未几，适瓦面上有一同志，为虏兵瞥见，遂用大队宪兵围搜，李雁南亦被发觉，同时就捕，下楼时，衣履已剥夺净尽，赤足拥至厅中，亦不言语，只怒目环睁，大有吞噬虏兵之慨，对于各同志，则伪为素不相识，其胆力之雄，丹心决死，殊足为吾人钦仰矣！当李君雁南随虏兵前往就义之顷，偶遇一宪兵刘焕南（河源人），亦本党同志，且为欧阳君同乡，遂恳其护送出城，于是诸人始得脱险。

后查李君雁南在德宣街督练公所就义，当时雁南交出纸币数十元与宪兵，以为殓葬之用，此事后刘君焕南所言，必非虚语。迨反正后，余与欧阳俊等登报招李君雁南之妻来省，彼携一夫妻共影之家庭乐相片，至辨认无讹，然后接至余家，以嫂事之，互赠以数百金。是时广东都督为胡汉民先生，李君又为其所素知之人，余等遂为之请恤，而送其子入学焉。

辛亥三月二十九广州革命之经过

王兴中

三月二十九之役兴中与焉。当时兴中奉命担任接应小北门方面新军入城之联络，谨将经过情形略志如下，或亦有足供于国史之编采也。

兴中奉本党统筹部赵伯先、姚雨平、李济民同志之命，设机关于小北门内三眼井第九号门牌，准备举事，一面召集在顺德潭州绿林同志黄育、孙祺等五十余人来省候命，以便举事时在小北门响应新军入城。至三月二十八日午，黄克强、姚雨平召集同志在长堤嘉属会馆开会，各组首领到者五十余人，当即议决定于四月初一早五时举义，分四路进攻，一路由黄克强统率攻督署；一路由胡毅生统率攻水师行台；一路由姚雨平统率攻新军营巡警道；一路则已有警察所长夏寿华经郑任良同志运动成熟一同发难，不得临阵退缩。并电赵伯先来省指挥，电文略云："老母病急，速付人参。"至下午二时始散会。后接克强专函报告谓："太平街机关被破，各同志非常危险，惟有改期即刻进攻。盖以其坐而失败，不如鼓勇一击，或可幸而成功，请速通知各同志准备响应。"等语。当时同志中仅雨平与丘锦芳及兴中三人而已，然事已危急，即欲通知亦复不及，惟有分头响应。兴中即到仙湖街率同志十余人，携短枪，配炸弹，奔返三眼井会齐各同志共六十余人，即闻督署炸弹声与枪声杂作，知吾党已经发难矣。兴中即率各同志向小北门进攻，与防营百余人鏖战逾时，彼众我寡，殊无取胜之道，乃暗率同志三十余人分向飞来庙抄击至小北直街；又遇番禺县亲兵二百余人，扼守街口，诸同志奋不顾身，尽将炸弹轰击，互战许久，敌兵亦不敢来攻。时同志中已被击毙多人，所存者仅兴中等七人而已。乃折回小北门，则枪声已停，只见沿街尸骸狼借，其未死之同志，想已各自逃生矣。兴中等仍恐清兵来袭，乃避入附近一米店，执枪以待，时已入黑矣。及登屋面察看，只见督署火光融融，别无声息，新军亦不见有所举动，容讵知大事竟一败至此，真愤不欲生也。当此进退维谷，不料清兵竟满街放火。吁嗟！吾民何辜，遭此凶殃。时则满街难民扶老携幼，呼儿唤父，为状之惨，实不忍睹。兴中逼得混入人丛，逃至文明门内织染学校，而校门已闭，幸有陈活民同志在内，始获开门延入，亦不幸中之幸也。

当兴中进入织染学校时尚藏有手枪两只，因恐一旦被人发觉，则证据确凿，株累于全校学生，为祸更不堪设想，乃将之藏入厨房地砖底内，仍不禁心然 怒怒终恐未妥；旋即将枪取出转藏于校外垃圾堆底，心始稍安，如释重负。避匿几天，已至四月初五日矣，连日俱有人来校询问王兴中是否在此？幸陈活民同志异常机警，以本校并无此人相应。私幸满奴未即派队来拿，益知此间不可再住，即于初六早六时冒险出城。沿途屡被警探盘查，赖有学校假单，未至露出破绽，始得平安趁轮赴港。当时港中各同志咸疑兴中必死于难，及晤面后，悲喜交集，互来慰问。时同志逃难来港者有苏慎初、吴公侠等，按日仍陆续不绝。其中最使吾人哀痛者，厥为赵伯先同志适于此时病殁于香港，呜呼！国难未已，哲人云亡，宁不悲哉！但一念及逃走不及之同志与陈活民并织染学校，则又不免栗栗危惧，诚恐一旦有失，全校学生安得不为刀下鬼？则我虽不杀伯仁，伯仁实由我而死，中心鹿鹿，寝食难安。果也，翌日即得消息谓："织染学校于初六早被军警围搜，幸无违禁物品，竟将全体学生五十余人拘解至行营，逐一由侦探查认，并无王兴中其人，始得释放。"又当兴中方在离校未久，一线一机有如累卵，诚险也哉！事后始悉因三眼井机关被破后，有同屋共住之兴宁人曾某，忘其名，被满奴所拘，彼乃直认为王兴中所愚，并称自愿效力捉拿王兴中以赎罪，乃恍然于织染学校学生之被围拘，实由于此。交人之难，可不慎欤！光复后查得曾某为人所杀，为虎作伥，可谓全无心肝者矣。

▲辛亥三月二十九之役南顺战纪

邓慕韩

辛亥三月二十九一役，以广州为发难要地，远而联络江、浙、皖、鄂、湘、桂、闽、滇等省，近则运动南、顺、惠州各处相继响应。迨广州失败，各省不能继起，惠州则事未成熟而同志被捕。独南、顺一路竟能奋起与满清海、陆军队鏖战，所向克捷。迨知大势已去，乃旋师解散。然师行所至，秋毫无犯，不特足以寒虏吏之胆，益可见党人之义也，故详纪（记）其事。

起源 粤中自中国同盟会成立后，革命风潮日益膨胀，其始也会党、教徒、学界、军人陆续加入，继而宣传。潮、广绿林豪客中亦明了种族主义，非行革命，中国无以自存。由朱执信、胡毅生等出而运动，于是广属中如大塘之李福林，上淇之陆领，两龙之张炳、邓江，马宁之麦锡、陈相，高赞之梁壁、联光华、吴勉、吴近，甘竹之冼添、谭滔，容桂之梁敬宽、陈林，新会之谭义，三水之陆兰清、黎义，海洲之袁有光，小榄之李就、伍顺，亦咸来联盟焉。而李福林、陆领、谭义、陆兰清、黎义等，曾于戊申（清光绪三十四年，西历一九〇八年）时南渡星洲，亲谒孙中山先生商议革命进行。乃归国以后，加强革命运动。南、顺为蚕桑特产之区，人民饶富。陆领者，本该地之农家子，年少任侠，好与绿林豪客游。自投革命后，慨然以军事自任，故党中寄以专责。陆领由是结纳豪客，广购军械，众益归之，以乐从一带为根据地，待时而动。庚戌广州新军之役，原定南、顺出一路以应，卒以新军未届期而骤发，遂败。故该路只集中乐从墟候命，而不果起。

筹画 洎乎辛亥吾党重有事于广州，初定分十路进攻，集敢死者一百五十人为前锋。陆领等闻命愿往担任将军衙门及满汉旗界完全工作。惟全部人众由乡至省，倘被满清军警所疑卒来阻拒，则事难成；乃筹议乘清明扫墓之期，伪作宗族往省祖茔，混军械于祭品，租赁袍服数十袭，伪为绅耆率领子侄，掩人耳目，封用乡渡不乘外客，由火轮拖带直驰省垣，停泊油栏门外长堤码头，勇跃登岸。并在油栏城门内先赁一铺，豫藏有械者十余人，届时将城门监视，使其不得关闭阻碍师行，径入内城，计诚巧矣。

变计 师期既近，清军已有所闻，于广州附近中流砥柱、车歪炮台派兵搜查来省轮渡。朱执信于三月二十八日亲赴乐从告以省垣近状，以前定计画难以成事，不如改由乐从渡澜石直趋佛山，进逼省垣，进行虽不若船运之直捷，然由乐从至省沿途清兵单薄，党军当之直如摧枯拉朽，此策较为安全，乃采用此策。

发动 省垣二十九起义，乐从相隔颇远，消息末由传达，陆领遂于三十日竖旗举事。先是有清兵一队驻杏市，其管带为魏炎，又有一队驻乐从，其管带为汤贵荣，事前均与陆领等通，发动时陆等乘其用膳直入其营，故无有抗拒。计在魏部得枪五十余杆，汤部得枪七十余杆（其兵士愿从者，一律收编，共同杀贼），即进驻乐从团练分局为兵营。局中枪械收缴，各警察靓状纷纷逃匿。四月一日占鳌溪公局，收缴枪械，声威大振。对于人民一无伤及，并出有安民告示，且劝人入会及剪辫。

鏖战 粤吏接得警报，即派江巩、江固两兵舰驰赴石湾河面驻守，以防党军过河。初二日晨，党军抵河干，即向两舰轰击，两舰亦还击，相战颇久。旋兵舰无线电天线忽被击断，死带水一人及水兵五人（党军仅伤二人，邹鲁所编《广州三月二十九革命史》言民军被击毙百余名纷纷落水者，实误），两舰迫得斩断锚练向下游而遁，党军遂从容渡河上澜石进攻佛山。李准闻报即派统领吴宗禹及施光廷、李声振督率大队，并带退管炮多尊，由铁路输运赴援。党军进至通济桥时，已有由省赴援之湘军三百名驻于蜘蛛山。赞翼诚善堂正在食饭，忽被猛攻，拒战五小时，阵毙管带马惠中及防勇二十七名，党军方面殉义者只有张朝及不知姓名者二人而已。卒被党军奋勇向前将该堂焚毁，并毁去敌人所存子弹十数万发，省军即退入镈犁嘴、佛山。同知惠某大惊，即偕文案朱、沈二人逾后墙逃走。党军连战皆捷后，闻省垣事败，往亦无济，乃旋即分散各处。其时顺属之容奇、桂州、龙江、龙山、甘竹、马宁，南属之九江等处党人纷纷继起，后知大队已退，因暂驻两龙，然后陆续分别遣去。

舆论　党军进至佛山通济桥时适大雨，向各店购雨帽及床板运回受伤同志，均给以原价。有店主某不取偿，党军云不取偿不敢用，遂冒雨去。军纪之严肃，举止之文明，佛山人至今犹乐道之。其在乐从起义时亦秋毫无犯，对于巡警概不仇视，所有米店皆派人看守，不准居奇。初三日，由佛山退回该墟，将前日所用早晚膳二百七十余席酒菜银，概向原店清结。起事时所缴魏营、汤营警察各枪械，均如数交回（失去防营毛瑟枪亦悉数偿还），其信义如此，各界感动。

余录　三月初旬，党人已有传单印送乐从各户，大致言："瓜分在即，政府无道，须由吾人自起防卫，如遇有事，各人不必惊扰。"云云，下盖第某师团之印。事后顺德绅士开列首要名单，禀请清军拨勇搜捕，计开十三名，为陆领、陈耀南、何江、岑太、岑苟、何梦、岑盛、岑甜、岑鉴、霍来、陈少宜、黎杏、张炳南。初一日，顺德东从墟局绅刘济川等到县报称：三十日午刻有剪辮人数名在该墟演说，聚集数十人。约演数分钟时已有数百人，声势异常汹涌，各铺户纷纷关闭，路上均是党人，遂将该墟各绅拘住，即在水藤乡四处插旗。其旗四面皆红，中作白圆形，四角蓝色云（按即今之国旗）。该县朱令闻报，即邀请顺德协及护沙局龙绅景恺、罗绅豫淞等到县商议防守。

文成经送与胡毅生、张炳两同志核正。慕韩附识。

革命党人在惠州

林典煌

黄花节又届二十六周纪念矣，吾人追怀先烈，血染黄花，壮烈情形，令人景仰。查当日党员参加者，无虑千人，不意机关迭破，集中不及，迫得仓卒出击，实只百有余人，竟破大敌，终以弹罄援绝，非死即伤，得生还者，为数极微。迨民国成立，军阀擅政，革命事实，人不忍言。直至第十五届黄花节，始由胡汉民、林森、邹鲁、吴敬恒诸先生互相征集事迹，汇成《广州三月二十九革命史》一册。继而革命纪念会邓君慕韩，复搜集前册所不及载者，于第十八届黄花节，汇成续编一册。惟关于姚雨平、郭守毅两先生所经办之惠州党务，其活动情形，与攻督署之烈士，具有联贯密切关系，而两册所载均简略不详，是以中央史委会仍继续搜集此种史料，以免遗珠。际兹第二十六届黄花节，国人纪念先烈，允宜增详，兹特录出关于惠州方面情形，以告爱国人士。丁此外患方殷之下，深愿举国俱有先烈精诚团结为国牺牲之志气，以共纾国难也。

一、惠州党务发达之里因。惠州据岭东为剧郡，实全粤之咽喉，军事所必争。孙总理知其然，故迭次革命军兴，恒以惠州为发动地点，如三洲田之役、七女湖之役，革命风云，震动全国，清吏为之破胆者屡矣。庚戌新军未举义前，姚君雨平，曾亲抵惠城，在南门姚屋巷，组织党务机关，秘密运动。惟东江方面，当日交通，异常不便，而风气闭塞，地瘦民贫，革命运动，尤多障碍。迨科举将废，学校初兴，始将旧日之丰湖书院，改办一中学，为惠州十县最高之学府。校内诸生，俱舍弃科举，以求新学，识见当然颖异，不啻荟萃十属优秀人才于一隅。适有郭君守毅，应聘于惠州中学，教授理化、体操各科。郭本革命党员之健者，在外洋与总理及胡汉民等共事已久，因仰体总理革命运动之方策，每注重惠州形势，以为进行根据，遂负党中秘密之计划，屈就教授职务。自掌教后，得悉学生中已有党员在内，因暗中相与联络，果然不旬日间，全校学生，踊跃加盟，争先恐后。以诸生之学历程度，固已优越，今灌以革命新识，则党务之扩展，组织之严密，自必臻于完善。由是诸生成立自治会，一致公推甲班班长梁君镜球为会长，以便布置一切有利革命运动之进行。旋向学校监督交涉，要求政府拨给新式快枪百杆，以学习兵式体操为名，实则预为革命军起义之用。果然不久，即领到枪械。于是全堂学生，气雄万丈。而郭君守毅，亦精神奋发，每星期均带领全队学生，出外野操，暗中部署。依照革命方略，分别编出列长等名目，以便各人担任职务，指定某枪为某生专用，免致临事张皇。并令有枪之学生，必要出资自购枪弹百颗以上。各生亦忠勇奋发，团结一致，分头预备。郭又选出精细而较热诚之学生，秘密授以酸素化银化碘各种制造法，俾能自制炸弹，以备革命需要。当庚戌初年，新军举义失败后，学校开课第一次出外野操，郭特带领武装学生，至南门外飞鹅岭要隘，对诸生演说，历述新军革命忠勇壮烈情状，各生为之感动，情绪热烈，紧张异常，有握腕狂呼者，有捶胸愤号者，恨不能立时溅热血于虏廷，斩满酋之首领，大有驰志伊吾，牺牲身躯之概，雄气如虹，直冲霄汉。自时厥后，一唯郭之指挥是从，每当出操，步伐整齐，莫与伦比。虽陆军学校，亦不能及。盖精忠所聚，纪律严肃，有不期然而然者。省派视学员，见诸生操演，精神焕发，惊叹无似，竞羡称惠州中学堂之兵式操，为全省第一。而本堂监督，亦以此而获上峰之嘉谕；庸讵知收此良果者，乃孙总理伟大之主义，深入于诸生心窍中，故有特异之成绩，局外人又安能窥其万一耶？

二、民众及军队之活动。当日学制，分为寒假、暑假两期，诸生自加盟革命后，即在假期内分途运动。惠州十县虽大，各生散布于城市乡村镇里间，怀热诚领导之望，与人民相接洽，成绩遂成特异状态。两期统计，民众加盟入党者，不下万人（典煌为党员注册保管之人，是以详知）。计归善（即今惠阳）一县为最多，数逾过半，其他则河源、博罗、海丰为次，而最少者则为长宁（即今新丰）。以个人运动最力计，则陈经同志为首（陈于辛亥九月间殉国，事略参阅篇末附说一）。由三洲田至白茫花一带，各乡约民众加盟入会者尤夥。至联络绿林，则严德明、欧阳俊、李子先、陈经等分负其责。而与军队交通往还，则梁君镜球与典煌任之。郭君守毅，以成绩优异，已达到党部所期望之程度，遂将教授职务辞去，以惠州党务发达情形，报告于海外党部诸领袖，俾便筹划；并命吾人与姚雨平同志接洽，随设办事机关数处于惠州府城内，而党务扩展之情状，亦与日俱增；即使三月二十九，党人不在广州举义，则惠州方面，亦必能自动酝酿而起轰烈之革命，以继三洲田之后。自郭君他往，惠州党务指挥，奉姚君雨平为主。姚未抵惠前，则由梁同志镜球任之。盖上级党部与同侪，均认梁君忠实而努力也。嗣郭君守毅，忽假辫发，长袍小帽，秘密抵惠，诸同志乘夜开会以欢迎之。郭称："因汪精卫谋炸满酋，失败被困，决定随胡汉民先生秘密前往，设法营救，以期减轻其痛苦。盖党中同志，亲爱逾恒，稍有一线可为之机，亦当尽力，故此行有充分之必要。"诸同志闻之，咸切齿痛恨，愤慨万分，即席捐集款项千余奉赠。惟郭君不受，只取极少数，以见彼此爱护之诚，而对各人勉励一番，并嘱党务数事，即于翌晨悄然而去，不图郭竟从此与诸同志永远告别（永别原因，参阅篇末附说二）。吾人亦于是时，分途购办制造炸弹诸原料，以严确廷同志（黄花岗烈士之一，在广州督署殉难）。在水东街开设寿康西药房，购买较易，遂由其代办。各件齐备后，随在塘美街之机关，设一化学室，依照郭君所教化学公式构成之分量，秘密制造。初则以锌铁罐为外壳，草创制就，先往西湖外之乡间，在一石壁上试验炸力，强度比例，十分满意。继则觅有铁匠，以造外壳，并辗转设法，觅得信管碰火，细心精装。其碰火难得时，则代以药引，外涂洋蜡，以防潮湿。此处制造所，非工作人员，任何同志，不能到去，亦不得知，管理非常严密。每成一器，即另藏于特别室，交决死之专人保管。并刊大印一颗，文曰："国民革命军惠州司令长关防"。撰定安民布告，以姚雨平名义，预备公布。而增置枪弹，及一切军事，均分别预备。嗣梁镜球、严德明两同志，由广州偕姚君雨平所派之陈甫仁（黄花岗烈士之一，在广州督署殉难）、李杰夫等，乘广九初开之列车到仙村，转雇民船抵惠，巡视诸事之后，即开始运动防军。提督秦秉直所部，有帮带哨弁数人，同时加盟，寖且大张旗鼓，假金带街东樵书院为军人加盟之普通地点。然运动下级兵士，必须变通方式，要加盟者散开辫发，当天跪下，设誓发愿，然后以药水在其胸间书一"文"字，意即胸内服从总理革命主义之表示。并由吾人面嘱，凡经加盟者，即为革命军人，月饷定为十元（清代是时月饷四两二钱），如遇吾党举义，虽不同时助战，亦须携械来归，每枪一杆，给赏百元。各兵辗转联络，凡介绍有人加盟者，即酌量给予小费，以为奔走之资。每逢星期即有多数兵士，陆续而来，分帮以入，独典煌与梁同志镜球及一李姓同志为之监誓。盖决定如有失误，则惟吾三人独自当之，此等虎口危险举动，非决志为国牺牲者，殊不愿他人轻易加入。自此办法行后，寖而至于驻在外属之防营兵士，亦有得问而至，加盟入党者，统计约有数百矣。

三、博罗方面抗战之影响。吾人正当布置一切军事进行之际，姚君雨平忽派丘锦芳同志来惠，传令各处绿林、防军、民团须一体加紧工作，切实联络，以待后令。当即由梁镜球、严德明两同志，会同丘君前往横沥地方，会晤东江绿林钟、李、严诸头领。乃去后未几，又有曾其光、罗节君（即罗仲霍，黄花岗烈士之一，在广州督署殉难）两同志由外洋秘密抵惠，述及博罗方面，有大帮绿林，要与吾人联络。吾等以两君不惮遥远，冒险回来，更加欢迎。适诸人往横沥方面者，不一日即已妥事，先后回抵惠城，遂乘此时机，又由梁镜球与典煌会合曾、罗两同志先往博罗县城，到李勉周同志开设之永元当押店，假宿一宵，而嘱李转达姚君之意，于已经联络诸绿林、民团，预备布告番号，以便同时举义。吾人随乘山轿，由带路人引至罗浮山下，与谢、苏、陈、李诸绿林头领相见，此辈以吾人半属剪发易服，大表欢迎。附近乡民见有革命党员来到，老幼均出而迎接，喜溢眉宇，争瞻丰采，宰豕杀鸡，殷渥招待。缘满清时代，乡民备受清兵蹂躏，故对于绿林豪客，反为亲切，而视清兵如仇敌。当下诸头领发帖搬马（洪门隐语，即集队之意），招各帮魁首来会，在一宗祠前之旷地上，与诸人轰饮。席间吾等各有演说，咸宣传总理革命主义，为救中国之唯一方策。其时妇孺环观，莫不肃穆恭听，乃正当觥筹交错，畅饮欢谈之际，忽有草鞋（洪门隐语，即刺探敌情之人）喘息慌忙而至，口称博罗方面有大队花腰（洪门指清兵之隐语）向罗浮山出动，旦夕可到，必向本处进攻无疑。诸头领闻之，似面有惧色，各以洪门隐语互谈，吾人不能解，而喧嚷一时。乡民之看热闹者，聆此消息，纷纷离去，顷刻之间，顿形寂寞。只余数十人，弄枪整械，即赴会头领，亦有不告而去者。吾等从来未经此种阅历，默思此际，归路已断，设使诸头领各率所部不顾而去，则吾等数人必无路可逃，有如瓮中之鳖。于是设法招收散去之绿林，允予补充枪弹，由梁君站立高处，向各人演说，声明合力与战；各头领亦不甘示弱，而居于畏葸地位，咸表示愿听指挥，一转瞬间，竟呈敌忾同仇之状。缘当日社会民情，对于党人莫不坚心信仰，故党员与社会间之交际，极为人所崇重，然亦吾辈党员能切实牺牲身家性命所得之效果，殊非可以幸致者！当下吾人命其敢充前锋者立于左边，不愿者站于右边，于是立于左者约百余人。吾等遂将立于右边之人，摘取其身上所悬之枪弹，纷纷置于地下，有不允者，即驳之曰："已不作前锋，则毋需多弹，况他日必有补回，不过暂时借用而已。"彼辈语塞，而又不便反抗，只得任我等为之。盖吾人终防诸头领借口带来枪弹太少，存恐惧之心，若令其自行分配，则平时帮派各别，又势所不能，故出此临时兼并之举，以壮军心，此皆梁同志一时所摆布之急计。于是立命敢充前锋诸人，如枪弹少者可向地下取之。旋以曾君其光，昔在三洲田之役，随同郑士良、林海山诸先辈，累次作战，见识较熟，因划拨六十余枪，统带五位头领为前队，余下不及百人为后队。惟以诸头领平时不相统属，遂命认定旗帜以分队伍。但乡间欲求数尺白布，亦不可得。辗转寻觅，始得白纸一大张，权充领队旗帜。由罗仲霍分书革命军第一、二两队指挥官，第一队曾其光掌之，第二队梁镜球掌之。果然有此标帜瞩目，立即自然分为两队。是时曾君已觅有草履，卷起裤裆，手擎纸标，精神焕发。吾人与之约定：第一队埋伏于敌军来路山间之侧，与第二队相距不可过远，并须听到第二队枪声，方可出而向敌人横冲。随即向前路出发，各头领对于地形，固已了然胸次。前进不久，第一队即有人来报，埋伏已妥。吾等亦择于当路分伏，罗同志并拟半分队伍，以为犄角。梁君谓人数已少，若再行分割，则兵力更薄；今聚全力于此，邀请当路，必获以逸待劳之利。且防军从来未尝被人邀击，吾人此举实出敌人常识之外。两君争论颇久，各具理由。后各头领以梁说为然，各人始纷觅藏身所在，枪口向前，预备射击，静候敌人。讵料候至拂晓，尚无踪影，寝假而东方大白，旭日放光。第一队使人来言："如不见敌，应于何时收队？"梁君坚决声称："必有敌人，切勿大意！须知此处已为大路，每日乡人往来必众，由吾人后面行去之肩挑负贩者，是时已留下十有余人，不准前进，而向此路行来者，竟不见一人，其为敌军所阻止，已属毫无疑义。”吾人以此论断，亦殊有理，只得再待。而全夜不眠，本已疲倦，细思此语，皆信有敌，精神复振。果然俄顷之间，前面枪声陡起，吾人莫明所以：何不依约定计划，由第二队当敌人正面？但隔一山坳（坳），不能目睹。各人皆惊异，谓第一队必被敌人发觉，受困吃亏。吾人严阵以待，再行静听，梁君忽起立高呼曰：“此是有枪声而无弹声，显系我军所发射；吾人不必在此呆候，应立即前进助战。”一声号哨，群起跟定白旗而跑，有如虎狼。走至转弯处，则第一队已派人来催吾等前进，始悉敌人大队，竟贸然前来，并无尖兵。我前队早经发觉，各人目击已久，忍耐不得，齐说开火。曾君其光虽欲阻止，亦来不及，只得从而和之。枪声竞发，虏兵措手不及，被击至分为两段，如狼突豕奔，争相溃逃，且战且走。我第二队急足赶上时，前队诸人，已下至山脚田垅（垄）之间，向虏兵猛射。我军两队已合，气势益壮，喊杀之声，震天动地。敌人崩溃之下，只顾奔逃，虽有山林，亦不敢据以抵抗，狼狈情形，令人失笑，且队伍错乱，落荒四散，不依原路后退。我军各头领，平日受清兵压迫，积愤已深，此时正其报复之好机会，遂紧急前进，追击不止。我等数人，迭次高举旗帜，口鸣号哨，欲诸人听令，以便相机追击，此际竟不可能。未经训练之兵，实属形同儿戏，危险殊甚；即曾其光此时，亦随同诸人，争先恐后，向前挺进，所执白旗，在田垅间时隐时现。沿途虏获击伤之敌兵及军用品物，各人皆争相夺取；而我军此时，已毫无队伍矣。一气直追至数十里，不见敌踪，我军尚不能完全收集。久之，始纷纷到一乡村，造饭充饥，闻此处已距博罗城不远。此役毙敌兵数十，而所夺之物，有军装及烟具，亦有生猪半截者，想是清兵于路强夺民间而来。我军则幸无损伤，只数名失踪，不知是否尚未归队，抑或被俘。是时急迫饱腹之后，随与各头领约定，暂行分散，候命大举。另雇一乡民带路，由此横越苏村墟之侧面，渡河以达惠州，不敢再经博罗矣。几经艰险，始得平安而回。曾、罗两君，亦自此告别以出香港。不一日即接其平安到达消息，并称已将此后情形，报告黄克强、胡展堂诸先生，且极受嘉勉云。惟此次抗战，原非吾人本意，只以当时归途已断，不获已而出此，且稔知防营情形，故敢于玩弄，吾见吾党人才，以空拳赤手之数青年，随机可以惩创强敌，亦非常举动也。且逆料地方官弁，必不敢据实呈报。迨吾人回后，陆提秦秉直果然出有告示，略称："罗浮山有大股革党，希图起事，经防军发觉，立即剿散，地方又安"等语。吾人见之，只暗笑其上下相蒙之丑态。当日官场窳败状况，于此可见。然自此役之后，地方官吏，咸惴惴于中，旦夕戒备，而于吾人党务进行，不无影响矣。

四、陈、严运械失事及审讯情形。自博罗防军受创后，地方官吏，不知诸绿林已分帮潜伏，以为仍有大股存在，迭请大兵，向罗浮山一带搜剿。吾人只闻时常拿获党人若干之告示，肆行屠杀，而于惠城之内，肘腋之下，竟毫无所觉，方引为幸事，而自鸣能审慎事机。适值东江绿林钟才，派其甥名柳娇者，随严同志德明往港接洽，吾人亦以事机渐迫，因与严约定：所有起义时饷械，由其设法运回。而核计时间，则至迟三月初二，即须到惠。严于抵港后，接洽已妥，由姚君雨平派罗炽扬携带款项，会同陈甫仁及柳、严等，运械至惠州之澳头。抵埗后，各用新闻纸将枪械包裹，陈、严两人先行登岸，防军以其剪发洋服，循例向之搜检，不意全属军器，一声喊起，即将两人扣留。罗等在后面闻之，知是失事，立返船中，不敢上岸，乘原轮回港，幸两人机警，否则不能免也。防军扣留陈、严后，睹此新奇军器，见所未见，不明用法，迭向之询问。盖当日此种盒子炮，即称为最新式矣。两君亦明白为之指示，并自承是革命党员，毫无讳饰，对各兵演说，中山先生为光复中国之独一救星，革命主义为我民族图存之不二方策；凡属党员，以身许国，身家性命，绝不顾及。防军闻之，俱为之感动，对两君异常尊重，备极优待，特让出一室，布设床帐以居之。继而防军班长等，私向陈甫仁询问，此次运械来惠，当在何时举事？陈于无意中，答以时日未定。殊此语一发，竟将良机当面错过。盖防军各兵，已暗中在商，如党人立即起义，咸愿携械随之行动也（此消息系该目兵等被连同解惠时由审讯口供而知之者）。严德明以陈君素性古直，不知变通，毫无机警，失此机会，遂亦不言，而立意自逃，于夜间乘人不觉，从窗口赤足跳出，沿海边行数十里，备尝艰苦，抵一乡间，入书塾中避难，然后雇一渔舟，飘海以达香港，而陈甫仁则已为防军严密看管矣。陆路提督秦秉直得知此事，特派其甥亲军营许管带抵澳头，将陈甫仁连目兵等，一并秘密提解到惠州，秦以其为真正革命党员，特亲自问话。缘秦虽武官，而古学湛深，从来未尝亲讯犯人。因素认革命学理为邪说，欲本所学，以折服党人。其气概抱负，似仿王阳明，立志未尝不伟大。惟性情固执，则与陈甫仁殊无二致。当讯问时，为甫仁引顾炎武、黄梨洲种族之辩，及春秋华夷各别之说，驳至无可回答。继而又以孟子学说相辩论，唇枪舌剑，剧烈异常。及甫仁引诵“纪功勒石张宏范，不是胡儿是汉儿。”而腔调游扬之下，骂及于秦之自身，遂瞪目惴息，气至面红耳热，不能言语；久之，始连呼此辈可恶，用手向案上大拍，致将茶盅碎落地下，幸幸退堂（秦后为党人之俘，参阅篇末附说三）；但陈君甫仁对于同志，绝不扳供，故无从株连。继查得在逃之严德明，有胞弟确廷，在水东街开设西药房，于是严密派人侦查其踪迹，此时诸同志尚无所知。梁镜球、李勉周与予等，因与确廷购置枪弹一事，常到该药房坐候，偶见数次有人来延医生，当下尚不在意，及归至中途，梁君忽以此事，认为可疑。缘严虽称医生，尚未大行其道，平时极少诊症。且来请医生者，何以并无病人同来，又不似延医之人，只问谁为医生，则其中必有原因可知。李勉周犹以为多疑，不肯遽信。予因与梁君共事较多，见其所测度者，均在情理之中，往往见微知著，如响斯应，自不敢不加意将事，步步留神；然而此时吾人以心问心，决不至有败事之错点，即有失败，亦断不在严确廷身上；盖其所办之事，均是居中介绍地位，从无自己经手负责者，又何至有意外之虞？至晚间，梁君坚谓泄漏事机，因回想与严德明临别之约，至迟三月初二，各物即须到惠，即物不到，而人亦应回，否则当有信通知，今已逾期，而杳无消息。此事关系及其胞弟确廷身上，自有一大原因，莫非在广州失事，牵连至惠州亦未可定。吾人如此忖测，抱一疑团，梁君遂乘夜往访其所经手运动加盟入党之哨弁、帮带等人。殊彼辈亦无所闻，只云拿获党人，随时皆有，即连日所杀者，均称是党人。盖清吏用极刑审讯，迫认党人以邀功也。此际吾人虽不得分毫消息，亦已将一切军用物品加意收藏，虽同志中亦无几人能得而知。果然不久，即得防营中人之详细报告，据称：因淡水秘密解到一党人，不肯扳供，秦提震怒异常，严令缉拿在逃之严德明及其胞弟确廷，殊连日不获，探知其家住在东江水口，遂派暗探水陆并进，以防免脱；而诸探又不识严面，于路逢人询问，伪为延医。适严确廷贸然而行，与诸探遇，一问即承，乃带之回署，秦提大喜，立即开堂，亲自讯问。讵秦一见确廷之面，即诧异指之曰："此人不是真正革命党。"殊确廷答语，尤为奇特，出于一般人意料之外，竟公然高声急应曰："我正是革命党，何得谓非？"两人先以此互相辩论，一方面坚不许可其为真正革命党人，一方面则惟恐他人不知其是革命志士，反将旁观诸人推入五里雾中，无从捉摸。此等审案奇异情形，实开从古未闻之创举。辩论久之，秦忽指确廷厉声问曰："若是真正革命党，何以存有辫发？"严曰："姑忍辱暂存，以办党务，而易于诛满奴也。"秦大怒喝令跪下作供，严笑曰："士可杀不可辱，堂堂革命党员，安有跪人之理。"秦聆竟，久久向之点首，已而自语曰："能说此言，自是人家好子弟，何不巴结上进，正由途而走，以期荣耀祖宗，乃反从逆作乱？"此时旁立一刑名老夫子，稔知革命党厉害，恐秦又以孟子学说，为人驳至面红耳赤，再闹笑话，因近前请曰："军门当休息，交卑职细心审讯。"于是秦退。而此老巨猾，命人设立座位，延严坐下，细问同党何人，以作株连之计。并提陈甫仁至。殊两人从未谋面，素不相识，竟在公堂之上，患难之中，礼貌谦虚，互相请益，雍容闲雅，各道姓名，彼此始知所以在此会面之由。当下两君均不肯扳供，备受此老巨猾酷刑拷打：始则以砖将脚跟垫起，执巨木用力锤之，继则施以所谓吊包袱、抱板凳种种毒烈淫刑，莫不遍受，终不肯扳供一人。老猾至此，竟无计可施，只得监下。吾人闻此恶耗，以虽未扳供，仍立即通告诸同志，自行检点。中学堂内，因前次购有枪弹，各人常在后山树林间，学习射击，立即传知，切戒停止，免启人疑。典煌因与梁镜球同志身负党中重要之秘密，是时身上不离武器，刻刻警戒，互相约定：倘有不测，当与虏兵抗拒，或同归于尽，以身殉国，决不步陈、严二君之后尘。亡何，确廷之幼弟德辉，在家中已闻此事，惴息而来，访问情状。吾人见其虽属童年，极为活泼，且明白革命真理，遂直言其兄殉党之志已决，不必再望生还，况属同志，比兄弟更加密切，如有可救，自然设法，毋须局外关心。因恐满吏株连家属，命其随即回去，告知老父速避。惟水口距城数十里，是时各处俱无电话、公路，德辉来时，急步如飞，此际两腿已极疲敝，仍奋然曰："吾足虽断，亦愿听教也。"因此一行，得以救出老父，免其横累囹圄之惨，抑亦幸矣！

五、运军械往广州与惠州城戒严。自陈、严两同志失事后，吾人处处留神，仍恐其受刑不过，于昏迷中供出同志姓名，不免旦夕悬念；而秦提对于此案，又极端注意严密推敲，致令欲得此中消息，非常困难，辗转访查，始悉两君并非羁押于寻常监狱中，而发交清军营严密管押；辗转相托，由一已加盟之哨弁，再设词请托，担任血海关系，始得以典煌一人与之见面。当下两君已知吾人来意，开口即谓无论如何，决不扳供，请诸同志放心奋斗，如不相信，可取砒霜送来，当含笑吞服，誓不皱眉，愿诸同志努力前途，不必以彼为念等语。自闻此言，一切悬疑，立时冰释，知两君禀浩气，秉丹心，早置死生于度外，吾辈后死同志，安能不为之五体投地耶？继而探知秦提，以拿获真正革命党，已去电广州报告；粤督张鸣岐命秦将两人解省。吾人聆此消息，认为有机可乘，立即分途发动，决调绿林数十，匿在城厢附近，给以短枪炸弹，于其落船时，在码头截夺。又恐军警林立之地或无间可乘，不能下手，一面又由陈经等，往东江下游磨盘角地面拦截；不料秦提早电广州，派一水舰抵惠，而用亲军营押解，悄然而去。吾人尚不之知，仍分途进行。诸绿林陆续方到，而城中忽然戒严，各处城门，均有防军检查行人出入，当时以情形瞬息变幻，实属莫明何故。继见军队调动，始知因陈经等统率绿林在下游截江查船，向每船巡视一遍，立即放行，并不劫掠，即行李亦未搜查；独遇当差者，间被殴斥，以此人皆奇之，然亦明知有革命党人在内，故举动离奇，但不知何事耳。城中闻之，以距离不远，是以立即戒严，及调兵往剿，则又散去矣。惟此次吾人所以后期者，皆缘交通不便，用是坐误事机，致丧我两忠良之同志，而莫可如何。吾人于失意之下，只得再行分别安置，以俟广州消息，待时而动。此际风声已紧，而贪功之徒，以害一党人，则官位立至，有黄某者，标营所谓千把总之流也，向秦提自告奋勇，希冀借党人之血，为染红顶戴之需。见中学诸生，出入往来，十九俱已剪发，揣摩秦提心理，以无辫者即是真正革命党，为迎合上官起见，遂向吾人极力侦查，知三江书院，为诸生出入最多之处。而吾人初时，亦曾假此为普通交际地点，因其地方广阔，且有后山，当购得枪弹时，往往在内便于试验，外间亦不闻声，因此各人常有到去。黄自发官梦后，常在附近闲行，吾人本随时留意者，一见其闪缩之状，即知八九。予常对各人言及，陈经同志则谓此等汉奸，非杀不可，决意引之入内，斧劈其首，而消灭之；寝而该探竟在铁闸外，伪售饼果，于是吾人之意遂定，一切均已分配妥备。乃梁镜球同志主张不同，力加反对，谓其必不止一人，消灭形迹，恐难办到，倘有失误，殊于大局有碍；吾人已无证据，终是学生，彼辈又何从加罪？且惠州府徐书祥，日者曾到学堂训话，谓：外间以本堂诸生，剪发易服，十人而九，多疑为革命党，惟本府则深信非是；但飞短流长，人言可畏，务须少入城、勤求学为要。此件实为吾人最有力之保障。故梁君亦恃此而无恐；殊梁不害人，而终为人所累。彼以连日侦查，不得要领，遂转向严确廷方面设想，终查得梁君与严兄弟，出入同行，有特殊关系，遂捏造事实，请陈提下令密缉；幸得有戚属在提署当差者，密告于梁之老太君，吾人遂乘夜互商，要梁速避。偶值是时经费奇困，因近日接二连三，费去巨款，各同志已罗掘俱穷，丁此生死紧急关头，竟赶办不及，无法筹挪。盖吾人自办党务，由始至终，未尝领用分文公款，所有一切购置武器及往来费用，均各人量力自备，而吾人本意，亦以举办各事，必须自行负担，独举义饷款，则由公家拨给；今遇此意外，时间急迫，梁君又不便出入，只得由典煌独自谒见其老太君，且陈需要之由。乃老人聆竟，并不惊异，只嘱小心为国一语，随偕典煌至店号中，取得数十元，转与梁君为避难之资。于是吾人彻夜不眠，议定炸弹制造所，暂且停止，以省经费，其联络防军任务，此后交由丘耀西同志负责。前李勉周个人捐购手枪十四支，早经运到，遂决定由李子先同志，伴梁君携带此枪往广州，以应诸同志之用。惟当此戒严之下，出入极难，然为党国，遑计危险，倘能胆定，则事在人为。查大东、大西两门，防兵检查，较为严密，出入必搜，若水门则情形较缓，虽有兵把守，出城则未必搜查，转折而至大东门外，或可无事。且该探必以吾人此时尚不知密缉之令，断不注意及于船上；乃先改去学生装束，于未起程之前，取出十四支手枪，抹拭一过，验为可用，尽实以弹，入一革囊盛好，由梁君携之先行；典煌与李勉周、陈经、李子先等，俱暗挟手枪、炸弹随于梁后，如有意外，防军一闻炸弹，必四散逃避，大可如在无人之境，决不至有分毫损失。吾人此际，精神一贯，向前迈进，气概雄豪，如龙出海，直过水门，果然一路平安。抵船之际，天色尚未大亮，觅得餐房时，招待人挽革囊入去，觉其重量，误为银元，特开一木柜，为之贮藏，吾等见之，匿笑不已。及船将开行，始互相珍重告别。回来之后，佥以少一勇于负责之人，深致叹惜。陈经则以当时梁不允杀此恶探，果贻今日之累，未免过于自恃，然而吾人此后更宜振刷精神，益加奋勉矣！

六、中学缴械之风波。自梁镜球同志被迫他往之后，吾人仍步步留神，惟恐恶探伺隙陷害。迨李子先送梁君往省回来，传命加紧预备，如接到暗码约定之电报，务须依正时间发动，毋得稍误。于是吾人必要入城，预先分配各项武器，以便随时应用。塾料诸人入城后，该恶探不知如何，竟能随之而行。吾人察觉后，低声互商，默念此时，不过侦察出入地点，以便忽然搜查而已。因迈步同向三江书院直去，一经入门，恶探随之而入，伪为游览。陈经同志因与答话，延之入室，故与周旋，高声呼茶，虚作款待，随即闲步而出，将房门倒扣。该恶探不虞遽然出此，仍未察觉，典煌立嘱看守书院人一齐出外，要下午方可回去。因此处房门，乃旧时物料，坚固异常，欲在内面启门，殊不容易，吾等遂急足分途，处置自己任务，放胆理妥，而随时可以应用矣。是日该探果待至午后方得出来，已不能图得分毫劳绩，反遭数小时之扣押，心中怀恨，莫可言宣，遂由贪功之念，转增报复之心。而是时广州风声益紧，影响所及，惠州更为加紧戒严，该恶探无可泄忿，竟向城内江家祠、东樵书院、王氏试馆等处搜查，惟一无所获。吾人以其智计俱穷，无能为害矣，不图忽得一恶消息，外间纷纷传言，谓中学堂藏有无数炸弹，旦夕即调大兵围搜；又有谓接得广州密电者，道路纷传，不一其说。而吾人则明知为恶探作祟，互相密议，有主张取制就之炸弹，全数运来，与之抵抗，而随即联合绿林起义者；因防军最惧炸弹，可不战而定也。终于征调不及，力量太薄，不应以有用之热血，洒于不当用之时期，国家大事，岂可负一时之气，仍以静候广州发动，于全局较为有利。惟各人在后山练习射之巨树数株，为枪弹击得斑点如花，遂乘夜雇工锯去，以灭形迹。一面请监督转告府宪徐书祥，设法解救，而免吃亏。原来监督早知此事，已报徐府向秦提交涉，自愿负担缴枪责任，不须提督派一兵一卒，免起误会，发生意外。惟秦提据探报，谓校内确藏有炸弹，非详细搜查，终不能信。嗣由徐府带同监督往谒，当面解释，谓当此戒严时期，人情汹惧，终日惶惶，假使查出炸弹，更骇物听，况监督日夜在堂，又非聋聩，敢保决无此物。秦提尚在疑虑间，徐府以其终不见信，大有必要派队围搜之意；于是向秦提坚决声明，此事要自己办理。盖当日官场权限，文武两途，界线分明，不能混乱也。徐对学生，平时常称为程度优异，曾以此屡蒙提学使司嘉奖，称为办学有方之能员，居常亦夸示同僚；乃遇斯情况，不能不设法保全，又恐缓则生变，为先发制人计，立即命驾亲往学校。当行抵黄塘桥时（桥为西湖之风景堤，蜿蜒于校前，行尽始达校门），吾人远见一行人马，向本校而来，误为派兵围搜，皆大惊骇。因连日处于风声鹤唳，时刻悬心之下，仓卒间，遂至汹汹扰扰，混乱异常。同志中之热血沸腾份子，大多数倡言抗拒，号哨纷鸣，大呼归队，一时之间，荷枪实弹，纷纷向前警戒，亦有占据后山高地者；盖热烈份子，自加盟革命后，每闻枪炮之声，即怦然心动，满腔赤血，沸如潮涌，确有闻鸡起舞，直捣黄龙之概。此种心理感动，凡属党员，类多如是，况具有主义，正当盛气之青年，又安能免此？当时情形，极为紧张，待其执事员役行近时，忽尔锣声大鸣，始悉驺从之盛，乃徐府与监督同来，于是各将枪械急卸，此次明知不妙，纷纷藏匿子弹。而徐府一到，立即鸣钟，召诸生齐集正中大礼堂听训，其带来之差弁，遂分头将枪械取出，置诸头门树下，有收藏不及之子弹，被发觉一部份。当差弁报告有枪弹时，徐府点首不语，监督反面如土色，吾人知其此时心中难过，因向徐府声言，以少数枪弹，不过闲时取以玩弄，并无他意。想徐亦已知之，而不敢明言，彼此会意而已。看其立即将枪械缴交提督时，并不言及子弹，则袒护之心，已昭然若揭。自此事发生，不啻吾党在惠州方面革命之巨大损失。缘吾人原定计划，可以二十四小时内，将附近之绿林民军，聚集枪枝逾万，直迫府城，而以手枪炸弹，占据西门，则学生军数分钟之疾走（吾人曾经当为田径赛跑，以试验之），即能里应外合，将府城占领，以号令各属，今失此基干之武器，不能不变更革命方策，而注意于四乡矣。

七、广州失败消息之传来。学校枪械被收缴之后，吾人以为从此可免恶探之注意，而随时放胆入城，亦无妨碍。不意行近西门，守兵忽散据四面墙隅，提枪相向，喝令站立，然后派一兵来搜查，当下遇此严重情形，只得折回，负气万分，群向监督交涉，始悉秦提以徐府所缴之枪，怪其每杆均磨擦干洁，比军营中所用者尤为齐整，以此不满，认定有意外作用，仍令随时查察严防。吾人处于势力范围之下，亦莫可如何。适严德明间关秘密回来，欲领炸弹、手枪、先往东江，听候举义。此际吾人以出入艰难，行动危险，只得请保管器械之同志，来校商议。且已变更革命战略，改由四乡发动，各物仍贮城中，自是有损无益。正商议间，姚君雨平又派由日本回国之同志钟作新，赍龙毫券三千元到惠为动员费。于是决定分配各方负责指挥人员，先行出发预备，留丘耀西在城内指挥防营，以戴维基、潘绍勤诸人助之；严德明等往东江，李子先等则往罗浮山一带，陈经、林敏如等往白茫花、稔山；所有手枪、炸弹由城墙上传出城外，分别发给，即时运去，清吏虽名为加紧戒严，但程度低下，吾人日处虎口之中，而安如磐石。防军搜查，固不足惧，即专心一意与吾人作对之恶探，久已暗中互较手腕，相形之下，实亦不足当吾人之一盼。此时除附城存有枪弹外，而城中已一无证据，更加放胆出入矣。讵知吾人到过之处，即有军警入去查询，致令对于被扰之戚友，抱歉无似。可知此时侦探之多，更想见广州风云之险恶，秦提必有电讯，与之息息往还，而责成诸探严查，此辈平时尚且无中生有，兴波作浪，况在加紧戒严时期。但蠢如鹿豕之流，又安有智识与党人较高下哉？此际吾人布置已妥，专候广州消息一到，随时均可发动。至三月末日，忽然发现秦提简短怪告示一通，贴于学堂门首，略称：“大帮革党，胆敢于二十九日，向督署猛攻，抛掷炸弹，当即击散，斩获无算，地方安谧”云。吾人立即揭去，以为此乃官样文章，秦提故作恐吓之警告；盖从来颁贴告示，只在城门及大道通衢处，今乃贴于城外偏僻学堂之门前，显系一种特殊作用。迨至夜后，果得广州来电，只“父病故”三字，而无日期，于是咸大沮丧。盖此乃一种暗约，原别为病故、病重、病愈三种，后两种必系有日期，以示发动时间，惟“病故”一种，乃完全失败，无须发动，以存实力之暗约，不图竟得此不幸之消息！诸同志人人丧气，翌日不起床而告病假者数逾大半，食堂尤为寂寞。各教职员平日亦知，只不便明言而已。盛气爱国之青年学子，无处洒其热血，势必至于如是矣。惟已经出发诸同人，应速通知，俾存实力，独陈经等距离较近，得以立即停止；至李子光等，已在罗浮山集有大队，其余仍在招集中，幸接消息尚早，当即分别遣散，独有一小部，开往象头山公干，直至数天后，方知散去，仍不至误事。其严德明等在东江集队，得不幸消息时，严以自身为清吏通缉之人，此际进退两难，当即派人来惠，拟领足枪弹，统率绿林，四处游击，借作暂时安身之计；吾人亦以严之地位不同，允予照办。此后严在东江一带，与清兵抗拒两月，剧战数次，腿被弹伤，始出外埠。而惠城自四月后，戒严如故，恶探对吾人，尤为注意。忽然又发生秦提移文徐府，勒令本堂交出梁镜球同志之事，盖因严同志德明在东江与清兵作战，皇皇布告，清吏无如之何，谣传梁居中主持，秦提责诸探无用，悬赏购缉，遂媒捏及此，至令监督难于应付。嗣以梁为第一班次，已足十学期，何至留校，在外行动，虽父子亦不知，况属学生。以此详复，恶探亦无从再施其技。惟来日方长，诚恐不害不休，何以善后，且日前已将党人失败之告示，贴诸本堂门首，为从未见之创举，则其心中明指学生即是党人，已昭然如见，倘再不知机，势必酿成惨剧。于是群请监督，提前放暑假以避之。吾人连夕会议，订定各回乡间之联络运动，彼此分负责任，誓下绝大坚决之苦心，传播革命主义，普遍及于民间；监督即不放假，吾人亦自行离校。热血如潮，雄心一致，果得提前放假之愿。至本年九月间，吾人能起兵十万，活捉清提督秦秉直，胥系此次假期之力也。

附说一：陈经，字孝述，籍惠阳，惠州中学乙班生。辛亥九月间，率革命健儿，与清兵混战于马安，进退数日，相持不下。适闻司令长有大队援兵开至，陈心一时顿壮，向敌猛冲，清兵大溃。陈一马当先，几生擒敌将陈德刚，直追至鳗头岭。此时距县城（惠阳）仅十里，清兵见其人少，以大队迫之。殊援军尚未达到火线，不知何故，竟误会退却。此次司令长已非姚雨平，而易以陈炯明，当下遏止不住，迫得仓忙逃遁，偕参谋长邓铿，一直退至淡水墟。而陈经此时，尚与敌相持，见后援不继，且战且退。至夜后，随身只余数人，腿被弹伤，在一土山上略息。因连日战斗，疲乏异常，而子弹又罄，挥令从人先避，独坐于山坟上。清兵合围而前，陈忽发一炸弹，毙敌数人，而自身亦伤，终为清兵拥去，殉难于惠州府城。民国后，军阀擅政，等于遗亡，始由诸同志为之建亭纪念，乃当事人造一洋房于西湖小岛中，不久即圮。直至新旧军阀消灭后，国民党惠阳县党部与地方人士，以陈捐躯殉国，大义彪炳，足以模范后世，不应湮灭无闻，始重建一“留丹亭”于岛中，以为纪念。此亭与陈求学时之中学堂，隔一风景堤，可以相望。英灵不昧，果为诞生革命之母校，生色靡既也。

附说二：郭君守毅，名公楫，广东大埔人。留学日本时，遵孙总理之训，研究化学，专门制造各种炸药以备用，追随胡汉民先生等办事，一生为党驰驱。民国未成立前，因公由北平抵星洲，不幸被汽车在身上压过，致丧生命，人咸惜之。

附说三：辛亥暑假期间，惠州中学诸生，散处十县，对民众为有组织之普遍宣传，革命运动已达瓜熟蒂落程度。值武昌起义，诸生一致投笔从戎，各起革命军，会师救国。清提督秦秉直，率兵抗拒，我军竟被挫于鳗头岭，陈经同志殉焉。诸同志大愤，再合军力战，奋勇直前，秦遂忙于应付，闭城待救；惟惠州天险，我军虽熟地形，仍难得手。适宋铭璜、梁定慧、麦庆莲三女同志在响水制造炸弹，运交丘耀西、梁镜球、黄宗宪、陈端甫、林敏如、林剑虹等，于东江下游，用计败退清将李世桂，由广州援惠之大兵，轰破博罗县城，活捉县官蔡国英及管带多人，调得胜之兵，向惠助战。捷报飞来，我军心更壮，杀败秦之精锐部队亲军营，乘夜以严德明部会合外洋回国之同志，组编决死队，袭破归善县城，据之，与惠州府城距一水东街，隔江相距。秦调炮队猛轰，我军不理，集大队绕攻飞鹅岭要隘。守将洪兆麟，见我军势大，为之夺气，不敢抗拒，立竖白旗投降。秦遥望旗旛已易，惶恐失措，知大势已去，与文案刘某相抱而哭，互约自缢，以报清廷。讵刘缢死，秦竟食言偷生，遣绅耆求降，许之，遂作我军之俘。惟惠州府徐书祥，廉明公正，人皆尊重，派兵护卫，并请其再为地方官，不愿，始赠金礼送出境。秦俘则由司令长给予千元而去。

罪案（节录）

景梅九

编者按：此集系作者以笔记体裁撰写的回忆录，所记在日本东京革命党人中间，有关社会主义和无政府主义思潮的传播，以及山西地区革命情况，均为研究辛亥革命提供了有价值的史料。《罪案》1924年京津印书局印行，现已流传很少，各图书馆多视为珍本。全书共263小节，本文仅摘录其中92小节刊出，其有关著者家庭琐事、吟诗填词及内容一般者，均未选录。

西北革命第一声

同盟会原来发起于南方同志；西北方面，除张溥泉外，最初加入的，还算山西人占了多数。我常和同志谈太平天国遗事，说当年失败的原因，固然在于意见不齐，团体不固；病根由于诸人权利心重，责任心轻，这是中山先生说过的中肯话。我以为洪杨倡义南方，虽说据了天下一半，北方到底莫有一省响应，所以清政府能缓缓地用北方财力、兵力，去平灭他。我们今日第一要事，就是专从南响北应下工夫，极而言之：北响南应亦无不可，同人颇以为然。这是山西五台私费留学诸君，最先加入同盟会，内中有一位王君名建基字弼臣的，是个热烈汉子，真正所谓肝胆照人者。奉“三民”宗旨，如天经地义；

尤重实行，不尚空谈，联合同志多人，研究军事学问；又组织了一个体育会，练习操法及射击各艺，不过几个月，战略战术，已大体明了。大家计议回国，在山西北面归化一带，谋一根据地，暗里结合同党，借自卫的名目，精练兵队；将来革命军一起，预备出张家口，直捣北京背后，虽近乎纸上谈兵，也是热度过高的缘故，正怪不得。后来诸君回国，丁未年居然在代北张起民军旗帜来，因势弱未克大举，而同志徐君西园致被敌戕害，我曾评为是西北第一次牺牲，也是西北第一声革命。

争矿之开始[1]

却说留学界有两种团体：一种是秘密团体，一种是地方团体。地方团体就是各省同乡会了。我因留学时期比较大家略在前，所以被举为山西同乡会会长。适遇英商福公司，和前清总理衙门定约，专办山西平、盂、潞、泽各处矿产，以六十年为限。那年盛宣怀在外务部，又同福公司续订采矿条约，把山西矿权一齐送给外人。内地绅商，这时候稍知道这矿产是山西命脉；一面上书向政府力争，一面与山西留东学生一封急信。一时惹起大家爱乡心，临时招集同人，在神田江户亭开了一个大会。有人预先告知我，说有人鼓动全体回国，我大不赞成，那一天决定不到会。大家请姚君亲到第一高等学校，强邀我前去，我不得已随他到了江户亭。王君理臣正在那里痛快淋漓地演说那回国争矿的道理，大家鼓掌声不绝，我知道大家已经在火炉上，心里大不愿意，也不顾前后，上了演坛，大驳起主张回国的错误来；并且说这是几个老先生应该负的责任，不应该哄动一般青年，跟在后头牺牲一切学问事业。在当时这几句话，不过象一杯冷水泼在一团大火上，济得甚事；然而因我这一反对，就有调停的说是可以回一半，留一半，教大家担任起来。我心里想起陆军学生告假是不容易的，别的学堂虽容易，而路费也很是难办到，暂且从了调停主意，再谋转圜的

[1] 中国史学会主编《辛亥革命》第二册，曾刊出《争矿之开始》等12小节，但删去了各小节的标题。

方法，后来算是依了我的主张，派几位代表先去。

争矿之决心

因为晋矿事件，曾作了一个时评，登入《民报》，算是我试笔的文字。后来在《第一晋话报》上边，用全力攻击盛宣怀、梁敦彦等，虽说的话有点过火，然而激起一般人主权思想，和那轻蔑政府的观念，也不为无力。但争矿进行中有一件最痛心事，就是李烈士培仁因政府蛮横，人心懈怠，对于废约自办一层，恐怕坚持不到底，便步那陈天华先生后尘，蹈海身死！留下一封绝命书，把晋矿必争的理由发挥尽致，结之以“山西人未全死，决不令异族侵我尺寸土！”看了这封书的，莫不心伤气涌，于是我和同人商量，先设起同乡追悼会，由景太昭作了篇骚体祭文，哀音满纸，闻者泣下！其余也有作挽诗的，作挽联的，皆能说出死者的心事。当时豫、晋、秦、陇四省协会才组织起来，也发起一个大追悼会，哄动了全留学界；挽联挽诗，更是美不胜收。曾记陕西某君的挽联道：“五千万矿产从此争回铸公不死；百二重关山须防断送痛秦无人！”工稳切贴，恰如分际，大家评为合作。别的且不要说起，但说李烈士这一死，唤醒海内外的同胞，到底争到赎回自办。可见天下事情，只要大家结合团体，拿起一番决心来去办，莫有不成功的道理。

借题发挥

当时借着争矿问题，同人又做了许多文章，暗里鼓吹革命，不但是争矿一事，就是遇着别的题目，也要委曲婉转，说到革命上边，真有千变万化，不离其宗的奥妙。再用一句八股熟语评一评，可叫做吾人天性流露于不自觉了。说到这里，我又想起一段话来，就是山西第二次派来的学生，里头很有几位老先生，保守辫子，好像一条生命似的，宁死也不肯剪掉。我一天借着同乡开恳亲会，发了一段议论，便说道：“这头发本是一种烦恼的东西，弄成一条辫子，搁在脑背后，已经不成个体统；如今人把它挽在头上，作了个盖顶势，好好一个头颅，让他盘居上面（影中央政府），压制得全身不爽快（影国民不自由），如今请大家下一番决心，痛痛快快地，一刀两断，剪除了他（影革命），不但一顶圆光，而且通身快活，大家有什么顾忌，不肯决然舍去呢?”这一席话，革命同人，自然领会得来，拍掌喝彩地欢迎。惟有那老先生大不快意，背后对人说：“某人什么都还好，就是爱劝人剪辮子有些讨厌！又说出那样言辞来，教人越发不敢赞成了。”

欢迎章太炎　密访杨少石

大家知道苏报案中，章、邹二君同被囚于上海；后来邹君病死于监中，相传为中毒身亡的，多少人为章太炎担心。所以打听得出狱日期，同盟会派人预先到上海安排一切，才把先生平平稳稳迎接到东京来，住到《民报》社里。正值《民报》对《新民丛报》激烈笔战的时代，忽然得一位学问渊博、文章朴茂的章先生，来主笔政，大家怎能不分外欢迎；别的先莫说起，单是一篇《革命之道德》，便把学界全体激动起来，有多少顽固老先生见了这一种议论，也都动魄惊心，暗暗地赞成了种族主义。我乘这时候，才联络人入同盟会，绍介陕西、四川的朋友最多。外省陆军学生方面，最先同杨少石君握手。我有一天到振武学校同杨君秘密谈话，杨君从袖中取出自绘地图一纸，略画中国大势，指与我道：“革命军若从南方举起，不知几时才能到北京；我们从山西、陕西下手，出来一支兵出井陉，截取京汉铁路的中心，一支兵出函谷，直据洛阳与南师握手中原，天下不难立定。并说：十年以内军队革命，十年以外社会革命，如今以运动军人为主体。太炎先生说过，学生革命，犹如秀才造反，一百年也不成，这话一些不错。我们趁早联合军界同志，大小握些兵权，就不至空口说空话了。”我很是佩服他的议论，但心里暗笑先生未免重看鄙人，几乎有邓禹劝刘秀，诸葛对刘备的光景，实在有些不敢当。两人说毕，杨君又绍介见了几位朋友，特别指唐君继尧告我说：“此君能担任一方面军事者。”

小友与明明社

我原在学校寄宿舍里住，及入了同盟会，因联合同志在校里出入会面有点不自由，于是乎搬到一个名叫千代田的旅馆。有一天，直隶华君绍介一个青年同志来，相见很是投契。论他的年纪，不过二十岁，看起来，好象极有阅历的老成人，气象沈雄、迥异寻常。原是陆军学生，一来因为和学校监督闹意见，出了学校；二来入了同盟会，自由思想很是发展，受不了那些专制学规，说起笑话来，也算是一个不安本分的学生。大家晓得军人不重文学，求如项羽、岳飞能作歌词的，更不多见。这位青年，才具纵横，吐嘱风雅；拈毫弄笔，不露壮夫之态；赋诗填词，尤多惊人之句。我喜呼为小友，是天津静海县人。又由他绍介一位军人，却又不同，性情豪爽，言语奇快，遇事非常机警，对人极有热诚；本是个粗疏汉子，却染些高尚思潮，服善化恶，扶弱抑强。我得了这两位新友，交游日广。又觉旅馆中秘密谈话有些不便，才商量赁了一间小屋，三四个人同住。无意中小友在门首，标了一个明明社的牌子。最初联络陕西同志邹君子良入同盟社时节，子良发一种疑问，说明明社和民报社是否一气？几乎恐怕误入迷途似的和小友大争论起来。我明白解释了一番，才相信了，也算运动革命时代一段笑史。

《民报》周年纪念会

明明社本无别的意想，却惹起日本警察注意来。有一天我不在家，来了一位侦探问同住的人姓名，小友隐约告了他一番。我归来闻说此事，知道有些不妙，想起一件事情来，就是未移居一个月以前光景，《民报》开周年纪念会，适逢孙中山先生重到日本，大家想望风采，无缘接近，忽然听说这纪念会有先生的演说，把全学界人震动起来，有同志和我商量，这一天早起先约同志，据了演坛左右，并由多人招待来宾，看看情形如何，再请孙先生来。我很是赞成，但以为这时正是种族主义昌明时代，人人都怀着一片愤激的心，一定是涌跃争来，还怕什么意外反对？同志说，也不得不预防一二。于是那一日早起，和许多同志，先到锦辉馆安排一切，四壁悬挂欢迎及庆祝的对联，万国旗帜，交悬在中间，很是庄严灿烂。曾记某女士集一联赠孙先生道："岂有蛟龙愁失水？不教胡马度阴山"，倒也有弦外的余音。七八【点】钟，人还不甚多，我和几位同志坐在演坛右边，不一时，到会的潮涌而来，不下数千人，后来的实不能容，都徘徊馆外，伏窗而望，人语嘈杂，似乎都带些革命的声浪。一时摇铃开会，满场寂然，有万木无声待雨来的光景。先请章太炎读祝辞，气度沉雄，声音弘朗，掌声因之雷起。读毕，先请日本来宾演说，有一位作舌人的翻译颇有点迟钝，听众多不明了，大家遂耸动我代替这位先生，我便自告奋勇，上了演坛，将他换下来，代各位来宾翻译了一场，大家倒还听得懂，掌声不绝，我也不觉困倦。以后便是孙先生的两小时的长演说，把三民主义发挥一番；对于民生主义，尤说得详肯，且态度安详，声音清爽，不愧为演说名家；听众欢迎，自不待言。随后有田君、乔君底演说，却是慷慨激昂，令坛下大众狂呼起来，实在可算留学界空前的盛会。这会场有公使的侦探，报告开会的详情，并说山西有两个演说的，就是指我和乔君。但好在不知道我姓名，不然怕不取消了官费！这话又说回来了，明明社这一次要败露了机密，岂不吃亏？当下便和小友商量一个办法。

请坐吃茶

自明明社变成何公馆之后，对于联络同志，依然照常进行，每天必有同志来谈。然而不同志的人，也挡不住他来，往往碰在一处，不好说话，普通的革命议论，固然是不要紧；若是秘密的计划，露泄了就有些不妥。古人说："机事不密则害成"，一点不差。所以同盟会有种种约定的秘语和手式等，以为表示同志的作用。这是秘密结社的规矩，毫不足为奇。这时民报社是彰明较著的个革命机关，去的人都系同志，还没用密语的必要。惟有何公馆，普通朋友时来聚会，非用密语不可，常用同盟会约定的秘语，有时也露痕迹。如问人姓，曰老兄姓贵姓（贵姓上的姓，说时略短）。答曰某姓；要是答姓某的便不是同志之类，总觉有点勉强。当时何君想了一个法子，我们譬如正同着一个或几个同志谈话，忽然来了一位客，主人是认识的，先来客是不认识的，又不好意思问他是同志不是，这时候主人用一种方法表示，又要快当，又不要露痕迹，使大家互相知照才好。何君想的话很简单，就是同志来，主人说请坐吃水；不同志来，主人说，请坐吃茶。不用问，预先要把这密语告了同志才行。往往多少同志，在公馆正谈得兴高彩烈，忽然来了生客，说一声请客吃茶，大家就搁起闲话来胡搪塞。说一声请坐吃水，仍继续前话，毫无顾忌，却也有点意思。后来更加简便，来客让坐，唤下女倒茶，就是不同志；唤下女倒水，就是同志。何君解的最好，因为吃茶普通，吃水特别，并不是薄待同志。小友说得尤妙，茶者杂也，非我同类；水者美也，君子之交淡如水。我说："论起这种密语，是专对待不同志的人，所以倒茶吃茶，很是自在；若说吃水，反觉奇离。对于同志，本来不须这个，因为可以明明说都是同志，没有什么要紧。"所以后来同志来了，只说一句玩话道："又来一个吃水的。"但是这里有个疑难，就是正和不同志的谈话，来了一位同志的：还能让吃水，叫倒水么？不用说，是不能的了。没法子，只好请他吃茶，以表示有不同志的在座。算来算去，还是"吃茶"，这句话用途很广。

汉　帜

曾在取缔风潮中，记得归葬陈天华先生一事，那时经理葬事的，有禹之谟、宁仙霞、陈汉元诸君，都是革命党中热烈男子；在湖南轰动了各校学生全体罢课，并军界多人送葬衡麓；当着大众演说革命的道理，一时人心很是摇动，却被湖南当道知道了，说："这还了得，简直是要造反！"于是乎把禹君先捕拿了，宁、陈逃出，到了上海，和几个同志，组织《洞庭波》杂志，专鼓吹种族革命；议论精辟，文词清健，海内外的同志，争先购阅。后来听说宁君也在途中被捕，并赋绝命诗，传诵一时，内有"断头台近岳阳楼"之句。有一天小友回到公馆，说汉元来了，是老朋友，明天约会见面，我很是欢喜，相见后，把湖南的往事略讲了几句。说到《洞庭波》有继续在东京出版的意思；因为《民报》自太炎主笔后，文章渐近艰深，普通的人，往往看不懂；《洞庭波》用极显豁痛快的文字，写出革命宗旨来，所以欢迎的很多。大家和克强诸友商量，似嫌《洞庭波》名字限于一方，于是另想一个名称，叫做《汉帜》。立时组织起来，请太炎作了个发刊词，甚是冠冕堂皇，起句是："日本以太阳得名，中国以天汉立称"，同志诸人见了，莫不叹绝。于是汉元自撰论说，我担任译述，并作了一篇《清快丸》的短篇小说；小友等担任文苑，由同人捐助了些钱印出来，却也合一般社会的心理，所以销售甚广，不敷分布。出了一两期，因经济困难停刊，大家都道可惜！

铁　券

革命书报，除《民报》、《汉帜》等外，也莫多少。有一位姓胡的同志，把邹容《革命军》，陈天华《警世钟》，吴樾《宣言书》，章太炎《排满歌》，集成一小册，教我想一个名字。当时忽然触起《铁券》上"胡灭汉留一半，汉灭胡一人无"这几句话来。有人解释一人无，是不留一个人（灭种政策，太毒）。有人解释一人无，是没有一个人去灭胡的，寓激动汉人的意思。这一个解释本来不妥当；然我取这一种解释，说邹、陈、吴、章，皆是灭胡之人，所以题曰《铁券》。作了一篇序文，自署为灭胡又一人，完全标明一种狭义的种族说，又由大家捐了些钱，印出几千册，销行很广。后来各省同志，都争着集款印刷，暗暗里输入内地，论效力，较《民报》、《汉帜》还大些。因为这几种书，大半用通俗文字写出来的，尤以《排满歌》为最好懂。开首是："莫打鼓，莫打锣，听我唱个排满歌！如今皇帝非汉人，满洲鞑子老猢狲；他的老祖奴尔哈，代领兵丁到我家；后来篡逆称皇帝，天命天聪放狗屁……"等语，人谓直截痛快，得未曾有云。

社会主义演说会

日本丁未年，所谓西园寺的内阁时代，颇行一种法兰西宽大政策，人民的结社自由，言论出版自由，很有些活气。有一天，在大街遇见一位朋友，说今夜晚上锦辉馆，社会党人开演说会，咱们去听一听，也能广点见闻。我这时候虽说没有研究过这一种主义，也稍知道他的魔力，便动了一番好奇心，说可以去的。他说，“多邀几个人也好”。于是到了晚上，就同小友兰君等入了锦辉馆，见到会的人，都穿的便服，带的便帽，神气之间，似有避警察官视线的光景，可算一个半秘密会。忽见一个人拿着一幅红色布幅，悬在正中演台的前面，显出白书的社会主义四个大字来，满场人心，为之激动，才知道是他们的旗帜。演坛右侧，安一张桌子，坐几个雄纠纠的警官，先不知道是干什么的。随即有人登坛演说，报告开会的宗旨。说了一半，右侧坐的警官，忽然立起来，伸出右手作推排状，大声喊说：“中止！”这位演说的，便不敢再说，含嗔带笑地下去了，才知道这警官是妨害言论自由的，我心里大不快活！又上来一个，便道：“我今天讲的话，断不能被干涉，要是被干涉，这中小学堂的教员，都不能上讲堂了。”（大家笑起来）他便把经济学上关于社会主义方面的政策，说了一番；比第一个人说的稍长些，又禁不住说到革命上边去，仍然被警官干涉下来。（干涉的样子，真正难看，那一幅不近人情的脸子，尤其可憎）转眼间又笑嘻嘻的上来一位，便道：“我的运气最坏，每次演说，总接着被中止的人后面上来，不知接着我演说的人，运气怎样？”（大家又笑起来，我才知道这不是第一次开会）你猜他演说的是什么？他说的是俄国虚无党的事，比别人更激烈些，不到十分钟功夫，也下来了，不用问，是被警察中止的。其次，是一位演说美国托拉斯的弊害的，就是说铁路大王煤油大王……等，大垄断主义；因为日本没有这样大资本家，所以小资本家的犬（日本的警官代名词，也是社会党人给他送的徽号），还不大咬，他能多演说一阵，仍然到中止程度，被那犬一口咬下来了。最后上来一位，台下掌声大起，我也不由得跟着拍了几掌（大家莫笑我，说我是无意识的举动，实在这位先生的面上，和蔼之中，带一种强毅的气象，一望而知为革命大人物，教人自然地钦敬起来）。他不是别人，就是有名的东亚卢骚中江笃介的大弟子，幸德秋水先生，他的自由思想，得之所传；社会主义，突过前辈，真算日本的特出的人物。我虽没见过面，却看过他的《社会主义神髓》一书，所以听人说是他，就格外注意听他的演说。但见他上了演坛，冷眼向右边一顾，那警官仿佛避他的目光，把头一扭，他便拈起一个道德题目来，雄辩滔滔。说到暗杀，是西洋哲学家认为道德上必要事情，那警官起来中止。他却向警官点了一点头，说："还可以说几句"！警官允许他，便说："在日本现在暗杀不必要，也不知道；但是这些政治家、资本家，渐渐地蛮横起来，总有一天不得已发现了这种暗杀事实，也没有人能挡住。"大概这些话，又不入警官先生的耳，又立起来干涉。记得先生还要求再说几句，到第三次中止，才含笑下坛（后听人说幸德演说，照例被三次中止）。坛下有高呼，"幸德万岁"的，有大骂"警官马鹿"（日本普通骂人语）的，于是纷纷散去。出对小友和兰君说："日本人民的自由，也有限的很！"这时候对于立宪政体，不免怀疑起来。

吞气吞气

自从听了这场演说，对于社会主义，更加一番研究。因为这个主义，就是三民主义里边的民生主义，与同盟会不相违背。所以和日本社会党人握手起来，天天在一块谈些世界革命大势。这时他们组织了一个《平民新闻》，出版后，很受社会欢迎；社会小说，纪事闲评，莫一样不精采的。何公馆订了一份，自己看，并且劝大家朋友看，看来看去，都有一点平民思想。我和小友越发走到迷信的程度，把雇的下女，都传染成了社会党，也随着痛骂他们的政府，轻蔑他们的天皇（日本尊重天皇，过于神圣，谁敢轻蔑），仇视他们资本家，于是乎何公馆一变而为社会主义的传教所。当时和迷信国家主义的朋友也抬不少的闲杠。然而对于国家社会主义，赞成的也很有些，不过讲国家社会主义的人，已带了一种官吏的臭味，所以纯粹讲共产主义的便骂他们是御用社会党。由是分成两派：一派缓，一派急；一派柔，一派刚。我和小友走了极端，专同急且刚这一派人来往。有一天在某处楼上，开秘密会，被警察知道了，到楼上干涉，把许多人赶下楼去，我没理会他，但向大杉荣先生请教世界语的读法，在那里审音订声孜孜不厌。日本某同志回头看见惊笑道："还闹这学问哩？吞气吞气！"（言消停的很）自己也笑起来，随着那警官的指挥下楼。

心折剩余价值说

后来日本社会党人，又开了个夏期讲演会，讲演各种社会学说，里头最有研究价值的，是马克思的《资本论》，其语甚长。讲演者但把他的剩余价值说，详细理论出来，就是论价值二字，本然无定标准，有人说供人生活满人欲望的东西有价值，本然不错；但天然的空气井水，都能供人生活，满人欲望，也没有特别价值。惟有把天生的原料，如棉花，本然从农家劳力来的，再加一番劳力作成线，就另有价值，更加一番劳力，把线作成布，就越发有了价值了。如今资本家购来原料，和用大家劳力作成的机器雇来许多工人，譬如每天作四点钟工，把所有的线作成布，卖出去，得来的钱，除过原料费补助费（如机器用煤油等），机器磨损费，工人赁金等，已经有些余钱；资本家犹嫌不足，每天要工人作六点钟，这多做两点钟工所得的价值，全归了资本家，就叫剩余价值。计算起来，为数很大，这就是资本家偷窃劳动者的东西。如今讲社会主义，要把这剩余价值归了大家劳动的人，不用问，这些资本家是不愿意的了；并且还有贪心不足的，每天要工人作十点钟，甚至有作十二三点钟十四五点钟的也有。所以马氏提倡罢工为救急的方法，追求资本家，减少作工钟点（每天至多不得过八点），增加劳动赁金，也很生些效果。自从马氏剩余价值说发表后，世界经济学者莫不赞同；但替资本家帮闲的学者，很是有些不爽快。

劳心劳力不平说

这时在日本的中国学生，也立了一个社会主义研究会，我自然是在里头。有一天到清风亭开会，到会有四五十人。先有几位先生演说社会主义的历史，及最近的变迁，说出无政府主义来，大家都是有些感动的情形。我把自己研究所得的，也略说了几句，就是说：中国古来社会学说，很是不少，譬如礼运上所述“大同之世，天下为公，选贤与能，货恶其弃于地也，不必藏于己；力恶其不出于身也，不必为已。”这些话就是共产主义和无政府主义的神髓，不过没有人去特别研究，所以不十分发达。到了战国时节，诸子百家学术甚盛，也很有些道理和社会主义吻合的。看老、庄、列、墨诸子的书，可以知道个大概。就拿孟子讲，所载有为神农之言者许行，就是讲无政府主义的。所云：“古之贤者，与民并耕而食，饔飧而治，今滕有仓廪府库，则是厉民而以自养也。”大家想一想国家去了仓廪府库，政府还有什么存在的能力？自然是无政府主义了！至于孟子主张井田说，可以叫做国家社会主义；惟说：“劳心者役人，劳力者役于人，是天下通义”，有些不平等的思想。不过古人所说劳心，还指为社会谋画利益的；试问如今资本家劳的是什么心？无非要多用些工人，多做些货物，多赚些金钱，多享些厚福，全为自家筹思，并不替别人打算，这样劳心的资本家，说他役使劳动者，和劳动者被他役使是通义。如今拿社会主义看起来，真是不通之义了！（大家拍掌）至于精深的学说，现在很有几位大学问家在这里研究，不怕没有发挥的，大家往后看就是了。

相互扶助　王守义

第二次清风亭开社会主义研究会，请了几位日本党人讲演无政府学说。有一位讲的是相互扶助的真理，因为达尔文的天演论出世之后，风靡欧亚，什么是生存竞争，甚么是优胜劣败，弄的世上人但讲功利主义，一切道义也不顾了，只要争竞的胜了，就是优等民族，争竞的败了，就是劣等民族，和中国俗语说的“成者王侯，败者贼”是一样的论调。睁眼看见全成了弱肉强食的悲惨现象，这世界还有什么意思？所以克鲁泡特金君发明相互扶助的真理出来，和生存竞争的学说，虽说立于相反的地步，却有相济的妙用。有人评论这两个学说，在进化史上，如同鸟之有两翼，车之有两轮一般（我看起来，以进化为中心，生存竞争是离心力，相互扶助是向心力，两者调和，世界才能圆满进步）。天演论拿动植物的生活证明；互助论也拿动植物的生活证明。克氏著作里有植物之精神，动物之道德各篇，都有相互扶助的注解（我按孟子说：“出入相友，守望相助，疾病相扶持，则百姓亲睦”，正是这个道德），没有生存竞争，则个人的精神不现，没有相互扶助，则团体的魂魄全失，世界有和平的趋势，社会有共产的组织，全赖这相互扶助的精神。有两句话叫一人为众人，众人为一人，就是小己为大群谋，大群亦为小己谋，全社会人通通生了关系（和专政君主自谓愿以一人事天下，不以天下奉一人的假面目不同）。这位先生说完，又上来一位讲虚无党历史的。我翻译了几句，警察中止了；我又把日本的宪法痛骂了一场。那警察问我姓名，我怕他报告公使馆，这时正研究阳明学说，随手写了个王守义给他，这是我在日本第一次道谎。

米党　锦辉楼上打文妖

讲无政府主义，正达到极热度的时候，把一切法律看得狗屁也不值。有一天晚上，在街碰见一个同学，他说："明天锦辉楼政闻社在那里开会，请梁任公演说，你可以去听一听。"我认得他是宪字号的人，只答应了一句"好罢！"心里大不痛快。回到寓中，同小友商议说："当革命空气满东京的时代，岂能容保皇臭味掺加进来？赶紧想法子把他们驱除了才好！"小友很是赞成。当夜连忙到各处找寻同志，约定明天一致行动。安排妥当，次早一齐到了锦辉馆。但见有许多带红布条宪党作招待员，来的人却也不少。还有许多未约定的同志在里边，都点头会意，分别坐定。一时摇铃开会，上来一位，报告开会宗旨，末尾一句，说的很亮，就是"请梁任公先生演说"。果然见那梁启超大模大样上了演坛，有一部分人拍掌。他便提出个头儿说起宪约来，见没多少人赞成，心下着忙，便拉起国会来说立宪国家，须要有监督政府的机关，这机关就是国会。政府好比小孩子不懂得道理，须要我们监督他的行为（这几句话，就算任公一种苦肉计，把政府骂了两句，讨反对党的好）。当下拍掌只中间一排，我晓得前后都是同志，便好说了。梁启超在上面，又东拉西扯说了几句机关，忽见张溥泉君起来骂道："什么机关？马鹿！"打人缝中冲开一条路，直奔演坛而来。说时迟那时快，又见一双草鞋在演坛左边飞起来，正打启超的左颊。回头一看，原是一位带眼镜的老先生。再往上一瞧，梁启超已经没了！听有人说他一溜烟从楼梯圆转下去。于是乎乱打起来，带红布条的人，都赶紧扯了！纷纷的作鸟兽散（好象前月公民团被击散时的情形）。大声喊道：“革命党！革命党！”就有日本一个警察上来捉人，又扯友人南君去，经我解释了几句，就算了。这时候张君已据演坛，演说起革命来，大家又重复坐定，拍掌欢迎。霎时间立宪党人的会，变作了革命党的会，但张君这时拿无政府主义，驳梁启超机关的话，大家还有些不懂。宋钝初先生又上去把同盟会的宗旨，发挥了一遍，说：“立宪党，是保皇党的变象，他们是要君主的；我们不要君主的，如何能相容！要容这文妖讲君主立宪，我们理想的中华民国，就永远的不能实现了！”大家才大喝采起来。后来日本民党犬养毅君，说了一片调和的话，归结到赞成革命，宾主尽欢而散。还有一个笑话，就是宪党人误用日本音，呼革命党为苛埋党，苛埋正合日本米字的音，把日本警察弄糊涂了，说什么是米党？后来同人往往戏用米字代表革命，原本于是。

戏解宪字

当时我仇视君主立宪，有不共戴天之势，第一感触在吴樾烈士炸出洋五大臣，揭出清庭假立宪，以欺国人的手段；第二感触在看见共和政治，将普遍全世界，这些君主，都要下二十世纪新舞台，还教他们立什么宪；第三感触社会主义，其极端至于无政府，这宪法也就不需要了。况且当时留学生讲立宪的，都是想借这个问题，为将来攫取政权的地步，那里有为国为民的心事？所以曾戏解宪字日：“宪字是个象形，兼会意字，宀像红顶，丰像花翎，四为横目，心即是心，合而言之：就是心儿眼儿都在红顶花翎上。”当时曾登在《晋乘》上面。友人看见都笑说：“这恰好道破宪党的情态。”还有一位先生，用说文原解，加以注释说：“宪字从害声，从心，孟子所谓生于其心，害于其政是也。”大有从根本推翻宪政之势。正经说起宪法来，也算现世界国家应用的东西；然而仔细研究各国宪法的内容，觉得为国民订出权利条文，很是有限，大半还是替政府资本家开方便之门的。也无怪乎社会党人，不拿各国宪法放在眼里。

《晋乘》始末

说起《晋乘》来，大家或有不晓得的，所以在这里补充几句。只因《第一晋话报》出到第九期，同乡会分裂（不过几个人闹地方意见，什么南路、北路、中路的分起来），不能续出。于是我又邀集几个同志，商议另组织一种杂志。大家想名目，我以浙江有《浙江潮》杂志，湖南有《洞庭波》杂志，陕西有《夏声》，四川有《鹃血》，皆就地理历史立名，想起孟子说的晋之乘，楚之《梼杌》，鲁之《春秋》，这《晋乘》与《春秋》并列，亦是一部光荣历史，何妨用这个名称组织起来？大家很赞成，于是友人只君，作了一篇《晋乘》解，说："乘是从古代车战立称，当春秋时，惟晋最强，所谓《晋乘》者，一定纪载战事，表明作州兵为爰田，慷慨迎敌，那一种军国民精神，不能但解乘为载，说成普通纪事的文章。"痛快淋漓万余言，很有些道理。我担任杂俎小说，曾著一篇《情园》，写段香儿和杨翠喜的事情。大家凑了些钱，出了三期，因为经济缺乏停刊。适日本动物园从美国购获两麒麟，轰动了许多人去看，我也瞻仰了一番，和书上写的样子不大相同；然其顾视清高，气象温厚，真和那些凡兽不同。我忽然触起一番心事来，作了一封书，戏告内地友人曰："西狩获麟，《春秋》绝笔；东狩获麟，《晋乘》断编；生不逢时，古今同慨；若圣与仁，则吾岂敢！"亦大可笑矣。

青岛行　震旦公学

那年有几个朋友发行一种杂志，名叫《国报》，自然是谈国家主义的。教我也作一篇文章，我的主张已经改变，所以作一篇《政府万能驳议》，暗带无政府主义的色彩，把议会政治也驳倒了。那位总编辑朋友也没大更改，便登在《国报》上面。后来还作一篇《国民之自觉》长文，主张极端自由和完全自治，仍不离无政府。此文落到上海《民吁报》上面，暂且不表。却说我那时毕业一高，无心入帝国大学。一天，山东来了两个人，就是陈君干和商君震，说他们要在青岛创办震旦公学，请我去当教员，我立刻承应了。因为我意在回国急速运动社会革命。不久便和几位山东人，搭了由日本向青岛的轮船。出了对马岛，曾遇见一场大雾，对面不见人，船失方针，每天放气，怕误和别船相撞，幸亏无事。到次日天晴，几个人在甲板上闲谈。有一位滑稽家，学孔子见盛馔变色而作的神情，使人失笑！谈次，有人讲，明天午后可以到青岛了。某君叹曰，“不图明日午后，复见故国山河！”一人接着说：“请看今日域中，竟是谁家天下！”我笑曰：“文章天成，妙手偶得，不过还是民族主义。”因那时已经谈到社会主义，大家都赞成。但是民族革命风潮正急，所以不知不觉便流露出来。

井勿幕　岳文渊

到北京恰遇见发起震旦公学陈君明侯为山东争矿，我替他作了篇文章，驳倒外交当局，这不算什么奇事，最奇的是遇见陕西同志井勿幕；井君虽和我在东京相识，也说过将来回归一同到西北作革命事，却未预料在北京相见！井君那时不过十九岁，貌如好女，英爽逼人，颇娴军略，有周郎外号。因在日本陕西同志办一《夏声》杂志，我作了几句祝词道：“禹凿龙门，始通大夏，辟土绛汾，毗连潼华，晋之与秦，唇之与齿，愿赋同仇，长城共倚！诸君奋志，光显皂脐，关河百二，万禩〔祀〕千秋。”井君谈此，大赞服，始与予定交，密谋一切。所以北京再遇，不啻天缘！我即约他同游山西，为他年秦晋联军作一计划；他听了非常赞成。但他不想在太原露他的真名姓，乃改名岳文渊。遂与偕往太原，由石家庄改乘正太火车，过井陉娘子关，君曰：“此真天险，奈已通火车，失却一军事要塞，但有能者亦可守！”予曰：“不错！庚子岁，清兵曾据此击退德军。”

会客厅　恶政府

到太原，时值八月中秋，会诸友于山西大学堂，时在此学堂充教职员者，多同盟会员；最著者如解子仁、刘劝功、李天武、杜仲虑。仲虑见勿幕尤狂喜，许为知音。劝功与勿幕谈剑，亦极相契。刘翼若时充法政学堂监督，偕勿幕往谈，亦曰："岳君奇士也！"为一时同志所倾倒至此，甚奇特！我于诸同志中颇爱翼若之温文尔雅。在日本曾亲绍介入革命党；然君体质颇弱，我看他很不耐繁剧的生活。有一天，我在法政学堂会客厅，见他和客人应酬，精神好象来不及，因戏语之曰："天下伤心处，劳劳会客厅！"翼若不觉点首；但是我的意思却是讽笑一般官场，大旨仍在废官，因未尝忘无政府主义故。还有一件可以证明我的心事，就是大学堂当时英文教习未到，大家强教我代上几堂，我便答应了，讲英作文法，到堂上举了个汉译英的短题曰：苛政猛于虎！特把政字译成"政府"，苛字译作"恶"，于是苛政，译作"恶政府"；并申明一句"政府英有不恶的！"隐隐约约，把无政府主义，宣传了一堂。别人不大知道，惟有仲虑是一清二楚，对我说："好是好，他们如何领会得？且大家已热心种族革命，这些话更不入耳了。"我笑应道："我岂不知？但熟处难忘耳！"隔了几天，居然有留我在大学堂讲英文。岳文渊（勿幕）在法政学堂教日文。那时我和勿幕，想到陕西谋革命的，所以执意不就；连忙告辞同走，写了两句淡话，给诸同志曰："诸子有心留朋友，宋江无意上梁山。"

不平　忠群论

到了长安，由岐山介绍见马开臣。开臣的父亲，是有名的马善人，在长安开设存心堂书铺，平素好与理学先生来往；因岐山虽纵横，而颇留心性理学的缘故。玉青亦为此老所爱，认为义女，李姑娘又为马姑娘矣！玉青亦待开臣兄弟如手足，往来很亲密。一日玉青自马家归来，告我曰："老先生给两儿媳命名，长曰温，次曰良，再次必定是恭俭让了，很有意思！"我听了别有会心曰："原来孔子是富于女性的，被马老先生看破了。"因主张革命时，有排孔心理，所以不觉流露。但开臣抗爽粗豪，毫无理学气，已经由岐山介绍入同盟会，很热心革命运动，和邹子良、井勿幕都深相接纳。勿幕又介绍我见焦子静、师子敬诸君。焦君富平人，隐于胥吏，以侠义好友闻于时。彼时在富平会馆，创办一健本学堂，教习多系同盟会。开学时，我曾至堂演说。勿幕对我说："学生中有胡景翼与尚武者，皆有希望。"我因注意及两生，特未与畅谈耳。至于我在高等学堂，担任英文、算学，自然没法发挥自己的主义。那时长安教育会，办一《教育界》杂志，勿幕介绍我投稿；我因作了一篇不平短篇小说，写出贫民不能受平等教育状况，颇寓社会革命的意思。又作《忠群论》一篇，直驳忠君旧学说；曾引托尔斯泰，每日以三事自课：一曰公益；二日社交；三日文艺。以比曾子三省，曰：为人谋，乃为一般人谋，非为或一个人谋，是人即表群，为忠群一证；亦即托氏之公益。与朋友交之信，自然是社交了。传不习乎，用汉马融注意以传为欲传道于后世，能无时习之自得乎？与托氏为文艺以教世之意同。此文一出，大惹起一番学潮来。同志常铭卿曰："《左传》大小之狱，虽不能察，必以情，曰，忠之属也；此忠也是为人之忠，不是忠君之忠。"谷芙塘师旋来秦清理财政，见此文评曰："忠君论，体大思精，独有千古，解三省更新而确，人字本有人己之人，与人物之人的分别，在此定是人物之人；若解作人己之人，便与下面朋友交重复。"我得这几种批评后，却悟此篇尚缺证据，又为书给在日本同志王用宾、李亮功等，征求补正，复函多有发明。王言君群为古今字，古之君字即是群，李言庄子德合一君，问诸太炎曰作为结合一群，亦可。《左传》父生之君养之，解作群养甚合。我接到诸函，又共复一函谢之曰："因我一念痴想，欲将古书中君字，全改作群；如事君作事群，群臣作群己，竟累诸君翻柜倒箱，甚惭甚惭！"

遇张东白　得明楼妙语解颐

勿幕本是后起之俊，但他很推重一时前辈老先生。算起来，略有数位，如张伯云、张东白、李仲特、李桐轩、吴葆三、朱素舫。伯云以善书能诗文著名，又有新思想，赞成种族政治革命。《夏声》杂志中，曾登其所为七律若干首，一入潼关，见道旁官柳，即不禁高咏其"大道青垂柳万丝，行人高唱大风词"之句。所以我到长安，先问伯云。勿幕道："伯云病甚，不能见客。"我打算等他病好了再见；那知隔了不多天，勿幕忽来报曰："伯云死矣！恨不使君一面。"我曰："然也！岂但恨我不见伯云？尤恨伯云不见我而死！"（因我当时颇自负，可与当代大人先生抗行，其实很浅薄）勿幕笑曰：“又是世说新语，尚有东白在，我必介绍你见他，其兴趣高雅，不亚伯云。”这目的算达到了。初见东白于邹子良家，东白学宗老聃，言语妙天下，我与对谈数语，不觉倾倒。相偕出门际，东白提及社会人品来，我顺口答道：“如今上等人全是下等人，下等人全是上等人。”东白不觉点头叫绝，对于我好象露出“孺子可与言”的意思了，便道：“改日再细谈！”我自然是得意的很。因我很想把无政府主义，和老子学说融会一番，作一册东西，自己却自命是革命实行家，欲推此责于前辈先生。东白既服膺老氏，必能发挥此义，所以一触机锋，即用单刀直入的法子，说出那两句快语来试他；果能打动此老心事，焉能不得意忘言？此后在焦、师诸君所立的公益书局（秘售革命书报，亦一有力机关），时聆东白雅语，至忘餐饭。一日诸同人邀东白与我同到得明楼饭馆午餐。此楼很有历史，乃前代文人聚宴之所；挂几封旧对联，都饶清兴。谈次，东白偶拈得明二字，冲口而出；他说：“我有一付对联了！得法得诀，要吃啥菜，你吩咐；明来明去，若无现钱，我担承！”举座大笑。我道：“妙极！世上东西，都到不要钱的时候，就好了。”这是一种引诱法，当时未审几人入彀，这且莫表。犹记勿幕对我说：“东白评《封神传》，甚有新意，云是驳儒教者。举凡助纣之忠臣，皆现兽形于广成子翻天印下，真痛快，可见讲忠君的全不是人。”我深以为然。但东白懒执笔，遂未著出。我尝对勿幕说：“可惜，失却革命时期中一好著作！”

孔子是死的，四书是纸的

岐山与仲弟敬之在秦，先结识郭君希仁，并由勿幕绍介入同盟会。敬之对我说：“郭君为一笃实君子，既同盟，必能实行主义。”我因访此君于所谓咨议局，相见与谈革命原理，很投契。郭最服膺其师王镜如先生，谓其有特别精力与见识；又亟称其学友曹寅侯。我都拜见了。王先生不主种族革命，故不能深谈；寅侯才气横溢，意态雄沈，一望知为奇男子。但不多言，我默识于心。勿幕亦极器重他，说朋辈中无及寅侯魄力者。又说他最初精研理学，一日忽大悟，乃写了两句话，告友人曰：“孔子是死的，四书是纸的。”俗儒听之咋舌，通人则拟之于陆象山六经注我的警语。

长安市上　造谣言

杜仲虙这时已从太原到长安，特来和我计划革命，并商量新旧学问。闲时同到南院门前，饮两大碗醪糟酒，半醉不醒，狂歌过市，人目为疯子。于是仲伏（与虙同，因他改名羲，太炎很爱他，呼之以仲伏；直拟以伏羲，伏羲的伏字，古今有好多写法，如庖、如虙、如伏皆是，所以常改写）有“长安市上，醇酒数升”的得意名句。一日从友人张翊初家与诸同志畅谈晚归，我和仲虙路过南城门边，遇卖浆者，两人停止住，喝了两碗浆，仲虙忽然仰望天上彗星，东西辉耀，随即造了两句谣言道：“彗星东西现，宣统二年半！”我附和起来，说：“这个童谣相传好久，不知道什么意思?”那卖浆者很妙，便道：“什么意思？就是说大清家快亡了！明朝不过二百几十年，清朝也差不多二百多年了，还不亡么?”我和道：“原来如此！”最妙是警察先生站在旁边，也说了两句赞叹的话。我却拉仲伏回寓，在路上很觉得有趣。过了两天，同志邹子良、李仲山等都来说：“外边流传一种谣言，很利害！甚么‘彗星东西现，宣统二年半，人心大摇动起!”我和仲伏只是暗笑，却装着不晓得的样子来道：“没听人说呀!”他们说得很有兴趣。又添了些：“明年猪吃羊，后年种地不纳粮”的谣言，那却不知是谁造出来的了？后来又改成“不用掐，不用算，宣统不过二年半。”这话更为传得远哪。我又想起仲虙初到长安，在临潼古槐下，遇见一位朋友，正是十五夜，他因赠友一诗云：

“搔首问青天，春归到哪边？月圆三五夜，树老一千年。灞上无穷景，囊中有数钱；同为沦落者，相见倍凄然!”

我乃就谣言和成一首云：

“举首望长天，光芒射半边；彗星十万丈，宣统两三年。百姓方呼痛，官家正敛钱；也知胡运毕，何处不骚然?”

勿幕见了，笑道：“真乱党！然也是实话。”时兰芳五君，亦在长安，见此诗，却另写出一段意思和了一首，中有两句道：“星球悬累祀，日月始何年?”仲伏曰：“此所谓豁然大糊涂也!”

开元寺　革命密约

长安同志日多，大家觉得有组织团体的必要，曾借开元寺——马开臣的学塾，集议了一次。李仲特老先生也到场，李仲山、邹子良、王一山诸同志均至，约二十余人，公推仲特先生为会长；又由我拟了八句四言的密约，首以“秘露死决，接交宁缺”。因此时革命运动甚密，故取秘密党手续。定露泄本党秘密者，处死刑，这是第一句的意思。那时取人也甚严，所谓“宁可少一人，不以一人败”。因相戒绍介同志，宁缺勿滥，这是第二句的意思。结以“分途并进，破坏建设”，这是最明白的话了。但那时同志从事破坏的很多，留心建设的很少，也寓唤起注意的思想。这种约言，陕西同志大概都晓得；而中间四句，完全为运动哥老会而设，没有发表的价值，只得告罪于大家了。

宋钝初谈话　忘了三大不自由

我胡思乱想一阵，没法自解。一日听说宋教仁君尚在东京，乃亲访之，和他谈起西北革命预备的情形。宋君对我说：“四川、两湖、两广、云南各省同志，都积极进行，大约一两年中，一定有大举；但破坏容易，建设难，我看同志从事于破坏一途的太多，对于建设，很不注意，将来要组织共和国，不是玩笑的事！什么临时约法，永久宪法，都须乘此功夫，研究一番才好！所以我很想邀集精悉法政同志们，一齐干起来，你以为如何?”我听了他这一片话，未尝不赞成；但我未能完全抛弃无政府主义，对于法律两字，几乎是深恶痛绝，如何听得下去！只笑说：“请君勉为其难，我是要作容易事情的!”宋君似乎想起我从前的主张来，便道：“我也不纯是注意建设，不去干那破坏事业；不过是说同志应该双方并重。”我便敷衍几句，辞去。虽说两个莫谈到一气，然而因此探得南方革命真消息，越觉得东京不可久留了。过了两天，钝初又到胜光馆访我一次，是说右任请他到上海，帮办《民立报》，并报告海外同志消息，然后又归到法律政治问题。我却不客气的说了一句："民生问题，也须研究，才合同盟会宗旨，法律但能保护资本家，且是限制人民自由的东西，不可看的太重了！"宋君也说了一句："不错！"就告辞走了。我答宋君的话，也有来历。因为前三年日本同志某，请中国同志在册折上，随意写几句话作纪念，钝初写的是："道德、法律、宗教，世界之三大不自由也！"我曾对仲伏说："拿这句话讲，钝初也赞成无政府了。"还记得溥泉写的是："或称我辈为匪类，亦不恶；匪与非通，世人之所是者，我辈一切非之，故日匪类。"这自然纯是无政府党口吻了。

得了个回国好机会　遇见了山西老对头

当时既决意回国，实行革命，曾和陕西同志数人，相约游植物园，商议进行办法。群以南响北应为定着，并提到中央革命的必要。我说明回国的宗旨，彼时陕西高等学堂曾有信来，说学生逼迫周笙生（彼时称学堂监督），函邀我重到长安作教习，颇动怀旧之念。想起学生对我感情很好，我岂能恝然不顾他们的盛意么？不过我离长安时，曾有一番决心，非把革命大计划定妥，不再回陕。现在虽然得了些消息，尚无确实计划，如何肯去？所以婉辞谢却。但一面又想到北京预备中央革命，却想没有个机会能到北京。好极了！赵君其相一日忽到胜光馆说："河南人因福公司要谋全豫煤矿，此间同人很是愤恨，打算用豫、晋、秦、陇四省协会名义，派人到北京力争矿权，我想你可以乘这机会到那里看看，或者能遇着些同志，把北方革命计划起来也不定，岂不是一举两得，你愿去吗？"这真是"天随人愿"，怎能不愿？我说："好是好，但这事责任很重，怕不是我一个人能担得起的。"赵君说："只要你去为他们定大计，决大谋，办事的自然有人。听说河南同乡打算派王月波及王某同你一齐去。"我说："好极了，只要大家议定了，我便走一趟。"大家知道，福公司是我们山西老对头！曾谋全晋煤矿，以致李烈士培仁投海，惹起一度大风潮。然后晋人全体努力争回三晋矿权。"仇人见面，分外眼红"，所以一听说福公司三字，自然动一片义愤。若今天不替豫人出力，岂不是山西争矿结果，反遗害于河南么？在大家意思，也以为我是争矿的过来人，一定有些阅历，所以当时开了一个四省协会，便一致赞成我同两位王君偕归。我三人受了大家委托，即日商量起程，并决定由高丽乘火车，经过东三省，入北京，因便利，且免风涛故。

陈慧亭妙语　吴疯子

这时清廷虽未下剪发令，剪发的却也不少。留学生回来没有戴假辫子的了。我自然是秃头，也不觉得有什么怪看。当时还有请下剪发令的，却惹起一场笑话。因为那时剪去辫子的人，都不大戴中国硬壳瓢帽；于是卖瓢帽的商人，大起慌恐，向清廷请愿说："万不要下令剪发，以致妨害我们的商业。"有一天陈慧亭（他那时充清咨政院议员，先我到京中的）到蒲州会馆访我。坐定后，慧亭同各位朋友通过姓名，谈起帽商不愿下令剪发的事体，慧亭便道："这些帽商，可笑极了！原来是为沙做的帽瓢，并不是为帽瓢做的沙呀！"我不觉鼓掌大笑，真乃解颐妙语！坐中别客，却不懂的，等他去后，都问我道："刚在陈先生沙沙的是什么话？"我笑道："你们不懂方言，所以莫名其妙；陕西人呼头为沙（四牙反），章太炎说是颡字音变，以小名代大名，他的话，就是说为头做的帽瓢，并不是为帽瓢做的头。"大家由不得也笑了。说起剪发的朋友也不少，也有因剪发受过革命党嫌疑的，也有真是革命党的。别人不提，且说一个怪人。子青对我说："这里有个吴疯子，名友石，是湖北人，说在东京时，认的你，想见你面。"我当时听了子青话，心里好生疑惑。我在日本时，认得好些湖北人，姓吴的固然有一个，并不叫什么吴友石，吴疯子更新鲜了。但我听见他的形迹奇异，猜定他是个革命党，于是乎便寻他见了面。哈哈才是白逾桓！我自然认得他。在日本闹取缔风潮时，他和我都是干事员，又是革命同志，却想不到他到北京，也不知他改了姓名。我问他的变易姓名的原因，他略说在辽东运动革命，几被侦探陷害，才变姓名逃出来的。到北边已经一年多了，交识朋友不少。谈到他在《国报》（日刊）上，曾投文稿，署孤愤子，我却见过；因在陕西时看见了这报，就很注意他的文字，因其有革命火气故。又说到他上年年终，于京中各报停刊时，办了十日小报，叫《岁华旬记》，便道："现在又到年终了，我们再干十天小报罢！"我很赞成，并担任筹款。

香厂卖报　醉后吐真言

大家知道我来北京，真是一钱不名，怎么大胆担任为《岁华旬记》筹款呢？因我认得几个有钱人，他们因拉我作嫖友，还供给茶围费，我晓得他们一定有余钱。先对翊初同志说起，他极力赞成，慨然愿出三十元印刷费纸费。我回头对疯子说，疯子说："够用了！"于是大家就干起来。主笔我担任，疯子充编辑。采了些紧要新闻，果然于各大报停刊的第二天出版了。我的论说中，责备各大报几句道："于每年最终之五日，不为国民计过去一年之得丧；于每岁最初之五日，不为国民定将来一岁之方针。"（大意如是）翊初见此，吟味了几回道，说："好！真能写出这一种旬记精神来！"这时香厂开市，我和疯子及子青、连三等，各拿些报去卖，占定了一张茶棚馆前的桌子，卖起报来，铜子收入不少；熟朋友过来送一张看。想起在东京散《平民新闻》的故事，颇忆仲伏。这十天的文章，都含着平民革命精神，好多人说可惜在这小报上发表！于是乎才动了办日报的野心。一日饮于沈君实夫家，谈起办日报，他很赞成；并有在他的办的《公论实报》馆发行的提议。疯子计算他在天津的差事，薪金积蓄了几个月，共有三百余元，可以充开办费。但干大报，还要保押费，说是预备的罚款，定例须二百元。那么，三百元，如何能开办？实夫道："有个法子；向警厅去立案，说办白话报，就不要保押金了。"不错，这时候《北京话报》已出版数年，虽创办人彭翼仲，因触忌，发配新疆，此种话报，已深印入人脑髓。继起的白话报，也有几家，因浅近易解，风行一时。清廷因提倡通俗教育，所以对白话报免押金，自然说不到坏处。我是《晋话报》旧人，自然喜欢作白话；但因白话质直，若谈起革命来，不如文话来的隐约些，所以大家赞成文言。为权【宜】计，疯子听了实夫的话，决定以白话报立案。对于报的名字，提议了几个。时有某君与保皇党人有关系，他道："梁启超办《国风报》（杂志）现在很是通行，不如就叫《国风日报》：一来可以借此扩张销路；二来可泯革命形迹。”最后这一句话，大概合了我们意旨，疯子先赞成，仍嫌袭取，我道：“不然！国风是历史上的公名，不是一派人所能私有；况他们提倡邪说，辱没国风二字，我们主持正义，可以称得真正国风！”众议遂决。我那一夜吃醉了酒，裴、苏两君，扶我归西馆，路过魏染胡同，看见一家朱户，大声呼道：“这都是平民的血染成的！”两位拉着我便走。到骡马市街，遇见一巡警，大声呵道：“这是资本家政府的狗！”巡警先生倒退了两步，苏君连忙对人家说：“他喝醉了，莫怪！”我也不管这些，口里乱骂一阵，踉踉跄跄地走进西馆，还说了半夜醉话，差不多把甚么心事，都完全发表出来，酒呵！你真是开心见胆的朋友。

国风出世　色彩俱足

南柳巷，《国风日报》发祥地。好笑呵！四四方方一块小院子，四面间口不大的房子，上面房编辑处，门面房发行处，偏西房厨房和餐室。组织是没有的，完全无政府办法，各尽所能，自由担任。白、裴两君，可算是经理、编辑、庶务、会计、校对、发行，我可算是编辑主笔兼校对。广告本然没有多少，每日只出一张，先印两版后印三版，仅留一版广告空儿，也登不了许多。于宣统三年阴历正月十二日出版。我作一篇宣言，大意是重在鼓舞国民，监督政府，两层意思上。一礼拜后，便有人提起注意来，说：“言论太激烈，怕政府要干涉，和平些儿好哪！”这一种话，绝不入耳；因为我们是知道“记者和监狱为邻”的，还怕什么政府干涉！惟有一个同志话，却说的好，他道：“我们虽自命为革命机关报，平时却不要露出消息来，只和一般报的态度，少微强硬些，特别要注意文艺方面，小说以外，再添些戏评、花评、谐评等，以供各方面人阅览，然后销路才可以推广。销路推广以后，一旦遇着发表革命的机会，把真面目再露出来，全登上吾党主张，自然能哄动一时。在外国凡政党的机关报，也是这样的。古人说：‘养兵千日，用在一时’，报纸亦然，平素但养名誉好了。”我很以他的话为然，于是逐渐增加门类，如戏评，则设笔歌墨舞栏；花评则设情天棒喝栏（因为那时虽然邪游，终觉于良心不安，若再提倡什么花事，岂不是罪上加罪！所以想出这情天棒喝四字来，可作一种警戒观，含着对于妓女的棒喝，对于嫖客的棒喝，对于老鸨的棒喝几种意思。虽未能尽合本意，纵和别报评花大有分别了）；谐评则有四面八方栏（此栏包罗万有，全是抨弹时政，指摘社会的妙音，为一般人所欢迎）；文艺则有小说、韵语、吟坛诸栏。后有加讽言一栏，寸铁杀人，一时无两，是第一次国风特彩。

竹杠失败　典去少石白狐裘

《国风日报》开办费三百元，自然不到几天就完了，第二月便维持不下去。我当时采用沿门乞讨的方法，由近及远，先向京中诸友借款，打算十元的八元的凑起来，可以积少成多。大家真看面子，都掏出些腰包来，给了我；只碰了一个旧同学的钉子。他应得有钱的名儿，却一文不肯拿出来，我心里很不高兴！忽动了一种恶念，寄他一封信，大意是说："你如不肯拿钱，我便要发明你一件隐事，登在本报！"这算平生第一次敲竹杠。哪知这位先生很妙，他回信大意说："不料君用此手腕来讹诈，好极了！请你编出来，奇文共欣赏，大家看！"我自己笑起来，对友人说："失败！失败！一杠子打空了，前途大不利！"但我内心是愧悔不及！当然未给人家登报，以后这位朋友，知道我是穷急所致，并非有意敲他，也就算了。京中朋友，大半都是穷人，不能继续出钱，于是又向外省去讨，凡有和我交识的，没一个躲得过去。近而陕西作知县的张老衡，远而云南作讲武堂堂长的李协和，都打到了，幸不脱空；但也有限的很，所以月月闹饥荒。我没法，在豫学堂充当了几个月算学理化教习，每月车马费三十元也填在报馆内，且从中每月抽出几块钱，报效素仙茶盘子，罪过不小！有一天纸店逼的要命，大有不能付印之势，乃向杨少石去借；那知他老先生也不现成，却好，慨然把他一身最宝贵的白狐皮马褂送我，当了三十元，过了难关。我赠他两句诗道："典君千金裘，言论大自由！"算一桩最深刻的记念。过了一关又一关，警厅要保押费二百元；因为立案是办白话报，出版后，除过我所作的《邯郸新梦》小说是白话，其余全用文言，又因直言无忌，深触当局之怒，所以有人献策，说向本报提出责问，既不是白话体裁，便要他纳保押费，这一计真毒呵！

诡辩白话文　太原密行

说起保押费来，还有一段笑话。就是第一次催交费时，我在报上作了一篇诡辩文字，题目是《这就是白话》，大意是说："中国一般识字人，大约能看《三国演义》、《聊斋》文字，所以听得人讲，在现在的报纸上，连一篇陈琳讨曹的檄文，都看不到；可见他们把古文都着做通俗文字了。本报的文字，总比陈琳檄文容易懂得，因而我说这就是白话。"自然是强辩夺理；但也好得很，居然隔了两个月没来问。到第二次催交费时，便没法搪塞，只好求人家宽限时日，我才亲自到太原走了一遭。寻到南君佩兰，说明来意，他说："现在同志在军界得势的，只有伯川，现充标统，经济还活动些，且比较傍人爽快的多。你当面请他筹款，一定能达到目的。"我听了他的话，密见伯川，说《国风》窘状，他立时答应筹三百元，我想这数，大可以敷衍过去，就欣然赞许，并谈到南方革命运动的情形。这时黄花岗七十二烈士的壮举刚过去，风潮似乎平静；其实各省同志，因受了这一种热血激荡，对于革命事业，分外的进行起来了。我到太原：一为《国风》筹款；二为密会同志。这时南君亲入军队运动，于下级军人中，得杨籛甫一人，说是一员健将，绍介见了面；又介绍见李君树森，乃充巡警道侦探者，为人极机警沈密；又见常子发，亦军界重要分子，激昂慷慨，有豪士风，并与李岐山诸人会议一次，很觉得山西革命根基稳固了。心里好生快活！南君又提到杜上化老先生革命精神，我也见了一面，以为大似山东刘冠三君。特因《国风》迫急，不能多停，且怕露出甚么风声来，所以款子到手，抬身便走。总之，这回太原行，不算空跑，与革命前途大生出关系来！

刺客行　勿幕赠诗

大家若要问我何以知道革命期不远？这不是一句话能答应得来的。最先是广东温生才刺杀将军孚琦一案，是那年二月事，我作了一篇刺客行，登在《国风日报》上面，中有“一射将军头，二射将军肚，三射四射中要部……法官问刺客，刺客慷慨中怀吐。只好杀人只好色，不好饮酒不好赌，荆卿误拉秦舞阳，我自徒行无伴侣！……”颇为同志所爱诵。接着三月十九日七十二烈士之役，为民党革命第一次大牺牲，其中最著名的是福建林君，在东京《民报》时代，群呼为林大将军的。此外广东花县人最多，人说是洪秀全的遗派，共葬于黄花岗。此种消息，惟《国风日报》登载最详，连记半月有余，各省同盟，大为激动。陕西同志进行尤烈，井勿幕时有来函，并遣张君携其家藏古画，到京沪一带变卖，以供革命运动费，且寄我一诗云：

读诗为汝悲辽阳！干坤安有干净地？
悔不当时生便休，又是来年二十四！
我欲乘风视汝来，黑云冉冉天之际。

诗中“二十四”三字，被我猜到。因项羽起兵，周瑜统军，都是二十四岁；勿幕有周郎外号，所以感慨到此，恐辜负于这般好年华。他那年又曾亲到广东，和同志定约起事。张君来时，密告我曰：“陕西革命进行颇急，今年必然发动，勿幕希望晋秦同时并起。”我说：“请告勿幕，一定办得到！”及游山西一次，大致已定；又因盛宣怀卖路风潮，乘着机会，大鼓动了一番革命。那时很有意思，是满人吾庐君，颇赞成政治革命，且能文章工诗词，时寄稿《国风》，曾有一篇文曰《一盛宣怀挑动天下》，也可以想见那时风潮汹涌的现况了。这全是革命的先兆。

拔丁的运动大成功

《国风》发起的动机，固然是以鼓动革命为事；在我个人，则尚寓一番为友复仇的意思。所以一开首，便作一篇东西两抚之罪状，东抚是说山东巡抚孙宝琦，西抚是说山西巡抚丁宝铨！两人中，丁为主，孙为客。因从前说过的交、文案，王理臣、张实生、张汉杰、荆大觉诸同志，或逃亡，或系狱，心中愤恨到了极点。故《国风》前半年，几专以“拔丁”为目的，直骂得那丁宝铨神昏志坠，无地自容；

尤以丁之五姨太太卖缺，丁之干女夏姬（夏学津妻）为绝好点染品。张实三君来京时，告我一段笑话，说："某候补官儿，在饭馆里吃醉酒，学那夏姬；因夏某被御史参掉官儿，向丁求情，莺声燕语地叫老丁一声干爹，并拜下去道：'你老人家，总要给他想法子才行！'老丁连忙扶起笑道：'那自然！那自然！'这位候补先生，扭扭捏捏就学了一个穷神尽相。"我听了，编了一编，登在报上，真把老丁气死！冤家又碰着对头，那时荆大觉也在北京，是被丁参掉了主事的，抱病蒲州会馆，病刚好，我便请他入社，把老丁秽史全揭出来。时郭润轩正编交、文案戏曲，大觉补正处很多。弄的老丁要运动封报馆。同时本报攻击曹汝霖，送了他一个李完用的外号，他气的不了，也有运动政府封禁《国风》之说。我将两件事合起来，做了两句讽言道："丁宝铨想运动封本报，哼！好脸子，哪儿配！李完用也想运动封本报，呸！啥东西，弗害臊！"颇为一时传诵。结果老丁莫把《国风》怎么样，《国风》算把老丁推倒了。因本报每日登丁的罪状，便有人向那清当国的庆亲王，说起丁的闲话来。一日开什么政务会议，由老庆提出来更易晋抚的案子，大家都和丁莫关系，且听见报上登载丁劣迹太多，于是异口同声地，说是"应该！"便把这"丁"轻轻地拔去了，换了一个姓陆的。

冷落了无政府主义

是年对于种族革命、政治革命，很用了些心为之鼓吹，对于社会主义——无政府主义——未免冷落。这有几个缘故：一因宣传种族革命的书报很多，光复旧物，推倒满清诸说，深中于一时人心，所以各处运动，都拿种族说作媒介，别的问题，自然是顾不到了。二因智识阶级，为共和二字所迷醉，以为推倒专政，施行民主主义，便心满意足了，社会问题，哪放在他们心里。三因朋友中，了解无政府主义的人，如佩兰、仲伏、溥泉，皆天各一方，应了那孤掌难鸣的话，所以我自己也懒得讲了。日本同志失败，海外消息一绝，也是重大原因。但我的心，未尝忘掉主义，所以对于日政府，处幸德秋水二十余同志于死刑，乘机把无政府主义五字，标露于《国风》，并为时评，以发挥之。有日某议员，因幸德案件，提出个正闰问题来，日本皇室，颇为之摇动，我却怕埋没幸德主张，于是特为辩白道：

“日本内阁最近之变迁

日俄战后，桂内阁倒，西园内阁继之，颇执行所素抱之法兰西政策。一时自然学派，流行三岛，而温和之社会主义，且转为激烈之无政府主义矣。日本政客，乃不满意于西园内阁，桂内阁于焉再现，大施其武断政策，欲扑灭无政府党人；遂有去岁幸德秋水之阴谋事件，结果处死刑者至二十人之多！致起议会之反抗。某议员乃提出正闰问题，谓明治天皇源出北朝，而日本历史则尊崇南朝，如此则幸德诸人，为南朝复仇不为叛逆。桂内阁遂无以应，此事为此次总辞职之重大原因。然某议员之提议，实非幸德诸人之本旨。无政府主义，国界亦无，何有朝界？因此倒阁亦可笑也已！”

这也没人理会，我又借五月五日，鼓吹“五一”劳动节；以午与迕、忤逆意通，可表示克鲁泡特金所著叛逆之精神来，又中国五日不举子，正惧忤逆故。而欧西“五一”节，施行劳动者示威运动，亦抵牾资本之意，东西不谋而合，是为黄中通理云。自然是附会，然借此一发蓄蕴，痛快之至，那管旁人懂不懂！最妙一日忽见疯子作一时评，开首云：“世界无善政府，此吾所叫绝者也。”我大赞之。心里说：“他居然了解无政府，此何异巴枯宁口气！”但他立意，是说世界政府，不是卖人国的，便是灭人国的，所以都不好，这算只看到一方面罢了！

楚馆　情天缘起

自革命运动开始，同志来京者日众，以湖南仇亮，湖北田桐，为与《国风》最有缘者。田君字子琴，到京后，即来报馆和同人计划一切；并作时评，抨弹北京社会现状，以唤起改革精神，署名为重耳是也。后来又独力另办一《国光新闻》。仇君字式匡，在日本当我和同人办《汉帜》杂志时，他投过几篇诗稿，乃武人中之能文者。为人极热诚，对《国风》甚加赞许及扶持；因他是士官学生，常绍介些军人来。一日约我到湖北孔庚君寓中去，孔亦同盟会中人，与湖北诸同志在京共赁一屋，题曰楚馆。我戏谓仇君曰：“楚人居日楚馆，秦人将曰秦楼，太原有柳巷，何处当有花街？邑有朝歌，墨子回车；里名胜母，曾子不入；我们日游楚馆，大有嫌疑！”仇君亦笑曰：“我不知他们命名意思，经你指摘，倒也可笑！但实际的秦楼楚馆，君并未绝迹，岂非避名而趋实么?”好利害，猪八戒倒打了一耙！这也不关什么要紧。因为那年侠邪游，有几种意思：一同志聚会不易，破费一块钱，占个冷妓的房间，足可以和同志们共谈几点钟（别的休说，那老妓贾玉文，独占了一座院子，每夕嫖客到院，他一定是出条子去了。大家分屋坐定，如候补官员上衙门一般，老在班房等候，至少须两点钟，才能见一面。李阁臣便认识了这老妖，就为的是房子大且静，居然有时在里边作社论时评新闻稿子；并有客在里边温习法政讲义的。我却爱他房中一副对联作的很稳称，道：“老去看花苏玉局，归来贳酒卓文君。”惜不知撰者姓名！至于玉文的应酬手段，周到圆活，一时无两。有时以政界秘密告我辈，差不多成了报馆特别访员）；二因我虽不厌为文，但每天撰稿太多，脑筋为之昏乱，一入小班，万念俱空，心神为之一爽。没雏妓喜摩予圆顶，于是有人造谣说，我每天为文烦闷了，必到八埠遍乞诸姊姐一摩顶而后快，未免过甚其词。三因自辟“情天棒喝”栏，投稿多违棒喝本意，甚至来“棒为竹杠，喝为喝诈”之讥，我大为不满；于是才自入花丛，亲行棒喝，撰为警痴破顽之文，一振此栏；且时时寓革命意于其中焉。

武昌起兵　一张白版

自广东七十二烈士一役后，革命潮一时觉得沈寂了，其实是“万木无声待雨来”的光景。及四川争路风潮起，全国沸腾，民党一时大活动起来，有乘南北洋秋操起事的谣言，吓得清廷要停止秋操，大有“山雨欲来风满楼”的气势了，果然到阴历八月十九口，霹雳一声，革命军发现于武昌！北京同志得到电报，说是：“黄克强亲到湖北，运动革命，爆发后一点钟，占据了武昌城，清帅瑞澂败走！”大家兴奋达于极端。《国风日报》才到了应用的时节，用二号字特别标出大题目，以及各地响应的电报。北京住民，大为慌恐，作官的更是忙了手脚。每日正阳门外东西两车站，行客拥挤，市面亦为之大动摇。警察来干涉报馆，不准登载各种消息。白逾桓君忽然想起一桩故事来，他道："法兰西革命时，全国革军烽起，巴黎报馆受政府干涉，不准登载革命消息，他们一律出白纸。人心更慌恐，我们也试办一下！"我也没考究他说的这故事，从什么地方得来，但觉得这种方法很妙，便赞成他的话。除一版广告及社会新闻外，正面一版，全空白，却在上面排了一行二号字道："本报从各方面得到消息甚多，因警察干涉，一律削去，阅者恕之！"这真灵验！这纸白报一出，人心更是汹汹不定，都乱猜起来嚷嚷着说："大概革命军完全胜利了！清兵大失败了！各省都响应起来了罢！不然那有一版禁登的消息呢？"呵呵！警察先生觉得不妙，又赶紧来馆告诉编辑说："除过靠不住的谣言，准你们登载就是！"自然是照常继续登载起来。时北京有一画报，专画各报登过的趣闻，颇有滑稽风味。他见本报出了一张空白报，却想出一种插画，画的是四家打麻雀牌，一家放出一张白版在桌面上，从下家的口里画出两道话线来，中间写得是疑问口气道："你为什么出这一张白版呢？"趣极！也算一种纪念。

鄂乱怀疑篇之底面　山西独立

大家若要知道武昌起义，北京人心慌恐的实况，有我当时所做的《鄂乱怀疑篇》为证。今录于下，并加注释以明其始末。文云：

当鄂警之初至，吾人固未敢置信也（这自然是假话，实则深信不疑。当日立论于所谓辇毂之下，非此不可）。盖以武昌据长江上流，为南北重镇，水陆形势之区，兵备集屯之域也（此反写革命之声势，因最初同盟会计划，以云南、广州为根据，所以先有镇南关、河口两役，皆不成，然后定由中区起义，以作四方八面之标帜）；有瑞澂为之督，黎元洪、张彪等为之将，瑞于疆吏中称能者，有手挥如意，自拟诸葛之概；张彪虽一鄙陋小人，而治兵颇严；黎元洪则欧人称为第一流名将，为南皮最倚重之人物（一片假话，黎并无大名，瑞、张亦碌碌；特因黎被党人举为都督，故加意鼓吹，皆反笔也），岂区区革命人所能争取于俄倾间者哉？乃无何而咨议局议员汤化龙等，为党人之参谋，炮台军器，归党人之掌握。无何而陆军大臣荫昌出征，袁世凯起用（此时袁尚未入京，已有起用说，因荫昌资望不足故），军政两界之风云，因之骤然变色；无何而京师戒严，市面恐慌，束制报馆，调遣兵警；于是都人士女相惊以革命党且至。风声鹤唳，草木皆兵，而达官富人，争提取藏金于银行，至有携眷纷逃者。天下本无事，庸人自扰之，良可浩叹！无何而太白昼见（一日到大栅栏，忽有数人仰首望空，众人受了一种暗示，一齐仰首，我也随着看起来，果见一个星，警察也不禁止，但说怪事，怪事！我想起彗星谣言，说了一声，这叫“太白昼见，天下大乱！”其实不定是太白星），日有食之，丁此科学彰著之时代，亦寻常事耳。乃皆因之为妖异（这是占脚步地方）；于是谣诼四起，人心动摇，尤为可虞也！无何而陆军败绩，水师降敌，瑞澂、萨镇冰退归九江，荫昌不敢南下；于是鄂省乱象，乃有燎原之势，不可扑灭矣！无何而西安兵变（阴历九月一日，有电来，此消息同人早知，乃预定之计划故），长沙失守，九江、广州俱有乱耗（一半谣言，广州独立尚在山西之后）。不意旬日之间，大局麋难〔烂〕至此，使吾人冷静之脑髓，为之震激弗宁（早有投笔意矣）。欲不置信而不可得已！虽然，吾人对于鄂乱，尚有怀疑者数事，故乞海内贤士大夫一解之也！

这是第一篇，又继续作了两篇，对于臣节种族立论，尚未终篇，因山西独立军已起，我不能再在北京逗留了。

协和南下　苏乡失守

当山西未独立以前，我在北京和同志协商运动事太多了，一时也说不清。捡几种说罢！先是听得李侠璜，因南北合操（此事虽中止，但已发起，所以各省军人，都来北京。其中同志很多，我注意惟李）到京中，寓西河沿金台旅馆。赶紧到那里去见他。他一见甚喜，说：“你们鼓吹成功了！用着我们实行哪！”我问他几时回南，他说：“我听说政府到德国运来大炮好多座，我想运动带一团炮兵，到前敌上，再转过头反攻，岂不是好！”我只道他是学炮兵的，有这个资格，很赞成他的话。刚说了两句，从外面来了他一位同学，却不【是】同志。张慌地说："革命党声势不小！"侠璜很机警，怕我误认来人为同志，故意的发嗔道："甚么革命党，不过几个无知识东西瞎闹；我若带上几门大炮到前敌，管包几炮就打完了！"我心里好笑，口里自然不再说什么，便告辞走了。惟临行，很对他说："炮骗不到，你还是南下为要！"他笑道："那是自然！"过了两天，他打听德国大炮一时还运不到，于是一溜烟走了。到南边，算作了一场大事，以后再表。我一面请李子高、李阁臣、郭润轩诸人陆续回山西。子高约定从雁门关以外起事，特惧子药不足，打听作子弹机器未到手，很惆怅！这和勿幕打算买机关枪一样心理。我对他说："义旗一举，清兵必有来降者，利用他们弹药好了！"子高曰："是，吾志决矣！"遂去。一日张华飞君来，约我到小李纱帽胡同某小班见陈尔庵，说他很有计划。我如约前往，见陈，听他议论很圆满周到，但不是革命的派头。他对吴禄贞有些不满，怕他弄不好（时吴已奉清命，率第六师，去征山西）。我在他话中，却听见许多秘密消息，并知张绍曾已在奉天有预备。心里很满足！我已决定回晋，和大家一同革命。意思在和吴定秘约，截断清师后路。当时有一个笑话，就是子青、连三和报馆，同人怕我恋董素仙，便在"情天棒喝"栏里，登了一段骂素仙的话；我笑对他们说："苏乡失守！"失守是那时新闻纸上熟语，天天都登着某处失守某处失守的消息。其实苏乡不失守，我也要走的。他们算白用了一番心机和战略，呵呵！

留别京友　石家庄大失望

我要回山西参与革命，主意决定后，曾问同人谁愿意同去，姚太素和江汇川两君，说他们愿意同行。于是戏对疯子、子青诸人说："鄂乱我也不怀疑了，苏乡我也不恢复了，说走便走，北京革命责任，全放在你们身上了！"因为当时同志在北京的，并没有停止革命运动。记得有一少年名岑楼者，从东京来，自谓来北京负的是"暗杀"义务。同志留他住在《国风》报馆。且秘密运输炸弹，以备应用；中央革命，原非爆烈物不为功！我嘱托大家的话，精神全在于此。我何以定要回山西呢？一来因为山西南北同志和我都有密约，我不回去，怕大家不接头，且生怨望；二来外省同志，也算我交识较广些，我不回去，怕大家有些隔膜的毛病，便不好共事；三来若得机会，还想把社会革命，同时干起来，所以早下了一番决心要回去。且预定的计划，是山西最后再响应，不防备爆发的太快了。所以他们有密信来，也叫我快点回晋，好给大家定主意。闲话少说。我同姚、江二君从北京乘火车，向石家庄进行，中途过保定就有六镇兵上车的，听他们说山西革命军占了娘子关，现在吴统领还没到，尚未进攻。又看车中人的颜色，都是仓皇不定，好像逃难光景的多，也没功夫理会这些。到石家庄，三人下车，把简便行装亲自提着正要走，听见车中有人唤我，一看才是张君崇本凭定车窗摆手说："赶紧回家"。我说"我们要到太原"。他面带慌遽状，正要搭话，车已经开了，也可见当时人心不靖的光景。却说我们三人，找了一个栈房休息，占定了上房，茶水毕，又到外边看石家庄到底是谁带的兵。冒向一个兵问了一句，他道："是第六镇。"问："你统领姓甚么?"说："姓吴。"这便够了。我们回到栈房商议说："能在这里见一见老吴才行!"向栈房人打听老吴的消息，说："没听得人说吴统领来。"这真教人纳闷！石家庄到太原车已经不通了！若不见老吴，怎么能过去？正筹思中间，栈房的人来说："请三位暂受一点屈，移到箱〔厢〕房里；因为吴统领说今晚要来，差官来定占上房。"若在平时，这些话是很教人可恼的，保不定要反抗几句，在这时却成了一种喜信。我说："好罢！我们和吴统领认识，只要见他，情愿让出上房来!"栈房主人还说了几句客气话，才把我们行李移至箱〔厢〕房。我对姚、江二位说："这倒凑巧的很!我们若见了老吴，便不愁这路不通行了。"不妙！等了半夜，也没见有人到这栈房来，心里说："莫非转了栈房？或者没到?"第二早一打听，据办差人讲，才知道老吴（绶卿）昨晚下车，没停留，便乘火车到娘子关，和山西民军首领交涉去了。啊呀！这真是糟糕！怎么办呢?

小拿破仑翁　报告军情

到寿阳车站上，见有臂缠白布者，却不认得。知道是革命军里人员，便问他谁在这里？适逢火车刚到，车中有我认得的史正轩，我便招呼他，他说："先生来好了！籛甫也在这里。"说话，籛甫已到面前，狂喜！让我们上车说："好极了！我们盼望你来好久了！你一来可敌十万师。"我便问吴禄贞近状，他说："已经在娘子关开始谈判，计划联合攻打北京！"我看籛甫这时威风凛凛，杀气逼人，随口赞了一句道："小拿破仑翁！"他嗔道："拿破仑翁就是了，何言小？"我笑了。史正轩陕西兴平人，曾改良姓名，逃亡到山西。因交文案，牵连入狱。我在陕西曾函托太原诸友营救，得出狱，入了营盘，和籛甫、岐山最好。我于前回到太原，为《国风》筹款时候，才见了面；不料到寿阳车站，就先遇见了他，省却许多唇舌。事有巧合，往往如此。我到了太原，先见了润轩，他已经办起《山西民报》，标着中华民国年号。高兴极了！然后籛甫一直领我到咨议局——都督府，见了阎伯川，黄少斋诸友皆在座。非常欢喜！他们见我穿的棉裤破裂不堪，都笑说："梅九总不讲究。"是的，哪里顾到这些事，若不是他们看见，我还不知道哩！他们问外边情形，我说了个大概。伯川主张教我在议场报告，以释群疑，并坚同志的心。于是招集都督府人员，议长议员等参与其中的很多。大家坐定，我便登坛报告，说："我出京时节，南方各省独立者纷纷，清廷无力兼顾。吴统领是革命同志，决不打山西！我可以去见他，协定一切。此次革【命】成功，可操左券……"云云。大家听了，仿佛以为可信，面带些喜色。伯川对我说："清廷命吴绶卿为山西巡抚，怕他贪图此位，变了卦？"我说："绝不至如此，革命成功，他的位置，何止一巡抚！"伯川首肯说："你可同着仇亮君，再到石家庄去一遭！"我说："好，事不宜迟，我立刻便去！"于是告别了大家，偕同太素、正轩、籛甫，齐向娘子关出发。

恶消息　吴绶卿被刺

我同着仇亮、姚太素、史正轩几个人，搭火车连夜赶到娘子关，到前敌总司令部办公处，商量进行办法。那时前敌总司令，是姚君维藩，是我的老朋友。他抱病到前敌，精神不大振作；然性情慷爽，对大家尚能畅谈。说话中间，至半夜一点钟时候，忽从石家庄来一电话，报告："火车站上有枪声，旗军兵变！"大家听了，尚不以为奇怪。因阎伯川曾与吴绶卿订秘密条约，令旗军攻打娘子关，晋兵迎其前，吴军乘其后，使旗军腹背受敌，可一举而歼之；并借以坚决吴氏革命之心。吴氏虽未从其计，但对于旗军未免薄待。今旗军兵变，似乎是意中事。未几又来一电话，报告："吴绶卿被刺！旗军已向保定方面退却！"大家听见这恶消息，相对无言。仇亮君尤为懊丧！因晋军和吴氏交涉，全是他一人从中间说话。最后由我发言说："吴统制被刺，原因虽不明，但就旗军退却看来，或是满人暗遣刺客行凶，也未可知。那么，军心一定振动。我们乘此机会，到石家庄运动第六镇兵，替他们统制报仇，同着咱们一齐革命，岂不是好？况且山西还有好些兵在那里，我们也应该去看一看！"这段话，仇亮君听见了非常赞成，说："是，这个计划很好！我一定去的！"我说："要去大家通去。"便征求姚君、史君同意，他们都慷慨答应，姚君说："可以带几个兵去。"我说："可以不要。"因为我这个时候，只记得孟子说的："自返而缩，虽千万人吾往矣"两句话，以及史记上"知死必勇"的说法。况且每当一番恶风暴雨后，必有一阵清明天气。吴氏一死，自不至再有纷扰。所以我才下了这个决心，情愿身无寸铁，同大家向石家庄一行。当时意气甚豪壮，中途仇亮君对我说："不意君投笔从戎后，有如此勇气！"我笑说："革命不是空谈的！"

遇何叙甫　开鸿门宴

大家到石家庄，下车后，看见六镇兵散乱在车站两旁，有些臂缠白布的，那时到处革命军，都用白布为记号；我看见了这种情形，心里颇觉有办法了。但苦没一个认识人讲话。正在没道理处，忽见一人痛哭流涕，神气激越异常，我猜着这一定是和死者有感情的，便向前和他说起话来，并说明我们来意，是要联合六镇兵给吴统制报仇的。他听见了，很感动，说出他的姓字来，才知他是何叙甫，福建人，充六镇参谋官。受吴知遇，今吴遭奇祸，痛愤达于极点，所以有点"人忙无智"的情形。我问明吴统制死的在车站一边，便主张约六镇兵同到那里，围定吴统制遗骸，头已被贼割去，只余巨躯，其状很惨！大家便大声疾呼："非报仇不可！"我便道："军无主不行，今吴统制已死，你们何参谋，就可以作你们的统制！"大家同声赞成。其热心出人意外，可想见当时人心愤激的程度了。说毕，我们说找一个地方，再议进行。忽遇见几个军官，里面有个年纪大的，兵士对他致敬，群趋其前；并道是他们标统（官名不准，或是统领）。何对我们说出他姓名来，叫吴鸿昌，一面绍介我们见他。我看见兵士亲付吴之情形，知道军队中阶级关系非轻；但看他态度，非常冷静，不及何氏之热烈。他并劝何氏道："兄弟！你脑筋静一静，不要忙乱，他们大家既然来了，总有个办法，我们同到司令部再讲！"于是同到一个栈房里，就是他们的司令部。时已过午，吴氏说："我们先吃了饭，再讲话。"于是让我同仇氏上坐，何氏与某军官一旁坐，太素与正轩一旁坐，吴氏坐主位，其余副官等，皆站立桌旁。我心里想道："这大似鸿门宴！正轩要作樊哙了（因他携带手枪故）；不知能唱一出好戏否？"却大吃大喝起来。吃喝中间，来了一穿军服青年，进来向正轩谈了两句话。吴氏问他何人，他说："是倪普香，来此投效于吴统制，奉命和晋军接洽。"吴氏也不再问。后来才知道他那时却安排了一队山西兵，在门外警备，想不到樊哙这脚色，才是他充当了。

电约张绍曾　运回绥卿心血

宴罢——吃饭以〔已〕毕，大家莫离座，便开始谈判，拟仇亮氏以晋军参谋长，我们皆权自命为参谋。我开口向吴氏说："吴统制虽死，但是他和晋军的联合计划，我们还应该继续实行！"吴氏问："我们的军饷，晋军能担任吗？"我慨然道："能，晋军不缺饷，即再增数万兵，也有力担任！"这几句话，却不是应酬门面，我心里有个筹款计划，以为定能办到的，所以毫不含糊的答应了。吴氏见我答应的慷慨，便道："好极了！有什么意见都可以发表。"仇氏主张先发一电给张绍曾氏，请他由奉天发兵，直攻北京，第六镇为声援，何参谋拟【定】即发，并主张发令先断南北铁路两段，以阻清兵南下，而解武汉革命军之围。此项命令亦由吴氏许可，由何拟定发出。我到石家庄，才知绥卿招忌在截留向汉口运送的德国造枪炮子弹数百万，所以当席发言曰："吴统制截留之子弹，可移存娘子关，较为妥适；恐此间军队如一旦开发，恐不能携带故。"吴氏也认可。仇氏主张由吴氏集合六镇兵，由我们集合山西兵，为吴统制举哀，并誓师北伐。吴氏也没说别的。此外还有些小问题，都解决了。并邀他先到娘子关一行。说话中间，时已垂暮，于是大家抬身，要分头去集合军队。我又向吴氏说了两句话道："兵贵神速，若乘此机北上，大事可成!"吴氏却说了一句不中听的话道："怕我们的兵不开通!"我更不向他应酬了。对仇氏曰："吴某靠不住!"仇氏曰："有约在，且何参谋可以监视他。"我们大家到车站，集合晋军，正要说明为吴统制复仇，却久不见吴军消息。少顷，有人报告说："吴氏集合军队，向正定方向退去了。"问何参谋，他说："他为发电报，不防吴某率队走了。"这真败兴！但是那几百万枪炮子弹还在，大家商定运回娘子关。有人说，怕吴某回来见怪。我笑道："他若是回来，又何必走？且定约说明此项炮弹，应存于山西，怕什么？况这是吴统制的心血换来的，我们怎能不给他放在安稳地方!"大家听这话有理，才命兵士，一箱一箱的向货车上搬，兵数不多，有些百姓，也帮着搬运，不多一阵，把几百箱枪弹炮弹——榴霰弹等，齐转上货车，还有十几包大米，也装载上，还有些军装兵士外套，都分给各兵士穿了。这一切都弄停当了，只差一件，没人开火车。真着急！因这时天已黑，野风四起，冷气逼人，大家又冻又饿，有些不好受。我发了一个口令道："有能开车的，每人赏银二百元!"呵！真灵验！转眼便找到几个开车的来了，把一辆机关车，从火车房中登时运动出来，将客车货车，一齐挂上，汽笛一声，向娘子关发动。这时在车上却觅不见那位何参谋。问仇氏，仇氏说："刚才还见他到车上来，或者他到别处去了。"我说："不是，他是预备棺木收殓绶卿死尸去了罢！反正，明天还要派兵到这里来搬运的，如今顾不得他了。"当时饿肚子，实在难受，感觉到面包问题来，因为那时同车人，都没精打采的。几点钟已到娘子关，大家才找到饭吃。别的话，都顾不得讲了。姚君听见把枪炮弹运来，自然欢喜。一面命人搬运下来，一面又派杨䥡甫君到石家庄，查看断绝铁路的情形和何参谋的下落。第二天，他们一同载绶卿骸棺回关。䥡甫报告，已断绝东西铁路数十里。姚君曰："我今日始得安枕了!"我问䥡甫曰："石家庄还有存留晋军否？"鑀甫曰："无！"我说："不妥！应该多留兵分守附近桥梁才行，但折断几条铁轨无益。"他说："山西那里有兵可派，我们回去再讲！"我无法，只得回去。但我当时也有一种痴想误了事。

罪案中心　分兵计划

你道我有什么痴想？我以为石家庄一番停顿，使南北交通中断，清军在武汉前敌者，必发生慌恐，民军乘势可以得利，则武胜关不难下。一面张绍曾念同仇被刺，直以一军拊北京之背，则中央必生绝大风波，同人在内响应，成功有望。且北洋军队，多汉人主帅，当此种族主义昌明，必有一番觉悟，不肯替满人出力，自残同种了，还有什么仗打？嗳，大错特错！哪知道这些奴才们，一点觉悟也没有，仍是一肚子红顶花翎，但想借同胞髑髅，作升官发财的资料呵！所以他们不但不和革命军表同情，而且要极力破灭民军的实力。当石家庄铁路中断了数日，山西并未继续出兵，固然是兵力不敷，以及统军者精神不振，也由于我主持不力（即误于痴想），以致让袁世凯得乘隙入北京，遂不能彻底澄清，遗恨何限！此实为种族革命时代罪案的焦点，终身莫赎此耻了！写到这里，实在不想再续下去。但前车之覆，仍足为后车之鉴；况失败中夹带着无限同胞血泪，有不忍使之埋没在"表里河山"间者，故只得忍痛叙出，以供世人的指摘！袁氏入京，姚君亦痴望其能借众力以覆满清，不至再与革命军为难。谁知袁氏心怀奸诈，既想利用民党，复灭清室；又想制服民党，归依一已，故入京不久，即遣第三镇到石家庄，谋攻山西。我曾亲身查看娘子关阵地，如所谓南天门、雪花山都走到了。但见重峦环抱，障蔽天成，和海口大炮台的形势一般无二，若得十尊大炮镇守，虽敌有百万雄兵，未易飞过。可惜山西新军，炮兵独缺，有可守之地，无能守之器！我曾谓守者曰："此不能恃吾之能守，而恃敌之不我攻，始可！"是以当日回至太原，和伯川商量南北分兵计划。为秘谋曰："娘子关终不可守，一旦失败，非南退必北进，今不速图，将来恐北不能过雁门，南不能逾霍山，我辈必进退失据，奈何！"伯川深然之。乃分派兵于南北，预为退军地。适续君西峰，有函来报告：“将由繁峙绕过代州，直趋大同！”我阅此大喜，曰：“如此，则雁门不攻自破矣！”

筹款 提起社会问题

我当时于分兵建议外，尚有一重要建议，即筹款。因我自石家庄归来，颇感晋军实力不充，非多加练新军，不敷分布。时赵次陇君，亦参密要。一日议及兵饷，我说只有一法，向太原有名富豪家通借，千百万金不难立集。座中有人谓，恐有扰民的嫌疑，我道：“此次革命，不但解决种族政治问题，并社会问题也应该一并解决。山西富豪，家资敌国，乘此机会，一为平均之，乃是革命要着，不惟筹款而已！”赵君极赞之曰：“梅九说是！我们就实行起来，先向最便家，派人去借好了！”伯川听从此言，教大家先公推几家。于是第一便推到祁县渠楚南家；再次太谷某家；再次榆次常家。但说到常家，我想起一件事情来，就是前边叙过的“竹杠失败”的笑话，我所敲的正是常君。今天若主持向他家借债，恐人讲咱借端报复，乃特别提一议道：“我听说榆次常家，近已中落，可以不向他借！”伯川答应了，却不知我别有这段心事。至于向渠家借银，我主张命姚太素、李梅峰，率学生军一队去借，伯川许可，即时命人拟就公事，派大家去了。我密告姚君日：“至少百万始可！”过了两天，有电来说：“渠家准借四十万现银，先解二十万来。”伯川回电照准；实不满我意。然因此军需运用已灵，市面金融，也活动起来，兵心也一振，新招之兵，也不愁无饷了。据筹饷学生说：“初到渠家，楚南的父亲，尚思闭门谢客。学生等乃向其门口，空放了几枪，渠老先生大恐，央人说：‘再不要放枪！家里小孩害怕，我早想帮助军饷的！’于是引大家到存放现银的房中，听大家照数去取。”好笑！财主家的老少，胆子都太的小了。当时有直隶同志绕道来晋，说：“想在保定一带运动民军起义，为牵制敌人攻晋军队，并可放刺客入北京，实行暗杀。”我力主张，并向渠家为筹生金二十锭与之。伯川也说：“这一万金可当十万金用。”

政事部长　朔方兴讨使

革命军初起，意在破坏，故无人留心政治者。我入晋后，参与军事进行，对于分兵筹款等事，亦曾积极主张。虽在石家庄，自命为参谋，其实并无名义。及二次到晋，颇有人欲位置我，伯川乃命孔君繁尉及仇君亮商议取法于湖北军政府的组织，于都督府中，分设军事部、军需部、参谋部、政事部……等，邀我共订章程。孔君颇斤斤于诸部权限问题，又言军事时代，以兵为主，政事可以不要，我亦谓然。但他的意思，仿佛说我有心揽政权。我乃大笑道："我是主张无政府的，你莫拿这些玩意对我剖析，况且大家还不定几时滚蛋，有甚么争论的呢？……"这几句话，把大家说的没话了，就照当时通行的军政府大纲组织起来。以副都督温静庵君充军事部长，以黄少斋君充参谋部长，以我充政事部长，以陈汉阁君充军需部长，大略如此。我即组政事部，内分内务、外交、交通各司，以利进行，规模三日即大定。外交司对于保护外侨颇得力，我特别组织——参议部，邀请同志自由议政。我当时却想到一旦分向南北进兵，图谋大举，过路知县官，非先换成同志不可，于是派了几多知县官出去。惟有作为的同志不肯去，结果仍被好作官的人抢去了，因而更讨厌了政治！我当时随应承长政事，每日仍参与军事进行；且各省同志到山西来的，以长于军事者居多，又和我素日有些来往。最著的如从前说过的楚馆主人孔庚（文掀）和李敏、王敬轩诸位，于吴绶卿死后，也由石家庄乘机到晋，我特别介绍见了伯川。文掀慷慨陈辞，大骂袁世凯，说："此奴万不可信！绶卿之死，有疑袁遣人刺死的。若拥戴袁氏，则民党可谓无人，山西可谓无人！"伯川大赞许，聘为高等军事顾问。时议分兵北上，出雁门解大同之围（因续君已率偏师入大同），请孔君主其事。我给他想出个特别名称，为历史所未有的叫做"朔方兴讨使"，意在兴师讨罪，为李子高诸同志复仇故。伯川也没驳回，就照办了。

发挥种族主义的一封书

仇亮氏自绥卿死后，居恒郁郁不自得。一日听说袁世凯与黎元洪有议和消息，对我道："袁世凯欲利用和议，懈怠革命军进取之志，黎元洪本非民党，恐由此让步下去，革命大事必至失败！我有心到湖北亲见黄克强，力阻此种和议，坚持我辈宗旨，非打破北京，目建共和，绝不罢休！你以为如何？"我说："君言极是！但此间借重君处很多，伯川恐不放君行！"仇君极言其心已动，再留亦不益。终至痛哭流涕以求去！我不忍阻他，乃商之伯川，伯川闻其去志甚坚，无法挽止，乃予以代表晋军名义，请其到武汉一行。同志荣子文说："当由伯川与黎宋卿一函，表明我辈的决心。这封信非你自己下手不可！"我受此鼓荡，且对于当时革命大势，亦有一番感慨，乃启墨抻纸，执笔直书，真所谓："文不加点，一挥而就！"把肚子里种族主义发挥了一个不亦快哉！其实并不以为得意，但同志却推为革命时期中有数文字。今全录于左曰：

宋卿大都督麾下：锡山本山右武夫，不识天下大计；惟念炎黄神胄，沦于异族，几三百年！古云："胡无百年之运"，兹乃过倍，斯诚汉族男儿之奇耻大辱，无面目以见天下者也！曩在倭岛，与二三同志，酒酣耳热，论太平遗事，未尝不痛恨于曾、李诸奴罔知大义，自戕同胞！而洪、杨亦失雄图远略，死守金陵，无北伐志，为自隳光复之大业也！自时厥后，汉家儿之谋兴复旧物者，断脰陷胸，相继流血于赤县神州。今岁广州之役，黄花岗山长埋七十二雄鬼，实吾党革命以来之最大牺牲也。其在满虏，以吾党势力，仅能达粤土，经此败挫，当为不复燃之死灰。不图麾下，奖率同志，倡义武汉，克定南疆，旬日之间，天下响应。三晋健儿，闻之鼓舞，于前月八日，纠合同志，乘虏臣不备，攻陷太原，树汉帜于并州城上，随将进兵井陉、获鹿之野，实欲断虏师后路，以为我南军之遥援。惟自审军力单薄，未克大举深入，乃与吴帅禄贞谋，将联直军为北上之计。事为旗奴窥破，戕我元戎，引师北遁；吴军亦半溃于中途，图北之策，为之一阻！锡山诚愤懑填胸，拔剑斫地，誓欲联合南北义旅，灭虏朝食，以复我同胞大仇也。奈邮电隔绝，谣诼四起，谓麾下已与袁世凯订约休战；且有要求满虏改制共和之说。锡山且大惑不解！夫汉族与满虏不两立，爱新觉罗之子孙，率孱弱无能，今所持以抗我义师者，仅袁奴一人，奚足为虑！（后有媚袁者，将袁奴句，改为汉奸一二人，可哂！）麾下诚能张皇六师，长驱北上，则败清师，易于摧枯拉朽也。且改制共和，我大汉民族自主之耳，何要求协议之有？休战议和之说，实懈我军心！（仇君观书到此，曾鼓掌赞之，与其意相和故）锡山闻三楚多奇略智能之士，未必无谋至此！特惧千虑一失，故敢贡其戆言。为今之计，诚宜命水师，由海道直攻津沽，与齐鲁之众联合，扼其项领；大师由陆路北上，锡山不敏，亦且躬率晋军，偕同秦、豫之师，西北燕郊，据其腹心，务使虏众首尾不相顾，则成功真旦夕间事也！用遣一介之使，略陈鄙衷，且问大计。昔人有言："楚虽三户，亡秦必楚。"天而既厌满德矣，虏岂能与汉争乎？（两句融化盲左，自是得意辞语）兵贵神速，亦贵果决。（记得续君西峰，将以偏师攻大同，曾来一书，密求我同意，传语者且曰："非见梅九话，不出发。"我说："那有此事！"然不可无一言，因大书，"兵贵奇，奇贵速，速贵果"三熟语付之，亦一纪念）若迟疑不断，则晋军孤悬一隅，师久无功，将使中原父老，望断汉家旌旗也！临颖神遥，即祈幸盼！

此书颇为一时传诵，而山西革命文告，见于当时报章者，只此一篇，故虽违本心，亦觉有录载的必要。

函拒段祺瑞　欢迎刘越西

袁氏入京后，命第三镇进军石家庄，闻统军者曰段祺瑞。我曾代阎伯川致段一书，略云：

朔风凄厉，未审君之涉吾境也何故？尝闻中原名将，首称段、黎；今黎已高举义旗，声动寰球，君胡不自振，以与争功名于史册耶？我军屯次苇泽，愿与国人共解时局。此地为淮阴拔赵帜树汉帜之地，望阁下能一张吾汉帜而媲美于古英！

这封书由常君子发带去，偕同贾某见段。段轻笑，且曰：“可劝伯川取消都督，再休胡闹了！”其气焰逼人太甚。子发对我说：“如能捕段，必拿他的态度作报复！”我知北洋军官尚未觉悟。一旦到娘子关亲访前敌状况，在张星斋所率营中闲坐，忽有兵士，领一穿北洋军服的官长来见，我见其人魁伟英爽，即知为同志，大喜！与之握手扳谈，他道：“我乃第三镇炮兵营长刘廷森，字越西者，与何叙甫同学，曾入同盟会，存心革命有年；今率队来此，于早晨命本营炮兵登火车向娘子关进发，意在将所带炮兵一齐运动到此，和晋军联合革命。及车过五里铺，兵士看见情形不兑〔对〕，命火车停住，我乃向兵演说革命，请大家跟我过来。无奈他们胆小无知，不肯下车，并催我回去。我说：‘大家不革命，我一个人也要革命！’便跳下车，孤身到这里来了！兵士和我还有些感情，不肯伤我，惟向空中放了两枪，就退去了，可惜！”我听了非常感动。晋军无炮队人才，可惜所载大炮未能带过来！又我们在石家庄运来的炮弹，有弹无炮，真没法子想。但刘君这一来，敌军情形，我们便知道个大概，不用放什么侦探（曾派兵扮僧人探敌）；且敌军失一将才，也要顿挫一下，革命军便可进行。我亲介绍刘君见了姚君，并带他到太原见了伯川。伯川便命他到雪花山领炮队。刘君到娘子关时，赵次陇君亦在彼，很服刘君的勇感〔敢〕热心，密谓我曰：“兵法，大将去于军不利，是我军之得也。”

山西像一把刀　一片死气

越西亲临前敌，叙甫在省城主练新招民兵，七日连成，并自编革命军歌，发扬蹈厉，使人兴起。叙甫心太热，几欲练成十万精锐，亲自率之，直趋北京，为绶卿复仇。尝指山西地图对我说：“山西省像一把大刀，临北京之颈，欲斫倒北京，非山西这把刀不可！”真快语。一日他正在金营外教场练兵，我偕李岐山君往观（是时岐山从河东来，欲自成一军南下，联合诸军，东出巩、洛，以乘清军之后。伯川不许，岐山密与叙甫、鑱甫相接纳，以谋大举），刚走到所谓万寿宫后，遥见叙甫指挥亲兵，东西疾驰，有狂飙卷地之势，兵俱灰服，一望如云，我不觉冲口而出曰：“一片死气！”岐山曰：“非也！一片杀气！”我乃点头，连声曰：“好一片杀气！”当我说一片死气时，心中融化着“有死之心，无生之气”两语，率尔出口，岐山以为不吉利，改曰杀气，未免有心掩饰，非眼前自然现象。我也回想“死气”不祥，然又自知无心说出，不在好处，勉强跟岐山说了一声“杀气”而终不释然。于是同叙甫说了几句鼓励兵士话道：“有此劲旅，可以出奇制胜，乘敌不备，一试其锋！”叙甫慷慨自矢，愿效前驱。时娘子关风云正紧，我原主张，“与人乘我，宁我乘人”。当越西归来，敌阵未整，我极力劝伯川出师。并曰：“处则娘子，出则获鹿！”是由处如处女，出如脱兔来，自拟为名句。且乘势突出，未尝不可以侥幸万分，总强似死守一关，奄奄待毙。伯川不听，且以我轻听叙甫诸人愚计，将误山西。我则因南北道通，进退绰绰，胜固可长驱中原，获鹿、巨野，败亦可北渡雁门，再谋卷土。时戏与友人曰：“我若得统帅，早上出师表矣！”时越南阮鼎南氏在晋，亦赞成出师说，我并从容与议及革命成功后，将助越南恢复故疆。鼎南君笔答我曰：“一语令人万感！”每思此言，不禁愧恧！

推袁作总统　幸不是劝进表

外报不至，娘子关外消息，完全无闻知。其时南京已下，孙中山由海外归来，革命军声势日振。袁世凯氏，且借以恐吓清廷，希报往日削职之仇，并图帝位。而一般人，则力倡共和，绝非袁氏所欲。此事由刘君芙若从北京来，始告我知道。芙若名为受袁克定氏委托来晋疏通，实则欲入甘肃，对回族宣布革命共和的利益，使他们赞成，以免兵祸。及到山西后，对我说明外边实情，略谓：“昔日主张君宪的人，如范源濂辈，都极力提倡民主共和。袁克定密联民党，也劝老袁颠覆帝政。我曾与克定氏约，若项城主张共和政体，我可以劝山西民军首领，承认项城为第一任总统，并以不攻山西为条件。否则恐山西不能让步。”我听了这话，意谓果能借此免目前战祸，不妨暂且承认。因密与伯川议，伯川也赞成，命我作一咨文，我乃同段君砚田两人，俱到农林学堂一秘室中，提笔写成一张契约体文字，略道：“古今中外历史，已证明君主专制，其后世子孙必招灭身亡族之惨祸（便是当头一棒，以醒其皇帝梦）。是以最近各国革命，改易政体，皆以共和民主为归趣。阁下如能协同民军，颠覆专制，然后敷政共和，与民更始，则第一任大总统舍公其谁？须知咨者！山西都督某。”

文成，笑告砚田曰：“幸不是劝进表！”砚田也笑起来，并道：“是一篇惊醒痴梦的文章；未免太潦草了。”我又笑曰：“算了罢！买菜乎，求益也！我便是这种意思。”于是携到伯川处，教他看过，他也没驳回，就命人另誊出，使常子发君协同芙若前往。芙若说明来意，欲走甘肃。伯川说：“你先到北京辛苦一趟，回来我教乔子和君同你到甘肃一行；他系回教徒，比较有利益。”芙若听此话有理，乃答应和子发同入北京。

娘子关失守　决意南下

芙若既去之第二日，即有第三镇曹锟率兵，进攻娘子关警报。我对伯川说：“袁奴远交近攻，欺人太甚！惟有一战，不可退让；胜则长驱北上，败则分兵南北，另作计划。”伯川曰：“然，我亲赴前敌一看，请君留守。”我一面答应了，一面到中华民报馆，和润轩计议，说：“此战必不胜，但娘子关内节节可守，不可不预备接应；等岐山由太谷回，看筹得枪炮若干，再议。”午后一时，有电报来，云：“刘越西在雪花山拒敌，派兵一队，夺得敌大炮一尊。”我对润轩云：“他们道越西不可靠，今何如？但得炮一尊，何济于事？怕刘君有失！”未几又得电报云：“敌炮火甚烈，我守兵不能敌，纷纷退下！”我曰：“败矣！但不可张皇，等伯川回来，商议退守策。”未几姚君即由娘子关回太原，我方疑其退兵过速，一时阎、黄俱返，神色仓皇，但云：“刘越西君，苦战雪花山，身浴炮火中，很勇壮！但不能当敌炮火连发；且命中甚准，弹已落前敌司令部，故我辈不能再守！”我道：“宜镇定，勿张皇！我拟一文告安人心，彼军未必敢入关。”阎不答，我即辞出，到政事部，拟安民文告成，张贴街市。然阎已出城北走，人心不靖，此固预定计划。但如此慌迫，实违我心。我因到报馆，对润轩说：“他们走了，不要紧，我们守城，效死勿去！”张翽之君强拉我去陆军学堂，见杨镂甫，杨方推胸痛哭，曰："我对不起山西人！"一面说，一面以手枪自拟。周耀武君连忙抢过来，从杨手中夺下手枪来说："要死大家死在一处，现在他们走了，我们把军队整顿起来，还可以自守，为什么要死？还没到死的时候哩！"我很壮周君的话，也劝了镂甫几句。时岐山已从太古来，说："他共得枪数十支和娘子关下来的军队联成一气，还可以革命。"他又对我说："南下军队和我有旧，且陕西民军，都和我们有关系，南下可与联合下河东，出河南，再谋大举。"这几句话很使我动意，因我正念井勿幕故。温静庵君亦主南下，我乃劝周君牺牲意见，同到南路再讲，并道："你们可以率队前行，我率学生队保守辎重车殿后！"

以退为进　王一山来

我和翩之、润轩诸人，最后出太原城，想起傅青主"我之愁郭瑀之愁也"的话，回首望并门曰："不知何时见汝！"此时心中最不安适者，就是越西、叙甫未返，政事部诸友未别，在我们觉得出城独晚，在他们还要怪我们出城太快哩！步行至徐沟，倦极，学生军有二十余人同行，为觅一破店休息。我教润轩对学生说："此次南下，还要联合诸军，或东出陕、洛，或卷土北上，乃'以退为进'的办法，并非败溃可比。我们必须整装，押定子药车，徐徐而行，不要忙乱！"润轩道："不错，我对大家说知好了！"此时忽有人来讲，有陕西朋友来访，我连忙接见，乃是王一山君，自然是欢喜极了！问他何以到此，他道："陕西革命军起，和太原应联合一致，所以我和两个弟兄到此，和大家商议联军事体来的。"我便把晋军最近状况告他，并说明我们南下的主意。一山很赞成，说："我们南下联合诸军，还可以下河东，重张旗鼓。"我说："最好！我们同行。"一山说："那是自然！"我介绍他见了润轩，又谈到陕西革命经过，他说："同盟会同人全数出马，李仲山、邹子良并出死力，我领陆军学生保守藩库，颇得罪土匪，翔初充都督，曹允侯独树一帜，向干州御甘军，勿幕亦自成一军，守渭北，潼关连失连得，陕军勇气百倍，可以支持，还可以分兵到河东来！"大家听了，大有眉飞色舞情形。一山次日与岐山相遇，我请他们先行。我们到祁县时，城门四闭，乃停车关外。此时围视的百姓，足有数千，他们见我们很整暇，都竦然环立不动。我命学生阎寅、卫鸿志向马号借马，并要官车；初不肯与，我乃吩咐一用强硬手腕。阎、卫乃拔刃指挥，他们连忙答应，意思好像说："赶紧送这些神走罢！"于是拉出几辆车，并几匹马，让我们使用。乃整队押定子药车南走，很觉得堂堂正正，非同儿戏了。此时也有从娘子关陆续下来的兵士，我们也收容到队里；里面有一个姓刘的，说是安邑人，他最好空放枪；我很警戒他，叫他休随便费子弹，他虽听话，心里终不肯改，我也不理他，只严束学生军，勿乱放枪而已。

汉阁遇贼　诸葛亮神签

次日到平遥，城门紧闭，但从城内供给军食，由城上缒面食等送出。傍晚，郭瑄卿偕陈汉阁君亦至，相见甚喜！郭君言路遇匪人，夺去行李，几不免。因汉阁眼光，至夜间无灯月时，与盲目无异，所以行路极不便。我约与二人同行，并告以学生军路过徐沟时，曾遇渠子澄解第二次款入省，乃命令兵士均分，兵士不听，乱攫去。幸阎、卫两学生，拔刃阻止，截留元宝十余枚在此，尚可供我们使用。汉阁此时虽已放心，而精神不大振，我很替他担忧，想教他回家将养。他讲："到洪洞再说。"这时仍有从娘子关退下来的说，敌人并未入关，我也知道；但此时一心要到晋南，看看河东情形，没有返回太原的心思了。只缓缓而行，并不是"以五十步笑百步"；实在知道敌人攻山西的用意。不过因老袁要示威民党，命他们进攻一下子，原无深入的必要。且他们深入山西，反与南方民军以北攻机会，绝然是不肯的。我曾对润轩说："若敌人全数入关，占据太原，后路必空，南军必乘势北上，这也算我们退军的策略！"润轩深以为是。及到介休，张之仲为知县，他自然是开门欢迎，因他是政事部放出的官员。大家有在衙门休息的，有在城外休息的，我同润轩、道卿三人，到介休城外散步，远远望见一座小庙，离城不远。因到那里一看，才是一座孔明庙。我心头很奇怪说："这里怎么会有诸葛亮庙呢？"进到里面，有看庙人迎待，果然有泥塑诸葛像，像前有一大清皇帝万岁牌，润轩取下来折碎了他，对庙祝说："大清已亡了，还有什么万岁！"又见案上有签筒，润轩有点迷信，恭而敬之地求了一根签，妙极！签语忘了，但标题有四个字道：

"以退为进。"

润轩笑对我道："你看！这四字，不是你讲的么？怎么可巧这签上就有他呢？可见凡事都有一定，或者你就是诸葛！"我笑道："诸葛倒像，就是把街亭失守了！"在介休更无别事，还记得大堂上一幅集联很好，便是："三公不易其介，四方惟乃之休。"妙语天成，这先生自命也不凡呵！

灵石城下避丸　阮步兵

由介休退至灵石，共学生等同住破店。想起虬髯公传来，听说此地有英雄奇遇处，就是本李靖红拂虬髯遗事附会而成的。于是又想到谷芙师在长安时，曾撰一联云："感怀灵石道中，儿女英雄王霸业；放眼太华顶上，泾清渭浊终南低。"不觉动一片怀古念头。对学生卫鸿志谈古今革命事业，断不是侥幸成名，其间必有几个奇人，如虬髯、红拂一流，能使后人闻风兴起。曾记某君灵石道中怀古诗中有："傲岸容从妆镜得，不平情为蛾眉留；相逢一妹唤一兄，山河犹增无限黛"诸句。以及王霞举先生的"中原有主做不得，掉头去作夫余主"，皆能写出当年情事。我曾想作一出古派新剧，使人演唱，尚未着笔，当目下实行革命时节，更说不到这里了。卫君曾问革命后，以什么政体为好？我道："政治没有什么好的！比较起来，共和似胜过专制；但也不算很好，还须实行一番社会革命，一直到无政府时代，才好哩！"卫君听得"无政府"三字，很是惊讶，但他没有往下追问，我也没深谈。然而他却把这句话牢记在心里，到革命成功后，我在报上发表无政府主义时，他才提起旧话来问我，也是一个纪念。再说灵石曾遇险，因为温君静庵，向灵石县要官马，城内不与，温君颇怒，有命学生攻城的意思，我和翩之、润轩不主张，因我辈目的不在此。所以到次早，整队出发。不料温君的马弁，和城上人冲突，因向城上开枪。这时灵石城内，有什么巡防队，便集合队伍上城，向城下放枪。温君下马，命学生立定还击，一时快枪弹纷纷飞下，其声清以越，有人高呼道："是快枪子弹！是快枪子弹！"我那时只屹立不动向城上看，见人数不少，中间杂着百姓很多。那位好放枪的安邑刘某，在我前面举起枪来向城角一击颇命中，城上人哗然退避，我心中才放下。同时刘某中弹倒地。又一弹从我耳际飞，过有人拉我向山坳避丸，我乃侧走。城上一时停止枪声，润轩乃收队，扶刘某上车，徐徐退入霍山，至山坡知敌不敢来追，大家乃谈笑而行。有人与我一根长枪，我负之登山，心里说："我而今成了阮步兵哪！"

李大哥来援　行军都督

将夕，退至山腰老张湾，有几家店房，能容下我辈几十个人，及车马等。我和翽之、润轩共占定一窑房（即穴居）。吃过午饭，谈了些闲话，走的困了，大家早早休息。睡到半夜，忽听见有军马声，奔腾自外来。大家惊起，怕敌人追至。我说："没有的事！"即听见有人嚷道："自己人，自己人！"我笑曰："必李大哥也！"开门迎入，果是岐山同一山偕十数骑至，相见大笑。岐山说："郭瑄卿慌慌张张地来到霍州，见镂甫报告你们被敌人攻击，不知生死。镂甫嗔他报事不明，几乎要杀他，他说：'请先解大家围，再杀我不迟！'我便告奋勇，同一山前来，并谓如梅九有失，必踏平灵石县！"我很感激他的盛意！一山背负马枪，气象雄纠，我问他"何从得枪"？他说："从军中借来的，因赤手不能解围；况且说是救你，莫有不肯借的。"我又问军队情形，他们说明天到霍州再说。岐山问有受伤者么？我将刘某受弹告他，他去看过，回头说："甚危！此地苦无医，到前面再讲罢！"次早大家同行，过仁义镇，即至霍州，镂甫已率队去赵城，遂同至赵城。刘某已不救，为殓其遗尸，寄棺一庙中，由卫鸿志一人经手，并标明刘长贵之柩，此为南下第一牺牲者。我见了镂甫，并谢盛意。他问："子药车全来否？"我说："走过徐沟时，失去一车，特命学生卫鸿志回头去找。我们行至祁县，在店中候他，不至，心甚焦急。至半夜忽报告卫君回来，我非常欢喜，但他未找得那一车子药，未免可惜！那时只幸他无差失，顾不得别的了！"镂甫说："不要紧，保得一车来，已劳苦了！”此时四川同志公孙长子、吴汇之同在军中，议整顿军旅，以钱甫为行军都督，静庵颇不愿，我也觉此名不妥。但大家已经改定，很不好意思取消，况当下只论实事，这些名目，却是随便的，所以未竭力反对。长子能文，汇之善军，皆军中能者，我曾另眼看待，恐因无味的争论伤感情，所以行军都督的旗帜，由他们制造起来了。

霹雳一声　惜哉刘汉卿

在赵城关外小学堂驻军，张琦玉出城见大家，问省城近状，并言：“衡玉五哥从陕西归，现卧病家中，未能和大家相见，一切支应，都由我备办。”正讲说中间，忽闻枪声一起，窗棂震动。钱甫变色，欲躲避。周君耀武阻之曰：“慌什么！有乱子也不要紧呀！”我也劝大家镇静些。少顷，有人来报告，说是霹雳队中弟兄，因口角冲突，至开枪伤死一名，现由队长弹压下去了，大家才放心。提起“霹雳队”三字，也是我创造的名称；因岭南健儿，惟洪洞、赵城两县为最夥，曾由某君招集多人到太原。静庵不主张扩充队伍，他的意思是说：“山西没枪，但招些空手兵有什么用处？”极力主张遣归。当时我出了一个主意，对静庵说：“革命党以炸弹为唯一武器，山西虽缺枪炮，然炸弹还可以自造，不妨成一独立炸弹营，定名霹雳队，可以壮我们革命军声威！”这几句话，却打动了静庵，立时认可，说：“好极了！这很可以组织起来！”于是霹雳队遂出现于太原城内。南下时，此队随钱甫同行，一路也闹出笑话，就是到赵城，才霹雳一声，自残同队，我当时心中觉得很可恼，又很可笑，引为自造的罪孽！但此队中人，毕竟有勇气，到后来还为革命出了点力量，这且不提。当日因这点骚动，人心稍稍不安，琦玉劝大家速离赵城，钱甫也急欲到平阳，和第一次南下军队会合，所以立时发命，拔队向洪洞进发。不料到洪洞后，有一个极失望的军情，就是被民军一度占据平阳府，重新退让于敌人，所有军队全退至平阳府北一镇店上，先前和民军外面联合的清军，皆翻脸不认帐了！最痛心的是前锋营长刘汉卿君，击敌隘口，屡得胜利，某日独率一支队进攻某山头，而援队不至，遂陷于敌手，被杀！死状甚壮烈！是为第一次军中最大损失！且我更有特别伤感，因送君出发时，我亲身与君珍重告别，君曰：“不下河东，誓不回首！”我曰：“壮哉！”今竟中道损命，能不惨怀！

两军合一 鲍参军

军驻洪洞关外，大家听得平阳失守，即开会商议办法，都说：“如今只有使二军合一后，再作计较。”商定，我道：“第一次南下诸人，我认识人很多，我同人去接他们去！”大家赞成。于次早我乘一轿车，向某镇店进发，中途见有数人迎来，我猜着是民军人；于是下车招至前面，果是第一次南下军中某君。我问他何在？他道：“在前面听得省城民军南下，不明真相，所以前来侦察的！”我道：“好了！你赶紧回去，对大家说我们通来了，带的兵不少，打算二兵合一，请他们把所有军队全数带到洪洞为要！”说毕，某君自去，我由中途折回，报告钱甫诸人，等到天将晚的时候，前敌兵全数退回，将官同来司令部相见。商议，仍以钱甫为行军都督，使统全军；并请他会合两军，重申誓令，命兵士皆歃血为盟，人心一振。然后开军事会议，议攻平阳与否。我曰：“平阳城坚，且我军初至，主客势分，攻之必不利，不如绕道至河津，打听秦军消息，能渡河与秦军联合固好；否则，乘机攻陷河东，亦上策也！”大家赞成。恐平阳镇截击我军，我曰：“我军虽新来，彼不知虚实，但听我军又增厚援，何敢攻我？”某君云：“有某与谢镇有旧，不如写一书送去，说明我军目的，以免意外为好！”我赞成此说，即提笔草一纸书。略云：“革命军目的，在攻取燕京，以定大局，我军将东出巩、洛，与中原义军相会，明日即行开拔，请足下偃旗息鼓，勿自惊扰！我辈决不攻平阳也！”写毕，令某送去，正议进军计划，公孙忽仓皇来告曰：“清军已入太原，现派大军南下，向某县扣兵车数十辆！”我不俟其语毕，即呵止之，曰：“断无此事！何得信这谣言？且令即有此事，我辈也应镇定，不必这样张皇，以扰军心！”这时声色俱厉。吴汇之极力赞成我的议论，说：“梅九言是，越危险时，越要镇定才是！”公孙自认失言，也不提了。于是大家决定从容行军。最有趣是公孙受我一番抢白，和汇之诸人议军制，无法位置我，乃曰："以梅九为总参谋或参军。"我闻之笑曰："阮步兵又变鲍参军了，我不作参军！"

博士斩关　龚定庵妙语偶得

也妙！第二天从平阳城外，整队通过，城上果然偃旗息鼓，静悄悄地若空城一般。转入某村，村人争出观看，也有惊讶的，也有指笑的，妇女们躲在门后边看，小孩儿乱跟着跑，没有怕惧。问村名，仿佛听说叫成功村？大家欢叫起来，大吉大利，此行必得赢得胜，这自然是从大人迷信地名来的。我此时已借得一匹老马骑着，颇形迟慢。吴汇之看见道："梅九骑得是太上皇。"我心里忽然触起摄政王来，自笑道："挟妓挟的摄政王，骑马骑的太上皇，也够阔的了！"从此这马便受了老吴太上皇的封号，许多人都称它为太上皇，笑话了！当时全队向襄陵进发，赶日落未接到前卫报告，大家便一直前进，到襄陵城外，听说城内无兵；但城门却紧闭不开，有呼开城的，里边也无人应声。大家急了，一天没吃饭，关外又没店房，天气又冷，在这站着，很不得法，便又主张攻城的。这时前队有一少年壮士，名张博士，性情激烈，不耐烦，看城门下有缝，便脱衣伏体，匍匐而入，头已入足不能进，呼人从外脱去其裤，乃赤条条地爬进城门内，由城缝递进一把刀去，博士便举刀用力斩关，而城门开矣！我似乎听见城内放了两枪；这时也无暇理会这事情，大家一涌而入，直向县衙门奔进。那位县官，躲避不及，慌忙迎接大家入衙。我给他介绍镜甫道："这是我们行军都督！"又绍介岐山给他道："这是我们将官。"大家坐定。岐山便厉声责问他："为什么不开城！"他觉得真要杀他似的，站在旁边，连忙说："我教他们拿钥匙去开城，这些混帐东西们，他们误了时刻，不是兄弟不开城，兄弟是很欢迎大家的！"言未毕，岐山哼了一声又道："你要小心预备一切！"他连忙道："是是！""你要笼些火来给各营送去！""是是！""你要速吩咐给各营送粮草！""是是！""你要怎么，你要怎么……""是是是！"我在旁边，但觉得好笑。心中想起在日本和仲虑共看龚定庵词有二句妙语道："便千万商量，千万依吩咐！"眼前真有此种现象，不过那是对付情人，这是对付革命党，太难为他了。我给他解了个围说：“不要害怕，大家都是同胞，绝不忍伤害你！”

放囚快举　太平攻未下

襄陵知县忙乱了一阵，给大家预备饭吃。这时就〔旧〕同学刘顾庵，已经从陕西还家，听说我们到了，他亲到县衙，见了我和岐山、润轩，通认得，很替那位知县解了这个围，知县听见顾庵说我们都是熟朋友，诸事好办，自然放心下来。我和顾庵又谈了一阵旧话，夜半听见一声枪响，疑又有赵城之变，出门，才是一个学生的枪走了火；于是吩咐他们小心些，便睡去了！第二早晨起来。忽见井某仓皇入衙，大惊小怪地对我说：“不得了哪！有人把狱门打开，囚犯都放出来了！”我听了，心里好笑！这先生连革命的意思，还没懂得，破狱放囚，是革命军打开各州府县城时，第一要做的事体，他反慌起来。我微笑：“不要紧，我亲自看去！”我便和润轩、岐山一同到监狱，真是黑暗的地方！有几个囚犯，争着向外跑，足镣还没有打断的哩！脸上都煤黑，一望如鬼，在那惨淡面上露出笑容来，见了大家就磕头，我们含笑挥之去！我对岐山说：“此中如有健囚，愿从军者，必能致死力！”岐山首肯，教人去问，后来听说共有一两个愿相随的。我曾和岐山讲到监狱能完全撤废固好，不能，至少也要大改良一番；这般地狱式的监牢，不是人住的！岐山曾说：“监狱改良，怕人都喜欢坐监，恐有囚满之患！”我说：“人性极好自由，就是把监狱改成天堂，自由人也不愿意到里面去！”岐山很以为然；因他曾被安邑知县龙璜关押过多时，虽是优待，也觉得不自在，所以我这话，还入得他耳朵里。在襄陵休息一天，向太平县进发，先到固城关上。那个镇店，倒很大，生意也不少，市面未因革命摇动，大家分头驻下。这时打听太平城有巡防队，生意人讲，还有一个大路可以绕过太平，静庵极力主张绕行，岐山当时气壮，乃说动钱甫，自率一队攻取太平，王一山君愿同往。次早往攻，至晚方回，曰：“城坚不易破！”一山曰：“岐山真勇敢，可以率军！”此役虽未得手，而岐山之勇敢善战，为兵士欣服，为后来接统全军的张本，也不算无益之举。但听见一句笑话是：

“太平城当初李自成都没攻下来，何况我们?”

端溪忆家　全掌快谈

太平未下，终从静庵计，绕道而行，和过平阳一般；所不同的，过平阳是从城跟绕，而城上悄寂无声影，过太平是距城五里有余，却远远听见太平城上的炮声不断，可笑已极！不知他目标何在？真所谓虚声恫喝的意思！大家缓缓而行，绕过太平，到苏村打尖，适逢商集日，卖吃食的不少。都停车息马，吃喝了一顿，我问段端溪曰：“还想家么?”端溪说：“昨天因太平不下，我倒有心回去；但既和大家同行，岂容舍伴？今天自然是丝毫不想了！”因端溪家在襄陵，到襄陵时，他和顾庵商量，想回家去探望一遭，也是人情；因汉阁到洪洞，归家养息去了，李梅峰也没随来，所以端溪忽动了这个念头。惟岐山很爱端溪的沈静有谋，且善谈论，当端溪向岐山提起这话时，岐山说：“人人都有家，如君要归家，大家可以从此解散了！”这两句利害，顾庵在旁听见，接着说：“话说不到这那，端溪！你跟大家去罢！你家里事，有我照应！”端溪更没话讲，说：“如此甚好！我决心同大家前往。”记得岐山还从怀中取出些散碎银子，托顾庵转致端溪家，所以我有这一问。端溪和我交情尤密，山西大学同学中，端溪最少，而甚重感情，其回家念头，不但是思妻，且是思兄，因其兄多病，故不放心。我尝题咏其弟兄在太原话别像片，中有：“久病怜兄瘦，怀归念弟单”两语，颇能道出当时情态。端溪至感泣，并云：“单字别生一解，最妙!”闲话少讲。大家由苏村进至全掌镇，俗读掌为章诺反，音如酌上声，河东人读阳韵字，多归药韵，故有此变。初听不解为何字，及问明乃大笑曰：“天下事全归吾辈掌握中矣，更何愁?”岐山曰：“我只望此军全入吾掌，运用一番，以张我革命声威!”我说：“莫性急！这容易办到；因钱甫病衰，静庵素日和军队不接近，舍君其谁属?”这不是戏谈，当日实情如此。在全掌寓卫姓家中，此地有高、卫两富家，卫姓招待甚好，且借与军饷数百金，钱甫与约，革命后奉还。我却想均其产于众，特此时未暇作这种事情。

龙门直渡　忆司马迁

自洪洞决定入河津，及到稷山曾探得巡防队，在绛州、河津无敌。于次早由稷山拔队，仍向预定的地点河津进行。彼处绅士，欢迎民军入城，即据小学堂为司令部。当晚集议，静庵提议整顿军旅，从新组织。次日大家同到一讲堂内，商定办法，王干三在黑板上，用粉笔写了几条，大家略讨论一一通过。某某司令，某某参谋，某某队官，皆定妥；仍推静庵为副都督，我为参谋长。公决，举我们和王一山诸人入秦，联合秦军立借子药，我们答应了。次早即偕数人西行，诸留守者，亲送我们到龙门渡口。将入山时，行板桥上，直通禹王庙，桥下见百姓担挑河水的，络绎不绝，另是一番风味。禹王庙建在龙门岸旁，气象崔巍，不似当年卑宫室的样子。从庙侧，望见黄河东去，龙门山屹立两岸，峭崖相对如门柱，石上有斧凿痕，想见凿龙门时的神工鬼斧，真令人惊叹不置！禹治洪水，以凿龙门为第一功；否则水不得由其道而行，必泛滥无已时，到此那得不徘徊延伫？问土人，曰："对岸为韩城境界，原有渡船来往，现有船否？"曰："有！"问"有水手否？"曰："可以去找！"随即命人去找水手，一阵工夫，来了几个水手，推放一大舟于河岸，我们便一齐登舟，放舟中流。是时朔风凄紧，河内流细冰块，两岸有新雪，望之如画，幸遇顺风，款乃一声，直达彼岸，回视送客者，渐远渐小，想惆怅欲归，大有易水送客的感慨罢！这时顾不得他们了，舍舟登岸后，人马备齐，各乘马沿岸而走。中途登一坡，闻坡上有祠，是司马迁庙，并云墓亦在此地。因思韩城本是古龙门地，太史公故里，或在此亦不定。但河津人，一定要说他是山西的龙门人。曾记北京三晋西馆有一副对联，上联云："吾乡素富史才，汉宋以来两司马"，即指司马迁和司马光说，可为一证。凡古来好人，后人都喜欢拉他作同乡，以为光宠；要是坏人，一定没人争这枯骨的所在地了。好人到底是当的，虽在当时吃点亏，如子长受腐刑，却能以史才留名千古，使后人倾倒至此，也就罢了！这时我对一山在路上说过的话，录之以志一时感想。

路遇拳师　改咏卷耳末章

记得未到韩城，在某镇店中一宿，和一山快谈心事，说到陕西民军，多赤手空拳，执白刃以冒枪弹。但他们多会拳棒的，遇交手战，很得法。说时，指跟他来的那两位道："他们拳术很好，攻满城时，很出力。"说话中间，那店房掌柜来。我听他讲话像河东人，问他，他说是万泉人，我便和他拉同乡，他很喜欢。问我们往哪里去，我把革命的情形告诉他，他说："我年纪大了，若年轻，定要同大家去的！我爱习拳棒，我的徒弟，投入革命去的很多。"我们才知他是拳师，同他讲起武术来，他还色飞眉舞，大有顾盼自雄的意思。记得他还举荐了一个人，同我们第二早起走了。走到韩城，看见那座城，正在四山里面；因想在四面山顶筑起炮台，固然可以御外军，若外军占领了四山，用大炮俯射此城，一定是全城粉碎玉石俱焚。这种思想，自然是这革命时节容易起的，若在平时，绝对没有这种思想。进城后，本处绅士请大家到公所茶饭，并道："昨日接到三原司令部来文，说传闻有晋军西渡，教处处防御，才是大家到此，可见消息不通，易生误会。"我们请他们据实从速回复为是。又谈了些不要紧的话，我们便告辞走了，向郃阳进发，记不大清楚了。有一日，走到天晚，上一个长土坡，形势微陡些，俗名瞪眼坡。大家努力上登，正当冬月，朔风凄紧，十分凉冷，登至半坡，体热顿增，不觉汗流浃背，骑马的人，早都下了马。我听见有人喊道："马也出了汗哪！"忽然触动我的心思，想起《国风·卷耳》的诗来，改了那末章三句，因高吟道："陟彼坂矣，我马汗矣，我仆倦矣，云何叹矣！"一山听了笑道："好！真能手！何减晋人风味！"

郃阳阅报　奇怪官衔

从韩城起身，向郃阳进行。途中过一堡，远远望见，堡墙上站的人很多。静庵猜着是因在韩城听得那误传的晋军渡河谣言所致，吩咐马弁勒马缓行，勿卸负抢，以致墙头人惊恐，再惹起灵石城下的恶剧来。大家听了静庵话，都缓缓从堡墙下进行，墙头人看见我们来人不多，且不像军队和土匪的样子，也没惊扰。我们走到堡门口，我独自下了马，命阎虎臣跟我进堡。堡人看我单人进堡，自然让进来。里面生意不少，我托言马缰绳断，买了一条缰绳，借着这个时候，无意中把山、陕革命的情形说出来，表明我们来意，并说大清已倒，大家不要慌恐，安心做生意好了。说毕问明道路，没耽搁时间，便动身了。到郃阳有学界人认得我，欢迎大家到劝学所，问明来意，不错，也接到溃军渡河谣传。我在桌上，忽然看见一张小报，拿过来一看，是陕西省城的报，记载民军胜利情形，并有宋伯鲁一首五古，只记得几句，什么："岭云飞千仞（此句不准），威凤亦高翔……两贤岂相厄，二日宁相防！"首两句指张云山和张翔初（名凤翔），后两句是调和两人意见的意思，却暗寓着挑拨。我便笑问郃阳某君云："此诗影响恐不佳。"答曰："不错，两张因此诗，意见更闹得大了！"原来张云山是哥老会中人，勿幕曾和他联络，但未能达改良会党的宗旨。革命起，会党以张云山为首领，张乃自拟一官衔云："见官大一级，听调不听选，天下都招讨兵马大元帅。"（传闻异词，首二句确有）我说滑稽戏词中的"有为王出京来，比官还大，思一思想一想，王是朝廷。"便是"见官大一级"的意思。"宁教山头望廷尉，不教廷尉望山头"便是"听调不听选"的心理。

遇子文同渡　我的光光

在郃阳打听得勿幕率军渡河，将下河东，心窃喜，乃急催马向朝邑进发。到朝邑遇见些旧朋友，才知勿幕和崧生、李仲山、严小泉等确已渡河。我便和一山、静庵分手，请静庵独到翔初处借子弹。我和虎臣同着秦军后队，齐至河上，遇见同志纪子文，甚喜！他说："这队伍全是勿幕部下，其中勇将很多，有一个绰号黑脊背者，就在这队中。"乃对我指明那条好汉，看他正在那里支配一个渡船，我便和子文登了那个舟，又见黑脊背自己鼓棹撑船，船随棹动，气力真个不小！我看这队伍快枪很少，有些拿铡刀作兵器的。子文讲："陕军铡刀队，很有名，清军最怕他们。这一队还算枪多一点，其余更不齐整，但战斗力俱不弱！”虎臣听见这话，很有些羡慕意思。对我说：“我看铡刀队就不错！”我心里说：“执铡刀以冒枪弹，和张空拳冒白刃一样，不过勇气可嘉，绝不是常法！”渡河后，听见仲山守蒲州城；我和虎臣骑马进城，也没人问，便一直到蒲州大堂上，下马令人报名求见。仲山万不防备我能到这里，一听见说我来了，立时跳出来叫道：“我的光光！（秦语惊喜词）你怎么能来呢？”我笑道：“你们真胆大，连守备也没有！”仲山说：“这里没敌人，我们军队，都扎在城外，我这里有几尊铜炮，中用的很！”我见仲山还是那样亢爽，便和他快谈了一阵，他对他们伴当说：“梅九也扬的很（秦语“扬的很”，有沉重托大意），譬如现在说有敌人已到大门口了，他还能够丝毫不惊动！”这自是知己语，但我哪能当此。惟此时已听得勿幕下了河东，心里好生欢喜！更不能久留，告辞连夜的走去。

高唱满江红　勿幕年岁

同虎臣乘马出蒲州，趁着月色而行。正是阴历十一月十四夜，将满的月轮，涌现空际，四野无人，万木疏冷，高咏岳武穆满江红词，至“三十功名尘与土，八千里路云和月”两句，中怀慷慨无限；因是年我正三十岁故。虎臣疑我发狂，问我唱什么，我说：“唱古人词耳。”虎臣说：“我不懂，但觉的很有兴味！我们且计划明天到解州歇不歇？”我说：“不要歇，直到运城好了！”虎臣家在解州，自然动思家的念头，但也有过门不入的气概。第二天午后到运城，我听说道台余棨已逃，勿幕在道署，便直到那里去寻他。他见我来，异常欢喜！给我绍介见了陈树藩。并道：“这是陕西灶君，你两人可拉同僚。”陈字伯生，是那时将官之一，其人短小精悍，我不知勿幕何以说他是灶君，大概因他不讲究外表的缘故罢。我和勿幕又说了些闲话，曾笑对他说：“你快二十四岁了罢！”他说：“你如何记得？”我说：“项羽起兵之岁，周瑜统军之年，如何能忘记！”勿幕不觉大笑，又看见道署墙上，挂着一幅画，画的是几条鱼，上面题几句道：“大鱼化鹏，小鱼饱鹜，依旧大江红树！”我笑道：“大鱼是余诚格，在湖南跑了；小鱼是余棨，应教鹜吃了，怎么也跑了呢？呵！‘鹜’变成‘骛’字了，鹜的十分快，所以说饱鹜，此词可作他爷儿们两人的谶语！”勿幕笑道：“你真善附会！休谈闲话，看灶奶去，我保护他在女学堂内哩！他很受了些惊恐！”我当下告辞便走。到了女学堂，看见玉青，玉青说：“虎臣说你骑着牛来，我问为什么连马都没有？他说你骑的马和牛一样。”我笑道：“他们称他作太上皇，自然牛的很！”

玉青革命失败谈

我在河东女学堂见玉青，说话中间，我的仲弟敬之也来了，手足相见，其欢可知。这时我却有一奇异观察，就是敬之比往日对待玉青好得多了，并劝我就在女学堂住宿，因为这时女学堂早放假，上学还有些日子哩！那里空房很多，住在里边，没有什么不相宜，便答应了。自然没有工夫回安邑探视双亲。因秦军初到河东，和地面很有些接洽事情，勿幕既是什么节度使的派头，我在运城，诸事自然好办的多，玉青也能帮着办些事情。却说当日，有许多朋友，听我来，纷纷顾谈，他们说杨篯甫已离河津，岐山接统全军，改称五路招讨使，我很喜欢。整整忙乱了半天，好容易有了休息工夫，我才问玉青河东革命的详情。他说：“说起来话长，当陕军未到之先，敬之一日来学堂，和我商量，说虞乡有几百民军，可以攻运城，但须我们作一个内应，我想以学堂为内应根据地！我说很好，现在学堂虽未放假，学生都回家了，只一个看门的在堂里，还有个女役。不要紧，就说你们来此和我商量给崇文办亲事（娶媳意）。敬之得了我的同意，回家还禀明了双亲，双亲也许他做。”我听到这里，截住说：“这是敬之错处，固然老人早已明白革命是应该做的，但毕竟有爱子的意思，若有阻碍，岂不误事？”玉青说：“因他对老人家说的很完善，所以才答应的。那一夜敬之同着十余人，陆续到学堂，预备破城的兵器和破城后一切事情；不料等到半夜，城外还没动静，急忙命俗号飞腿的某人，从城角缒下，前去打探；可巧那一夜下雪很大，打探人回来说，今晚不成功了，他们因雪阻不肯来！敬之很不爽快。当侦探未回时，敬之每听见个响动，一定叫一声嫂嫂，你去后面看一看，又叫嫂嫂，你快预备白布条，预备什么，什么……我当时心里笑着说，敬之把一辈子的嫂嫂，一夜要叫完哩！本然这事体非同小可，城内还有些巡警兵和巡防队，我们就只十几个人，想夺一关，作内应，‘临事而惧’，是当然。但我那时胆子很大，前前后后，都由我一人跑腿，一听见外兵不来，自然也把兴头打回去了。我便对他们说，只好等机会再干吧！你们穿短衣能跳墙的，都到后院出去，穿长衣的，我明早送你们由大门出。敬之和三弟、戊辰、郭光烈几个人穿长衣，全等到天明，我才送他们出走，幸而没人看见。但这时已经有点风声了，我还没注意，一心等他们约好了外兵再干。过了两天，毫没音信。忽一天早饭后，守门人来告我说：‘道台派队伍来搜学堂，请你出去！’我知道事情不妙，正在那里写信，一面便拿了支铅笔和日记本；一面赶紧到学堂门口，看见来的队伍不少，但不好和他们答话。便问守门人道：‘你方才报告什么事情？’他说：‘人家说奉了道台命令，到女学堂搜革命党来的’。外边军队便接着说：‘我们奉了大人命令来，搜查革命党。’我才接着厉声道：‘胡说！这是谁造的谣言！我们学堂，那里会有革命党！’那些兵便道：‘你不教我们搜吗？’我接着道：‘你听清楚！不是不教搜，我这是女学堂，不能教你们随便进来，要搜，或三人，或五人，把名姓给我说清！’这时我已把日记本展开，手拿铅笔，作个要写他们姓名的样子，接着道：‘我好写在日记本上，听你们进去搜；若搜出一点革命形迹，我万剐凌迟，愿甘承罪！若搜不出革命党来，坏了我学堂名誉，谁负责任！’一席话把那些兵丁都说呆了，一个人也不敢答应，半晌才勒马回头，说：‘咱们回禀大人，人家不教搜。’便一齐走了。我又骂了几句说：‘太混帐了！我还不答应小余哩！’一面说，一面回身，命守门人关了大门，然后到后面把那几卷白布烧了，刀枪都埋到操场里，这才放了心！”我听了他这一片话，只一句评语：“你们真算侥幸！”

拔城队之发起　真吾儿也

岐山自率队攻平阳，焚东关，鼓勇先进，敌炮火太盛，不得近，乃令围之，屯兵尧庙。我曾一度和端溪到前敌，探望岐山、翙之、耀武诸人，只听平阳城上大炮隆隆不断，心里好笑，并无人攻城，放空炮作什么？我对岐山说：“须募敢死士，作为拔城队！”岐山曰：“已组成，当再一试，此城过坚，且敌命百姓守城，我不忍击之。今惟欲其坐围，君仍与端溪返襄陵，预备一切需用，并编制续招的兵士！”我和端溪，当日返襄陵，已有人招得新兵数千人，衣服褴褛若乞儿，我心里很惊讶说：“哪里来的这些贫民！”随即命人编练，先使他们换服装。此时岐山招旧友王丹青来，丹青见此，大不以为然说：“招这些讨吃的来做甚么？”其实革命时代，随时募兵，这种情形，是必不可免的，所以各省民军，都有这样情形。陕军破运城，据一当铺，分取衣服，穿妇人衣的很多，令人想见汉赤眉军。此时只论精神，不论形式，我赞成岐山多招人，以壮声势；只是一件，就令服装整齐，也是空手队，因为革命军最缺乏的是军器。先是李阁臣君南下，招集夏县、曲沃一带会党，最著者，为钟仁义、王进魁。钟见我于襄陵，大有儒者气象，不类江湖派，而坚强有骨气，能得人死心，乡里服其侠义，皆乐道之，是郭解之流也，我命见岐山。王进魁为人粗豪，一望知为好汉派。阁臣领他到襄陵见我，共计所部，不上百人，然皆敢死的勇士，倒还有些军器。崇友儿亦在此队中，是年十岁余，背一短枪，穿十三太保军服，能驰马临敌，我见之大喜曰：“真吾儿也！”编于拔城队中。一夕誓师，与岐山约，合攻平阳，士气百倍。及渡河，岐山忽命人传令，曰：“可缓攻！”我心里好不快活！但岐山既不主急攻，此一队绝不济事；且军依令转，大家听见此令，都主张归襄陵再做计划。然我以此举为“攻平阳不下”之兆！

体亭雪战死　赞乞儿

大家看到这里，一定要“替古人担忧”，所以不能不交代明白。第二天顾庵找我说他们老爷和他认识，请把他们交付他去安置。我自然答应，面子上还要说两句排场话：“他们是要犯，应该送到运城去，老哥讲情，暂且饶恕他们，由你带去好了！”顾庵把他们安置到友家，以后的事情，我再莫过问。因平阳未下，每日为前敌筹谋，听说子药不足，我亲自到尧庙见岐山，说：“闻军中子药不足，怎能应敌？我要到陕西借些子药回来，再到河东招些劲伍来帮你！”岐山赞成。那时营长韩体亭，是一员勇将，我很敬服他。临走告别时，岐山说："没有多的盘费给你！"我笑道："到陕西通是熟人，还带什么盘费？一两银子也不要带，我到河东，自有法！"体亭说："子药是军中第二生命，请注意！"我说："记下了！"当时偕同几个兵，骑了一匹好马，离了平阳府，连夜向运城进发。途中遇一场雨雪，在马上指点眼前风物，和护兵谈些雪的故典，自然谈到狄青雪夜破昆仑的事；说要趁这场雪打平阳，或可得手，哪知适得其反！后来听说平阳谢镇派兵乘雪出城袭营，韩体亭奋勇迎击，城兵退却；但体亭亦中弹身亡，又失一大将，极可痛惜！正是我拟〔离〕平阳那一天。此事亦因岐山率兵向韩侯岭御敌，留守人未加防范所致。此是后话，暂且不表。一日天明登程，见路旁早有几个乞儿，跪在那里，喊叫："行善的老爷！发财！"我戏对护兵说："中国亡不了哪！你们看讨吃的，都这样勤勤！天不明就出来在这里要饭！"说的护兵笑起来。其实因为河东盐车夜行，他们习惯早起等候，并不是为等我们。可怜这些乞儿，全是残缺人，应该受社会公养，不应该叫他们路乞，我反笑他们，真罪过！

勿幕班师的动机　阎景相遇

回到运城，正遇见一件难解决的事情，就是虎臣在解州用我名义招兵，半月招集七八百人，实生派张士达去接营长，兵士不服，驱逐士达，坠马逃归运城，见实生说虎臣好多坏话。实生听我回运，请我商量这件事，并云："你的人乱闹，借你名义招兵，又把我派去的营长打回来了，现在领兵不知去向，你怎么办法？"我说："虎臣既假我名义招兵，我不能不担任一份沉重，我自然能找他回来，听候发落！"实生以我的话为满足。我告别了他，去见勿幕。勿幕曰："潼关战事愈急，我要班师回秦！"正说话时，参谋某君，忽张皇来对勿幕说："东兵已渡河，我们不能久留此地！"我心里笑道，这又是第二公孙！便对勿幕说："不要着慌，要班师，商议好再说！"勿幕悄告我说："客兵久扰河东，我心不安，乘此机会，全数退出，可免许多交涉。"我很承认勿幕这几句话，但说了一句，以后再见罢！我当时返回女学堂，见玉青，说实生要我截回虎臣，我连夜要走。玉青很瞒怨虎臣，我劝了他几句说："不要紧，虎臣就是回来，实生也不能怎么样的！"吃了晚饭，便同两个护兵，乘马趁月色出城，向猗氏方面进行。路过一村中，到一个窝铺内歇足。窝铺内边有两个村夫向火，他们是村中冬夜更夫。我和他们坐在一处谈话，很觉得亲和，随便问了他们一句："你们莫听说，有军队从这里过去么?"一个说："有的！听人说是有个阎大人，率兵到万泉去了！你们和他认识么?"我说："不错，是要赶他一同走的。"一个说："怕离此还不远，你们要赶，还能赶得上！"我听了很喜欢，立时呼护兵备马，又踏着月色走了。到第二早晨，又过几个村庄，越打听越近了，最近有人指与我们道："就在前边阎景村驻扎！"我心里说："妙极！阎和景相会阎景村，真是预定的！"催马到阎景村，虎臣已晓得了，连忙排起队伍来，分向道旁成列站定。我在马上看见那些兵士，都雄纠纠气昂昂的，有的举枪的，有的执长柄铡刀的，心里说："这是在河边羡慕铡刀队的结果！"虎臣亲到马首，举刀致敬，一直引我到学堂门首下马，入内坐定。怒责虎臣曰："私招兵，逐营长，作事这样荒唐还成么?即日将队伍编好，同我回运城领罪！"虎臣唯唯，辩别并无驱逐张士达情事，张自己不敢接收队伍，并道他意思领兵到平阳助阵，有人说我到运城，所以在此驻扎，派人去打听，刚才有人报告说我来了，他赶紧迎接。我的气早消了，便对虎臣说："陕西要班师回秦，河防空虚，此队可以接防，明天回去，有我作主，不要紧！"说毕，我又带护兵，乘马回运，入城已经初更。我便没去见实生，在女学堂休息了。

台林一是何官　共和告成

共和宣布，清军与民军休战；并送子药若干于河东，表示成了一家的意思。我和岐山同归运城，报告清皇退位，民国成立，南北一家，五族共治。实生即据此出了一张告白，以安人心。百姓也不知什么是共和是民国，但听说不打战〔仗〕了，真是喜欢到万分。这时有一件可笑的事，就是我到安邑，遇见几个村夫，都迎着我道："听说天下太平，全是你的功劳，所以大家推你作'代理一'。'代理一'是什么大官?"这句话把我蒙住了，我心里说怕是要推我作一代表，以讹传讹成了代理一。我便笑说："代理一是什么？我不知道。"一个人说："告示都出来了，你老官衔是台林一，不是代理一！"哈哈！我明白了！原来实生告示只说据台君林逸和我的报告，台君名守民，时充温静庵参谋，江苏人，河东人不认识他，所以听见人讲台林逸、景梅九报告，把台林逸三字当作我的官衔了，又音转为代理一，你可笑不可笑！这也是因为革命时，有些随便的官名，什么招讨使哪，大统领哪，节度使哪，运粮都督哪，……好些不经见的玩意，把一般人弄糊涂了，所以才有好些笑话出来。却说我到运城，即往女学堂，见玉青，实生和子毅诸人，也同时到女学堂看我。我对大家宣言道："我们乱七八遭闹了半年，才闹出这'共和告成'四个字来，也算有了结束，破坏已毕，建设开始，后边戏还长哩！"玉青说："这叫'完了辛苦，成了盼望'，不能不恭贺一番！"我笑玉青还未忘福音，便道："辛苦还没完哩！我恐怕陕西民军还不知道这种消息，我们须去报告他们才好！"大家很赞成我的话。

不要位置　大受严训

返到河东，和同人商议结局事体。最好办的是岐山乘平阳收军的时节，以每人百文铜钱，解散了数千兵士，所剩不过一旅多人。当时有人提议全行解散的，我戏对实生诸人说："现在还不到鸟尽弓藏，兔死狗煮，杀功臣解兵权的时节，岐山对革命出了死力，不能下毒手对待他！"虽是戏言，却是以严厉态度。翙之说："大家好好商量，不必动气！"于是议定仍以温静庵为副都督，以实生为观察使，以岐山为旅长，以豹卿为团长，我面上渐形和悦。翙之说："说到梅九意思上了，事情好解决哪！"我便请岐山认可，岐山说："就是没法位置梅九！"我笑道："我什么位置都不要，休替我操心！"但那时暗地里却有了派别；最可笑的，硬指某某诸营长为"梅派"，我连影儿也不知道，真是怪事！可见政治这种东西，断惹不得，你就想作一个大公无私的人，人家也不让你呵！我对于这些全不计较，他们推我的兄弟敬之为潞盐官运局总办，以为酬劳。敬之清介自持，我很放心，也没加可否，因为另有一般作事的人助理他。我虽不占位置，人自然算到革命有功的分子数内。我因之也有点骄态，在运城作了好些放肆的事情，家父听了此话，大不以为然，来信严加教训，大略说："革命本无功可言，即云有功，亦在死者，奈何自矜？汝与汝妻，从此均须收敛！"我读了很是惭愧！大悔在会馆辱骂郭宝臣一段故事！不能不对大家忏悔一番，且容我缓一口气，再讲罢！

庆祝共和　大骂郭宝臣

共和告成，战争一息，大家兴高采烈的，要庆祝一番。适逢着阴历正月，人民都安闲无事，借着游乐，偿他们一年的辛苦，自然是热闹中更加热闹。于是发起在运城西门外会馆唱戏，把河东的有名的角色全调来了。蒲州梆子腔本来很有价值，成套的大本戏，有在通都大邑看不到的。那时郭宝臣适由京回里。他是猗氏人，在北京唱戏多年，人推为秦腔泰斗。那年选剧界八杰，他独占一位，评者拟之龙门史调；其声宏朗苍凉，有黄河远上的派头。《国风日报》称赞他到十分了。因他父亲叫老元元红，所以称他为小元元红。有说他不及其父的，也有说他比其父强的，这且不管，但他的技艺总算是超越寻常的了。所以北京老听戏者，以郭比皮簧派中谭鑫培（小叫天），尚谓《空城计》、《火烧连营》诸剧，谭远不及郭。有不喜秦腔的人，一听郭唱，没有不移情满意的。真不愧剧中一杰！况他为人极孝，且性慈善，同辈中皆极推重；忽然在河东得遇着他，心里自然高兴，所以早早的便偕同几个友人，到那会馆里去看。就在台的正面，占定一张桌子。戏已经开了，李天五在台上招待郭，商定唱《杀院》。自然是好戏，只等他出场，天五忽然报告说，郭不唱了，要演说。我听大发瞋怒，想他受西后的宠爱，出入禁宫，有了官架子了，大家请他唱戏，他都不喜欢，却要演说，想到这里，我猛然拍桌大呵道："他演说什么？他是什么东西？他配演说，教我们听！"不好了！我这一动怒，把那些小兄弟们，都激起来，几乎要登台去杀郭。天五连忙辩护，说他是要讲戏，不是演说别的。有人拉我说："实生叫你！"我正感怒未息，给了那人一个无趣，以后他们请玉青来，我的气已消了，反在那里按小兄弟们的怒。玉青乘机替我收了场，并教郭第二天非唱不可。

因当时郭吓的跑了，对人说："听人说灶爷没脾气，脾气还不小哩！"到了第二天，他同百顺（有名青衣）唱了一回《三疑计》，我自然给他叫了几个好，其实他的调高，丝弦跟不上，差不多是干唱；但宏朗之音，自使人意满。

吓杀乔漪亭　斩字下添了个日字

革命时，纯注意破坏，并没想到建设上；且连破坏也不算破坏到底，自然没有什么成绩可说。但是对于形式上的平等自爱，大家少微注意了一点。如提倡革除老爷、大人、太太等名号，撤去官吏出门的仪仗——伞扇。且议决不许坐轿，因用人抬人为非人道，这是近于社会主义的。革去班房胥吏，提倡改良刑律，这是张、李亲身受过的野蛮黑暗的牢狱苦处，所以提到了。请邵竹青出来，担任这事体。竹青本是同盟会员，革命时，却因在河南路上遇土匪，被刀砍伤了两足，在家养病，不能和大家共事。共和告成，大家请他出来，他勉强抱病来运，对司法事业，很有建白。但我们因为一时的高兴，往往恣肆不法，而实生也有轻用权力的地方，这是革命时代易生的弊端。想起来很觉得有些愧色！举一个例讲：当时曲沃有乔君漪亭者，因在侯马镇电报局做过几天事，有人荐于实生。实生特电召之来，见了两面，把人家搁起来，不理会了。乔君一天送了一封信给实生，责备他失信于人，语涉激烈。实生大怒，当夜使人捕乔来，要诬以造谣生事的罪名，处以死刑。时有乔君同乡王老头闻信，半夜打女学堂门，很急迫。我知道一定有什么凶事，命玉青开门问明。我方染病，不可以风，乃对玉青曰："你快替我走一遭，救乔一命好了！"玉青连忙乘轿车前去。等了一阵，玉青回来报告说："真危险！我出门王老头催车夫快赶，赶到察院门前即见多人拥出乔君，背手反缚，插一白旗，便是押斩情形。我也急，和唱戏一样，在车辕口用手招呼道，刀下留人！刀下留人！那些人才停住不走。我下了轿车，即命将乔押回，慌忙走入察院署内，遇见豹卿。豹卿问我：你来此做甚？我反问道：你来此做甚？他说：我们来开会议事。我说：我来参观。我说着便走进房中，实生、翙之俱在那里，实生看见我带乔君回来，嗔问怎么押回来了？我道：我教押回来的，梅九讲，不能随便杀人，他家有老母少妇孤儿，杀一人便是杀他全家。实生说：这些坏人不杀，总要捣乱的。我说：咱们的四儿（实生子）也不小了，杀人之子，人亦杀我子，积点阴德好了！实生听了这两句话，似乎动意，说改成永远监禁罢！我说：永远监禁还不如杀了好！实生说：十五年监禁，明天见梅九再说。我说十五天监禁可以的。实生没听清楚，答应下来了。明天见你，咱们定说十五天好了。”我很喜欢玉青能办事。第二天实生果来见我，问饶恕乔某是我的意思不是？我说：自然是我的意思。实生说：“已经改判十五年监禁。”玉青插口说：“是十五天监禁，你答应了的。”实生笑说：“灶奶当面说谎，谁说十五天？”玉青却郑重其辞道：“明明十五天，咱叫乔某来当面问！”我又从旁替乔解释了几句，实生没法，允十五天开释。乔君开释后，急忙还家，连玉青都没敢见。这是实生未出走以前的事。直至共和告成，乔君才到运城见我和玉青，谢救命之恩。并云：“当开释的那一天，我还吃了一大惊，几乎吓死！”我说：“开释还有什么可怕的事？”他说：“当时实生叫我到公事房中，我看他亲自正在那里写条字，提起笔来，向纸条上写了五个字，乔漪亭着斩！这斩字刚写毕，把我魂魄都吓走了，几乎要失声。幸亏实生没看见我的吃惊情形，他不住笔在斩下添了一个日字，成‘暂’字，我的魂魄才转回来。他接续写成一句，着暂行开释，我心里谢天谢地，知道死不了哪！出署后，听人说我的老母，听得我的凶信，惊痛欲死，所以我赶紧回家，连你们都没拜谢！”我道：“不要谢了，总算你有命；若灶奶迟去一刻，恐怕已成刀头鬼，不能说不危险！”说起这事来，真是革命污点。且最可恨的是那时革命派人，也有利用“刑乱世用重典”这一句废话，乱杀无辜的事情，却对于民贼的官吏，全放松一步，实在是颠倒错乱，罪过不小！

痛哭弼臣　稽勋局局长

到了太原，张老衡先同几个人来见我。我想起他给卢永祥铸的铁象来，说：“你把老卢挖苦透了，顽铁也真冤！”老衡说：“还有人替他运动取消的，我没答应。现在对于老丁去思碑，又要作一篇文字；

去字上添一撇，成了丢字，结曰：呜呼！可以丢矣！”没等他说完，我便道：“有趣极了！我要看看！”他知道我才来很忙，没多坐就走了。我休息半天，第二天去见阎伯川，先遇见赵次陇先生。我想起王弼臣来，他在怀仁秀女村战死，是一个最热烈男子，和我最投契。记得向怀仁去时，路过太原，听得续西峰君已绕过雁门，他急思北行，伯川要给他名义，他说：“我们但革命，要名义作甚！”遂掉头不顾而去！那一幅慷慨面容，永远印在我的脑里。如今回到太原，诸人全在，只不能见这一个好朋友，不由的一阵心酸，落下泪来！次陇问故，我说：“我们都没有死，独死了弼臣，因何不恸？……”次陇也为之感叹不置。见了伯川，谈别后情况。又提到湖北王家驹君和孔文掀征北，死于刀石村，很是可惜！又说到刘越西、何叙甫两位，听人言，他们尚在，自然欢喜。此时翼若为督署秘书长，事情很繁。他要独立办事，我说大家可以再议。于是过了两天，把翼若调为司法筹备处处长；老衡充财政厅长；我举荐仇燕天给他作科长，很得力。南佩兰充巡警道。大家要替我筹位置，我不要，且笑谓佩兰曰：“无政府党作了道台，也算奇事！”佩兰只说道：“我们不算作官！”过了几天，有人说各省设立稽勋局，此事只有我相宜，于是推定我为山西稽勋局局长。我自以为这不是实官，且借此可以表扬已死的同志，所以答应了。本着严父教训“革命本无功，有功亦在死者”的话，专门调查死难的人；把未死的人全没注意。曾作了一篇宣言，重北轻南，惹了一些反响；其实我是出于无心的，老衡却有一绝曰：

入门下马气如虹，酒肆茶楼说战功；
娘子关前失败后，风尘到处是英雄。

可谓骂倒一切，能使当时争功者，汗颜无地！

厌弃政治　捣乱党

记得袁世凯作大总统，宣誓中有：“荡除专制之瑕秽，发扬共和之精神”两语，我以为革命后，报纸之责任，就在这两句上边，所以当时对于各报言论，加以指摘。有某报记者，称大总统为元首，我以元首这个名辞，是对君主惯用了的，可以不必用他，单称总统就好了。于是打起笔墨官司来，他有来言，我又去语，闹了几天，我同仲伏回太原，楚香接着打下去，算赢了。但这不过是国际上惯用名词，本不要紧，却因那时心里不容专制君主的影儿存在，所以和人家打起架来。又见保皇机关报，提倡“革命党只能破坏，不能建设”的言论，预备独揽政权，便对于民党政治家加以攻击，极力称赞汪精卫不作官吏的宣言。我窥破奴才们的用意，便作一个短评：“政治本是一桩恶浊东西，我们民党人，大可以洁身而去，与精卫等远瞩高蹈，超然物外，让一般奴才混账去，也好!”虽是愤激的话，却也从无政府主义来的。那时曾听人说，无政府主义者，在上海立道德会，有六不条约，有什么“不食肉，不赌博，不吸烟，不纳妾，不作官，不作议员”的话，我也记不清楚。我对仲伏说：“这几个消极条件，只有不作官，不作议员两条，有‘无政府党的精神’。因此社会主义还不反对议会政策。听说稚辉、溥泉都在里边，一定有道理。但我却不愿受此约束，作精神赞助罢了!”仲伏说：“听说还有个刘师复，主张无政府很激烈，不让咱们革命时代的热度，将来许能提倡起来，我们乘这机会也宣传些，然后再预备从西北切实下手。”我当时却说了两句该打的话，就是：“无政府主义，有人提倡，我们就不必去加热闹，还是干实在的罢!”虽然说干实在的，并没个下手处，乃轻轻地先卸却宣传责任，岂不该打？后来知道打算的错了，所以和仲伏在太原办起《山西民报》来，时时说些社会革命的道理，因为没人注意，便懒说了。乃拟作了一篇捣乱党小说，专写政治黑幕，想教一般人厌倦政治生涯，转而作彻底改革的事情，不知者以为我怕反对党捣乱了共和，才创造此篇（纯用书翰体），其实还有深意呵!

八十八扯　勋位

《山西民报》虽是一隅的民党言论机关，而鼓吹真理，主持正义，亦颇能邀一时读者的欣感。又对于所谓大人先生的过举，特肆攻击，毫不客气，如张振武、方维被杀一案，舆论哗然，都以为黎元洪氏主谋，于是作黎元洪八十八扯，以为讽刺头一折，记得有几句道白，唱句中有："可恨张、方太不贤，不该在报上胡多言，显他英雄灭却俺，元洪岂容这一端？叫一声秘书没待慢，快把张、方罪状编，大罪状编上千千万，小罪状编上万万千；执事官儿快打电，管教他二人丧黄泉！"这还不要紧，第二折更有几句不好听的唱句，便是："张振武，大烈性，强逼咱家反大清，……都督官儿中何用？一无有红顶二无有花翎；糊里糊涂大局定，共和政体又告成。（当时小杜和翼若，看到这两句，非常赞好。说糊里糊涂大局定，不但是某一人莫名其妙，就是我们民党人，也有此感，总算你描写得出来）众百姓举咱作副总统，他言说就是第二个朝廷。（这两句也笑人，俗呼天子为朝廷）……"还有好几折，我都不记忆。听说黎氏还电责山西巡警道，意思教干涉报馆；那时佩兰尚未交卸，哪里把这些阔人看在眼里？直接反抗回去了。最可笑有个人到山西来，自谓奉了黎氏密命，对我要求不再因此事攻击黎氏，黎氏当给我请勋位。呵，勋位！真怕人！我当时忙对那人讲："勋位！比骂人还利害的多！我们这样地交换好了，他不给我请勋位，我也再不骂他。"奇怪！到后来，他依然给我请勋位，牵连好多少良民，溥泉、稚辉都在内。他们在报上，把不受勋位的理由讲出来，并有些挖苦话。我莫理这事，怕的是在报上再露一回字故❶。幸亏他请勋位时，正值老袁忌恨民党，所以全没有发表出来，可以讲我是幸而免了！

吴绶卿追悼会 《国风》价值

是年春，曾为吴绶卿开一追悼会；凡战死于革命一役的，都在追悼之列。那一天绶卿夫人偕子女俱来，丧服哭拜灵前，与祭的无不洒泪！观礼的不下万人，也算是盛会了。当时有数百幅挽联，中间很有些出色的，惟刘越西君大笔直书："出师未捷身先死，常使英雄泪满襟！"两成句，以为挽辞，最合题，而且感人。我的挽联，以"伯仲之间见华拿，指挥若定失彭韩"为注脚，全辞已忘。挽弼臣有："平生肝胆映人，公真健者！"语，颇能道出故人热烈。是岁作过挽联很

---

❶ 原文如此。

多，都不记忆。惟小峰有一天为我言贾君英字国华者，为同志中热血男子，惜已死，请作一挽联。我就贾君姓字一想，即挥笔写道：“热血铸成中华民国，永传不朽姓贾名英。”小峰说：“太现成了！”我说：“别人还套用不上哩！”闲话少说，当吴绶卿追悼会后，颇忆晋南北旧友，同人已南召温静庵回省，仍处以副都督名义，后命充军政司司长，不受；又北请续西峰来省，佩兰以巡警道让之。是时有同志段亚夫，曾因炸弹案逃至太原，说伯川创办了一个精武社，招致许多拳师，演习武术。小儿崇友，送入此社。弓君富魁字海亭者，从续君入太原，亲到此社，把玩德国造的炸弹，若嗜古家之摩挲古器状，不忍释手。亚夫常告我以为笑乐，是海亭的英雄本色处。海亭曾到《山西民报》社见我，实一雄伟丈夫，不异所闻。西峰虽作巡警道，懒于应酬。我曾为《国风日报》事对他讲款项不足。西峰讲的好：“《国风》是西北革命精魄，大家应该维持，民党犹当扶助他才是！”我常说：“《国风》价值，由西峰品题而定。”最可怪，是民党对《国风》冷落，我仍然求助于老友李协和与西峰诸人，蒙他们的维持力很大，居然自办起一个印刷厂来。买了一副德国印字机，价值五千元，阔极了！其实并未筹下牢固根基，这便是民党唯一弱点，所以到后来北京连一家民党报都没存住。虽说是受袁氏催拆，而自己根基不固，也算一种原因，若有根基，万不至于一蹶儿不振，非另待机会，不能恢复言论机关，此是后话。然当时党人，也有贪多不专的毛病，北京《国风》根基未固，又在天津办了个分馆，这是我们自己的不是。

夏期讲演会　社会主义概说

暑假中，有人发起夏期讲演会，约省城所谓“学人”担任讲演。这也算山西教育界破天荒的事件。那时解子仁君为教育司司长，极力主持，并派员招待，以山西大学大公堂为讲演所。时谷芙堂老先生为民政长，大家约他讲演，老先生答应讲孟子；又约张老衡，老衡答应讲老子。回头来约我，我不防备约到我这里来，但忽然触起一件心事，便答应讲演社会主义。还有别人讲演，我不记得了。我听老衡讲老子到“和其光，同其尘”两句，他说：“人都把这两句说成老子圆滑应世了，大不然，这是老子要将光明幸福，使大家共享，便是'和其光'；要将尘污祸患，使大家同受，便是'同其尘'。挑明讲，就是天下一家，有福同享，有祸同受，不能教社会上有甲光乙尘，此富彼穷的光景。"我听了很惊讶，他从哪里得来的"共产"学说。隔天，又听芙师讲孟子。老先生挑出《牛山》章，和《养气》章并讲，握得几个要点，尽情发挥，辩才无碍，庄谐并出，听者忘倦。又于其间指授解经门径，如："以史解经，不如以经解经，以群经解一经，不如以本经解本经。推而至于字句原意，如日夜之所息的'息'字，有休息和生息两意；但休而不生，平旦之气何来？"等妙谛。又讲《养气》章至尾，提出："公孙丑敢问其所以异？翻过来却问'然则有同欤？'真是奇问！譬如现在各政党，什么统一党，国民党，共和党，各有政纲，是其所以异；然也有个同一之点，就是：以国家为前提。"说得人都笑起来，奚落各政党，不露痕迹。我曾略记先生讲演大意于《山西民报》，第二天开茶话会于劝业场，当面就正，芙师笑对人说："没有错，昨天为梅九来听，特别卖了点气力，但这还是谭鑫培，若是汪大头，便不肯出台了！"把大家又说得哄笑一阵。我讲社会主义。一半是在东京听来的；一半取材于靳克天从日本携来几本社会主义的书，编成一篇《社会主义概说》，一直讲到无政府主义，自然是归结无政府共产方面。原文如下：

（一）总论

社会主义虽发生阐著于近世，而以吾人眼光观之，则自有人类以来，即有此等主义潜孕其间。盖自由、平等、博爱，实宇宙自然之大法，而辙古辙今，颠扑不破之真理也。无如人类智识进化，道德退化，时违叛三大真理，于焉强凌弱，众暴寡，智欺愚，而后发生尊卑、贵贱、贫富种种阶级制度，以酿成世界无数革命流血之惨剧！试展近代东西历史观之，尤足证明吾人所言之不谬。自法兰西大革命起，以至吾国此次大革命止，细究其因缘，无非起于种族上、政治上、经济上诸类之阶级冲突，显言之，即社会上不自由、不平等、不博爱之自然发生之现象也。

法自革命以后，人民稍得政治上、法律上之自由平等，乃进而于经济上求生存竞争之自由平等。惟一时博爱之精神，未能普遍于社会，其中点者，遂利用平等自由之制，于经济方面增进富力，愚者竞争失败，陷于贫困不堪之境界。由是贫富日形悬隔，人民于政治上获得自由平等，复于经济上失去自由平等，有识者忧之，乃倡导社会主义，意在铲除人间阶级制度，欲以博爱精神，拥护自由平等之大法也。论者有谓社会主义为法国政治革命之副产物，询非诳语。

曩者，吾国革命家树民族、民权、民生之标志，以号召国民，使之趋向于其下，所谓民生主义，即社会主义也。迄于今日，五族共和，胡越一家，四民平等，民族、民权两问题似已达到目的矣。而民生主义，仅露端倪，未形发展者，其原因有二：其一，因中国生产事业未发达，贫富悬隔，不如欧美各国之甚；其二，因中国学者多留心于政治改革方面，而于社会经济方面，多不注意故也。

鄙人对于社会主义本门外汉，不足发挥其精髓，仅能就所知大略讲演一番，以供诸君研究此项主义之资料而已。至于使社会主义不为此次革命副产物，则在政府能利用社会政策为之早计也。

按：此尚有许多周旋话，讲演时，却全略了去，用极纯正的主张，讲说一切，较这底稿，要长三分之二。总论费一点钟，以下各篇皆然，且我故意择最后钟点，为延长讲演计，很得法。

（二）社会主义之起源

自社会主义，注重于经济方面，而论者遂推本于十八世纪产业之变动，亦略其一面之真理者也。盖十八世纪产业之革命，实有足以左右全球之势；而德之蒸汽机关，影响及于产业界者尤巨。其结果，资本家多利用新发明之机器，从事产业之扩张，日以增进富力为事，设大工厂，立大公司，垄断一切交通机关运输机关，以活动其经济势力。而令无数之劳动平民，蜷伏呻吟于资本制度之下，其悲惨状况，有甚于古代农奴及近世黑奴者，何自由平等之与有耶？加以一般崇拜资本之奴学者，设为种种学说，为资本家作辩护，甚且目为神圣不可侵犯，其思想卑陋，不值一噱！故社会主义，亦多注重资本之研究。其说法生于十八世纪之末，而倡明于十九世纪之中叶，最著名者，为马克思氏《资本论》，社会党人奉为圣书，且推其人为社会主义之路德。社会主义，由理论变为事实之运动，亦开始于马克思氏。一八四七年，公布于世界之《共产党宣言书》，诚社会主义集会结社之发端也。由是社会革命之风潮，渐普遍于欧美，其势颇盛，继乃波及日本，今且欲渡中国矣。推其本原，则社会主义，起源于贫富之悬隔，贫富之悬隔起源于资本之专利，资本之专利又起源于产业之革命，是产业革命，为社会主义之间接原因，不得谓为直接原因也。如当时欧美资本家，不垄断诸先哲发明之机器，而公其厚利于社会，则贫富阶级，自不至悬殊过甚，如是而社会主义虽不发生可也。故社会主义之直接原因，终起于社会道德之不进化。所谓无博爱精神，而遂违反自由平等之大法也。非然者，则奉社会主义者，将倒行逆施，归罪于产业之革命，而以破坏诸文明机关为事，殊与进化学说多所抵格，此吾人之不得不注意者也。

（三）社会主义之进步

近世之社会主义者，多溯源于法兰西：一因法人富于革命经验；一因法人富于高尚理想也。法国政治革命后，拿破仑重行帝制，蹂躏民权，虽其后放流荒岛，而王政未除，于是有复古时代之黑暗社会，现种种破裂之怪象，经济界之不平，尤其甚焉者也。社会主义创始者，乃应时诞生于法土，最著者为圣西门、弗利耶。

圣西门，生于一七六〇年，家本贵族，幼抱异志，十九岁时，曾渡美助独立之战争，成功后飘然归故里，年二十三岁耳。复为法国军人，旋辞去，专致力于学问一途，阴察社会之疾苦，有救世志，精勤自励，远过常人，自弃其爵位，而投身于平民之中，尝为政府陷于狱，凡十一日；于狱中研究改良社会之策，颇有心得。出狱后，又精研哲学十余年，乃发明无限真理，破产为学，穷困几欲自杀！然自一八〇三年至一八二五年，二十二年之间，不屈不挠，倡导社会主义，坚苦卓绝，得未曾有！尝著一书曰：《职业制度》，略谓："现社会之组织，曰怠、曰骄、曰穷，悖逆大道，此后必有一新社会出现，劳逸应度，报酬适宜。"又著《新耶稣教》以阐明四海同胞之真理。其社会主义大纲，约有六端：（一）欲得学术技艺工业超群之人组织政府；（二）组织团体，互相扶助；（三）增进智识，研究智力之应用；（四）废除阶级，量功为报；（五）罢止财产世袭，遗产归公；（六）提倡国家教育，助长事业。其徒亦颇众多，有野列兹独成宗教一派，其运动终于失败；然圣西门之学说，至今尚传播于法国社会也。

弗利耶生于一七七二年，为富家子，五岁丧父，遗十万法郎之财产，尝为布商，后独立经营，归于失败，遂至丧产。尝从军，受长官知遇，旋因病辞去，再营商业，旁研性理，尤嗜物理学。氏最富于理想，勤于著述，行于世者，一为《四种运动原则》（一八〇八），说明动物社会无机物质四界之法则；二为《世界调和原理》，叙宇宙始末之状况，涉于空想；三为《工业及社会上新世界》（一八二九），议论稍近于实际，然其发明性情引力之说，实为精审。其说性情作用分三种：一娱乐，二群聚，三社会。由是三者，又分为十二种情：由娱乐生者，为视欲、听欲、感欲、味欲、嗅欲；由群聚生者，为恋爱、亲族、名誉、交友；由社会生者，为变化、竞争、社交。又细别为八百十种之多；其意谓欲社会之调和，必先整顿其秩序，以改造社会，以求适合各种之性情。于是有共同家屋之计划，亦未能实行，然而共产学说，实发生于此。论者推圣西门与弗利耶为法国社会主义二大明星，良非夸语。就历史论，亦可称为理想的社会主义也。

（四）社会主义之进步

自圣西门、弗利耶之徒，对于社会种种运动，既归失败之后，有路易布朗者，复提倡以国家之力，改造当时争竞之制度，然其计划，亦随一八四〇年革命之漩涡俱去。直至一八六〇年之顷，社会主义一时颇现沈静之态度。一八六〇年法人某记者，曾于政治学全书中，著社会主义论一篇，末附数语，略谓："社会主义，既已死灭，然就历史研究论，尚不失为最趣之问题，则予之著此论也，或不为无益"云云。而德国新闻纸则谓："社会主义在德绝无立足之地；盖是等主义，只能投彼轻佻法人之心，而不足动我富于忍耐性德人之念也。"孰意此等议论未终，而德国社会主义倡首者，拉萨尔之名，已轰传欧洲各国矣！

拉萨尔一八二五年，生于犹太人之家，及长，气概俊逸，顾盼生姿，与诗人哈依来最善，为当时有名雄辩家，声望隆隆，压倒一世。洪波尔特称为麒麟儿，铁血宰相卑士麦，亦为倾心也。倡国家社会主义，受一般女士之欢迎。为德国全国劳动协会会长，时挥灵笔，奋妙舌叫绝革命，自一八六二年至一八六四年之间，为社会主义奋斗至死，亦伟矣哉！乃拉萨尔盖棺后，抔土未干，德人已冷评其所抱国家社会政策，为御用社会主义；于是马克思氏一派，乃蹶然继兴，为社会主义创造新福音，即所谓资本论也。

马克思氏生于一八一八年，父为政治大家，氏长入柏林大学，深服黑格尔学说。后为新闻记者，奋其雄笔，攻击政府，遂至停刊。乃远游巴黎，从事经济研究，后与英格尔斯相善，共组共产党于英之伦敦，发表《共产党宣言》。《资本论》为一代大著作，阅十年乃成。书刊于一八八二年，没世之后，其中最足倾动一世人心者，为剩余价值说。其说遂为资本家与劳动者争竞之本位，故论者谓氏《资本论》之价值，遥在达尔文《进化论》之上。虽近世社会主义之新理想家，日有所发明，而氏学说犹不失为主脑，故吾人论社会主义，不得不以氏为首途也。

与马克思同时，有巴枯宁者，生于俄之贵族，因革命流亡于欧洲，遇马克思，议论不合，独喜蒲鲁东之无政府主义。倡自由自治学说，为《国家与上帝》一篇，推倒政法与宗教。于经济学说，主共产；但因马克思氏用共产名义，遂氏〔氏遂〕改用集产名义，实乃互相颠倒，惟氏之踪迹所至，必起革命，即敌党亦佩服其过人之精魄。曾由西伯利亚脱狱，经日本而游美，后没于法，而社会主义至氏始现一奇异之进步。

（五）社会主义之极端

巴枯宁后，无政府党有克鲁泡特金者，本俄国贵族，袭公爵，目睹贵贱之不平，遂认社会革命为必要。俄皇专制，达于极端，氏乃主张破坏一切，以达无政府之目的。一八七二年由西伯利亚归俄京，精研地理学。一八七二年遇巴枯宁于白耳义，共议设无政府党，复归俄，从事革命运动，为政府捕囚，以病移入陆军病院，乃遁至英。一八七七年，又赴瑞士，著革命文一纸，震惊欧土。又游法兰西不合，终归英伦，创立无政府党机关报，命名曰《自由》，至今尚存。氏之著述最夥，行于世者，为《面包略取》、《谋反者之话》、《新时代》、《牢狱》、《无政府之道德》、《谋反之精神》……数种。氏之主张，最为激烈，以暗杀为正当手段，尝有言：“暗杀者，社会主义之结果也！”最近总同盟罢工学说，亦为氏所主持。

同盟罢工，本社会革命唯一之利器，其种类甚多，而以总同盟罢工为最伟大。近德、法、英、美各国，已屡见诸实行，其势足以使世界大政治家恐怖，大资本家战栗也。推厥起原，在于近世之奉社会主义者，取议会政策，其结果虽得议会之多数，而无大补益于劳动团体，且其策行之法甚迂远，于是乃主张总同盟罢工，不用丝毫暴力，仅一纸令下，使全市或全国劳动者相率休职，归家高卧，不出数日，已足陷没资本家之城垒。论者亦名此等主义，为“直接行动，”即反对议会间接行动之结果也。

方今百尺竿头，更进一步，倡国际总同盟罢工，以爱国心唤起世界劳动者为一致之行动，绝非难事。法兰西女杰梭尔古夫人，尝宣言国际运输业者之同盟，现今已达四十团体之组合，会员遍十八国，共一百万人，一度由本部下命令，二十四时间内，可使一齐罢业，可见其势力之浩大矣！气吞宇内之德帝，倡黄祸说以耸动欧美政治家之耳目者，近则倡赤祸说，而有萧墙之忧患矣。识者谓现在欧洲，所谓文明国家之大问题，不在政治，不在军队，而在社会问题，良非虚语。独是总同盟罢工，恒失其常调迫中立劳动者，加入交战团，以薄资本家之坚壁，颇招世人之反对，然亦无可奈何事也。今葡萄牙之新宪法，明订除官吏外，人民皆有罢工之权利，各国虽无承认之条文，而亦不能为绝对之防御；此同盟罢工之声，所以每日不绝于吾人之耳也，亦可以窥见文明国家内幕之惨淡。

英、德、法、美各国之政府，汲汲于工厂改良，限制资本，优待劳动，保障职业，奖励慈善等问题，在社会主义家视之，不过姑息弥缝之政策，绝不认为根本之解决。美前大统领罗斯夫氏，欲以法律之力抑制“托拉斯主义”，曾招社会党人之非笑，谓其威权甚微弱，不足以损资本家毫末，且不及一度总同盟罢工之伟力也。在法国则同盟罢工主义，渐及于军界，故非军队主义之运动，颇形激烈，亦著效力。法政治家，动以非爱国者，痛哭社会主义党人，是独招社会党人之冷笑而已。盖极端社会主义者，以世间一家为理想，何尝置国家芥蒂于胸中耶？无政府主义者之言曰：“国家者，聚一国中少数野心家，制订收租条例，以诈取金钱于多数人民，以图扰乱世界和平而已！”其语虽近于激烈，然亦足为帝国主义之恶魔痛下砭针矣。

俄国有托尔斯泰者，恶欧美之假文明，尝致书中国人，主张重农学派，谓："欧美文明，为自灭之道！"倡个人无政府学说，著有《人道主义》、《和平与战争》、《俄国革命之真意》…等书，皆发明政治之罪恶，反对英美工商主义。尝推论英国工厂将遍全国，聚多数农人于工厂，皆弃其本业，所产谷物，不足供给其人民之生活，则以种种不正当之手段，对于亚西亚、亚非利亚……诸国，每年输入鸦片、酒精、奢侈品及害人之武器等，以交易食物。否则以兵力强夺诸弱国之土地财产，以供其吞咽，列强且群相仿效，诚不知何所底止云！

氏于日俄战役，唱"非战论"，亦消极无政府主义之健者也。附志于此，以供诸君之研究焉。

（六）结论

吾人就社会主义原起，推至于极端，既已说其概略矣，而其深奥之学理，完备之组织，则非今日所能尽述也。要其归结，在进求世界之真正和平，满足社会之真正幸福，理想之高尚，主义之纯洁，无过是者。世人每与宗教家，相提并论者；盖奉行社会主义之人，往往坚苦卓绝，不顾俗子之非笑，其精神有似乎宗教家。而两者之异点，在宗教有迷信、有仪式，而社会主义无有也。且宗教家希望极乐园在天空，而社会主义者，则欲创造理想国于地上也，宗教家之目的，在不可知之来世，而社会主义家之实行，则在目睹之现代也。然而政治界、经济界上，有帝王总统与平民、资本家与劳动者阶级横亘欧亚，皆足为平等自由之障害。社会主义家乃欲一扫而空之，吾人虽知其难行，而不能不服其魄力也。

中国古代是种学说，颇为彰著，孔子《礼运》之言，尤近于极端。所谓："大道之行也，天下为公，选贤与能，讲信修睦。故人不独亲其亲，不独子其子，使老有所终，壮有所用，幼有所长，矜寡孤独废疾者皆有所养，男有分，女有归。货恶其弃于地也，不必藏于心，力恶其不出于身也，不必为己。是故谋闲而不与，盗窃乱贼而不作。故外事而不闲，是谓大同"云云是也。许行所谓："古之贤者，与民并耕而食，饔飧而治，无仓廪府库者"，亦极端之论。其他如墨子之《非攻》，老子之《辟圣》，庄子之《齐物》，张子之《西铭》，其说多与西哲符合，东海西海，心同理同，询不诬矣。

近世在西欧，则瑞士法兰西多见诸实行，而东亚则太平天国，琉球岛亦有实例可寻；世人不察，乃目为邪说，惊为怪谈，见骆驼谓马背肿，殊可晒也！至于社会主义之实行，或在最近之将来，或在最远之将来，吾人诚不能预测。哲学家之言曰："过去黄金也，现在瓦砾也，将来金刚石也。"叶马逊氏，亦谓："金刚石假数千万年而后化成，老子亦曰大器晚成，殆谓是欤？"虽然世界方以生存竞争为真理，弱肉强食，惨无人理，设再无奉行社会主义者维持其间，以导战胜帝国主义之怪魔，世界于和平恺悌之途径，则不出百年，人类或几乎息矣！急起图之，是全世界生人之责任也！

当时听讲的，倒有好些人，我没注意，谁能够做同志；但有宣传无联络，这是当时大错处。别人也没大批评，倒是阎伯川在一个讲演会上对众人说："梅九讲的社会主义，是亡国主义！"我对人说："伯川还懂得些，社会主义，本然是无国家、无政治、无法律、无宗教、无家庭，岂但没有什么国？……"我所讲的，不过主义者的略末，以及学说的分派，自己没加入主见。惟对自由、平等、博爱的分析，稍有特别说到处。我说不自由，因于不平等。如富欺贫，贫者不自由；贵凌贱，贱者不自由；长压幼，幼者不自由。而不平等，因于不博爱，富不爱贫，故欺贫；贵不爱贱，故凌贱；长不爱幼，乃压幼。若博爱，便无富、无贫、无贵、无贱、无长、无幼，全立于平等地位上，各尽其"人"的天职，互相亲爱，平等自由的真际，立时可见了。有人反问我说："无富贵贫贱，是能够的，还能无长幼么？"我说："孔子说的'以吾一日长乎尔，毋吾以也'，便是无长幼说法。所谓听到曾皙讲到'冠者五六人，童子六七人，浴乎沂，风乎舞雩，咏而归'那一种无长无幼，同浴春化的光景——无政府时代的人类状况，自然赞道：'吾与点也'，非无长幼之年，乃无长幼之节耳。"闻者乃悟。这是我当时得意的言论，也算是接续主义的一个线牵。

陈心女士　思高身长之创说

说起讲演来，还有特别可纪念的事情。那时正提倡社会主义，对于男女平等问题，也很注意；可惜太原妇女，有智识的太少，真是无从说起！忽一天听人说，由北京来了几个女子，其中有一个名陈心的，年纪不过十六七岁，谈锋甚利，态度尤其落落大方，无寻常女子气，到处演说女权，惊动人不少。我因对仲伏商量，乘此提出妇女问题。李阁臣君听得“妇女问题”四字，以为很新鲜，不知世界各国人士，讨论多年了。中国人听过这名词的还很少，阁臣尚如此，他人可知。于是和陈心女士见面，果如人言，因约在劝业场讲演，我帮助说几句话。女士颇嗔太原人浅薄，好像没见过女子似的，走到那里，便有许多人跟尾着，指顾评论，真乃可笑可怜！我说这也不能纯怨他们，因为从来女子，总是躲在所谓深闺里，不肯见生人；今女士忽露面于广众之前，大声疾呼，高唱女权，怎能不骇怪呢？所以那一天，陈女士讲演后，我即就妇女解放说了几句。要紧处，就是说：“妇女几千年，在家庭监狱里活受罪！现在我们第一要务，就是打开这无数狱门，放一般囚犯式的妇女出来，和男子立在一条地面线上，共同担任改良社会的责任。”至于自由恋爱的问题，还莫提到，最重的是先提高女子知识，因此又在报上，发表了一篇《思高身长说》，思高身长，自是创语，确从“德润身”句化来。意思是说：“思想如高，则身量自然长起来，身不满七尺，心雄万夫，便是这样说法。因为妇女思想卑下，所以柔声下气，伏首事人，自觉比男子低一头，如欲男女平等，非使两方思想平等不可！”我这时已经创办起一个太原第一女工厂，以为女子职业独立计。但那时知此意的很少，各方没有大帮助，总算是办起来了，请了几个女教员，买了十几架缝纫机。陈心女士曾到厂内谈话到工厂利益分配，我说出从前社会主义者，劳力五，才力四，资本家三的分配法。在金钱未废除时代，这样分配，可说是尊重劳动。女士只一笑，不知他是笑办不到，还是笑我好说社会主义？如今还疑惑在！

欢迎中山入晋　挂羊误画羊

这一年，中山曾到太原一次，自然是同盟会极盛时代。未到以先，同志推我到石家庄去欢迎。太昭、溥泉、平刚、程韵荪、丁季衡、程仲渔……诸人，全跟着来了。我在火车上见了中山，多年不见，觉得生疏了。于是一同改乘正太狭轨铁道的列车，向太原进发。这时候中山正计划全国铁道，很注意这条道路的建筑，坐在最后一辆头等车上，细看路线。我和溥泉谈到民政长谷芙塘先生的政治文学，他很惊异。及到太原，接迎的人，不用问是很多的。男女学生及市民排立道旁，鹄立等候，差不多望眼欲穿的样子。当时中山坐的马车太快了，许多人没看清楚，很觉失望。到第二天，中山亲到海子边劝业场楼上，凭栏演说，万人欢仰，才算满足了崇拜伟人的欲望。各界都致欢迎词，独某机关人的欢迎词内，有两句好笑的话，就是："一生不愿作高官，但愿一识孙逸仙"，真使人胡卢不置！中山又到各学校演说，很称赞山西同志的革命精神；因山西起义，早于广东故，又提倡以平定煤铸太行铁，将来可操全国实业界的牛耳。又到同盟会山西分部，游览照像以为纪念。整整热闹了两天，临行时，在太原车站上，鸣炮致敬，如待大总统礼。我又送中山到石家庄，并拿所记演说稿求改正，中山亲笔改正几处，回来登在《山西民报》上面。两天没管报纸，我的《捣乱党》小说，被仲伏接续了两篇，把《捣乱党》小说，都捣乱了，也是趣话。最欠怀的是忙乱中，未能招待老友韵荪和季衡！我但给韵荪说清和园的"头脑"，是傅青主的遗传❶食品，可以领略一下；因为韵荪最爱青主为人。这却弄出一个笑话来，后来听季衡对我说："韵荪约我找清和园，说梅九告诉我门口画许多羊，于是两人在那道街中，找来找去，总不见画羊，以后见一家门口挂许多羊，冒然进去一问，有'头脑'，才觉悟是把'挂'字，听作'画'字了。最可笑我早说怕是那一家，他总道梅九讲的有画羊。"

玉青来　四时之气

八月十五，玉青携着小女清秀来到太原，赶了个团圆节。还是旧习惯利害，我见玉青因病稍瘦了好些；秀儿时方十一岁，仍然那样伶俐。我引着几个义女，和她玩耍，她不说话，见人单是一痴笑，所以大家都喜欢她。这时女工厂已办成，姚君纪华管理一切，罗女士、陆

❶ 原文如此。

女士、李女士（大家呼为三嫂）、袁女士充女教员。招了二十几个女生，意思在妇女解放，所以不设重重防范及限制。形迹间未免过于放【荡】些，颇招一般俗人非笑；幸这几个女士都落落大方，无世间妇女羞面见人的态状。而陆女士尤能文，且抱着自由恋爱主义，不能自制，竟和某君密订婚约。我嘱咐姚君等人，对于这一对自由男女，应加以特别敬意，不得少露讥笑意。大家倒能真意的原谅他们，他们对大家也不躲闪，真不容易！随后从上海聘来绣花教员周女士和体操教员陶女士。陶女士名斌，老友佩三先生女公子，佩三虽是浙江人，在山西农校作教员多年，颇为同人爱敬，又和我为特别相知。这年到太原，听说我办女工厂，极力帮助，周教员是他举荐。老友陈汉阁，出身农校，和佩三亦很投契，深知佩三女公子的聪明才力，高人数等，劝我同时招致到太原，同人和学生都很欢迎。陶斌以我为其父执，视之犹父，予亦视之犹女，时才十五岁，然已无儿童形态，举动似老成人，且气度和蔼如春。我尝对友人说："女工厂虽狭小，而四时之气皆备，陶如春，陆如夏，李如秋，袁如冬。"因陆奔放，李清瘦，袁冷落，故人皆以为定评。我颇思用此说品题一时之男女，惧人有所误会，不果。这虽是时代限人，我也太弱了；并因我定例太细，大别为"春之春，春之夏，春之秋，春之冬；夏之春，夏之夏，夏之秋，夏之冬；秋之春，秋之夏，秋之秋，秋之冬；冬之春，冬之夏，冬之秋，冬之冬"。而以兼备诸气为完人，偏备各气者为奇人，不形诸气者为至人，乱形诸气者为常人，又细别之为无数差别，简直要写到《捣乱党》小说中了。怎么能成功？录此以警戒妄用心思的同人。

打消辞议员意　提出主张

此时河东第一区众议员当选者，为刘芙若、狄观沧、景太昭和我。我对友人说到辞议员一层，友人说："你万不可辞。因为候补第一名，为张之仲，当选举时，他就大运动，说你不当议员；你若辞去，即挨他补，那还成话么？"这几句话很动我意；因张系我最不喜欢的一人，于是打消辞意，立志作一个议院的旁观者，不令一语落入记事录中。这自然是张的不幸，也是我的不幸，和我的宗旨大相背谬故。狄君从河东来，曾对我说："故乡父老，见我们的题名单，指点着说，这几个人都是给我们办好事的，天下事全仗他们做了！"我心里很可怜这父老，他哪知议员并不能替人民作好事呵！但是这第一届议员，从金钱运动来的最少，且多数系同盟会人。讲无政府主义，当选议员的，直隶为张溥泉，山西便是我。这时同志刘师复，对此很怀不满，曾在《民声报》上，和吴稚辉君讨论这件事，自然是不好回护。师复攻张，不及我；因我讲主义未露名，且未入所谓"六不会"故。但看见师复的文，不觉动念，便不能忘"无政府"三字了！一日在某君欢迎宴上，谈起主义来，我便提出一个主张，说："无政府党巴古宁，曾主张由一国人民造成无数小自治村，联成大自治区，并由各国大自治区，联成欧洲全体自治区。我以为亚洲也当照巴氏提议干去，自小自治区，联成大自治区，再和朝鲜、日本、安南、印度联成亚洲全体自治区；美、澳、非各洲亦然。然后由五洲各全体自治区，联成一世界一统自治区，自然达到大同主义！"某君恭维我两句，说："梅九的话虽简单，规模甚大，不从平民起手，世界主义是讲不到的！"但巴氏自治，决不是由什么议会订出些自治章程，强迫人民去干，乃是由人民自由合意的组织，自己干起来，不要官府监督干涉。这自然是大革命后的事，不是单办几个新村，就是感化成功的。巴氏死后，其友人在法国的，曾有共产村组织，很有自治的精神，但是革命精神，不及巴氏远甚，因巴氏足迹所至，必搅起革命故。

河东案始末记

南游归来，最伤心是河东岸！佩兰虽未死，而岐山、实生卒以河东独立的罪名，适中袁氏锄诛民党的心事，把他二人革职调京，拘留在陆军宪兵处待质。这时河东人全体向政府递过保状，无效，而为此事最尽力者为太昭。我只于某纪念日，为《十忆二哀》一文，十忆，是忆为革命死去诸友——有王建基（弼臣）、常子发、王赓雅、王家驹（王君死于晋北，是和孔文轩同去的，郭唯一曾与共事，到京见我，盛称王君之勇烈，有"风击刀石，雪打阴山"的壮语。刀石地名，王君即死难于是）、刘汉卿、韩体亭、王虎臣诸人。二哀，自然是哀张、李。说二人功过足相抵，不应置之法网。曾到宪兵处探望两君，却在那里习字看书，面上毫无痛苦，实生说："我已经看见你给我们作的文章了！就是你的非仕论我不懂，为什么不教人作官？"我心里说："这真是官迷！"口里道："你们不是上了作官当了么？"我责岐山不应虐待佩兰，他道："佩兰也有逼人太甚处！过去事不讲了，我总认他是朋友！"我安慰了他们两句出来，曾见佩兰为人解释。佩兰后来到法厅上，没多攻击两人，真不容易。为此事托人不少，最得力的有安徽贾仲官。此君曾在山西武备学堂充过德文教员，为人极慷爽。革命后，由友人介绍成相知，他和陆军方面的人都能说上话；又因为后来张、李案改由军警执法处与陆【军】部混合裁判。时陆建章为执法处处长，贾君与陆有旧，曾向陆为张李解脱，陆戏贾君曰："受了人家多少贿？"贾君笑曰："我只吃人家二斤河东枣！"真是趣语！此事一直到民国三年才解决，都系后话。我为略记此案本末，故摘要先提叙几句，详情到后面再表。

《罪案》原起与终结

是时仲伏在上海创办《民国新闻》，电召大觉充编辑，并来了一封信，内言："大觉昼眠夜醒，正适合上海电灯下生活，大可任意，哈哈自笑！"大觉接到盘费，便自去了。后来回信说："一切都适宜，只不得吃白面馍，大是苦事，不久仍要北返！"我笑仲伏计算还不周到，仍替大觉在太原想位置。此时《山西民报》虽停刊，而稽勋局改为调查会，我想请大觉来帮忙。一天和润轩谈起稽勋文件，他说："别人的事，通有了，就缺你自己的事，我想替你编一编，仍怕不能详尽，你自己叙出来不好么？"我笑说："真要我唱'丑表功'么？稽勋原重在死者，生存者可以不写；况且看现在这情形，革命不算什么成功。若提到我自己十年来革命事迹，全是罪过。我打算作一册罪案，详叙一遍，倒可以把各方事情，全写到里边！"润轩很赞成。我拟以十日工夫，写个大概；于是始作《罪案》，每日约书数千字。乐天丈（玉青父）取而读之，笑曰："写的比看的还要快，一张未完，一张又写来了！"这自然是扬中有抑。但我自己也只是先打个底稿。

五日已成三万言，至南游归晋止，暂搁笔，预备以后再修饰，其中脱落处很多。勿幕曾为观察延井煤油的支脉，来到太原，翻阅一过，改正了几处。最显者，如遇卖浆者造谣节，“浆”字误“酱”。并补一句谣言，说：“当时陕西消防队的驻处，门口写着‘消防驻在所’五字，同志曾以回文法读之，曰：‘所在驻防消’。革命后，各省驻防满营全消，其应验如此。”（第一次革命结果，也不过如此，只取消了满洲驻防）并道：“这可作西北革命秘史观，再详较一回为是！”我说：“这不过是一篇笑话，有什么秘史价值？”《罪案》原稿，起于稽勋，亦终于稽勋，戏比春秋，终于获麟，实自获麟起。应终结于是，以下为附录。

背叛主义　加入国民党

勿幕阅毕《罪案》原稿，曾笑道：“《罪案》从此就完了么？还接续下去？”我笑曰：“完是完了，却另有一层公案！”勿幕道：“那么还不算完！”我又笑道：“恐怕死了才能完罢！”话虽如此，但我所谓另有一层，勿幕并不知道，因《罪案》原稿，是参与种族革命一层结束，接着坠入立法界，才真是对主义的背叛，所以说另有一层了。第一次国会议员，同盟会分子固多，非同盟的分子也不少，与同盟抗衡的，惟有保皇派变形的进步党，还有统一党、共和党、统一共和党、共和统一党。当时人对这四党，曾寻下一条对联，颇现成，便是：“四海楼，升平楼，四海升平楼，升平四海楼。”四楼都是有的，所以能传播一时。那四党到后来，却多半加入同盟会，共议改作国民党。党员增了，精神不及同盟远甚。由是国民、进步形成两大政党。我以同盟会的关系加入国民。进步方面，因人数太少，因有“拉党员”的事；尤注重在议员，和国民党都在北京东西火车站上，树旗派人欢迎议员，热闹了一时。我既未辞议员，因国会将开，由太原起身入京，有特别免票，坐了一趟没花钱的火车，直入北京。车上遇见议员不少，都不认识。有直隶一个议员和我扳谈，我看他没有真正主张，想起敌党拉人的事，心里想咱也拉一拉看，便给他说明国民党的来历，劝他到国民党去，他毫无成见，便答应了。我心里笑道：“也成了栈房拉客的伙计哪！”下车时，两人偕同国民党招待员，齐到国民党本部，说明新客愿入国民党意思，大家自然欢迎。这位先生算糊里糊涂加入国民党了。我不过是一时戏游，并没诚意为党，所以到京后，仍不常到党部里去。

国会开幕 牛皮议长

民国二年，阳历四月八号，是中国第一次国会开会的日字〔子〕，我不想加入，对太昭说："我没礼服，我不与会！"太昭以为我真是为这个，同我向西服店定做礼服。我心里想，我最不爱穿西服，但不妨弄一套试试。到西服店量了尺寸，约日做成，到时仍没赶上，我仍然达了不去的原意。熟友中却传为笑谈，说我同小孩一般，过年要穿新衣，哪里知道我是躲避这开会礼。那一天我没去，太昭回来说很热闹，单佩服指挥军乐的那个大汉，说："很有精神，外国人都赞赏！"美国是这一天承认民国的，大家以为荣幸。我说这全是笑话，一类人在一个土地上或破坏或建设，各有各的自由，问什么别人承认不承认？这也是国家主义骗人的东西！国会开后，我去了几次，和我脑中描想的差不多，完全是一种无聊喜剧！有的充民党，有的充政府党，你争我辩，甲是乙非，全非关要旨。最是选举议长时，一番竞争，真是笑人！老友汉园，也加到里边，今天请客，明天登报，什么美国总统赞成他作议长。我劝他不要这样干，他却答得妙，道："你不知道，凡政治家，总要寡廉鲜耻，无所不为！"这两句话，真把一切政治家骂倒！这所谓明知故犯。我因到议会，留心看汉园行动，他总是最后才到。（一定忙运动的事）我戏对太昭说："这位陈议长，牛皮太大，像赴宴的客一般，牛皮客，总不肯早来！"太昭可恶，举一反三地说出北京三大牛皮来：第一便是我的二簧，总不唱一声好的出来，真牛皮；第二是某君的弦子，总不给人弹成一曲，好的自然藏着，也是牛皮；第三便是陈议长（因为议长须先到，他偏后故）。这虽是笑话，然动不如静，语不如默的深意，自存其中。所谓不言之教，不行之表，才真足吹起牛来！这时少侯很帮汉园忙，为之请客运动，并刊出陈家鼎革命大事记一小册，其中牵连人不少！倒还有些实事，但不是运动议长的用品，在陈君只当一种逢场作戏看，亦无所容心于其间吧！等问明白了再讲！

宋案略记　裴郭入狱之营救

一天忽在友人处，得到一个惊人电报，说："宋教仁（渔父）被刺于沪宁车站，伤势甚重。刺客武某已被捕！"因对阁臣曰："民国大乱，从此起矣！革命又要接续了，我们不能不预备一番！"渔父虽是政治家，但因他是民党健将，又为人极精敏有毅力，群推为政治领袖。他一死，民党决不能干休，一定要起报复之师。至于这案的主谋人，由上海探得洪述祖和赵秉钧的往来密电中有："梁山贼寇，已伏诛，转达极峰"等语；又露出应桂馨诸人的名字来。所以某君曾有一挽联云：

前年杀吴禄祯，去年杀张振武，今年杀宋教仁；

你说是应桂馨，他说是赵秉钧，我说是袁世凯！

颇能指出真犯。时检察厅出票传赵秉钧到案，赵不肯出庭，曾予法庭一书，结以"岂能代人受过，自蹈危机?"两语。《国风日报》对此事攻击袁氏极烈。袁氏恨之，乃命人捕去编辑郭究竟和经理裴子清，拘禁到狱里。我因之大愤，因给官庭一书，略云："此报经理编辑主任，完全由鄙人负责，不能推诿于别人，如谓议员不能逮捕，即辞议员职以待。鄙人此举纯为服从良心之命令；不然，岂肯代人受过，自蹈危机?"末二语借用赵词，惹起一时注意。官庭因之释放裴、郭二君，也是一种纪念。我对于宋君之死，只想起在东京，建设破坏一段话，因成一联云：

破坏易，建设难，勉为其难，遂死于难；

权利轻，义务重，畴任此重，傥生或重！

因对语不自然，置之字簏中，要另作，又不切事，只得罢休！

游天龙山　讨袁机动

宋案起，同志异常激愤，皆欲得主使者然后甘心！我想和太原同志一商，赶回来，老衡南归，西峰北返。听说西峰屡辞巡警道职不许，遂决意私行。于临行日，一祭故友杨芳圃毕，即骑驴独出太原了。我听了很有些感慨！但他们一去，我没个商量处，心里好生烦闷！因同玉青及朋友数人，到晋祠一游。祠在悬甕山麓，流出一道清泉来。青主先生题以“难老”二字，由是人称难老泉，相传为“桐叶封弟处”。庙祠圣母，种桐树，有古柏一株，云是周时物，青主题以“第一古柏”。我宿在吕祖阁上，见蔷薇花一株，夜乘明月，看泉水，心游太虚，顿忘尘劳，得句已不记忆，心为境夺故。次日闻人言，离晋祠不远，有天龙山，因乘马与同游者俱去。不到半日即至，山寺已半倾圮！对面山松万株，如屏风，得未曾有。有停泉一井，终古常满，与诸人披荆棘，登坏岩，几无路径可缘！卒至一阁顶，阁侧竖隋开皇年间一碑，已剥落矣！摩莎一看，中有“习坎镇地，重艮接天”二语，甚奇！又相传此地，为齐高欢避暑宫所在，山围树绕，陡馆清凉。阁傍又有龙王宫，内有水洞，名黑龙洞，僧言山后有虎豹出没，因成一律云：

竞上毗卢阁，遥看万本松；山深能隐豹，洞古有藏龙；剥落开皇碣，幽凉避暑宫；禅心安不住，蓦地一声钟！

同游者戏撞钟一声，音传山谷间，良久不断，寺僧急止之，乃为我们备米饭一餐，淡泊粗足，使人生入山思。时夏日特长，趁天未晚，同归晋祠。次日晋祠唱戏，命人看有带辫发的为剪去，因乡人有惊惧意，即止。又留一日，福建林君来谈南方预备讨袁，当谋响应，我和他定一密约。同日靳克天来，求为一荐书作警务处长，念在旧交，力为一谋，算达到目的。又杨钱甫亦来游，有疑伯川派他来侦视我。我没理会，即日返太原。

二次革命之动机

我和林君相约的事，只是在京汉路上，想牵制北兵的方法。又命人到辽东运动民军响应。时颇疑我图谋山西，我因离开太原。这时大觉已归晋，记得到石家庄，曾与大觉一函，隐然写出此事，说：“他们要在我的红脸上，画两道白眉，我是不愿意的！”大觉没看清楚，以为怪报上登稽勋员的坏话了，给我回信赔不是，太笑人！只怪我的话，太曲折；直至见面后，才说明白。及到京中，仲伏从南来，说：“大家已决定二次革命，我看很难成功，意思教协和不要卷入漩涡，请他早辞江西都督职东游。”我很赞成，便拟了一道密电，到太原发出。大略说：“中央对君意甚恶，此次革命，难成功，避去为是！”协和接此电，辞职去。到上海，为同志义气所激荡，又翻回江西，起兵讨袁。同时金陵亦发动，同志纷纷南下，因成一词云：

郎自薄情惯误期，恼侬魂梦也相思；更无人处泪双垂，归雁拖云离塞日；冷风吹雨入楼时，凝眸南望尔应知！

仲伏密对我说："他们（指协和等）虽不听咱们说，必至失败；但我们不能看他们革命，一点力量也不出。我想到辽东，运动民军响应；不成，即东走日本。因此次失败亡命者，必集日本故！"（这全被仲伏断定了，但没想到他自己不能去。）我道："很是！我和某君商议，破坏铁路，以阻北兵南下，辽东事起，我也东行！"当时为仲伏筹定盘费，他自去了。我旋接太原电，说："秀女病重！"我甚爱此女，连忙束装回去，也顾不得别的事情了！友人问我，我答道："我爱此女，甚于你们爱什么国！"

故人一纸书

（有关《罪案》之文，因录书，老梅记）

梅九足下：

日来不晤，近著何书？高卧医庐，万感交集，故人风雨，载劳寤思！《罪案》杰作，有味津津。虽述个人，实关全党；细读一过，有如隔生。党史无传，吾为兹惧！今已见此，快慰何如！但有不怡，胡忘老汉？鼎在国胜，与公周旋；颇有岁年，且多事迹。何公馆邸，举杯骂胡；孙文座中，歃血复汉。《洞庭波》起，为鼎代销；同盟会成，与君共事。《晋乘》一志，君歌我听；《汉帜》三期，我歌君和。德人助桀，青岛同舟；汉奸忠胡，白日见鬼。君度函谷，时济故人；鼎返扶桑，长为亡命。上海秘社，鼎实主盟；小杜在内，东京逋团。鼎留最久，大孙所知；太炎出牢，鼎适掌沪。（东京本部派时季友接章，先函知我处接洽）禹狱同难，鼎逃出湘；团体惠金，老梅居一。（清时革党同志友，以鼎事败被缉返东，旅费尽出，倡组协助汉园小团。除中山、克强诸友，时由南洋群岛遥济外，在东见助鼎每月学膳费者，为李协和、仇蕴存、黄膺白、何子奇、华朗泉、张翔初、阎伯川、章莫良、杜仲虑、陈陶怡、刘化南、丁鼎丞、罗持……诸君子。除仲虑、陶怡，皆官费生，每人月出一元，或三数元；均清季最初同盟会革命同志友也。老梅即当日协助汉园团中之一人。鼎以业经挂牌被缉逃犯，其廙颇秘。星期日盟友多会饮我室，公亦尝来也，想尚历历心头欤）旧友过从，现阁有二（程仲渔、黄膺白等皆老同盟，当日过从最密）；七年于外，累及先亲。万古伤心，造成怪国！同盟以外，兼组“血党”（系小杜，仇亮、宋钝初、何子奇、李协和、陈英士、王荷亭、乔义生与家鼎密组，推我作大哥，实行同盟会所不及行仇满主义），《民报》以外，另著各志；克强造廙，索文不应。（黄廑午为《民报》周年另刊《天讨》一书，各省皆由同志推作。湘同志推鼎任此。鼎时进行覆满计划，久不答应。黄亲访鼎五次催促之，鼎时整理公私文牍，及校课，为状甚忙，半晌笑谓克强日：“天讨乎？讨天耳！”克强笑答曰：“我不日即有事实讨也，君勿戏为！”时晋友作此者景太昭也）右任办报，聘主不往（于右任创《民呼日报》，得兄书，即以路费五十元聘往主笔，鼎以早稻田政科快毕业，课忙；且我有沪案，因荐宋钝初、景太昭代之。该时作文，钝初署名渔父始此。太昭署名帝召）；元年鼎革，始获生还；两老重逢，几悲死别！玉门既入，参政南都；金陵议和，力主北伐。直至满、袁递嬗之际；无非汉贼不并之时。二十载流亡，一场春梦。凡兹龙血，莫匪鸿泥，以上所经，吾公亲见。老友一笔，后世千秋。曾与中山，言及我党，权利可让，历史必争。《罪案》见遗，该当何罪？傥荷补正，实感再生！病里无聊，闲中有庆，茶余酒后，望惠还云！

陈家鼎启，十二年，三月十二日

附：复函

汉元老友：

惠书敬悉。《罪案》剩言，何足挂齿？乃蒙推奖，比之史传。虽感知心，却增汗背！革命大事，记载奇勋。《洞庭》余波，永留佳话；豹斑大露，蛇足胡添。惟所举列，略见条文；亦有漏遗，特加补叙。老苏善教，小妹能诗；才儗建安，学原诸葛。满船风雨，笔许神来；大好河山，魂销叔宝。总兹韵事，未敢忿忘；况涉同仇，讵容屏弃。君自掩目，我非恝怀；请检前编，少说闲话。未知后事，且看下回！三月十三，老梅敬复。

刘君孚若自述辛亥革命密史一节

（关系《罪案》之文，录之以为旁征，老梅记）

辛亥冬，武汉起义，予嘱翼若同王太蕤诸君归河东谋响应。予留京侦伺一切。袁项城督师湖北，予函劝其集中郑州，北上勿南下。项城归京，予屡函劝其作非常举。胡君石青则随项城军中，嬲项城作非常举者。到京后，与予宗旨大合；遂相率访袁云台，劝其速赞成共和。不数日，朱芾煌等秘自南中来商和议。有唐伍专使议和之举，予谓共和不日可成，而升允尚在西北，恐煽诱回部，为大局忧！密陈之云台，云台韪之，即嘱予至甘肃，设法联合地方，先为之所。并曰："和议成后，将分别孰为革命军，孰为土匪，以定勦抚办法；而军匪之辨，即视其秩序有无以为断。往甘肃，必经山、陕两省，坚嘱其勉守秩序，毋令他日认为土匪……"云云。予遂约同张君朗村南下。至石家庄，晋抚张锡銮及周苻麟等驻其地。两人皆派弁劝予毋往；予不顾，杂兵众所乘火车中而西。至获鹿，火车不能前；遂雇人推平车，循铁轨行数十里。遇晋将乔君子和，同见娘子关姚司令维藩，赵参谋次陇。当夜以火车送予等至太原。此时太原与关外声息不通，和战俱无适从。予告以南北议和情形；且建议阎督用公文式请项城速宣布共和，则愿推为总统；否则以兵力相见。阎氏及其左右赞成鄙说，嘱景君梅九草文；并请予同常君子发回京，向项城表示此意。且曰："入甘之行，俟君归来，当委乔子和同往。"予遂北上。至井陉，北军尼不许过，百计交涉，始允予一人行，用火车头接予至石家庄。露刃环予，在司令部开军事谈判，予只谈政治，不谈军事。北军齐姓者，无如何，曰："已电请宫保处分，且在营中静候。"至夜半，京电来，言将刘某送京，与段翼长接洽。（此时袁氏勒云台回彰德避嫌疑，予不知也）予次日遂入京矣。连谒段，俱未值，而常子发迂道平山到京，言所带金锭及银元俱在长辛店失遗。且曰："娘子关已有战事！"予急质政府，则曰："娘子关一交战，晋军已逃，殊意外。不过政府决不令进攻，亦不令张锡銮入晋。"予复与常子发商议截留民军办法，遂措资与之，嘱其间关入晋，飞函民军，速回太原；或北踞石岭关，南据韩侯岭，再计规复。孰意常君回家久住，待平阳谢镇与河东民军交战已久，乃偷过平阳，遂为所获，而被戕也！常君固血性男子，死于非命，伤哉！民军既去太原，李盛铎以布政使名义，出维秩序。张郎村在晋，函嘱予归，予再至太原，景象荒凉。梁伯强卧病咨议局，予劝其速组织国民公会，以谋共和发端。自任亲往南方，恢复阎督地位，以谋革命结束。密嘱杜子诚派人告阎督，速发通电；并告以大意，言："此次晋军退守南北要隘，系不忍涂炭生灵，并非战败。共和告成，当解甲归田；和议决裂，当卷土重来！"云云。先是晋军败后，南政府即电询袁氏以阎督下落，袁氏以无下落答之。故予此时以恢复阎氏为职志，由晋而汴，而津，联络两省议会，主张公道。两议会曾有电阻清兵入晋。予遂至沪。至宁，适谒中山及诸要人。阎督通电亦到，予遂执以表示晋督有人。有询河东军政府者，予答以分政府而已。电中归罪梁伯强一段，则非予意，盖阎氏自为之。适接晋信，言张锡銮已入晋，予遂访唐少川和使，诉清政府失信，唐即日电袁撤张。次日又访唐，唐之复电已到，即日令张出晋，暂以李盛铎署巡抚。又接晋信，言晋南军匪暴掠地方，予亟返津。此时袁氏左右见予，则言南方某某省争都督，极纷扰，独阎氏来电，光明磊落，若参之不容口者。予调查晋南战事，乃卢永祥兵所为，要求袁氏撤退之。傅良左管军事，谓予曰："此师极佳，本拟调卫京师，因重视晋，故留之，决无劫掠事情。"予又诉段陆长芝泉，段乃嘱予同李君士锐至晋调查，始知卢师南下，已抵平阳，所过皆掘地三尺，其排尾留太原二百余人，终日枪声隆隆，抢掠商民财物。李盛铎时居晋阳书院，予面诘责，何以不能维持地方至是！旋仍回京，适值正月十日之变，同行者有谷芙塘先生。因袁氏避匿，人心惶惶，予遂同谷公往津，数日复回京。闻李盛铎奉袁命，勒阎氏从忻州回归化原地，否则以武力抵抗。谷君与董君子安代表晋人，要求撤兵。段合肥询民军是否有维持地方能力，两君不敢应诺，复召予商之。予急起担任，即访合肥，力言民军可保无虞，并言："阎氏不归太原，则南北分裂，军事永难统一，请以阎氏治军事，李盛铎则以民政长管民事。"合肥允之，调卢师出晋，阎氏遂恢复都督地位。而山西民军分治，遂为各省先导。又闻阎氏入省，尚无马鞍，予为借百元，交某君带归，为都督壮观瞻。至予则息影议院，不复归晋，亦不与政府往还。惟恐有以官吏相羁者，盖曾与胡君石青约共和告成，不作官吏也。

刘若孚笔述，十二年，二月十九日

天南电光集

周钟岳辑　谢本书整理

编者按：此集为辛亥云南起义后，1911 年 12 月至 1912 年 10 月云南都督府军政电文，反映了这一时期云南的基本形势，不仅是研究云南辛亥革命的重要史料，也为研究蔡锷其人提供了有价值的资料。电文中有关“援黔”事，对贵州革命党人多为污蔑不实之词，其实质是唐继尧滇军援助贵州宪政预备会镇压革命，请使用时注意。

1. 致贵阳军政府电　辛亥冬月初六日（1911 年 12 月 25 日）

贵阳军政府鉴：东、冬两电悉。荩筹甚佩。承推锷为北征都督，愧何敢当。北虏一日不摧灭，中原一日不肃清，北征之军，实不容缓。惟连接援蜀滇军电，成都于十月十九日宣布独立，端诛赵遁，蒲翁都督又因秋饷被戕，仇杀相寻，势益糜烂，可为悯念。近闻北虏又有窥秦晋之势，恐潜师东出，与赵贼余党相联，以扼我军之吭，而拊鄂军之背，为患滋大。现仍拟以全力先戡蜀乱，巩固我军势力，恢复蜀土安宁，再图悉师北伐，庶北虏无窜扰之地，而我军无后顾之忧。尊意如何，尚希赐复。锷。鱼。印。

2. 致罗佩金等电　辛亥十一月初九日（1911 年 12 月 28 日）

蒙自罗总长、何道台，开化夏统领、张太守鉴：前于阳日由军务部电致豹翁，文曰：李大松来省，请领银四万两。除该员亲领一千两外，余三万九千两，初一派员解送到蒙。嗣蒙饷紧急，故着暂留蒙用。查开广边防国民军及本防保卫队计二十五营两哨六对汛，除陆督带六营饷由蒙河领发，广南王督带所部各营业由盐款拨领，尊处九营六对汛以第九、十两届薪饷及统领等费，共应领银二万六千六百六十余两，前由会办拨发银四万两，又开化盐务局拨交尊处四千余元，除发九、十两届外，尚应余银一万七千余两，以之充贵部第十一届饷项，有余无绌云云。旋接豹翁虞电，略谓：九月望夜，开化之变，石守殉难，开饷被掠，乃设法筹挪划理饷项，以定军心。本蒙饬河口许副办拨饷四万两，除解费水等项实收银三万七千四百两，又收到开化盐局先后拨交银四千余元，所有开边各营、麻栗坡、副督办及所辖各汛，第九、第十两届薪饷，均已照章关发清楚，其余赏需、杂费、夫马等项及郡城各署局应支之款，亦已垫发。现张守到任，即请自十一月初一日起由张守仍管支发。初一以前因各营有借支十一届伙食者，仍由广昌和商号借款挹注。昨实业司电饬广南府，由盐款拨银三万两解开。据桂守复电，仅拨银一万五千元，如能解到，除还广昌和借款外，余悉解交张守查收。已饬各营、汛、局、所，自十一届应领之款，仍照旧赴府请领等语。查开饷向系由开化府支拨，现张芗翁业经到任，仍归该府经领，以专责成，自系正办。惟查开饷自九月以来，由河口拨发四万两，又由开化盐局拨交四千余元，又李大松新领一千两，除发豹翁所部各营、汛薪饷及统带等费，又加河口汇款解费等项，尚应余银一万五千余两。广南盐款解到，应共存银二万五千余两，儿足拨充第十一、十二两届饷项。兹接豹翁虞电所云，各营借支十一届伙食及垫发各署局应支之款，未审共支若干，请将何营何署局及支发数目先行电知。又查向章，勿论新军、防营，皆有存饷，无庸垫发伙食。豹翁电谓各营预支伙食一层，似宜仍照通章办理，并希示及。锷。佳。印。

3. 致张世勋电　辛亥十一月初十日（1911年12月29日）

开化府张芗翁鉴：参、密两电悉，夏豹翁磊落光明，深顾大局，此间同人均极钦佩。前因蒙自关道缺，关系重大，密商豹翁往任此席。嗣接复电，以开化士绅恳留，亦遂不复相强。亦念坐镇南防，诚非此公莫属也。更动之说，实属谰言。至蒙饷截留一事，缘九月以来，拨解开饷已合五万数千两，曾饬军务部核算，豹翁所部各营应支饷额，已足关发至第十二届。适接蒙电，需饷甚殷，不得不先其所急，故着暂留蒙自，并无成心。乞将此意转达豹翁，以免疑虑。滇省夙称贫瘠，近复协饷停解，厘税短收，政费日增，饷项奇绌，故各处新招之营，多令裁撒〔撤〕。虽强为遣散，稍觉为难，而强为留存，终多隐患。繁饷难继，则哗饷立生，不容不早为之虑。执事为保守饷银起见，自可暂准拨营，将来仍须设法节裁，以省经费。又前因调嵇祖佑来省办铁路警兵，不能不用知兵之员承其后，故调张宗靖赴麻栗坡副办差。遗缺安平，亦关紧要，乃委王君充任斯缺。王君热忱，当不因难见阻，并请敦促早日赴任。无任盼祷。锷。灰。印。

4. 致武昌、上海暨各省通电　　辛亥十一月十三日（1912 年 1 月 1 日）

武昌黄、黎两元帅，上海伍外交总长，各省都督鉴：滇反正后，内部谧安，即派一师团援蜀，拟蜀定后赴鄂会师。援军师长为韩建铎、梯团长为谢汝翼、旅长为李鸿祥等，自九月下旬以来，已先后出发，前军现抵叙、泸。迭据谢梯团长叙府电称，成都皓日反正，内乱频仍，同志会良莠不齐，颇扰治安，叙属尤甚。又称，成都反正，由将军饬赵尔丰交出政权，推蒲、朱为正、副都督。赵带兵窜藏，所过屠杀。成都兵因放饷激变杀蒲。自是仇仇相寻，排外尤烈。渝都督得邻兵助，尚能自守。泸州温、刘亦称都督，仅保一城，故泸属及自流井一带极糜烂，叙州无一寸干净土。同志会志在财货，纷争扰乱，迄无宁日。川兵无一日可用。新军、巡防、公会匪无纪律。又称，成都巡防队、同志会、新军，先后三次哄争，公私交困，秩序大乱。省外土匪麕集，必成流冠，恐牵全局。又据韩师长昭通电称，成都独立，端方在资州被杀，赵尔丰逃入西藏，土匪假同志会名，乘虚窃发，四处劫掠。又接驻滇法交涉委员韦礼敦交来电函称，四川建昌地方土匪暴动，戕杀教士，外人其危。又据李旅长威宁电称，贵州威宁代表同称，贵州土匪四起，商旅不行，破城之谣，一日数惊，请留兵驻防，以定人心。又贵阳密电称，黔兵骄横，土匪愈炽，黔省糜烂过半；杨都督出巡至龙里即被劫，恐碍大局，恳滇援助各等语。窃意滇省毗连黔蜀，唇齿相依。今黔蜀匪势猖獗如此，万一蔓延，不惟阑入滇疆，恐大局亦为牵动。滇虽竭蹶，自当以全力协助，以期恢复治安。现在派出韩、谢、李诸君，皆智勇深沉，娴习军事，此间已电嘱其慎重将事，相机办理。事关大局，谨此通报。又滇处边远，各省电甚迟，且黔湘、黔蜀各线，现为土匪砍断，消息尤不灵通。此后关于重要事件，请用海线为感。滇都督锷。元。印。

5. 致赵藩、李根源电　辛亥十一月十四日（1912年1月2日）

大理赵樾老、李师长鉴：月密。元电悉。出师宁远，以进取为消纳，非但为蜀，亦以为滇。惟此间连接会理州杨德修、宁远自治局公文暨建昌董镇、宁远王守等来电公云，川省独立，各属均已遵照反正，地方安谧。滇川唇齿相依，自应力主共和政体，请滇军无庸入川。又谢旅长由叙府来电，内有川人对于我军外虽欢迎，内实疑忌等语。又闻相岭、渡河之间，痞首罗某屯兵甚众，我军过此，设有抗拒，胜之不武。而宁属贫瘠，乱离之后，元气大亏，设施为难，得之足为滇累。此间迟回审慎，职此之由。榆军久屯，诚如尊虑，拟饬钟湘藻率领来省，以备北伐。现调□军一标与工程二营编为北伐队，派唐次长继尧为司令官，率之入蜀，或假道湘黔，即会师武汉，直指黄龙。如以榆军编入此队，较为有用而少顾虑。尊意如何，仍希裁复。又滇边远辽阔，逼处强邻，土司蠢蠢，不能自立，间多外向。经营西防边务，以巩固滇疆，亦一大事业。印公到腾永，能竟此公，尤所盼望。而腾永善后各事非慑之以兵威，难速就范，兵力似又难以遽分也。锷。寒。印。

6. 复张文运电　辛亥十一月十五日（1912年1月3日）

腾永代表张君览：来电具见恳诚，无任欣慰。此次西事，始因电线断绝，声气不通。继因陈云龙听信佥壬，妄图侵扰。诚恐陈军一出，蹂躏生民，故特命榆军迎击，事非得已，心实恻然。幸腾军翻然改图，调陈回永，使迤西之民不致重罹兵燹。屡接李师长、赵巡按使来电言，令弟文光颇明大义，本都督亦心谅其无他，故特委充腾永国民军统领。此实推诚相与之意，期全滇联络一气，得以早日罢兵息民。今北虏未灭，国难犹存，释此内讧，共御外侮，非独云南之福，实大局之幸。腾永代表诸君来榆，当能共喻斯旨。至会议条件，如裁兵勇，缴枪械，停苛捐，置官吏，收纸币，扎缅盐，惩首乱等，以弭后患而保治安，代表诸君均已承认。本都督当电嘱李师长、赵巡按使到腾永后切实整理，以图补救。可先函告令弟知之。军都督府。删。印。

7. 致尹昌衡、颜楷电 辛亥十一月十五日（1912年1月3日）

成都军政府尹昌衡、颜楷两君鉴：接援蜀滇军电，知成都光复，欢慰无涯。自蜀路事起，满清蹂躏民权，致激天下公愤。武昌倡义，各方景从，独赵尔丰盘据成都，仇视军民，惨加屠戳。滇蜀谊切唇齿，诚不忍秦越相视。爰简劲旅，星夜赴援，不独以酬蜀省协济之恩，亦借以伸天下同仇之义。现蜀告独立，滇军本可长驱武汉，直捣黄龙。惟闻蜀中匪徒乘虚窃发，四出劫掠，扰害商民。蜀苦苛法久矣，岂堪重罹涂炭。故电饬前军与蜀军联络，荡平匪乱，恢复治安。今道路流传，蜀人颇疑滇军入川，志在侵略。此不特不谅滇军之隐情，亦不察世界之趋势。我国激于时势，急欲扫除专制，建设共和，已为中外所公认。将来中央政府成立，则各行省自当隶于统一机关之下，岂独滇军不能侵略他省，即蜀军亦岂能割据一隅。滇军虽愚，决不出此。第以蜀省幅员既广，反正之初，兵力恐难遍及，土匪跳梁，重为民累。且滇蜀境地毗连，土匪窜入滇边东、昭、武、楚、永、丽等属，警告频来。又外国教士为建昌匪徒戕杀，驻滇领事时以为言。万一外人借口保护，致生衅隙，滇省首当其冲。故不惮征缮，分兵应援，期匪乱胥平，交受其益。至于经营善后，整理内政，皆蜀士大夫之责，非滇军所敢与闻。两君在蜀，物望所归，乞将滇军援蜀宗旨，一为布告，俾父老子弟释此疑虑，共济艰难，大局幸甚。如果无需援助，即希裁酌赐复，则滇军或会师北伐，或振旅而还，均无不可。抑更有进者，中国地大人众，而势力未雄实，省界为之梗阻，欲图恢张国力，宜破此藩篱。若省自为谋，必有分崩离析之祸。粤、蜀、滇、黔于国务上尤有密切之关系，将来如何通力合筹，以巩固西南屏蔽，荩筹所及，尚希时有以教之。滇于重九反正，秩序尚属严整，各属地方均令举办民团，并派巡按使分途抚慰，境内谧安。前蒙自稍有匪乱，立将首要缉办，现俱安堵如常。知注谨闻。弟蔡锷。删。印。

8. 致李根源、赵藩电 辛亥十一月十六日（1912年1月4日）

大理赵巡按、李师长鉴：蒸、元电悉。滇边辽阔，逼处强邻，南界早经划分，尚无异议。西北境既袤远，界限未清，履勘数回，蹙地千里，皆缘视为滇边荒漠不置意，致启戎心。若非及早经营，不特土舍居民永沦榛狉，且外人耽视，浸假藩篱日紧一日。去岁片马之役，已为前鉴。印公规模宏远，熟习边情，将来抚辑绥使，皆四面内向，较之率师援蜀，其功尤伟。尊意以为如何？又昨接张文运来电，意颇诚恳，然腾军仓卒号召，势涣党分，裁兵善后一切事业，断非张文光等所能得束；亦须两公前往示以诚信，临以兵威，方易就范。前电劝止入川，意即为此。援军到川，蜀人颇怀疑忌，而宁远、会理阻止滇军之文电，乃一日数至。盖蔡管太无纪律，贻人口实。然蜀人心理，亦可概见。故出师宁远之说，不能不熟筹也。锷。谏。印。

9. 致韩建铎、李鸿祥等电 辛亥十一月十七日（1912年1月5日）

昭通探送韩师长、毕节飞送李旅长鉴：列、东密。接谢梯团长佳电称，齐日在叙，驱假同志会，枪毙匪首罗子舟及统领、管带二十余名，匪党四十余名，搜获枪支二十余杆，穷追三十余里。我军亦无损伤，军纪甚严，叙人敬服。拟俟韩军至，联络一气，分进资、嘉，然后再规成都。又电称，自流井为会匪周鸿勋所据，横虐万状。我军迭得井属绅商请援报告，于江日黄斐章率支队，微日抵井。麻日午后六时，我军大获全胜，夺获快炮三百余支，洋抬炮数门，马四五十匹，铜钱七千串。我军小队长陈占先力战阵殁，兵士二名受轻伤云云。

查四川会匪多假同志会名，分踞劫掠，我军系援蜀，不能不代为驱除。惟地广匪多，黄军深入，尚非安全，亟应分驱嘉、泸，互相策应。我军所至，尤宜严守军纪，力保治安，万不可淫掠骚扰，致贻口实；亦不可贪功幸进，轻启衅端。总须妥慎筹商，相机因应。其蜀军之宗旨正大，军律严明者，亦宜与为联络，既可以明我军援助之意，亦可以释蜀军疑忌之怀。此事关系至重，切宜注意。张开儒擅用权威，应即撤差，已派张子贞接替。郭、陈两巡按皆正派，且悉川情，正资以通蜀中声气，务望推诚待之。现组织北伐队，以唐蓂赓为司令官，不日出发。姜聘卿已到，委充志愿兵大队长，并闻。锷。筱。印。

10. 致谢汝翼电　辛亥十一月十七日（1912年1月5日）

昭通专弁飞送叙府谢梯团长鉴：幼密。佳、蒸电悉。川匪假同志会名目，分踞劫掠，我军既系援蜀，自当代为驱除。惟地广匪多，黄军深入，尚非万全。亟应分驻泸、嘉，互相策应。已分电韩师长、李旅长速进矣。我军所至，宜严守军纪，力保治安，万不可淫掠骚扰，致贻口实；亦不可贪功幸进，轻启衅端。总须妥慎筹商，相机因应。其蜀军之宗旨正大、纪律严明者，亦应与为联络，既可以明我军援助之义，亦可以释蜀军疑忌之怀。此事关系至重，切宜注意。郭、陈两巡按，人皆端重，且悉川情，宜资以通蜀中声气，现已至雷波抚慰，相晤幸推诚与之。现组织北伐队，以唐蓂赓为司令官，不日出发，并闻。锷。筱。印。

11. 复方声涛等电　辛亥十一月十八日（1912年1月6日）

昭通专送叙府谢梯团长转方（声涛）、叶（荃）、姜（发选）、赵（康时）、董（福开）、郭（松岭）诸君公鉴：惠电敬审。组织中央民军，维持全局，愿力宏大，无任佩仰。惟鄙意有欲奉商者：蜀中土匪蜂起，扰攘盘踞，各属糜烂，成都政府无力维持。诸君发此宏愿，期欲拯此生灵。更远而推之苗蛮夷族，此真第一伟业。惟现驻川境而名以中央，则名不协；推及边疆而名以中央，于义亦未宏。宜酌一。孙君逸仙，海内仰望，将来各省或推为大总统，固在意中。然就今日而论，则孙君于中国尚无一席之地，孙君既未便遥为节制，中央军亦未便遥为禀承。宜酌二。各省独立虽非长局，然反正之后，有土有人，饷械当易筹措。中央军浮寄孤悬，欲劝集则恐呼应不灵，欲公派则违义师本志。而各省恢复之初，人心未定，匪警时闻，亟图自保，其有余力者又以援鄂伐燕，急需饷械，欲望协济，亦觉为难。宜酌三。各省义举，多由新军，官长兵丁均有职务。今中央军别树一帜，此项人员，搜求不易。若从新召募，则训练经时，急切难用。宜酌四。川省兵丁，多系会匪，志在劫掠，饱则飏去。今于四川组织中央军，招川兵以平川匪，犹以涂涂附，缓急容不可恃。宜酌五。蜀军政府，势力薄弱，然既已宣告独立，只宜辅助之以戡乱，不宜抗衡之以生嫌。滇军援川，即以助鄂，已为各省公认，进退尚可裕如。若别自成军，易生疑忌。万一利害冲突，转贻操戈同室之讥。宜酌六。诸公毅力热诚夙所钦佩，凡所计划，自当赞同。惟与诸君既有相知之雅，又负同仇之谊，愚虑所及，辄敢奉商。如以鄙意为然，拟请诸君或来滇赞助，或联合我军一致进行，共维大局，尤为企祷。尚希裁复。滇都督蔡锷。删。印。

12. 复李根源电　　辛亥冬月十九日（1912年1月7日）

大理李师长鉴：月密。巧电悉。腾永善后，正费经营，应烦公与樾老一行，妥为布置。惟大理为西防重要之地，匪党尤多潜踪，非有得力将官驻兵防守，不足以资坐镇，请遴派妥员留守榆防，免生他虞，是为至要。又钟、王两大队即令如期出发，所余之六米八枪及附件并背囊、水壶、饭盒、外套、毛毯等项，一并运省，以备北伐队之用。锷。效。印。

13. 复谢汝翼电　　辛亥冬月二十日（1912年1月8日）

昭通飞送叙府谢梯团长鉴：尤电悉。成都政府助匪残民，惨无人理，殊出意想之外。前接俭电，已将蜀匪蜂起、仇杀相寻情形，通电各省。原冀各省忠告该政府，令联合滇军，早平匪乱。乃该政府如斯黑暗，实不足相与有成。亟宜联络渝都督府，赞助其戡定川乱，以副我军援蜀之初心。泸、叙二府，经会党骚扰，民何以堪？我军克服泸、叙，应切实布置民政，以为全川模范。叙、泸以外，为会匪攘踞地方，亦宜代为驱除，节节进取。凡攻克之地，即交渝都督接理。俾蜀人知我军援助，并无侵占蜀土之心，亦可以省我军经营善后之力。其自流井、贡井既经黄军克服，宜派熟习盐务之员，切实整顿，期浚利源而供军饷，并可以分济渝军，不必稍分畛域。惟期渝军同心戮力，俾蜀乱早告肃清，是所望耳。都督府。效。印。

14. 复李鸿祥电　　辛亥冬月二十日（1912 年 1 月 8 日）

东路行营李旅长鉴：筱电悉。蜀乱未平，我军自当援救，但须相机因应，不必轻开战端。请先调查泸军内容，如宗旨正大，尚有秩序，可劝其取消都督名号，归渝节制，与渝军一致进行。或所驻粤兵系胡文澜统率，尤可与为联络，共向成都。设未能自保治安，又抗拒我军援助，亟应联络渝都督府助平匪乱，以副我军援蜀之心。我军节制之师，戡匪固自易易。然蜀方怀疑忌，一起冲突，收束为难，故联络一层，实为最重要关键。现在清廷未倒，战事方殷，此间已续发第三梯团，预备北伐。蜀事如于我无碍，听其自行勾当，不必多糜吾兵力也。锷。哿。印。

15. 致张培爵、夏之时电　　辛亥冬月二十日（1912 年 1 月 8 日）

重庆张都督、夏副都督鉴：顷奉惠电，借审成都独立，欣慰无涯。惟迭接蜀中报告，土匪蜂起，仇杀相寻，成都、泸州两军角立，岌岌不遑自保。而匪徒乃假其名义，以行劫掠，民不聊生。独尊处秩序谨严，军民安谧，将来勘定川乱，惟渝军是望。滇省于重九恢复，境内一律敉平。时值赵尔丰盘踞成都，残民以逞。滇军谊切唇齿，不忍坐视其摧残，乃派一师团前往援助，已陆续抵叙永。原拟蜀事一定，即东下武昌，会师北伐。今赵、端逃毙，而匪乱未平，诚恐祸事蔓延，致碍大局。故电饬前军与蜀军联络，共平匪乱，以副援蜀初心，而清援鄂后路。惟现在蜀中各都督府分立，事权不一，党派纷歧，几成割据之势。曾经通电各省，公认尊处为蜀军都督。其继起之成、泸各处，亟应联为一气，照各省成例，将都督名义取消，庶可统一事权，维持秩序。至滇派援军，志在平乱，凡匪徒扰攘之地，自当协力廓清。其内政诸端，仍归贵军整理，滇军未便干预。前因土匪踞自流井、贡井等处，横肆苛扰，商民请援，已由援军第一梯团分兵援救。旋据报称，已除匪党。即饬令严守军律，毋扰商民，并选妥员整顿盐务，分饷渝军。近因电报不通，恐生隔阂，特此奉闻，并希裁复。蔡锷。哿。印。

16. 致贵阳军政府电　　辛亥冬月二十日（1912年1月8日）

贵阳军政府、枢密院、立法院诸公鉴：筱电敬悉。前闻黔省土匪横行，杨都督被劫。私念粤、蜀、滇、黔，于国防上有密切关系，故饬援蜀军及北伐队过黔境时，有土匪骚扰居民，即联络黔军协力扫荡，期复治安。初无有干涉之心，亦不识黔省党见未融，稍存偏助之意。兹悉杨、张两公出巡，诸事就绪，佩慰良深。惟改革之初，人心未定，即将来中央政府成立，而整理内治，胥赖地方绅士，似宜消除意见，一致进行，或于应办事宜较易措手。愚昧之见，敬希裁择。锷。哿。印。

17. 致李根源、赵藩电　　辛亥冬月二十日（1912年1月8日）

大理李师长、赵樾老鉴：成都独立后，土匪纷起，仇杀相寻，官蜀者尤岌岌不安，多因苛派荡产。我军援蜀，原期共平匪乱，恢复治安，至善后经营，则仍归蜀中人士。乃蜀人多怀疑忌，辄阻进兵。昨接谢梯团长电称，齐日在叙驱假同志会，毙匪颇多，军纪甚严，叙人敬惮。拟俟韩军至，联为一气，进取资、嘉。又称，自流井、贡井为匪党所踞，骚扰万端，商民请援。黄斐章率支队于麻日到井，匪徒顽抗，我军猛攻，大获全胜。当经电饬约束军人严守纪律，不得滋扰商民。想我军自能遵守。惟成、泸、叙永均有都督，角立雄长，匪徒益得乘间劫掠，非急谋统一，乱象不止所底。樾老在蜀多年，绅民钦服，如有平乱方略，希详告为祷。锷。哿。印。

18. 致赵藩等电　　辛亥冬月二十一日（1912年1月9日）

大理赵樾老、孙统带暨机关部诸君鉴：永昌李昆田等电称，腾、永各军已遵赵安抚使示，回驻永昌。腾、永全体同志请李印泉令尊蔚然，并张尉臣、张鲁香、李昆田赴榆调和，祈告慰机关部，经过榆界，力为保护等语。又接李师长印泉电谓，得樾老电略同前由，并有源系公仆，难顾私恩，应如何电复办理，抑或另委贤能负担此事，以免两面困难云云。

查腾越一军，实由陈云龙构衅。屡经此间劝阻，该匪反肆野心。

诚恐其长躯〔驱〕东向，蹂躏生民，始檄榆军迎击。事非得已，心实恻然。兹得李蔚翁率腾、永诸军出而调停，苟可以罢兵息民，使迤西生灵得安衽席，自无不共表同情。惟该军窜扰云龙、喇井一股并须一律撤归，方可以免人民之惊疑，而相安无事。否则，既止东向，又肆西封，祸结兵连，何所底止。已将此意电达永昌，并嘱印泉剀切电告，倘一律撤退，我军亦可收回。陈云龙一人系首衅端，仍应惩办外，其余概免株连，庶此事早得结束。请由尊处电询李太翁启行日期，即派委员前往漾濞，先行接洽，并饬沿途力为保护，至为企祷。办理情形，并祈随时电告。都督府。箇。印。

19. 致程德全暨各省都督电　辛亥冬月二十一日（1912年1月9日）

苏州程都督、各省都督鉴：成都独立，匪乱未平情形，迭经电闻，想均登鉴。近据叙州来电称，重庆义举最早，尚有秩序。泸州继起，仅保一城。惟成都最分〔纷〕扰可虞，蒲、罗皆负人望，蒲既为匪党所戕，罗亦避匿，尹硕泉、颜雍耆诸君亦为匪党胁制，任意横行。且一省有数都督分立，事权不一，威令不行，匪徒益得四出劫掠，糜烂不堪言状。现北虏窜扰秦晋，势甚披猖。若川乱不早勘〔戡〕平，恐西北岩疆均非我有。滇军援蜀，已派出一师团，然地隔情疏，联合亦颇费力。窃念程都督威望夙著，又系桑梓之邦，拟请回川主持，此事当易收束。果使川事早定，则滇军即可与蜀军联为一气，或东下援鄂，或西出助秦，当共戳力中原，扫出□虏。万望各省电商程都督，并赐复为祷。

20. 致贵阳军政府电　辛亥冬月二十二日（1912年1月10日）

贵阳军政府、枢密院诸公鉴：前接庚电，以李军门方资坐镇，必唐君省吾回黔接替李公，始能回滇。又接真电，以川乱迭兴，盐务梗绝，淡食堪虞，拟销滇盐各等因。时值唐君省吾出省，戴君循若回黔，拟俟同返滇垣，商定办法。旋接唐君来函云，愿承办兴义销岸。又接安顺来电，李公删日起程回滇，当即与同人等筹议，佥以贵州茅口河以西各属距川较远，可销滇盐；而土匪出没无常，亦且有知兵之员以为坐镇。如得唐君为西防统领兼办滇省济黔盐务，于两省边防、财政，均有稗〔裨〕益云云。特此奉商，即希裁复，并催戴君循若早日来滇协商办法为盼。锷。养。印。

21. 致赵藩电　辛亥冬月二十三日（1912年1月11日）

大理赵樾老鉴：我公为人望所归，同人等于反正之初，早经电请来省主持大计。嗣因陈匪披猖，榆、蒙岌岌，不得已乃请公坐镇西陲。幸赖老成硕画，匪挫民安，使大局不致糜烂。繄维我公之功，居外流言，何足介意。现在腾军就范，然喇井之捷音甫报，云州之警告又来，匪患未平，遽难歇手。乞忍辱负重，始终维持，大局幸甚。锷。梗。印。

22. 致陆荣廷等电　辛亥冬月二十三日（1912年1月11日）

桂林陆都督、王副都督、龙州军政分府陈鉴：敝省前因边防重要，镇慑需人，拟邀龙子诚、龙怡庭昆仲两君回滇赞助。时怡庭方镇右江，子诚移镇钦、廉，皆地当重要，未敢遽请。兹接敝省开化夏镇函称，桂省系桑梓之邦，反正以来，屡接乡函，劝归佐理。拟电商桂都督，与龙怡庭君对调，庶得各回本籍，稍尽义务云云。查云南开化一郡，逼处强邻，夏君坐镇，南疆深资倚仗，曾经函电慰留。而夏君以滇桂连壤，无分省界。惟改革之初，人心未定，土匪窃发，妨害治安，如用本地情形熟习之人，戡定较易为力。所言深中肯綮。特电商尊处，可否准予龙君与夏君对调，尚希酌裁赐复。锷。漾。印。

23. 致孙中山电　辛亥冬月二十四日（1912年1月12日）

南京孙大总统鉴：接各省代表蒸电，知公裒然举首，可为民国前途贺。神州光复已十五省，扫荡北庭，可计日待，惟蜀独立后，军府分立，成都先有蒲、朱，后【有】罗、尹，重庆有张、夏，泸州有温、刘，川北有李，雅州有傅，各称都督，党竞势分。土匪复假同志会名，四出劫掠，全川糜烂。滇省毗连蜀境，警告频来。又闻北虏袭取太原，潜窥秦蜀。英于卫藏日益添兵。设蜀乱纷纭，日久未定，内为民祸，外启戎心。滇蜀唇齿相依，未敢漠视。先于赵尔丰盘据成都时，派一师团赴援。本拟蜀平赴鄂，乃蜀难未已，不能不暂留以相援助。惟滇本瘠壤，筹饷维艰，而逼处强邻，不宜稍疏防守。现在出省军队已及万余，兵力亦难再分。且蜀中方割据纷争，于援兵转生疑忌。故滇军援蜀，亦种种困难，诚恐祸势蔓延，妨害大局。拟请尊处通电各省，妥筹办法，以期川乱早日肃清。川虽一隅，关系全局，有可尽力，滇纵竭蹶，不敢告劳。前曾电请苏州程都督回川主持此事，当易收束。请尊处一敦促之。如何，希卓裁赐复。滇都督蔡锷。敬。印。

24. 致黎元洪电　　辛亥冬月二十四日（1912 年 1 月 12 日）

武昌黎元帅鉴：覃电悉。项城宏才远略，实近代伟人，即孙中山先生亦曾有民国大总统宜推项城之论。徒以清廷关系，尚未脱离，故此次选举不及项城者，非不愿举项城，实不能举清廷之内阁总理大臣也。要之，中国有必为共和之时机，而项城亦自有被举总统之资望。如果大局早定，此事自在意中。设北军必出死力以抗民军，徒为项城树敌，恐非项城之所愿闻。且建设共和，正以求国民平等之幸福，亦断无大总统为南人，则南人占优胜，大总统为北人，则北人占优胜之理。若北军只为个人争利害，而不为全局计安危，当与天下共弃之。滇简精兵为北伐队，已出发，惟公马首是瞻矣。滇都督蔡锷。敬。印。

25. 复李根源电　　辛亥冬月二十五日（1912 年 1 月 13 日）

大理李师长鉴：月密。敬电悉。陈势穷蹙，勉就范围。然野心未戢，防范且周。所拟带兵赴腾，自是要着。以鄙意可将榆标中第一营及第三营所余之两队带往腾、永，以第二营归刘联长或孙联长留榆防守，较为合宜。榆标所剩军械、器具，省中待用正亟，速前〔请〕电派专员解省，并将数目及启解日期电复。川事及省中均望樾老前来赞划。惟兄既赴腾、永，宜留樾老坐镇大理，专办一切善后事宜，俟事大平，再定进止。刀安仁已来省，此间仍优礼以羁縻之，能否乘此时机，将干崖土司改流，乞卓裁密告。锷。有。印。

26. 致杨毅廷、张耀曾电　　1912年1月18日[1]

天津英租界张家庄杨毅廷、上海顺天祥转日本东京帝国大学张耀曾君鉴：接南京代表会电开，临时政府成立，照章各省应派参议员三名组织参议院。其职权在参与立法、监督政府，关系甚巨，应选精通法律、文言并妙之人。参议员未到以前，暂由代表摄行职权。滇省道远，宜速派来等语。当经开会集议，佥以上格，惟公足膺其选。除电达临时政府外，特行电闻，请速赴南京为祷。川资百元，由北京、上海天顺祥汇用。行期请先电告，余函详。滇都督蔡锷。巧。印。

27. 致吕志伊等电　　1912年1月18日

南京代表团吕莘农、张云搏、段叔全鉴：支电悉。参议员关系最巨，佥推莘翁及张耀曾、杨觐东两君。除分电外，特此电闻。锷。巧。印。

28. 致程德全电　　1912年1月18日

海线。苏州程都督鉴：前因蜀势未靖，连电商请台驾回川主持，计邀亮察。苏省光复，公绩甚伟，善后经营，想苏人必挽公驾。然为大局计，公之回蜀，急于留苏。顷闻公辞苏督，如果能返蜀，请遵海而先到滇小住数日，俾得一聆伟教，并奉商蜀省事宜。如何，请先电知为祷。滇都督蔡锷。巧。印。

29. 致孙中山及各省都督电　　1912年1月19日

南京大总统、武昌副总统、各省都督鉴：临时政府成立，内政外交主体确定，无任欢欣。惟造端闳大，正费经营，非集群策群力，一致进行，不足以巩固国基，而恢张国势。我国幅员既广，省界夙严，势涣清疏，每多隔阂。此次武昌倡义，各省响应，已除往昔秦越相视之弊风。惟改革之初，事权莫属，不能不各设军府以为行政机关。然宜有通力合作之谋，不可存划疆而守之势。设用人行政，省自为谋，

---

[1] 以后各电，多用新历，以公元为纪年。

恐土豪寝起割据之思，边境又有孤立之虑，于国家统一障碍实多。今中央政府成立，缔造经营，当先从破除省界入手。此宜注意者一。我国人士蜷伏于专制政体之下者数千年，几以谈议国事国是为厉禁。自外力内侵，清廷穷蹙，国人激于时势，急图改良，于是革命、立宪、君主、民主各党竞出。虽政见不同，而谋国之心则一。今政体确定，歧论自消，全国思想将冶为一炉。即平日政见稍殊，果系杰出之才，皆可引为我用。现值肇造之初，万端待理，只宜惟贤是任，不必过存党见，使有弃才，益自树敌。此宜注意者二。清廷朽腐，弊政相沿，诚宜扫荡廓清，与民更始。惟外鉴世界之趋势，内察本国之舆情，必审慎周详，节节进步，庶全国得以按弦赴节，不致有纷扰滞碍之虞。若期望过高，变更太骤，恐事实与理想不相应，而人民未易奉行；或法令与习惯有相妨，而急切难生效力。故新旧递嬗之交，目光固宜高远，而手法则不妨平近。此宜注意者三。锷才识无似，惟坚守以上三义，与滇中士夫循轨进行，不无微效。卑无高论，聊备甄采。尊处必有伟画远谋，尚希随时电告，用资圭臬。滇都督锷叩。效。印。

30. 致李根源电　　1912年1月19日

西路行营李师长鉴：有、筱两电均悉。反正之初，一切军职多沿旧号，总统二字实与共和国首领名称混淆。公独尊崇体制，首请更定名称，所见甚大，应即改为总司令。已通行知照，先此电闻，关防随发。此次滇省光复，公力甚多，西事纷纭，复得公解决，乃急流勇退，切欲伏处养亲，此固吾辈本怀、人子至性，惟滇中大局粗定，尚待经营。此间同人早欲促驾回省，共担责任，亦以腾、永初就范围，不能不仗公收束。俟西事就绪，仍望早来省垣。公待奉情切，自可迎养，于私情公谊，两无所亏。时局多艰，尚非吾辈息肩之日。忝居同志，辄以大义相规。锷。效。印。

31. 复谢汝翼电　　1912年1月21日

昭通飞送叙府谢梯团长鉴：马电悉。条约二至七，均甚周妥，一条尚须酌改。滇军援蜀，饷项本应自筹；财政奇绌，只能暂就蜀筹借，将来滇力稍裕，仍应如数归还，以明援蜀本意。我军到川两梯团，若专计兵丁饷项，则每月五万两亦敷散放。然临时支出，如购械添装、邮养军士等项，费亦不赀，颇难遽定确数。惟有宽为筹备，俟事平后将援军用款决算，一面知会蜀军政府，一面报告中央政府。其由蜀省筹借者，仍由滇分期筹还，庶足以充军实而昭大公。希速与渝军另商妥订。锷。阳历马。印。

32. 致谢汝翼电　1912年1月21日

昭通飞送谢梯长鉴：幼密。我军援蜀，本属仗义兴师，蜀人不察，反怀疑忌，恐一生冲突，转不足副初心。故电嘱联络蜀军，以利我军进行。诚非有求于彼，要不必过为迁就，转使牵制我军。其筹饷事宜，毋庸与之预定确数。如财赋充足区域，我军可暂为经理，以余力分饷蜀军。事定后仍将地方交还，以明吾无侵略之意。庶内不至有掣肘，而外可以平物议。至筹款事宜，勿庸与之预定确数筹还。届时中央政府已成立，此项自有着落，希与韩师长、陈副使密筹之。锷。马二。印。

33. 致黎元洪电　1912年1月22日

武昌黎副总统鉴：庚电悉。前因赵尔丰拥兵据蜀，荼毒生灵，滇省以唇齿之谊，分兵援助，前锋至叙，赵贼闻风逃窜，成都乃告独立。滇军拟即北征，适蜀中土匪蜂起，四出劫掠，民不聊生，纷纷告急。又接尊处歌电，以强邻压境，不能往救，深望滇军代清内患。滇军徇蜀军之请，又重遵尊处之命，留蜀平匪，并拣员经营善后，以期恢复治安。非独以拯蜀民于水火，亦欲以固西南之屏蔽。蜀人不察，反启猜疑。今匪势蔓延，全蜀糜烂，北兵已袭太原，侵秦陇；联豫又率藏兵踞雅州，窥成都；西藏叛兵啸众数千，至川边察木多，渐逼巴塘。内匪外兵，势甚猖獗，滇军不敢置之而去，实欲释中原南顾之忧。若湘鄂能派兵分援，使蜀乱早日戡定，滇亦得卸仔肩，大局幸甚，尚望裁复。前曾迭电程雪老回川主持一切，迄未得复，尚望为大局计，代为劝驾是幸。滇都督蔡锷。祃。印。

34. 致谢汝翼、韩建铎等电　　1912年1月24日

昭通飞送谢梯团长，并译转韩师长、刘总参谋长鉴：幼密。赤水河飞送李旅长鉴：东密。前致各电计均达。蜀于我军颇怀疑忌，若能和平解决，固所甚望。惟蜀独立后，土匪蜂起，成都十九之变，劫掠一空，公私赤立，省外各属蹂躏尤深。顷得蜀军政府电言，新军已成四镇，大约系同志会铺张之词。累〔果〕使有此之多，则械绌饷繁，益难支持。尹、罗为会匪所劫持，不能镇慑，必有溃裂之时，终为民患。此蜀乱之荼毒生灵者一。蜀省地广民殷，为西南奥区，现北虏袭晋入秦，骎骎向蜀；又闻联豫率兵占雅州，窥成都；西藏叛兵数千至察木多，渐逼巴塘；英人亦增兵入藏。若蜀久未定，万一为敌所乘，既可以扼滇黔之吭，又可以拊湘鄂之背，大势岌岌可危。此蜀乱之妨碍全局者又一。我军为蜀民计，为大局计，均不能听其糜烂，而其责全在诸君，万望同心戮力，相机进行。并密成、渝各军，互相援助。如果联为一气，俾匪乱早平，则或会师北伐，或经营卫藏，乃为急要之图。若蜀军自启猜疑，妄行抵抗，我军惟有自由行动，不能复避嫌疑。将来匪靖乱平，终当为全国所共谅。滇、蜀相去窎远，军情未能遥度，惟大概计划如此，望诸君抱定宗旨，一致进行。办理情形，并希会商电告。此间早将川情迭电中央及各省，并请程雪老回蜀主持一切。闻王采臣已回川，此公在蜀颇著声望，如能出而任事，抑大局之福也。滇省刻拟借债，事成当分济川黔，解目前之困，并闻。锷。迥。印。

35. 致赵藩、李根源电　　1912年1月25日

大理赵樾老、李师长鉴：月密。鱼、麻两电均悉。荩筹本极赞成，惟体察近情，尚须商酌。顷接我军叙府电，成都独立，端诛赵遁；蒲殿俊为都督，又因放饷被戕，仇杀相寻，势益糜烂。我军此时宜先收泸、叙，急趋成都，为之扫荡廓清，整理内政，恢复治安。若取道宁远，似嫌过迟。且接会理公呈，已经反正，而邛、雅一带多为同志会所分据。若专事假道，则粮无可筹，因欲节节进攻，则多费兵力。虽沿途多樾老旧属，然近日地方官势力已失呼应，亦恐不灵。又腾、永军甫就范，善后尤待推进。印公即刻出川，西事恐难巩固。愚

虑所及，辄以奉商。卓裁如何，仍希赐复。锷。虞[1]。印。

36. 致孙中山电　1912年1月25日

南京孙大总统鉴：前上敬、效各电，略陈黔蜀匪乱情形，想蒙注意，未识计划如何。近闻匪势益张，两省蹂躏殆遍，而蜀则军府林立，黔则山口遍开，方以争权夺利为图，决难望其荡平匪乱，不惟民罹涂炭，恐将为外患所乘。请饬中央参谋部速筹平乱之方，如得程雪老回川主持，或王正雅君分兵援应，俾匪乱早平，庶不致牵动大局。今北虏未灭，军事方殷，援蜀救黔，滇军宜专任此责。然滇军兵力尚强，而饷项奇绌，若旷日持久，财力实有不支。现拟借外债一千万元，借以扩充实业，并分济黔蜀军糈，亦未识能否如愿。惟有请中央政府统筹全局，指示机宜，滇军当勉为其难，不敢卸责。滇都督锷。有。印。

37. 复谢汝翼电　1912年1月25日

昭通飞送叙府谢梯长鉴：幼密。沁、勘、艳电均悉。蜀中匪乱，扰害治安，我军自当尽力援助，进止机宜已具。昨回电并将援蜀情形电告中央，请其决定办法矣。接陈副使电，渝军甚望援助，如果能联为一气，庶可免疑忌而便进行。北虏袭晋入秦，骎骎有向蜀之势；而卫藏也颇不靖，殊为滇蜀之忧。各省来电，多望滇、黔、蜀三省合师防御。如早平蜀乱，当同经营卫藏，戮力中原，不惟可释蜀人之疑，并可以满全国之望也。希将此旨转达韩、刘、李诸君。前致尹硕泉、颜雍耆一电，饬昭通飞投韩师长，专送成都，已达否？并询复。锷。有。印。

38. 致李根源等电　1912年1月26日

大理李师长，蒙自罗总长，昭通专送韩师长、谢梯团长，威宁李旅长鉴：云南夙称瘠壤，政费所出，多受协济。近因各省举义，协饷遂停，财源顿涸。吾滇自反正以来，整理内治，扩张军备，经费骤

---

[1] 指中历一月初七日。

增，入不敷出，深恐财政支绌，不足以促政治之进。则维有约我同人，酌减薪俸，以期略纾民困，渐裕饷源。现拟定军官薪俸办法：上等一级月俸六百两，以二成支发实银一百二十两；二级四百两，以三成支发实银一百二十两；三级二百五十两，以四成支发实银一百两。中等一级二百两，以四成支发实银八十两；二级薪俸一百五十两，以四成支发实银六十两；三级一百两，以五成支发实银五十两。次等一级五十两，以七成支发实银三十五两；二级二十五两，以八成支发实银二十两；三级二十两，以八成支发实银十六两。额外十六两，以八成支发实银十二两八钱；司书十二两，以八成支发实银九两六钱；兵士饷银仍照旧额。其文官由军政部仿照此表，按级酌定，呈核施行。窃念滇中反正，得诸君同心戮力，共济艰难，本应须厚糈以酬劳绩。惟诸君素明大义，共体时艰，即前日举义与现在奉公，本以求群众之幸福，而非为个人之荣利。此次减薪办法，谅无不乐赞其成也。特此通电，希即查照转饬周知。都督府。庚[1]。印。

39. 致孙中山暨各省都督电　1912年1月26日

南京孙大总统，武昌黎副总统，长沙、安庆、福州、杭州、苏州、上海、南昌、九江、西安、桂林、贵阳各都督鉴：和密。谭都督成电，鄙意极为赞同。现民国中央政府已成立，大总统已举定，民主、君主问题无复有研究之价值。此其一。国民会议袁世凯欲于北京开议，又欲省、州、县公举代表，无非为狡展播弄之地步，以充彼战备，懈我军心。此其二。主张共和，殆全国一致，所反对者惟少数之满奴耳。设开会议而堕袁之狡谋，定为君主国体，则各省必不肯承认，战祸终无已时。此其三。中国此时仍拥戴满清为君主，固理所必无；即别以汉人为君主，亦事势所不容。故君主国体为中国今日所万不能行，必强留存此物，将来仍难免第二、三次之革命。此其四。唐使签定此约，而袁不承认，方在停战期内，而北军袭取颍州，进攻陕州，在清廷亦未决心和议。此其五。故此时直无和议可言，惟有祈诸兵力耳。至作战计划，孙、陈各都督所见甚伟。滇处僻远，未敢遥

[1] 指中历一月初八日。

度。惟有简率精兵，结联黔蜀，长驱伊、洛，期共戮力中原。进止机宜，敬候中央指示。滇都督锷，宥印。

40. 致贵阳军政府等电 1912年1月26日

贵阳军政府、枢密院鉴：养电敬悉，无任佩仰。此次蜀省举义，初为赵尔丰所箝制，受祸独称。反正之初，借资会党，亦事势使然，其功正不可没。援蜀滇军初到叙府，见商民颇受匪徒滋扰，悯商，遂于蜀军政府有深加督过之词，实则未免过激。迭经电令，破除畛域，以副援蜀初心。现已与成、渝两军互相联络。目前分兵向自流井，亦系从蜀之请，想蜀政府已将详情电达尊处。黔军亦于十八日进资州矣，并闻。滇都督锷。宥。印。

41. 致程德全电 1912年1月27日

贵阳赵都督鉴：电悉。敝处北伐队已派参谋部次长唐继尧为司令官，原拟取道蜀中，督率援军，共出关陕。嗣接湘都督电，朱道盘据镇筸，颇为湘军牵掣。故滇军拟出湘黔，顺道促其反正。近闻黔中匪势甚炽，遵义、大定曾抢掠一空。滇军到贵阳时，若贵军约其暂驻一、二日，以资镇慑，滇军自当尽力；若恐人民惊疑，则滇军即行通过，决不逗留。万望宣示人民，共释疑虑。滇、黔、蜀三省北伐联军总司令请由尊处及四川推定，敝省无不赞成。此复。滇都督锷。感。印。

42. 致伊昌衡、罗纶等电 1912年1月27日

成都尹、罗两都督并韩、刘两君鉴：元电悉。前月所上删电，未审达否。贵省独立，全国欢庆，乃土匪乘虚窃发，属境骚然，不能不重为悲悼。非及时戡定，后患滋多。改革之初，人民先罹其祸，将有仇视新政府之心。此其一。匪徒纷窜，扰害治安，封邻难免责言。此其二。抢攘之际，难免不扰及教堂，外人将起干涉。此其三。民不安业，致失农时，又必有饥馑流亡之患。此其四。且蜀省地广人殷，为中国西南屏蔽，今北虏袭晋入秦，英人增兵入藏，皆以蜀为中枢。将来协助山陕，经营藏卫，胥为蜀军是赖。然匪氛未靖，则兵力难分；后路未清，则饷糈无出。必靖内然后始能对外。蜀事纷扰，将及一

年，失业之民既多，而匪徒多假同志会名，以肆劫掠。成都十九日之惨剧，耳不忍闻。滇军初到叙州，商民即纷纷求救。时叙府虽云反正，而宜宾县令首鼠两端，颇怀观望，故撤县留府，以定人心。旋复从渝军之请，驰赴自流井、贡井等处，驱逐土匪，急欲尽同袍之谊，遂不暇避越俎之嫌。尊处滋疑，殆即由此。在滇军本可或悉师北伐，或班师南旋，亦何必久滞蜀中，老师糜饷。然为蜀省计，非解散同志会，惩创匪徒，安置失业游民，则内乱终难底定。而欲清内乱，不能不济以兵威，蜀省新军，虽云三四镇之多，但幅员辽阔，兵力既苦难分，且新编之队，缓急究难足恃。滇军援川不过派两梯团，经训练有年，实有协赞蜀军靖内之能力。倘蜀省破除畛域，正可利用滇军，使一致进行，早平匪乱。俟蜀事既定，滇军自当撤还，于蜀省善后事宜决不稍加干预。若互相疑忌，声气不通，滇军仗义兴师，而未达恤邻之志；蜀军深闭固拒，而反得排外之名，将来西南国防，自此亦难联络，于大局关系尤深，想尊处必早已见及。抑更有进者，此次各省光复，同时响应，诚为我国光荣。惟独立之名颇滋误解，致有一省而军府林立，不能统一政权；或因排斥官吏而省界加严，或因好大骛远而财政益绌，此皆为将来国家统一之害。贵省似亦蹈此弊。敢直摅所见以闻。狂戆之言，统希裁复。滇都督锷。感。印。

43. 致张培爵、夏之时电　1912年1月28日

重庆张、夏两都督鉴：专使来，并接照会，具审成都独立，赵、蒲擅定密约三十六条，贻误大局，贵局拟兴师问罪，此当为全国所赞同。近闻蒲遁赵诛，此约自归无效。惟土匪窃发，属境骚然，而联豫拥重兵据雅州，成都危迫；西藏兵叛，寖偪巴塘，英人亦增兵入藏。倘蜀事久未定，不惟民受其殃，恐大局亦为之牵动。鄙意亟宜解散同志会，惩创匪徒，安集失业游民。乃能西出汉中，北防藏卫，以巩我屏蔽，挫彼戎心。否则，匪氛未靖，而兵力难分，后路未清，而饷糈无出，将成坐困之势。蜀中军府林立，惟贵军首先倡义，秩序厘然。将来内安外攘，胥惟渝军是赖。承示各节，已电嘱敝军尽力援助，以敦邻谊而保公安。先此电闻，余详照复。滇都督锷。勘。印。

44. 致赵藩、李根源电　1912年1月29日

永昌赵巡按、李师长、由太守鉴：连接来电，知已先后抵永，布置一切；由君亦履任。永事渐次就理，甚为欣慰。所言各节，已饬部分别核办矣。锷。艳。印。

45. 致李根源电　1912年1月29日

永昌李师长鉴：月密。咸电悉。腾兵至十五营，分别裁留，正费擘画。今该将领虽已帖服，防范自不可疏。所云外字信义、内严戒备二语，深中肯綮。望相机区处，勿激勿纵。北伐队已于勘日出发，并闻。锷。艳。印。

46. 复张培爵电　1912年1月29日

赤水河飞送李旅长，昭通飞送谢梯团长速转重庆张都督鉴：号电悉。川、滇、黔联军援陕北伐，实为要图。惟近接秦都督电，已驱出潼关。泸都督电言，袁贼被炸虽未中，而京城大扰。溥仪已允逊位，奔热河，虏廷有瓦解之势。窃计贵省情形，靖内实急于对外。蜀中匪氛尚炽，商民不安其生。又泸州军府接敝军李旅长文，有传林凤山率八千余人由西藏攻踞雅州，进逼新津，成都危在旦夕之语。非及时戡定，后患方长。蜀中军府分立，独渝军秩序厘然，平匪安民，胥惟贵都督是望。若一旦出省，恐戡乱无人，匪势益张，川事必将糜烂。滇军在蜀，如相需，则尽力援助；不相需，则立即班师，或经营藏卫，进退皆无不可。惟贵都督似不宜轻动，盖此时宜亟除川省之实患，不必博其他之虚名。愚见如此，希酌。余已商贵专使宗辑先，归时当能详述。滇都督锷。艳。印。

47. 复李鸿祥、谢汝翼等电　1912年1月30日

赤水河飞送李旅长，昭通飞送谢梯团长并转韩、刘、郭、陈诸君鉴：东、幼密。歌电悉。接李旅长电称，成都疑我侵略，派兵二千赴资、嘉，势欲迎击，并将韩师长武器扣留在资云云。我军援蜀志在救民，若蜀人误会宗旨，致以兵戎相见，使蜀民重罹其殃，而我军亦违

初志，亟宜退回叙、泸，敛兵屯扎，毋庸多分兵力，致难遥顾。其资州等处土匪，业经驱除，如蜀军力能镇慑，即可交还管理，万勿轻开衅端。一面由韩、刘、郭、陈诸君向蜀军协商解决，俾释疑团而免交哄。锷。全。印。

48. 致孙中山电　1912年1月30日

南京孙大总统钧鉴：查各省通用银元银币，均系满清旧模。现神州光复，建设共和，总统已立，民国基础确定，亟应铸造新币，以重国法而崇国体。拟请饬部议定，速造中华民国银、铜元新模，颁行通用，以便陆续收回旧币，免致混乱耳目。滇军都督锷叩。全。印。

49. 致由云龙等电　1912年1月31日

永昌由守并转黄、和两君览：卅电悉。彭蓂深明大义，人望素孚，乃因误伤钱大丰，为钱部下所戕，殊堪悯恻。除饬登庸局议恤，并电饬李师长查办外，希即抚慰军民，毋令滋生事故为要。都督府。卅一。印。

50. 致李根源电　1912年1月31日

西路行营李师长鉴：月密。由守等三十日电计达。彭蓂颇明大义，人望素孚，乃因误伤钱大丰，遂为钱部下所戕，殊深悯恻。已饬登庸局议恤，并电饬由守等抚慰军民。此次彭，钱互戕，究竟其中有无别项情弊，希严查办。又腾、永军外虽就范，其心地尚不可测，务须严为戒备，勿稍疏虞，并转樾老注意。锷。卅一。印。

51. 复李鸿祥电　1912年2月1日

赤水河飞送李旅长鉴：东密。微、阳、庚电均悉。收复合江，布置一切，均属周妥。泸军府分立，无力保安，自应取消。现既辞退，毋庸另设都督，只须设一泸叙巡按，仍统属于渝军府或成军府，以一事权。但君贤士已另电，以此劝之。王采臣、胡文澜到川，若以一主持川事，以一经营西藏，川事既易解决，边塞亦可无虞。希即以此商诸王、胡两公。此间北伐队艳日出发，取道贵州。援蜀军将来援陕规藏。届时再商。锷。东。印。

52. 致但懋辛电　1912年2月1日

赤水河飞送但懋辛君鉴：闻泸都督辞退，将以公主持一切，甚为欣慰。鄙意泸、叙只须设一巡按坐镇，仍统率于渝军府或成军府。事权既一，措施较便。以公贤者，敢贡狂言，尚希裁择。锷。东。印。

53. 致陈小圃电　1912年2月2日

上海天顺祥转陈小圃先生鉴：前电计达。见致聚五函，知公澄观时局，将宏远谟，无任佩仰。惟此间经营缔造，切盼公归，特再速驾，请先电复。锷。冬。印。

54. 致李鸿祥、谢汝翼暨成渝都督电　1912年2月2日

赤水河飞送李旅长，昭通飞送谢梯团长，并转重庆、成都各都督鉴：连接西安张都督电，满清派毅军进攻潼关，甘军下长安。陕省两路抵御，兵单械寡，恐力不支，请速派兵赴援，以解重围之困云云。查陕省为北虏必争之地，一有疏虞，关系大局。滇军出一混成协赴敌，请速请蜀省内悉合师援陕。锷。叩，冬。印。

55. 复李鸿祥电　1912年2月2日

赤水河飞送李旅长鉴：东密。艳、冬电悉。川事迭经电达中央，请定办法，并劝程雪老回四川主持，均未得复。程现任临时政府内务，恐未能归。闻王采臣、胡文澜已抵蜀，就中以一人为之，当易为力。若猝然办到，惟有仍暂助渝军共平匪乱耳。我军以联络蜀军，勿分兵力，二者为最要。联蜀则疑易释，兵聚则乱难乘，切望注意。锷。冬。印。

56. 复赵藩、李根源电　1912年2月4日

腾越赵巡按使、李师长鉴：月密。冬、江电悉。腾事先从裁营、停捐、设官入手，办理甚合机宜。此三端就范，余事自易解决。但求军情帖服，民困稍苏，自可徐图善后，不必操之太蹙。至大纲所在，

则事在必行，不可过为迁就。其裁后之记名录用各员，暂予半薪，免生觖望。仍须留心考察，如有堪造就者，将来可令入学堂，授以军事教育，亦可以备任使，不至成为弃材；其太无能者，自应即时裁汰，免耗饷糈。余均照所议办理。锷。支。印。

57. 又复李根源电　1912年2月4日

腾越李师长鉴：冬电悉。蒋管所亏公款二百五十三两六钱一分八厘，既据孙联长查明，实系身后家无余资，自可免其追缴，以示体恤。其由副军需官处借用过银一百两，系属私交，无论有无证据，公家断难认可。应饬该军需官如数赔缴，以重公款。希即转饬遵照。都督。支。印。

58. 复谢汝翼电　1912年2月4日

昭通专送谢梯团长鉴：幼密。麻电悉。成都军府既无纪律，又乏枪械，致匪徒滋扰，不能维持治安。我军本可扫荡廓清，代平内患，惟援军宗旨本属正大，而客兵地位易启猜疑。顷接李旅长电，有成都派兵抗拒之说。我军此时不宜多分兵，为匪所乘；亦不宜轻开衅端，予人口实。惟有与渝军联合，节节进行，较为稳健。前迭经电请中央政府命令，并催程雪老回川主持，迄未得复。现雪老已任中央内务，恐难遽归。闻王采臣、胡文澜已抵川，若能出任此事，当易收束，望与韩、刘、李诸君密筹之。阳历支。印。

59. 复谢汝翼　1912年2日5日

昭通飞送谢梯团长鉴：幼密。佳电悉。前接渝号电，当即电复。略谓联兵援陕，自系要图。惟蜀中匪势甚炽，联豫据雅窥成，西藏叛兵逼巴塘，英人亦增兵入藏。倘蜀事久未定，不惟民受其殃，恐大局亦为之牵动。亟宜解散同志会，惩创匪徒，安集失业游民。乃能西出汉中，北防藏卫，以巩我屏蔽，挫彼戎心。否则匪氛未靖，而兵力难分；后路未清，而运馈不便。故现在情形，靖内实急于对外。蜀中军府林立，惟贵军首先倡议，秩序厘然，将来内安外攘，胥惟贵都督是望。若一旦出省，戡乱无人，恐匪势益张，川事必更糜烂。此时宜亟除川省之实患，不必博北伐之虚名云云。与来电意同，渝军用意，诚如尊论，我军此时固不能曲从，亦不必遽与决裂。惟有屯集兵力，以固础基，徐待其变，相机进行耳。成、泸各军府宜取销，以谋统一。此间亦迭经电劝，然恐以口舌争。闻成、渝有联合之意，果能做到，我军似毋庸干涉也。锷。歌。印。

60. 复谢汝翼电 1912年2月5日

昭通局专快探送谢梯长鉴：胷电悉。尊处川饷均发给三个月以上，所请提井渡厘款及运局存铜变卖各银拨充饷银一节，碍难照准。惟该梯团长督队进行，不能坐理，现已托天顺祥号设法变卖，希即就近督催，迅将卖款解省，以济急需。希即照办。军都督府。歌。印。

61. 致泸州盐井渡厘金委员等电 1912年2月5日

盐井渡厘金委员、泸州云南京铜店委员览：本府据援蜀谢梯长胷电称，拟提井渡厘款及运局存铜变价充饷。当以饷已敷用，所请碍难照准，电复在案。惟查该梯长督队进行，不能久待。今泸店存铜已托天顺祥设法变卖，仰给就近督催，迅将卖款解省，勿延。此复。滇军都督府。歌。印。

62. 复思茅方道台电 1912年2月6日

思茅方道台鉴：支电悉。建筑事，本军府无案可稽。俟册报到，再行饬司核销。都督府。鱼。印。

63. 致思茅刘道台电 1912年2月6日

思茅刘道台鉴：鸿密。方道电称，前奉清督谕移驻思茅，随就游署地修建道署，约需四千两，由省筹拨三千余，作三年流摊。曾于九月鱼电报告，工料共备。适值反正，支款已千余金，爰饬陆续动工，将次落成。现值交卸，即交由该道接修等语。查此项建筑，本军府无案可稽，应俟册报到日，再行饬司核销。除电复外，并将建筑工程是否核实，密查详复为盼。锷。鱼。印。

64. 致陈舜卿电 1912年2月6日

桂林军政府转陈舜卿兄鉴：接二十二号电，借悉兄晋省，龙州事由林帮统代理，足资镇慑，甚为欣慰。敝处当与随时联络，慎固边防。锷。鱼。印。

65. 致孙中山、黄兴电 1912年2月6日

南京孙大总统、黄总长鉴：临时政府成立，各部长官皆极一时之选。仰见任官维贤，无任钦佩。惟缔造伊始，军事方殷，折冲樽俎之才，相需尤急，苟有所知，不敢壅闻。蒋方震君留学东西洋十余年，品行、学术、经验、资望为东西洋留学生冠，亟应罗致，以餍海内之望。闻蒋已由奉返浙，如畀以参谋部总长或他项军事重要职务，必能挈领提纲，措置裕如，不独中枢有得人之庆，而军国大计亦蒙其庥。锷于蒋君相知最深，为国荐贤，伏希留意。滇都督锷叩。鱼。印。

66. 致韩建铎电 1912年2月6日

赤水河飞送李旅长速转韩师长鉴：据电报，总长禀称，前因永、泸一带电线被毁，泸局无料修复，奉饬无分畛域，亟筹修通，以通川汉消息。遵即发款运料，派员往修。兹报生冯嘉言电称，查明由永至泸，共坏杆线二百三十里。并闻泸局称，成都已有委员来查，似有自修之举等语。查永、泸被毁电线，本属川境，惟前因泸局无料，故派员修理，以期早日规复川汉交通机关。兹据称前情，请电询成都、重庆，是否确有此事，应否仍由滇局已派员役修整，不致虚糜运费，且可早日修通等情。据此，请即由尊处就近询明蜀军政府，是否自行修复？速行电复，以凭转饬该局遵办。锷。麻。印。

67. 复谢汝翼电 1912年2月6日

昭通专送谢梯团长鉴：佳电悉。前接李印泉电，拟派钟相藻等率榆兵取道建昌、会理援蜀。嗣接宁远、会理绅民等文电迭称，各属业经反清，止发大兵，以免人民惊疑，遂电止榆军出发。彼既深闭固拒，未便遽尔进行，反生疑阻。惟有严为戒备，免其窜扰而已。锷。

麻。印。

68. 致孙中山电　　1912年2月7日

南京孙大总统鉴：蜀独立后，土匪蜂起，劫掠横行，全省糜烂。军府林立，拥兵自守，不能维持治安。现联豫率藏兵据雅州，逼成都，北虏袭晋入秦，骎骎向蜀，势益可危。迭经电陈中央，并请程雪老回川主持，迄未示复。岂西南数省不足恤耶，抑滇军不足与谋也。蜀乱一日未定，即大局一日未安。滇军为人道计，为全局计，不能不代平蜀乱，一以救蜀民于水火，一以促国家之统一。事机切迫，恐再迟延，贻误大局，惟有督饬援军，不分畛域，竭力进行而已。谨此电陈。滇都督锷。阳。印。

69. 致唐继尧电　　1912年2月7日

曲靖专人星夜飞送北伐唐司令鉴：北密。近因北虏猛攻潼关，陕势危迫，迭请救援。而蜀中匪势甚张，非速平蜀乱，碍难援陕，大局可危。又接叶荃、张璞等自流井来电，川事糜烂，非厚兵力，难望速平。谢、李来电亦云，韩师长武器为蜀扣留在资，拟率兵应援，又恐泸、叙为匪所乘，请派三梯团速行入蜀。日内又连接黔电阻兵，且探悉黔省情形，党竞甚烈，吾兵一到，冲突立生，即代为戡平，不过为一党人争势力，而劳师糜饷，于我军妨碍实多。当经开会研议，佥以审时度势，宜暂置黔事，并力赴川，先固根基，再图进取，既免树黔省之敌，又可增援蜀之兵。蜀事早平，于北伐尤易为力，业经电商改道入蜀。兹特以改道原因奉商，希将大旨宣告军士，立行督率入川。盼切祷切。锷。阳。印。

70. 致戴戡、周沆电　　1912年2月8日

曲靖探投戴循若、周季贞鉴：宜密。日内连接陕电告急，援蜀军亦屡请添兵。又此间黔人纷传滇军入黔，将以扑灭黔军。刘荣勋、钟元黄等上书，至云滇军助一二人之竞争，将戕八百万人之生命。浮言固不足恤，然黔军府既深怀疑忌，将来到黔，必生冲突。滇军既多树敌，而黔省亦重罹殃。当经开会密议，佥称只宜暂置黔事，并力赴

川。已饬唐司令改道入蜀。特闻。锷。庚。叩。

71. 致李根源电　　1912年2月8日

行营李师长鉴：胥电悉。我军起义，志在除专制淫威，求人民幸福，并非黩武穷兵。腾、永军光复各属，吾辈方称庆幸。乃陈云龙率兵东向，经此屡电劝阻，该匪反肆野心。诚恐蹂躏生民，始檄榆军迎击，事非得已，心实恻然。兹得尊大人出而调停，意在罢兵息民，将使迤西生灵，得安衽席。非独吾辈所称望，即榆军亦必有同情。已电嘱榆军派员到漾濞迎接，并饬沿途竭力保护。俟尊甫到榆协商，即可和平了结，使生民早一日得休兵革，即吾辈早一日得卸仔肩。惟既散合江、漾濞之师，并须将云龙、喇井之师亦一律撤回，方足以免人民之惊疑，而相安无事。否则既止东向而又肆西封，祸结兵连，何所底止，此间得永来电，已将此意复之，并望兄电达鄙忱。果能一律退师，陈云龙一人包藏祸心，首开衅端，仍应惩办外，其余均免株连，庶此得早结束。兄素为腾、永诸君所信仰，得兄一行，自易解决。为大局计，为桑梓计，均不容辞也。委刘有书充管带一电，均悉。并闻。锷。箇。[1] 印。

72. 致李昆田电　　1912年2月8日

永昌李君昆田、张君蔚臣、林君琼楼鉴：阅致咨议局电，得悉腾、永各军已回驻永昌，并有李蔚老偕同志诸君将赴榆调和，甚欣慰。自我军起义，各属□□，方期罢兵息民，整理内治，乃陈云龙率兵东向，意欲侵略榆蒙。经此间致电，谓大理、丽江、顺宁、楚雄均已一律反正，无须用兵，令其退扎、腾永，借释群疑，以便共筹善后。乃陈悍然不顾，反肆种种要求，诚恐其蹂躏生民，始檄榆军防剿，事非得已，心实恻然。兹得诸君出而调停，如陈云龙一军能一律撤退，不复分窜顺云、喇井，迤西生灵得安衽席，则榆军亦何忍穷兵。现已电告榆军，询明李蔚老启行日期，即派妥员前往漾濞迎接，并饬沿途妥为保护。俟李蔚老到榆协商，自可和平了结。如陈仍负固

---

[1] 指中历一月二十一日。

不服，或阳称撤归，而实行侵扰，穷而反噬，则陈云龙一人不独为榆军所同仇，亦实为腾、永人民之公敌，愿与滇中父老子弟共歼之。都督府。箇[1]。印。

73. 致孙中山、黎元洪暨各省都督电 1912年2月9日

南京大总统、武昌副总统、各省都督鉴：自各省起义以来，扫除专制，建设共和，已为全国公意。惟改革之初，因幅员辽阔，故用人行政，省自为谋，非亟图统一之方，恐难免纷歧之虑。现虏氛未靖，战争方殷，琐屑者固不暇计，为大纲所在，似宜先为规定，期于全国一致进行。窃观目前情形，当从数端入手：（一）用人。各省军府分立，组织机关互有不同，宜由中央参酌各省之现行制度，拟具大纲，颁布通行，以归一律。其上级长官由中央委任，次级官由本省呈请大总统委任，下级官由本省委任后报明中央政府。至关于外交、财政官，应由中央遣派。似此办理，庶可统一事权，将来地方制度颁行，亦不致多窒碍。（二）财政。我国各省区域不同，丰瘠互异，往往省自为政，痛痒漠不相关。即以目前而论，有为边要者，有当敌冲者，若专恃一二省之财力以为支持，虽反正者十数行省，而实则力分而不厚。谓宜将各省岁入悉报中央，由中央视各省缓急情形，量为分配，庶可得酌剂盈盈〔虚〕之益，不致以一部分而妨害全局。（三）军事。现中央已设陆军部、参谋部，而各省北伐军队皆受节制于总司令官，是军事已有渐趋统一之势。惟反正之后，各省多添募新兵，略无限制，至有非临战区域，亦有以一省而骤增五六镇者，枪械既缺，饷糈尤为不支，恐将有不戢自焚之祸。谓宜由陆军部体察各省情形，酌定应编镇数，通令汰弱留强，勤加训练。已成之镇，悉听中央调遣，庶全国军队联为一气，可以互相策应。此外若币制，若邮政，以及一切行政，或中央已经筹及，或现在未能猝行，不敢复赘，伏希裁择。锷。佳。印。

[1] 指中历一月二十一日。

74. 致夏文炳电　1912年2月10日

开化夏镇台、临安朱镇台、蒙自何道台、河口陆分统鉴：滇北伐队已派出三千余人。近接陕都督连电告急，虏势颇张，非添兵不足以制敌。现拟抽调开化一营、临安二营、蒙自一营、个旧一营、河口一营来省会齐，克期出发。其通海、临蒙一带由省派兵填扎，即毋庸另行招募。前朱渭翁倡率绅商捐集银十万元，热忱可感。希即解交财政司核收转发，以济急需。办理情形，并先电复。都督府。蒸。印。

75. 致贵阳军政府电　1912年2月10日

贵阳军政府、枢密院鉴：滇派北伐队取道黔中，已于前月勘日出发。现因连接陕电告急，已电饬改道入川，会师援陕矣。前闻贵省独立，初则有英雄、尚武各社，继而公口林立，颇扰治安，殊深骇诧。嗣复查悉，举义之初，虑匪徒乘虚窃发，特借此联络团体，收为我用，亦属具有苦衷。但恐相沿日久，土匪效尤，分党寻仇，为患滋大，尚望轸念时艰，廓清畛域，全黔人士冶为一炉，深为企望。若匪势稍有不靖，亦希随时见告，滇尚可分兵应援也。滇都督锷。蒸。印。

76. 致谭延闿电　1912年2月10日

长沙谭都督鉴：闻黔省独立后，党见未融，借助会党以为声势，遂至土匪横行，颇扰治安。诚恐分党寻仇，为患滋大，而匪徒窜扰于湘滇，关系亦深。特先电请时加戒备，并希劝告黔军政府，消除党见，共保公安，大局幸甚。滇北伐队已于前月勘日出发，现因陕电告急，已饬令改道入川，会师援陕矣，并闻。锷。蒸。印。

77. 致唐继尧电　1912年2月10日

曲靖专送唐司令鉴：北密。改道详情已具阳日密电，计已达览。近日旅滇黔人，连递公禀，谓滇军以北伐之名，而为黔中党人利用。且谓协黔饷械，乃专以接济唐、刘两家。又连接黔电阻止。强欲入黔，必生冲突，以我兵力，不难荡平。然劳师糜饷，而究蒙阋墙之恶声，终非得计。现川事略平，而陕势甚急，不如并力赴陕，早竟北伐之功。韩师长已派赴南京陆军部，拟以兄为北伐军总司令，并希即迅饬前军，一律改道入蜀。威、毕一路，粮草已令军务部电饬沿途赶为筹备，并闻。锷。蒸。印。

78. 致吕志伊电　1912 年 2 月 12 日

南京司法部吕莘农鉴：莘密。艳电文悉。参议员前经推举执事及张耀曾、杨觐东，闻执事已任法部，另由临时议会推席聘臣。既而杨觐东到，辞参议职，复另推顾视高，早经派定，分别电达。尊电到滇甚迟，所拟各员，未便再派。滇军北伐，原拟取道黔中，因接陕电告急，遂令改道入川，合援蜀军约一镇人，拟顺江东下，出襄阳，截敌攻秦晋之后路。此次所派之兵，训练有年，又经战阵，器械精良，将校学术经验具有特长，决操胜算。惟炮弹枪弹，道远不便输送，特派员赴沪、鄂，筹备接济事宜。请代陈中央，竭力赞助，至为盼祷。干崖土司刀安仁，夜郎自大，几启衅端。据腾越李印泉、海防张堂堂函，揭其罪状。前到省要求封爵，未惬其望，业已赴宁。近得其文告，有“合夷灭汉”语，殊属狂悖。将来放归土舍，实为养虎贻祸，请设法扣留。余函详。锷。文。印。

79. 致黎元洪电　1912 年 2 月 12 日

武昌黎副总统鉴：和密。先电悉。段祺瑞率兵北上，促进共和，大局可望早定，甚为欣幸。惟闻段夙无种族思想，而与袁世凯关系甚深，此次忽然通款，自当推诚相与。然究竟有无别谋，亦宜密为筹备，免堕奸计而误事机。锷。侵。印。

80. 致李根源电　1912 年 2 月 12 日

腾越李师长鉴：真电悉。清内阁派唐使到沪议和。民军以战事延长终伤元气，如果溥仪退位，赞成共和，自可和平了结。提议各条，以清帝退位后之待遇、清室之年金等为重，民军皆承认优待。乃清廷忽主张民主、君主问题，取决国民会议，又有清帝退位，临时政府亦同时取消之说，此则民军所万难从者。故其余条件均未议及。现在和议决裂，战事已开，我军在固镇颇获胜利。惟虏势甚张，皖之颍、寿、三河，陕之灵、阌、潼关，皆入敌手。迭接飞电告急，滇北伐队已饬令改道入蜀，并拟调临、蒙、开、广国民军八营继发，合援蜀军，顺流东下出襄，以截敌攻鄂攻秦之后路。川军亦拟出汉中援西安，已有成议。近接鄂电，段祺瑞通款，拟率兵北上，促进共和。果尔，则大局可望早定，但未识段究可靠否。虏廷反对共和，以铁良、良弼等为最。良弼现被炸伤足部，袁世凯前亦被炸未受伤，内部闻颇轧轹。要之，虏廷断无幸存之理，惟苟延一日，则多一日战祸，外族因而生心。近时俄以独立煽蒙，英亦添兵入藏，皆关系大局，为可虑耳。此闻，余续电告。锷。文。印。

81. 致唐继尧电　1912年2月13日

曲靖飞送唐司令鉴：北密函悉。当初计划固然如此，惟军情瞬息万变，不能执一而论。现连接泸州电，蜀军数万在自流井以北界牌，与我军开衅。而皖则颍州、三河失守，寿、亳均危；陕则灵、阌、潼关失守，西安甚危。我军自当先其所急，并非失信于黔。惟现接周、戴两君电，删夜贵阳黄泽霖被杀，张百麟遁匿，安顺乞望北伐队往助，早定黔局云云。希由执事酌量分拨数队，代定黔事。余军仍须入蜀，以应援蜀之急，并速北伐之师。盼切。并希转达韩、庾、周、戴诸君。锷。元。印。

82. 复张培爵、夏之时电　1912年2月13日

重庆张、夏都督鉴：近接陕皖连电告急，势甚可危。敝处已饬北伐军趱程前进，合援蜀军，与川黔会师北伐，即推张都督为联军总司令。滇军兵经久练，器械亦精，陷阵摧坚，尚有把握，拟令出襄阳以截敌攻鄂、攻秦晋之后路。接尊处径电，计划大略相同。惟闻近日成都派兵欲与滇军开衅，诧异殊深。现在北虏未平，大局未定，正宜同仇敌忾，岂可同室操戈。已饬滇军和平办理，亟图北伐。请将鄙意转达成军为感。锷叩。元。印。

83. 致李鸿祥电　1912年2月13日

泸州滇军李旅长鉴：东密。先、文、哿、歌四电悉。近日连接皖

陕两省来电告急，势甚可危。我军宜亟图北伐，川事以和平了结为宜。若衅自彼开，则战非得已，务望团聚，以厚兵力，严为防御，相机进行。北伐军原拟取道湘黔，现已饬令改道入蜀，互相策应，仍须及早收束，顺流东下，出襄阳，截敌攻鄂、攻秦晋之后路。饷项既由蜀担任，可以稍纾滇力。弹药自由滇补充，惟道远运输不便，现拟派姜梅岭赴沪、鄂，筹备接济事宜。前接渝电云，滇、黔、蜀代表公推渝都张培爵为北伐联军总司令，此事无妨认可。将来滇蜀分道进兵，无虞牵制也。韩建铎已派令赴宁到陆军部，北伐滇军拟以唐继尧为司令官。希将以上各情转达韩、谢、张诸君。锷。元。印。

84. 复李根源电　1912年2月13日

腾越李师长鉴：月密。两文电悉。散兵均给川资，营兵垫支旅费，待遇不为不周。乃犹勾结煽乱，致永昌横遭劫掠，非痛加惩创，不足以弭乱安民。希即分饬军队，协力兜剿，毋任分窜。闻刀上达尚拥【兵】图逞，设散兵阑入土司界内，足以增匪势而滋事端，尤宜预为防范。榆、丽、顺、云各处，并希饬令戒备为要。

85. 复戴戡、周沆电　1912年2月14日

曲靖飞送戴循若、周季贞鉴：宜密。蒸、真电均悉。滇于黔事，本不分畛域，惟连接贵阳电阻，旅滇黔人亦迭上书阻止，此间实亦为难。然此特小原因，其大者则秦皖告急。皖则颖、寿、三河均失，秦则灵、阌、潼关均失，大局颇属可危。而成都又发兵数万至自流井以北界牌地，与滇军开战端。我军虽精，然悬军深入，又散驻势分，不敷防御，亟请添援。故会议决定改道入川，先其所急，并非为一二言论所撼摇。现接电示，贵阳删夜有事，黄死张逃，不能不代为镇定。已嘱唐蓂赓酌分队伍赴黔，余仍入蜀。黔事固不忍坐视，而亦又不得不为大局计也，两公当能见谅。锷。盐。印。

86. 复韩建铎电　1912年2月14日

泸州滇军李旅长专送韩师长鉴：列密。微电悉。所云蜀省疑忌原因甚是。近接秦皖连电告急，自应以急图北伐为宜。惟闻成都不听交

涉，发兵数万至自流井以北界牌，势将开衅。我军亟宜团聚兵力，严为防备。一面仍遣员与之和平办理，勿轻启内哄，致碍大局。前因陆军部调员赞助，特电商执事赴宁，计已达览，并希电复。锷。盐。印。

87. 复由云龙等电　　1912年2月15日

永昌由云龙、黄鉴锋、马登云、邵华轩、王太潜诸君鉴：元电均悉。前因腾、永起事，征敛军需，已为民间苦累。此次永城匪乱，复毁劫至百数十家，深堪悯恻。据称搜查匪党、赈恤灾民各情，办理尚为合法。惟匪徒尚伏，窜扰堪虑，务须严密防堵，一面缉拿首要，立正典刑，毋任漏网，致贻后患，仍随时禀承李师长、赵巡按认真办理，以除匪乱而奠民生。都督府。删。印。

88. 致唐继尧电　　1912年2月15日

曲靖飞送唐司令鉴：元电计达。行军计划，远道殊难悬揣，进止机宜，未便遥制。究应如何办理，希即电复。顷法领来函称，接驻京法使电，清帝退位已于二月文日公布，从此共和确定，可为民国前途贺云云，并闻。锷。删。印。

89. 致张培爵电　　1912年2月15日

重庆张都督鉴：庚电悉。连接秦皖告急电，敌氛甚恶，非及早挫其南下，大局可危。元日电商贵都督联军北伐，蜀军出汉中援陕，滇军出襄阳，以截敌攻秦之后路各情，计达台览。敝军各将领已电令协商贵军，克期出发矣。闻成都发兵，有与滇军开衅之说。万一滇军为防御计，致起兵端，既负援蜀初心，又为北伐障碍。请贵都督劝令释此疑团，共维大局。滇都督锷叩。删。印。

90. 复李根源电　　1912年2月15日

腾越李师长鉴：三元、一寒电均悉。前因腾、永起事，征敛军需，民间已不堪扰累。此次永城匪乱，毁劫至百数十家，深堪悯恻。据由守等电称搜查匪党、赈恤灾民各情，办理尚为合法。惟匪徒潜伏窜扰堪虞，应饬严为防堵，以免别生事端。如该兵力未厚，希酌派队伍协力兜剿，并缉拿首要，立正典刑，毋任疏脱。现在张文焕、马鸿发等业经正法，其李光斗、宋学诗等仍应严缉惩办，以弭后患而靖地方。都督府。删。印。

91. 致尹昌衡、张培爵电　1912年2月17日

万急。成都尹都督、重庆张都督鉴：陕省告急，即饬敝军赴援，并于元日电商贵军合师，推张都督为总司令，计达台览。日内连接敝军电称，成都发兵至自流井，将开衅端，殊深诧异。想因两军隔阂，致起冲突，请速派员和平协商，勿生内哄，妨害大局。锷叩。筱。印。

92. 致援蜀军电　1912年2月17日

万急。永宁飞递泸州滇军韩师长、谢梯团长、李旅长、张联长鉴：连电悉。成都发兵，将向我军开衅，想系误会我军宗旨，应派专员与之和平协商，顾全大局，切勿轻开衅端。近情如何，并希速报。锷。筱。印。

93. 致唐继尧电　1912年2月17日

曲靖飞递唐司令鉴：连接泸州电，川军由资州、威、远、荣、富四路分进，于初七日晨急攻我局〔军〕。刘参谋入成都，带去马聪所部二中队、机关二挺，全被拘留勒收，请催第三梯团改道入川增援云云。已电告我军及成、渝两军和平协商，勿轻开衅。惟我军悬军深入，不能不添兵援，应请照前电酌定。速复，盼切。锷。筱。印。

94. 致尹昌衡、张培爵等电　1912年2月20日

成都、重庆尹、张、罗、夏各都督鉴：电悉。敝处并无委任黄君玉田总理自□两厂盐务之事。或敝军韩、谢诸将领因两井匪乱初平，暂时派人经理。当时不过为维持井务起见，将来自应归还贵军。前接陕电告急，当饬敝军与贵军合师赴援，并经电商尊处，未审达否。兹得渝都督真电云，成都军队与滇军在资州、陈家场、界牌、自流井一带，因彼此误会，致起冲突，屡电调解无效云云。滇军援蜀，本属仗义兴师，乃反致同室操戈，此岂初念所及。已饬敝军和平办理，勿启

衅端，并请贵军捐弃小嫌，顾全大局。现在清帝退位，南北调和，山陕应否赴援，请就近与敝军韩、谢、李诸人协商办理。藏中近事，亦希详细电知。蔡锷叩。号。印。

95. 复援蜀军官等电　1912年2月20日

泸州援蜀滇军诸君鉴：尤电悉。前布赵复祥罪状，未忍尽揭。今诸君致疑，当详言之。复祥在蒙自，凡省中委任人员，皆拒不受。河口提省之协饷，均被截留。又欲截个旧锡课、普洱茶课，意在独据一隅，遂滥招兵丁，匪徒混迹，致酿成十月十三之变，道署课储、洋行商号均被毁劫。又窜扰藏村，车站被掠，外人受伤。河口法兵遂欲乘势阑入，幸此间与外人夙□睦谊，和平交涉，承认赔偿，竭力保护，法人乃稍退步，仍请派法越警兵数十人保护铁路。再四蹉商，始允如一月半内不生他事，即可撤还。现已届期撤退，而羊育车站之损失，要求赔偿十余万金，尚未了结。蒙自商号之被劫者，亦屡禀控索偿。约计蒙【自】之乱，官私亏损至数十万元。复祥事前毫无防备，临事率尔遁逃，酿乱殃民，贻误大局。商民切齿，外人亦时有责言。不得已乃宣布罪状，以谢中外人民。虽扬言严缉，然闻其遁至河口，犹给以川资二千元。军府之于复祥，可谓仁至义尽，诸君犹以为过事追究，是必是非不分，赏罚不明，恐军中纪律益隳，而人心之保障益失，殊非滇中之福，抑岂诸君所乐闻？至诸君援蜀，为锷所顾念不忘者，亦何嫌何疑，而有人人自危之说，此必因远道误会，故一道其详，望以告我最亲爱最劳苦之诸军士。锷。号。印。

96. 复尹昌衡电　1912年2月20日

万急。成都尹都督鉴：东电敬悉。成都独立后，复有兵变之事，致蜀民重罹祸殃，深堪悯恻，得贵都督戡平祸乱，民困始苏，无任欣贺。滇军援蜀，原以唇齿之亲，欲急鹡鸰之难。到叙府闻成都独立，匪患未平，爰电饬敝军协助贵军，共平匪乱。乃双方隔阂，致启猜疑。近接敝军泸州电称，成都发兵数万，分道进攻我军；万一衅自彼开，恐不能不为正当之防御。当即电令和平办理，切勿轻启衅端。并电请贵都督共释疑团，用全大局。旋接陕电告急，复电商联军援陕，未审均得达否。现在清帝退位，南北调和，陕事自当解决，惟藏卫为滇蜀屏蔽，自当协力经营。现闻藏事不稳，应即释内讧，以御外侮，尚希裁复。弟蔡锷。号。印。

97. 致李鸿祥电　1912年2月20日

万急。泸州滇军李旅长鉴：接致各省蒸电，词意正大。此间迭经电达成都军府，早释疑团，共全大局，勿启内哄，贻笑外人。希与和平协商，勿轻开衅。现清帝退位，南北调和，山陕应否赴援，亦可与蜀军就近酌定。藏事如何，并希电告。锷。号。印。

98. 致谭延闿电　1912年2月21日

长沙谭都督鉴：筱电悉。滇中产铜最旺，质料不亚日本。现在京铜停办，存贮紫铜甚多。贵省新铸铜元，需铜必夥，拟请在滇购用，既可以维矿业，亦可以塞漏卮。如何？乞复。锷。马。印。

99. 复夏之时电　1912年2月21日

重庆夏都督鉴：奉电催张左丞、王用九回渝。查张左丞由旅滇蜀同乡会公举为回渝代表，已启程。王君用九据称因事刻难脱身，并面称前请款事恳速施行云云。特为代达。锷。马。印。

100. 致孙中山等电　1912年2月21日

南京孙大总统、实业部长鉴：滇中产铜极旺，质料不亚日本。除商厂不计外，专就东川一处而论，每年产额约计一百六七十万斤。现在东川改设公司，认真经理，将来每年可增三四百万斤。惟近因京铜停运，存储甚多，现共存净紫铜一百六十余万斤，毛铜二十余万斤。货弃于地，公私交困。闻各省有因铜币缺乏开局鼓铸者，需铜甚夥，然购自外人，利权外溢。拟请通电各省来滇购运，以维矿业而塞漏卮。蔡锷叩。马。印。

101. 致孙中山、黎元洪及各省都督电　1912年2月21日

南京孙大总统、武昌黎副总统、各省都督鉴：滇省援蜀，志在救

灾恤邻，并愿为武汉后援，固西南屏蔽，军队所至，父老欢迎。不意土匪未遂劫掠之图，造谣诬蔑，谓滇军侵略蜀土，以致成、泸两军政府皆启猜疑。近闻成都发兵至资州、自流井一带，愿与滇军开战，诚恐滇人兴仗义之师，反贻阋墙之诮，迭经电饬军中将领和平办理，勿启衅端。然非成都共释疑团，恐难双方解决。乞电告成都都督，顾全大局，勿生内讧。滇蜀幸甚。蔡锷叩。马。印。

102. 致黄兴电　1912年2月21日

南京陆军部黄总长鉴：和密。各省起义，多添募新兵，或赴应援，或资防守，然多未经训练，仓卒成军。现清帝退位，南北调和，战端可熄，似【应】裁汰冗兵以纾饷力。大部有统辖全国军队之责，计已筹维及之。惟中央政府国本所关，不能不有精练之师，以为模范而资镇慑。滇省北伐援川各军队，久经训练，纪律严明；各将领亦有学术经验，此次援蜀平匪，所向有功，若以之留备中央，必资得力。拟饬令悉归部下，听候调遣。尊意如何，即请电复。锷叩。马。印。

103. 致李根源电　1912年2月23日

腾越李师长鉴：月密。彭、钱死事，已饬议恤。惟彭系督带，而钱系何职，无案可稽。李岐山系钱卫队管带，而奋身殉彭，尤人所难，应予优恤。惟三人均非临战捐躯，又非因公毙命，似以名誉恤赏为宜，如追加职衔，及子孙长成入学堂免收学费之类。如何办理，希核议电复。锷。漾。印。

104. 复尹昌衡、罗纶电　1912年2月24日

万急。成都尹、罗都督鉴：蒸电敬悉。两军隔阂，谣读言频生，然颇传闻失实，特详陈之。滇军前锋到叙，商民纷纷求援，而同志会拒不令前。滇军因后路未靖，不得悬军深入，并非观望徘徊。此其一。滇军在叙，颇受商民欢迎，而土匪志不得逞，趁滇军后援未到，即欲围攻夺械。滇军急而抗御，并非衅自我开。此其二。对垒之时，惟力是视，枪弹所及，不复择人，而施屏山之罹，自井之周（?），富顺之危，皆无从分别。此其三。滇军援蜀，志在戡乱，至地方行政，

宜本不干预。惟平匪之后，不能不暂设官员以资整理。迭经电饬敝军，将平定地方交还贵军整理。然日内屡接叙府各界代表梁亨吉、薛令忠等电称，滇军叙郡谢梯团长、彭摄县尤惬民心；惟乱机犹伏，恐有调动，遗孽必萌，万乞均留云云。滇军未敢轻退。此其四。敝省代守盐场，实系徇渝都督之请。至所云输金归滇，系天顺祥欠款，由川拨还。此其五。敝军张联长与郭巡按至昭通互讦，此间已力斥张，一询郭巡按，当知其详。此其六。要之，滇军援蜀果能于事有济，则种种嫌疑不足辩，亦不足恤。承询，故略言之。现在成、渝合并，内乱底定，滇军责任已尽，自可撤回。惟刻接到武昌黎都督电，贵都督亲自督师与滇军开衅在即，滇蜀遥远，未悉近状如何。已连电饬敝军，和平办理，仍望贵军捐弃小嫌，顾全大局。锷叩。敬。印。

附：唐继尧致蔡锷电　1912年2月24日

滇军都督钧鉴：滇军自出发，雨雪严寒，泥泞路滑。幸军行严守纪律，行势整齐，经过地方无惊无扰。查办土匪，舆论翕然。行抵黔界，善良绅耆欢迎，各门前均有“北伐军万岁”，并立旗相赠。匪类闻风潜匿，时派弁兵巡边，拿获匪犯，予以正法，莫不称快。沿途张贴告谕，晓以共和宗旨、民国法律，暨黔省公口、山堂亟行解散，胁从罔治等语。查入境时，匪等造谣，人民智愚不一，间以腐败时代军营状况相猜疑者。迨至本军经过，风纪军纪两无缺点，大喜逾望。揞〔耆〕老者至谓，此等军容，未见未闻，颂美不置。现已行至安顺，休息二日。该处被张匪百麟前次经过勒索银一万三千余两，现免去六千两余数，因闻滇军将到，猝遁走。故感激滇军倍至，酒肉犒师，却之不得。贵阳同胞亦函电交驰，谓如望岁，请求速进。拟即出发抵筑垣，相机办理。旅次军行，尚可告无过于我滇中各界者：一则卫生甚谨，由官长以至目兵，严寒不侵，勇气数倍。次则上下辑睦，毫无偏私意见竞争。三则兵士素受教育，服从命令，无一人干犯法律。凡此皆都督平时训练所致。知念特闻。尧叩。敬。印。

105. 致开化张太守电　1912年2月26日

开化张太守鉴：参密。夏豹翁在滇，深资倚任。惟迭接来电云，开郡谣诼甚多，颇有不安之意。前既请与龙怡庭对调，现又请与唐省吾援黔。近黔事已渐就绪，无须添援，已电慰豹翁。惟闻所部粤勇人地终不相宜，难保不生事端，反为豹翁之累。将来只好徇其初意，听归粤西。特此密闻。锷。宥。印。

106. 复夏文炳电　1912年2月26日

开化夏豹翁鉴：豹密。漾电悉。黔省内部糜烂，迭据绅商请援，故派北伐队取道黔中，顺为戡定。现接黔电，绿防营总统黄泽霖于十五日为众枪毙，枢密院长张百麟逃往粤西，巨憝已除，大局不致妨碍，请大军到黔省共为维持云云。适和局已成，勿须北伐，当即饬唐司令赴贵阳镇慑。想黔事自易收束，可勿再派重兵。如我公带兵援黔，极所钦企，若以黔事能决，无须添援，亦请由我公裁酌。前询尊意，以对调事商桂都督，然南防重要，实望公始终维持，尚希坐镇，不必遽萌去志。锷。宥。印。

107. 复唐继尧电　1912年2月27日

安顺探送滇北伐军唐司令鉴：祃、敬电悉。昨得泸州电，滇川事已和平解决，拟与蜀分道援陕北伐。惟现在和局已成，战事自熄，计划当稍变更。已电令与蜀协商，经营藏卫。至黔事糜烂，迭经绅耆请援，实难坐视，希即督率所部，戡定黔乱为要，勿庸改道入川也。锷。感。印。

108. 复韩建铎电　1912年2月27日

叙府滇军韩师长鉴：列密。十六日电悉。和议已成，当可无须战事。惟川事已和平解决，滇军可备卫戍中央之用。刻已电商陆军部黄总长，请执事仍充第一师师长，率师东下，以为赴宁地步。锷。感。印。

109. 复黎元洪等电　1912年2月27日

武昌黎副总统并转参议汪秉干、邓汉祥诸君鉴：文、号电均悉。滇蜀两军问题已和平解决，乞免□。黔事闻甚糜烂，现黄泽霖已毙，张百麟逃粤西。惟匪气尚炽，人心未安，迭接绅商文电请援。已饬北伐队留黔镇慑，适与尊意相同。特闻。滇都督锷叩。感。印。

110. 复尹昌衡、罗纶电　1912年2月27日

成都尹都督、罗副都督鉴：皓电悉。滇蜀两军，言归于好，布置极为安协，无任佩慰。惟现在清帝退位，南北调融，北伐计划当有变更。西藏为我国屏藩，内部近颇不稳，似应及早经营，免为后患。又接西安张都督电，升允不听交涉，猛攻干、凤，陕省兵力太单。尊处能否分兵应援，并希裁酌。锷叩。感。印。

111. 致李鸿祥电　1912年2月27日

泸州滇军李旅长鉴：东密。祃、敬电悉。和局已成，战事自熄。升允虽跳梁关陕，川军足以荡平，可无烦我兵力。现拟将滇军充中央卫戍之用。已密商陆军部黄总长及吕莘农，似宜仍照初议，出荆襄以为赴宁地步。设此事不成，以分兵经营藏卫为宜。希与韩、谢、刘、张诸君妥商，电复。锷。感。印。

112. 致胡锦堂、刘显世等电　1912年2月27日

毕节龚铨君转胡锦堂、刘显世诸君公鉴：电悉。滇黔关系密切，未能坐视其糜烂，已电饬北伐军留兵镇慑，并由唐省吾君率兵三营入黔矣。滇都督蔡锷。感。印。

113. 致谢汝翼、李根源等电　1912年2月27日

泸州滇军谢、李两旅长、黄联长鉴：铣电悉。计画及条约均极周妥。惟和议已成，事局一变，究应如何进行，希协商随宜处置，此间未能遥制。锷。感。印。

114. 致夏文炳电　1912年2月27日

开化夏豹翁鉴：豹密。有电悉。和议已成，战端当熄，北伐队已令留黔镇慑。唐君省吾又率三营回黔，渠意亦以滇军在黔计三千余人，足敷防剿。黔夙贫瘠，饷糈全资滇济，若再添兵，饷尤不资，已

在我公洞鉴。前商援黔一层，可作罢论。昨接桂林陆都督及陈舜卿电，切盼公归。惟此间方资倚重，实不愿公遽离。惟闻粤勇在开，颇与土著不甚相能，诚恐别生事端，反为公累，拟即支给两月饷银，遣令回粤。所领枪械仍饬令悉数缴还。滇中械缺较粤尤甚。公顾念滇事，必能代筹。至开化谣言时起，闻公颇不乐久居，请即来省，襄赞一切。如必欲返桂，亦未便苦以所难，请酌留枪械为护卫兵之用可也。统希裁酌。锷。感。印。

115. 复李根源电 1912年2月28日

腾越李师长鉴：月密。两宥电悉。刀上达勾结耿马土司罕华基恣为边患；郑明轩、杜万祥、刘中和、贾正明、张祠梁、唐明臣等复肆行滋扰，边民何以安。现经徐教练和牧等率队进攻，击毙众匪。惟元凶未翦，后患堪虞，且各土司中耿马较为强悍，又时有外向之心，事尤为西防隐患。复函一切措置，甚合机宜。至黄管带所部一营，只缴枪百六十余杆，所云原领止有此数。究竟有无隐匿情弊，仍须严密调查，以重军储而免后患。锷。勘。印。

116. 致尹昌衡电 1912年2月28日

成都尹都督鉴：据敝省丽江姚守电称，准维西冯丞舜生函报，川边定乡县民庚日聚众作乱，围逐新军；三岩、德荣、稻坝同时响应，该处垦夫纷纷入中甸逃难。又据中甸厅赵二弁报告，事同前由。查该县壤连中维，虑有牵动，已商姜协、冯丞并永北加意防探外，并恳转电川军政府查询等情。据此特为电闻。锷叩。勘。印。

117. 致陈锦涛电 1912年2月28日

南京财政部陈总长鉴：前接湘粤两都督电，议统一财政，通行民国纸币。敝省协力赞成，当经电复湘粤。时因中央政府尚未成立，即并电商黎副总统在案。兹接副总统复电，统一财政，通【行】纸币，莫如速设中央民国银行及各大埠分行，发用纸币，全国通行，将亡清旧有法定纸币，以票易票，尽行换回。如滇省赞成，请速电中央政府云云。特此电陈，即希裁酌。滇都督锷叩。勘。印。

118. 致李根源电　1912年2月29日

腾越李师长鉴：腾、永反正，彭蓂保卫地方最为得力，前经委充督带，又能同心戮力，懋著勤劳，钱泰丰、李岐山等均属在事出力。方冀分别擢用，遽遭变故，悼惜殊深。彭蓂着照本军府所定阶级表加一级追赠正都尉。钱泰丰着追赠正都尉职衔。李岐山奋身殉彭，死事甚烈，着追赠协都尉，以旌有功而慰幽魂。除饬登庸局注册行知外，特先电闻。都督府。艳。印。

119. 致章太炎、张謇等电　1912年2月29日

上海章太炎、张秀直、熊秉三并转苏州庄思缄、武昌黎宋卿、长沙谭组安诸公同鉴：民国成立，百度维新，缔造经营，责任尤巨，非合全国极有能力高识资望之人，组织一稳健强固之政党，借以监督政府，指导国民，鲜克有济。敝处顷拟联合海内同志，组织共和统一党，并拟筹集十万元为基金，设一机关报于上海或京都，以发摅政见，并委托肖立诚、袁家普两君至各省筹商一切。适闻诸公近有民国联合会、民社等之组织，伟略远谟，无任钦企，且闻宗旨大致相同，如能并为一大团体，势力雄厚，尤易扩张。敬希卓裁赐复。敝处如拟政纲，当俟肖君面谒再呈。锷叩。艳。印。

120. 致何道台等电　1912年3月2日

蒙自何道台，开化夏镇台、张太守，麻栗坡张副督办同鉴：夏镇屡电请辞职返桂。迭经慰留，而该镇词意殷恳，未便强以所难，应即照准，以遂厥志。所遗开化镇一缺，着开化府张守世勋暂摄。开化属各营，除张守坐营外，着张副督办宗靖分统，仍暂麻栗坡归蒙自何道节制。希即遵照。任用状随发。都督府。冬。印。

121. 复李根源电　1912年3月4日

腾越李师长鉴：月密。勘电悉。榆军积习已深，久为隐患。乘此时分扎，陆续遣散，较易为力。惟退以后，散漫无归，或潜相勾结，或分散滋扰，均难保其无虑。应如何妥筹办法，免生他虞之处，希即

【与孙】联长、秦守悉心办理，加意防范，是为至要。锷。支。印。

122. 复何道台电　1912年3月4日

蒙自何道台鉴：冬电悉。查税司寄存铁路局遗失之款，为云南税关收入，自系云南公家存款，前由税司暂存，听候划还洋债。既经报明遗失，应准作正核销。将来中央政府与总税司议定办法及滇省应摊赔款数目，公布到滇，云南自应如数添拨汇交。此时尚未得中央命令，仍应抱定从前与该税司商定两不提用之议，未便遽行拨还。已饬军政部核议饬知，希先转告。都督府。支。印。

附：唐继尧致蔡锷电　1912年3月4日

急。滇蔡都督钧鉴：我军二月二十七日抵黔，耆老会绅均表欢迎犒劳，人民忭舞欣幸，谓为重睹天日。本部住螺狮山，各队分扎照壁山、东山、观风台、九华宫等处。连日耆老会诸君代表全黔，不承认赵都督德全，并要求继尧为黔省临时都督，代勦防、陆各营会匪，情词恳切。辞之再四。继见黔省人民倒悬待解，滇黔唇齿关系密切，如再固辞，未免伤黔人感情，只得允许暂行担任，并立约五条，另详呈览。嗣由耆老会函告赵德全，众怒难犯，晓以利害，劝令辞职，并担保生命财产。殊赵不听忠告，谓黔民倚仗滇军，敢于怀二，特约蓝绍廷、叶占标等准备袭击我军，定期歌日烧抢黔省。绅耆探实，佥谓先发制人。刘如周、胡锦棠两军亦表同情，爰于冬日黎明开城迎请。我军严队而入，分攻都督府、执法部、火药局，各处俱得手。商民争以肴酒饷军，酬钱不受，有感激泣下者。城外南厂黔灵山、紫竹庵、头桥各营，亦为我军击毙多人。赵、蓝、叶飏逃未获，军队缴械投诚者无数。特会黔绅，诛首恶数十人，余悉贷以不死。下午七钟，一律肃清，黔民大悦，悬旗志庆。我军负伤六人。凡此皆我都督威德所致，故能迅奏肤功。江日入城驻军，一俟建设完善，再当报告。特先电陈，请抒廑系。再，到黔后电局为赵阻止，随营电报亦不能达，谨此附及。继尧叩。支。印。

123. 致尹昌衡、刘存厚电　　1912年3月5日

成都尹都督并转刘积之君鉴：列密。接敝军韩、谢、李等电称，前送积之兄赴成都军队，贵都督拟暂留用，特请核示云云。查滇蜀关系密切，苟有借助，自当应命。惟滇军向只一镇，仅足分防，此次因急贵省之难，故派兵赴援。现贵境底平，似无需乎此项。得西安急电，已饬敝军李旅长率所部援陕，而北伐队过黔，亦为绅耆挽留镇慑，本省军队将不敷调遣。滇介两强，边防重要，不能不将援蜀军队悉数缴还，以资防守。两公顾念边疆，当能洞鉴及此。且滇军远出，共同甘苦，若一部分人留川，为贵都督所优遇，恐人人怀苟安之念，尤足以懈我军心，于敝军风纪关系尤重，万望悉数遣还。又闻敝军中，其籍隶贵省之军官目兵，有携带军装私行逃逸投入贵军者，并请查明送回敝军，免伤两军睦谊，实深纫感。锷叩。微。印。

124. 致韩建铎、李根源等军电　　1912年3月5日

泸州、叙府滇军韩师长、李旅长、谢旅长鉴：东、幼密。俭、勘、冬电均悉。军队为川省留用及携械潜逃各件，已电川军府遣回，并电刘、郭缴还军械矣。蜀诚负我，然开衅端，伤邻谊，于滇省无益，于大局有损，希为我军士剀切言之。前接西安急电，迭经催李旅长赴援。惟观现在情形，则川饷殊不可靠；即使滇自能筹备，而悬军深入，转徙艰难，援陕之举，可作罢论。又前电商黄堇五，以滇军为中央警卫之用，迄未得复。闻湘桂各军在南京者，已编隶中央陆军部，大约兵力已足，或可无需滇军。惟贵州匪甚张，蔓延全省，匪首黄泽霖已被杀，张百麟逃往大定，别立军府，苛派苗民激变，遂占黄平，遵义、大定一带尤为糜烂。屡接黔省绅耆文电请援，北伐军入黔，父老皆牛酒犒劳，泣求拯救。唐已率队到贵阳，第匪徒甚多，恐其纷窜滇桂。又西防各营，积习颇深，已次第遣散，亦须另调兵防守。现与各部长议定办法有二：一、李旅长所部组织一部队，三营为基；韩之支队援黔，主力向遵义，以一部留大定、毕节，与唐司令官互相策应，余悉回滇。二、谢旅长所部暂以步一标退驻昭通、大关，余悉回省。此系统筹全局之稳捷办法，希即照办。又军队撤回时，希

先将枪械运省为盼。锷。微。印。

125. 致郭子南电　1912年3月5日

成都军政府转郭子南先生鉴：滇军援蜀，情谊隔阂，得公指导，所全实多，实深佩慰。顷接昭通苏镇电称，公由滇携去单响毛瑟枪五十杆，至昭通时向该镇换为九响毛瑟枪等语。川事现已敉平，滇中军械甚缺，请将尊处所携枪弹拨由援蜀军队携回，实纫公谊。滇都督锷。微。印。

126. 致刘存厚电　1912年3月5日

成都军政府转刘积之兄鉴：滇军士随到成都，多蒙引用，感荷良深。惟滇省边防重要，需人较川尤亟。从行各军士仍请饬令还滇，所携机关枪等军械并饬携回，实纫公谊。锷。微。印。

127. 致韩建铎、李根源等电　1912年3月6日

泸州滇军韩师长、李旅长、谢旅长鉴：东密。满酋退位，北伐自应取销，我军当分别撤回。昨于微电详达，希即照办。蜀省备送军饷，未能如额，然此时机局一变，亦难以原约争持，惟有早日撤回，免生纷议。至借用军人及扣留枪械两事，已电川军悉数送回。如原系由蜀来滇之军士，此次随同出川，可听分别留用。其现隶我军之川人，如愿就近回籍，亦可听其缴械退伍，免致携械潜逃，反多轇轕。锷。鱼。印。

128. 复夏文炳电　1912年3月6日

开化夏豹翁鉴：豹密。各电计达，希即照办。接冬电，借审携粤勇回籍，免生他虞。公于滇事，始终维持，顾全大局，实深钦感。将来桂事敉平，仍望来滇赞助。令弟干练有为，此间正资倚任，希释廑怀。第一营弁勇请假归农，拟即并案办理，一律遣散一层，自可照准。锷。鱼。印。

129. 致黎元洪电　1912年3月6日

武昌黎副总统鉴：阅电欣悉。公被推连任，民国得人，谨率滇民，额手称贺。滇都督锷叩。鱼。印。

130. 复尹昌衡电　1912年3月6日

泸州速转成都都督鉴：东电□到。贵军外援秦陇，西定藏卫，独任其艰，实深佩慰。现在清帝退位，民国统一，北伐自应取消。昨已电檄敝军，分道撤还。电到后当能遵办，并无困难情形。惟闻敝军送刘积之兄赴成都各军士，尊处拟暂借用，恐人地既不相宜，意见终难消弭，请仍饬令回滇为宜。若原系由蜀来滇之军士，此次随同回川，则情谊较亲，自可分别留用，至所携之枪械，务望悉数缴还敝军，缘贵省机器局能制造新式枪驳，不若滇省之枪械缺乏也，尚希谅察。又此间致敝军电，每多淹滞，饬泸、叙电局速转，免误事机为感。锷叩。鱼。印。

131. 致孙中山、袁世凯等电　1912年3月6日

南京孙公中山、北京袁公慰亭、武昌黎公宋卿、各省都督鉴：建都之议，章太炎，庄思缄两君及各报馆所论，已阐发无遗。而鄙意所尤虑者，则建都南京后，北边形势当为之一变迁，恐遗孽有乘虚窃踞之虞，而强邻启蹈隙侵陵之渐，黄河以北沦入毡裘，甚非国民之利。尚望早定大计，建都燕京，可以控御中外，统一南北，大局幸甚。若夫祛除私见，调和感情，袁公当优为之，似可无烦过计。滇都督锷叩。鱼。印。

132. 复刘显世等电　1912年3月7日

贵阳郭重光、刘显世、华之鸿、任可澄诸公暨绅商军学界同鉴：接支电，借悉滇军抵筑，纪律森严，平乱安民，父老欢庆，并公推唐总司令任黔都督，欢慰良深。唐总司令器识恢闳，声望素著，滇中反正，厥功甚伟。此次北伐，志在荡平胡虏，早定中原。适黔局不靖，屡经绅耆电请救援，复于沿途吁恳。滇黔唇齿，不忍漠视，乃允代为

戡乱，解此倒悬。至任黔都督一职，初非唐司令本怀。惟黔局甫定，喘息未安，自不能不勉徇群情，暂资镇慑。所冀诸公互相赞助，早复治安，不独黔省之幸。一俟全境安堵，仍望将唐君还我。唐君在滇，原任重要职务，未便久悬。黔饷维艰，不敷散放，驻黔滇军饷需，此间当谅〔量〕力筹济，希随时电闻。滇都督锷。阳。印。

133. 复唐继尧电　1912年3月7日

贵阳临时唐都督鉴：支电悉。黔事不靖，全境阽危，我军俯念黔民，允为戡乱。兵威所至，一律肃清，父老欢迎，咸庆重睹天日。拔黔民于水火而登诸衽席，厥惟执事之功，及我诸将士用命之力，闻之无任欣慰。现黔局甫定，镇慑需人，既经公推执事为都督，自应勉为担任，以副群情。所有一切善后经营，尤望与黔中绅民妥筹办理，期全局早日底定。至此次负伤将士，并希善为调护，俾得早就痊愈。以后办理情形，随时电告为盼。锷。阳。印。

134. 致南京临时政府暨各省通电　1912年3月8日

南京孙大总统、参议院、各部总长，武昌黎副总统，各省都督，各军总司令鉴：黔省反正后，匪势甚张，劫掠奸淫，全境糜烂。迭据绅民告急，并派代表来滇请援。时因鞑虏未平，急图北伐，未暇兼顾。嗣北伐队道经黔中，绅民复沿途吁恳，滇军乃允为戡乱，解此倒悬。昨接黔省绅商军学各界公电称，北伐滇军司令唐继尧君，率兵抵筑，助平匪乱，纪律严明，匪党遁逃，黔省人民重睹天日，现公推唐君暂任临时都督。又接唐君电称，此次入筑，意在救灾恤邻，留充都督，殊非所愿。惟黔局甫定，喘息未安，不能不勉徇群情，暂资镇慑云云。已嘱令与黔省士民妥筹善后，以期一律肃清，庶黔省早复治安，滇军亦可早弛责任。黔省素瘠，饷糈甚艰，反正之初，公私赤立，前已由滇稍筹协济。现在整理一切，需款尤繁，不能不谅〔量〕力援助。一俟全省底定，滇军自当撤还，将来惟望中央维持，不独黔省之幸。谨以电闻。滇都督锷叩。庚。印。

135. 致南京临时政府暨各省电 1912年3月8日

南京孙大总统、黄总长，武昌黎副总统，北京军界统一会，各省都督鉴：前接陕电告急，即饬在蜀滇军赴援。旋接四川尹都督来电，以援助秦陇，川军可独任其难。又接军界统一会电，升允猛攻干、凤，已有赵、倪五千兵往接，似可毋再添兵。此时北方兵心不定，南军北上，恐多误会等语。已饬敝军退保滇边，暂行缓进秦中。近况如何，仍望西安张都督随时电告。滇都督锷叩。庚。印。

136. 复周沆电 1912年3月8日

贵阳政务部周季贞君鉴：阳电悉。黔中惨黩，一旦廓清，俾父老重睹天日，此黔省之福，实诸君经营之功也，闻之无任欣慰。现大局甫定，整理需人，父老之邦，谊不容谢。惟冀经营一切，早日就绪，即行返滇赞助，至为盼祷。蒙案尚未议结，并闻。锷。庚。印。

137. 致李根源电 1912年3月8日

腾越李师长鉴：月密。准英领额必廉照开，滇省反正，各处教士来省，现拟各回原处。适接腾领电称，李师长有反对外人之意，且在迤西权力无限，外人不宜前往大理等因。当经照复：滇省反正以来，地方尚称安静，各教士欲回原处，只可听其自由。至李师长开通文明，为滇人所共称，亦本都督所深信，可决其必无反对外人之意。来照称其在迤西权力无限，本都督考其所办事项，亦俱为其职权所当为，腾领所言，恐属误会云云。特此电闻，仍希注意。锷。庚。印。

138. 致唐继尧电 1912年3月9日

贵阳唐都督鉴：前因贵州上游一带川盐停运，民苦淡食。又张百麟窜入贞丰，勾结遵义、大定各属匪徒，势颇猖獗。非得熟识军情盐务之员，前往镇慑，并运销滇盐，不足以拯民而纾困。特委巡按唐尔锟充贵州提督兼督办黔省上游盐务。该提督早经奉委，不日启行。特此电闻。锷。佳。印。

139. 致李鸿祥电　1912年3月9日

泸州滇军李旅长鉴：微、鱼两电计达。昨接贵阳电称，黔局糜烂，蒙滇省笃念唇齿，令北伐军过黔，助平匪乱。唐司令抵筑，赵德全谋袭击我军，唐遂会商黔绅，于十四日协攻军府，赵德全逃。居民安堵，咸庆更生，现推唐为临时都督云云。闻张百麟前逃往大定，近得确报，张现据贞丰，势颇猖獗。遵义等属匪势甚张。希执事仍照微电前往肃清为盼，并转韩、谢诸君。锷。佳。印。

140. 致夏文炳电　1912年3月11日

开化夏镇台鉴：豹密。东、冬两电已于冬、鱼两日电复，计达。尊意恐裁勇生事，拟亲带出境。防患未然，至为佩仰，请即照尊议办理。惟昨接张守二号电称，开化各营，均请退伍，多番演说，持意甚坚。查一、二、三营粤勇居多，约五百余，则两湖、川、黔约二百，滇勇约一百。两湖同黔退勇恩饷若与粤勇歧视，恐生意见。请添拨万元，加发恩饷等情。已饬部核议，即可发表。先此电闻。锷。真。印。

141. 复唐继尧等电　1912年3月11日

贵阳唐都督并转戴、周、刘、华诸君鉴：北密。电悉。黔省窘状，征诸公言，亦深焦虑，自应不分畛域，代为筹维。惟滇省医疮剜肉，万分为难情形，亦诸公所洞鉴。现于无可如何之中，筹措五万两，电号汇解，暂解目前。特此电达。锷、佩金、承瓛、汪度、价叩。真。印。

142. 致谢汝翼、李鸿详电　1912年3月11日

泸州速送滇军谢、李两旅长鉴：幼密。接重庆蜀军府电开，贵军将存储敝省富顺财政科之自井官盐二十五载，认为战利品，自行放卖。敝军政府已复电明白解释，往复电商，而贵军始终坚持己见。敝省不便以口舌争执，只得照复，任其暂行变卖。一面商请酌量办理，并寄来往照会二件。查滇省素瘠，每年仰给于四川者数十万金，将来需款尤繁，则借助正未有艾。若过伤邻谊，于前途窒碍颇多。此时对

于蜀军，即竭力让步，尤足以昭我军之义举，而雪侵略之嫌疑。当即电复文曰：支电悉。滇蜀唇齿相依，关系密切。又历年协济，受惠良多。此次援川，实出报恩之意，并非因此为利，欲望报酬。富顺官盐，敝军虽得之匪手，惟现在川事渐定，自应交贵军管理，方为正办。兹接来电，殊深抱歉，已饬敝军如数缴还，已放卖分给军士，应由敝省按照所售价目，如数筹还，以清界限云云。特此电闻，希即照办，切勿徒顾目前之小利，致破以后之邻交，想两君当能计虑及此。锷。真。印。

143. 致北京政府暨各省通电[1]　1912年3月12日

北京新举袁总统，南北军界统一会，南京孙总统、陆军部、内务部总长，武昌黎副总统，各省都督鉴：集会结社自由为文明国家通例。惟军人入会，各国多有限制。鄙意同一集会，亦宜稍有区别，如现在南北军界统一会之类，系为维持大局起见，自为全国所赞同。至如政治集会，似不宜以统兵大员为之。诚恐因政见不同，逐至以武力盾其后，反足以劫持公论而破坏和平。虽险象尚未昭著，而流弊似应预防。特贡管见，用备甄采。如以为然，应请由中央将集会结社律订颁行，庶海内有所循率。锷叩。文。印。

144. 复韩建铎、李鸿祥电　1912年3月12日

重庆滇军韩师长、泸州滇军李旅长鉴：列密。阳电、东密庚电悉。北京虽稍不靖，然项城所调之兵，已足镇压。前接黄总长江电，只饬湘、鄂、粤、桂、沪、宁各军分道进援，其余克服各省分，但饬力持镇静，保持现状。又段祺瑞来电，有北方军心未定，南军不宜往北之说。渝军政府亦来电称，我军到渝，人心惶恐。故前屡电促旋师，由翼廷分一支队取道黔省，代靖遵义匪乱；由幼成分一支队退扎大关一带，或经营凉山；余悉回省，计已达览。尚望转达谢、韩、李、谢、张、张诸君照办为要。至蜀军前允助军饷四十万及我军所得之官盐，亦勿庸争持，致失邻谊。滇蜀关系密切，将来相助之事正

[1] 此电原件上批：未发。

多，不必计较目前也。锷。文。印。

145. 致唐继尧电　1912年3月12日

贵阳唐都督鉴：青电悉。滇蜀问题和平解决后，即电催李翼廷分一支队入黔，以靖遵义、安顺一带匪乱，因电阻尚未得复，现又电催矣。黔省财政困难，固在意中，昨已勉筹五万汇寄。昨接何鹏翔电，永宁并无款可提。来电所云，速由贵阳接济一层，已做不到，惟视外债能否成立耳。锷。文。印。

146. 致伍廷芳等电　1912年3月13日

上海外交代表伍秩庸先生暨参赞温钦甫、汪精卫两君鉴：铣电敬悉。和议告成，民国统一，达共和之望，免战争之危，皆我公苦心孤诣所致，全国受赐良多。惟大局初定，建设方新，尚望始终维持，以巩国基而慰群望。滇都督锷叩。元。印。

147. 致李根源电　1912年3月13日

腾越李师长鉴：悉黔省军府提倡公口，土匪横行，奸淫掳掠，全省糜烂。至二月军民反攻，黄泽霖毙，张百麟逃，省城震动，连电请援。适唐蓂赓到黔，饬令赴贵阳镇慑。唐率兵抵筑，绅耆欢迎，即为戡平匪乱。赵德全遁，黔人遂公推蓂赓为临时都督。惟遵义、大定一带，匪势尚炽，已饬李翼廷分一支队，由蜀入黔助剿。唐省吾亦带兵返安顺，黔乱尚易肃清。惟黔饷奇绌，善后正费经营。又，援蜀军闻北方余孽稍有不靖，拟仍东下赴援，而中央来电阻止，重庆亦以滇军到渝，深兹疑虑。已饬韩、李、张诸人，由翼廷分一支队援黔，幼成分一队退扎大关，为经营凉山地步，余悉回滇。知注附闻。锷。元。印。

148. 复唐继尧电　1912年3月13日

贵阳唐都督鉴：真电悉。唐省吾赴黔以办盐务为主。但盐务非操兵力或地方权不易办理，故以提督任之。如既委任有人，将来省吾抵黔，应如何界以事权之处，由尊处酌定可也。锷。元。印。

149. 复开化公电 1912年3月13日

开化自治公所暨绅商学界诸君览：来电具悉，极佩公谊。夏公威望素著，此间倚任甚专。前曾屡电辞职，此间皆再四慰留。嗣复派员来省面商，词意殷恳，不得已乃暂许回籍，俟桂事平定，仍须来滇。至开郡治安，夏公必能与张太守妥筹善策。尚望维持现状，勿稍忧疑可也。都督府。元。印。

150. 复唐继尧电 1912年3月14日

贵阳唐都督鉴：蒸电悉。黔军政府从新改造，机关颇完备，委任亦甚得人，极为欣慰。现黔中省局虽定，而外属匪势甚张。所拟办法甚当，此间亦已电催李翼廷分兵策应，以期早靖匪乱矣。锷。盐。印。

151. 复庾恩旸电 1912年3月14日

贵阳都督府庾参赞鉴：真电悉。黔事得诸公赞助，必能振刷一新，无任欣慰。一俟事敉平，自当电邀回滇，匡我不逮。锷。盐。印。

152. 致孙中山、袁世凯暨各省通电 1912年3月15日

南京孙大总统、参议院、各部总长、北京袁大总统、各部首领、武昌黎副总统、各省都督鉴：共和成立，南北一致。惟建都之议未定。内则人心摇惑，外则强邻窥视，岌岌可危。前陈建都北京之议，未审达否。伏望统筹全局，早定大计。至北京积弊，亦诚如议者所云，应请袁公于用人行政之际，破除畛域，以协群情，痛扫弊风，以新耳目，使秕政余毒不至复生，民国基础得以巩固，大局幸甚。滇都督锷。咸。印。

153. 复韩建铎电 1912年3月15日

重庆滇军韩师长鉴：列密。十一日电悉。滇军光复，赖执事之功最多。此后进行尤资赞助。现滇蜀事已解决，而北方乱易荡平，仍望回滇�襄一切。孙公所言，此间虽未得悉，然滇援蜀宗旨，及在蜀情形，前已汇钞文电交雷时若携赴南京，疑谤之言，自易解释。或再以

一电剖白足矣，勿庸亲赴宁。若决志一行，可委谢幼澄君暂代师长。实则此行似可以已，希酌之。锷。咸。印。

154. 复唐继尧电　　1912年3月15日

贵阳唐都督鉴：尤电悉。前接何鹏翔电，永宁无款可提，已于文日电达。所拟由盐商在黔划拨一节，恐滇军无款运渝也。锷。咸。印。

155. 复孙中山、黎元洪暨各省都督电　　1912年3月16日

南京孙大总统、武昌黎副总统、各省都督鉴：黎副总统阳电敬悉，赵都督艳电此间迄未收到。黔省遍开公口，匪党横行，掳掠奸淫，全省糜烂，屡经绅耆函电请援，虽以唇齿之亲，未忍坐视，然援蜀方遭疑忌，亦不愿再以恤邻之义，而反生内哄之疑，故皆婉辞谢之。及北伐队唐司令过黔，绅民又复拦路要求镇抚，至有欲自刎于马前，以为黔民请命者。迭接唐司令来电，皆催令以北伐为急。至黔军以黄泽霖扣饷哗变，省城震动，又复急电请援，乃饬唐司令赴筑镇慑，纪律严明，父老欢庆。时赵都督已逸去，遂公推唐为临时都督。据黔省全体绅民通电，则黔省之扰乱，人民之困苦，此次滇军之秩序，可以概见。黎副总统垂注潐潐，以严肃军纪，免召不韪为言，故略陈之。锷叩。铣。印。

156. 致贵州都督府电　　1912年3月16日

贵阳唐都督，戴、庾参赞，各部长鉴：接黎副总统阳电开：准贵阳赵都督艳日通电，谅已达览。贵军既负有保护邻省安宁秩序之责，万不可扰害邻省治安。请严肃军纪，免召不韪。如黔省安静，即祈将贵军撤回云云。当将援黔情形略陈梗概，仍望贵处将黔乱始末及滇军状况，随时通告各省，免生疑义为要。锷。铣。印。

157. 复蒙古王公联合会电　　1912年3月18日

北京蒙古王公联合会诸公同鉴：养电悉。共和成立，五族大同，内外蒙疆同心一致，皆诸公调护维持之力，无任钦仰。袁公伟烈，群

望所归。复由贵省公推袁公，当能力任天下之重。诸公协心赞助，固我国防，全国幸甚。滇都督锷。巧。印。

158. 复韩建铎电　1912年3月18日

重庆韩师长鉴：列密。元电悉。铣电慰留，计达。如决志赴宁，仍望事毕返滇为盼。师长原拟由谢旅长代理，惟现在各队既已分派，拟即以赴黔之滇军由张联长统率，商承黔都督唐蓂赓办理一切。谢部、李部均直接本军府统辖，暂可不设师长，其司令部人员除酌留用外，均着分别回省。锷。巧。印。

159. 复赵藩、李根源电　1912年3月18日

腾越赵巡按、李师长鉴：月密。铣电悉。腾事极不易收束，乃次第就理，全局帖然。永昌小有风波，旋亦消灭。非两公举措得宜，未易臻此。现腾局已定，而榆事切待经营。印公之行，自不可缓。惟改土事切须审慎，闻土司前得改土消息，即潜相勾结，意图反抗。虽力无能为然，或铤而走险，求庇外国，则为渊驱鱼，反致酿成交涉。现国基未固，国力未充，只能先养吾锋，万难轻于一试。惟有先从教育、裁判两端入手，阳示以抚辑，而隐夺其实权，使土民先知归怀，异日设流，自如反掌，办法较为稳健。樾老素怀恬退，志切养亲，必久羁以尘鞅，良非所忍。惟边关重要，接替难得其人，将来或挽子畅一行，较为适当。此时仍望樾老暂行维持为幸。锷。巧。印。

160. 复尹昌衡等电　1912年3月19日

成都尹都督、张副都督鉴：真电悉。成渝合并，一致进行，协力同心，共维大局。全蜀之幸，诸公之贤也。特此奉贺。锷。皓。印。

161. 致袁世凯电　1912年3月21日

北京大总统袁钧鉴：民国成立，确定共和，一切建设，自应取决公论。滇省自去秋反正，即设临时议会，以为采取舆论之机关。惟改革之初，猝不及待，故暂就从前咨议局并添派议员，以冀克期成立。现在大局底定，亟应从新组织，以立议会基础。拟请中央将选举章程

订定颁行，以便遵照办理。又各省选举中央人员，如参议之类，其选送法如何，并乞详示。滇都督蔡锷叩。马。印。

162. 致贵阳唐继尧电　1912年3月22日

贵阳唐都督鉴：北密。接阅与韩、庾两君来电，极佩荩筹。惟黔省经济困难，已达极点。外债尚毫无把握，邻协亦呼应不灵，至中央负担既重，财政尤窘，年内万难望其协助，此时只谋足以自立。鄙意黔省诸政，万不可求恢闳，目前匪徒虽多，然有驻黔军队，加以援军回黔助剿，足以荡平匪乱，可勿庸编练一标。黔省四塞之区，只求足防内患。滇为边要，然审己量力，仍拟缩小范围，陆续裁减防营，只编一镇，多则三协，庶可勉力撑持。至滇军将领中级官以上，拟以同学同人任之，切实整顿，但求于事有济。若慕虚荣，汲汲推升，恐头大脚轻，兵事更不堪问。黔人狡黠，事平日久，难免不排斥外人，诚如尊论。为诸君计，不宜久居。目前自应暂时维持，以免为德不卒。将来事局粗定，滇军仍以撤还为宜。昨接韩师长电，张联长率黄毓英、马为麟向遵义，李翼廷率王炳钧趋大定，克日启行。又接李旅长电，黄联长亦由渝向遵义。已电饬张、黄两联长商承贵军政府办理一切，李部仍归滇军府直辖，并闻。锷。养。印。

163. 致重庆滇军电　1912年3月22日

重庆滇军黄联长鉴：援蜀滇军分别援黔、返滇，前已由韩师长转知照办。兹接来电，知已赴渝，入黔境后可商承黔军府办理一切。执事所部现在如何编制，饷项可支至何时，装械若何，希详细电告。锷。养。印。

164. 复谢汝翼、李鸿祥电　1912年3月22日

泸州滇军谢旅长、李旅长鉴：幼密。铣电悉。川事真象，固所稔知。即诸君苦心，此间讵未相谅。惟我军兴仗义之师，而他省有内讧诮，叠经通告滇中宗旨，终难尽释浮议，不能不望早日解决，破此疑团。来电所论甚韪，蜀军安足以语此。只有照两君所议，告以滇军在川用款，将来由协饷扣还，以塞其口耳。锷。养。印。

165. 复谢汝翼电　1912年3月23日

泸州滇军谢梯长鉴：幼密。铣电悉。我军分道撤还办理，迭经电闻，计已达览。希即查照前电，先派员往凉山探查一切，以便着手经营。但兵力不宜多，只须一营足矣，余仍陆续还滇。嗣后川事以不过问为宜。非得中央命令，或川军府恳求，即如何糜烂，可以置之不顾。锷。漾。印。

166. 复王人文电　1912年3月23日

上海天顺祥转王采臣先生鉴：沁电悉。滇中同人切盼公归，请约筱圃先生结伴偕来，以慰群望。锷叩。漾。印。

167. 复孙中山、黎之洪暨各省通电　1912年3月23日

南京孙大总统、武昌黎副总统、各省都督鉴：成都尹、罗都督庚电，计均登览。滇军与蜀军协议东下，业经启行。适闻和局已成，无庸北伐，当即饬滇军分道撤还；其赴渝者取道遵义，在泸者取道大定，在叙者取道大关，陆续还滇。兹接来电，均已遵行。特闻。滇都督锷叩。漾。印。

168. 致熊铁崖、刘希陶电　1912年3月23日

上海抛球场恒乐里魏广兴转熊铁崖、刘希陶鉴：崖密。筱电悉。滇北伐军到黔，适贵阳军人因黄泽霖扣饷，起变毙黄，张百麟逃，省城震动。即饬唐蓂赓赴贵阳镇慑。唐率兵抵筑，会刘如周团兵助攻，匪党赵德全遁，余悉降，省城粒定。惟遵义、大定匪势尚张，而财政甚窘。此间协济五万金，又由唐省吾运盐济黔，以济民食，并略裕饷源，然究不足以纾困。现拟向法人借二兆法郎，略有端绪。若成，庶可撍持矣。季、循均在黔军府任事，并闻。锷，漾印。

169. 致袁世凯贺电　1912年3月25日

北京袁大总统钧鉴：共和成立，五族大同。此后经纬万端，责任尤巨。公宏才伟略，群望所归。接南京电，欣审已宣誓就大总统之

职，钦幸莫名，谨肃电贺。滇都督蔡锷叩。有。印。

170. 复夏文炳电　1912年3月25日

开化专送卸任夏镇台鉴：皓电悉。开化得公坐镇，边境帖然。兹返珂乡，犹殷殷以滇边利害为念不止，为锷等所佩仰，亦滇父老所感念不忘者也。临颖无任神驰。锷、佩金、承瓛、汪度、日垓。有。印。

171. 致北京政府暨各省通电　1912年3月30日

北京袁大总统、武昌黎副总统、各省都督，上海探交程雪楼、王采臣、各报馆鉴：俭日奉大总统敬电：援川都督电称，滇军借名援川，又经营藏卫，冀图经过成都，乘机夺取，如占领贵阳情事。均经敝省窥破，力为推谢。计无复出，辄开赴重庆，逼索酬三十万两。敝省为顾全大局起见，隐忍付款，现已交银二十万。兵队并未开行，仍欲留军叙、泸，为干预内政地步。应请严促滇军，迅即撤回等语。所陈各节是否属实，尚待查明。惟四川光复已历数月，本省兵力既属有余，客军自应撤退。且滇军将士越境久戍，劳苦可念，尤宜暂行休息，以纾兵力，希即派员与川都督协议撤退办法。如有不协之处，可就商承黎副总统办理，并将所定撤退日期先行宣布，以释嫌疑而维大局等因。奉此，仰见大总统轸念滇军维持大局之至意，钦悚莫名。查四川自铁路事起，困于积威，惨遭屠戮。滇军以唇齿之谊，匍匐赴援。师至叙州，成都幸已反正。而土匪纷起，劫掠横行，十月十八之变，损失至千余万。复分窜各属，全境骚然。自流井亦为匪据，商民纷纷求援。滇军徇商民之求，又因渝军之约，允为分兵镇慑。兵力所及，民赖以安。匪徒志不得逞，纷播流言，谓滇军侵略蜀土，遂滋疑议。敝省恐以仗义之师，反贻内哄之诮，迭经电商成渝各都督，请释嫌疑，共平匪乱。复电饬敝军联络蜀军，勿伤邻谊。而川省电线多为匪徒砍断，电报稍迟，久乃得达。滇蜀两军寻即和平商办，会师讨虏。滇军拟出荆襄，蜀军拟出汉中。协议方成，而清帝退位，南北共和之信至。即饬敝军撤还，其已东下重庆者，取道遵义、大定；尚驻泸、叙者，取道永宁、大关，分别撤退。因前滇蜀协议时，有由蜀协助滇军饷四十万元之说，而由匪手所得川盐，滇军因变价以犒军士，蜀军又起纷议。敝省□渝都督电，即饬敝军毋庸争持，其已售之盐，由滇省陆续筹还，迭经电达川都督在案。滇省于泸、叙一带为之保持秩序，妇孺皆知。及蜀起嫌疑，又复着着退让。乃川督电至，谓滇军欲乘机夺取，如占领贵阳情事，此真小儿争饼之见。第就常理而论，则四川为中国之领土，滇军亦中国之人民，何所用其夺取。至滇军援黔情形，黔省全体人民已有公电，计均察览，勿庸赘陈。惟滇军援蜀，已糜饷百余万，而黔省公私赤立，经营善后，需费尤属不赀，若云滇军有占领野心，诚何利而为此？不过川黔未靖，滇受其殃，故为大局计，为人道计，不能不勉力应援。今川事已有尹、张两都督主持，自能力图治安。前泸、叙各属人民电留滇军，敝省均已婉谢。此后无论如何，滇军绝不过问。至黔事甫定，不能不暂为维持，仍请中央妥筹善法，早卸滇军之责，而释中外之疑。云南幸甚。滇都督锷叩。全。印。

附：援蜀滇军致云南都督府电　1912年3月15日

滇军都督府鉴：滇军仗义援蜀，凡旅川各界同胞及滇军所至各处之绅商人民，均晓然滇军援川宗旨，亲睹滇军举动，公论自在。而尹昌衡等以夺权肇大乱，旋复组织哥会政府，多行不义，冒大不韪，恐滇军声罪致讨，遂通电全国，谓滇军挟侵掠主义而来，以致川军不得北伐。又谓滇军欲托名援陕，经过成都，将图袭取。又谓，滇军欲驻兵叙、泸，干涉川省内政。种种捏词诬蔑，殊难枚举。然其荒谬不经，本无足以淆听闻，而公是公非究不能不据实宣布，以供评论。辛亥重九，滇军革命成功，旅滇各界川人效秦廷之哭，促我出师，川东、川南均急电请援。九月下旬，第一梯团出发。其时，赵、端正草菅川人，苦虐万状，设非滇军兼程疾驰，而川人之被其毒者，正难以数计矣。十月下旬，第二梯团继进，分巡永、泸各属。第一梯团则自叙分驻富、犍各井，为全局保固财产，使毋废弃。然两军所至，倒悬顿解，民庆更生，川人非尽无良，至今犹称颂之。他如端方授首，赵屠卸政，是否滇军影响所及，尚未敢知。当尔丰交出政权时，朱、蒲允诺以平等对待旗人。证之此次清帝退位，条件尚不太差。而尹、罗熏心权势，阴煽兵士叛乱，并许以不正当之利益，致演成十八日之恶剧，劫杀掳掠，惨无人理。蒲、朱不知所终，尹、罗之目的达矣。是时滇军已抵叙州，设果挟侵略主义，直抵蓉城如反掌耳。所以不出此者，更有急切待救者在也。南溪则二次被围，自井则周匪盘踞，叙州有数万排食之同志，犍厂聚众数千无赖之游民，泸州城门闭若深闺，永宁城下居然战场，合江重围二月，纳溪之土匪猖獗，行旅不通，四民失业，若不早为遣散，明季流寇之祸成矣。尹、罗方醉酣梦嬉，莫知所止，得哥会之助而为都督，于是大肆提倡，政府各部皆加以哥会名称，大汉公即最高机关，大陆公则总摄军政。他且无论，以军事言，岂容有第二种势力羼乎其间。尹、罗身充龙头，自尊大顶，不崇朝而风行全川，妇人女子亦居然开辟山堂。设施如此，能保其不自祸以祸民国耶。其军队则容纳匪党，组合败类。先是，滇军对于叙、泸各地同志会，晓以大义，给以路资，遣归田里，使各务业。而此类希冀非分，负固不服，乃略用武力，俾畏而归。而尹、罗则广为招徕，今日成兵一标，明日成兵两镇，叩其内容，则前日之哥匪棍徒，公然陆军官长矣。狗偷鼠窃，居然全副武装矣。是等军队有无援陕资格，不问可知。而谓为滇军牵掣，其谁欺，【欺】天乎？尹、罗惧滇军攻发，凑兵五镇，自谓无敌，与滇军感情遂大激裂，突派重兵将我界牌极少数之外卫兵猛攻逐回。衅自彼开，罪无可逭。本拟直趋成都，痛除邪政，而是时南北尚未统一，升允跳梁，关陇危迫。滇军奉中央总参谋电，东下出荆襄援陕，又兼胡景伊、郭灿诸人先后旋川，而程德全都督亦有归蜀消息，哥会政府之改良不患无人。因顾及大局，随时隐忍，置不与较。与胡、王诸使草订条件，将富、犍、井各军队撤归叙、泸、重庆，组织北伐。所谓挟侵掠主义，托名援陕，欲袭取成都之瞽说，谁实信之。方拟买舟东出，适南北现已统一，滇都督电援陕之事可缓，而黔省之乱方炽，饬改道援黔等因。滇军遂规定由叙、泸、重庆分道入黔。现已悉出川境。成都又复捏电北京，捕风捉影，信口雌黄，谓滇军干涉川省内政。无据之谈，甚为可笑。在彼以为自欺可以欺人，焉知前日被排斥、被劫夺、被羞辱之各省各界同胞，已将哥会政府之内容播之海内，岂必滇军始能干涉。而乃工于掩著，巧于欺朦，谢过滇人，自鸣得意。不谓民国开幕有此举动，良堪痛悼。

为述始末，敬告同胞。援蜀滇军同人公布。删。印。

172. 致熊铁崖、刘希陶电　1912年3月30日

上海抛球场恒乐里魏广兴转熊铁崖、刘希陶鉴：岩密。梗、筱、江、二十六日各电均悉。惟二有电未到。滇军到筑情形，已详漾电，计达。借外债事，由省吾与法人得第商订合同，已有头绪，可望成。黔省绅民公推唐蓂赓为都督，如周、季贞、循若皆任重要职务，并闻。锷。全。印。

173. 致谢汝翼、李鸿祥电　1912年3月30日

叙府、永宁滇军谢、李旅长鉴：幼、东密。前奉袁总统电：据川都督电称，滇军借名援陕，又经营藏卫，冀图经过成都，乘机夺取，如占领贵阳情事，均经敝省力为推谢，计无复出，辄开赴重庆，并欲留军叙、泸为干涉内政地步，应请严促滇军迅即撤回等语。滇军将士越境久戍，劳苦可念，宜暂行休息，以纾兵力，希即派员与川都督协议撤退办法，并将撤退日期先行宣布，以释嫌疑等因。奉此，当即将川省糜烂，滇军援蜀前后情形，并现在滇军业经撤退各节详陈袁总统，并通电各省在案。兹又接成都电称：准谢、李梯团长电开，敝处派赴叙、泸各军，俟贵军离开始行前进等语。敝省为顾睦谊，当允照办，至今将近一月，尚未开拔。以致敝省分兵驻防，绥靖地方，无从着手。请电谢、李两梯团长迅速撤回云云。我军在蜀，久被嫌疑，乘此撤回，亦可以暴义于天下。希即将所有军队照前电分别撤还，勿稍淹留，致生龃龉。盼切。现拟将《滇军援蜀始末记》刊印成书，分布全国，并闻。锷。卅。印。

174. 复李根源电　1912年4月1日

永昌李师长鉴：月密。三十、三十一电均悉。永昌兵匪勾结肇乱，致商民横遭焚掠之惨，深堪悯恻。自应详加查勘，分别议恤，免致灾民失所。至首乱匪犯，除已正法各名外，在逃兵匪仍须严缉惩办。其由守所带之卫队长何春芳、教习段天福等，及自治局绅刘元魁、刘元善等，尤为罪不容诛，应即一并正法，以肃法纪而餍人心。

陈汇渊领匪劫掠，厥罪惟均，亦应缉办，免致漏网。现商民既经恳留，自当略为整理。惟榆城会党，势颇不靖，且恐由永窜回之匪潜相煽动，尤为可虞。务饬缪副官与方大队长等迅速赴榆，会同孙联长、秦守妥为办理，并将情形随时电陈为盼。锷。东。印。

175. 复张大义暨驻宁滇同乡电　1912 年 4 月 3 日

南京内务部总参事张君大义暨住宁、滇同乡诸君鉴：删电悉。刀案已详电内、法两部，证据另咨。如能在宁办结尤佳，希张君商之程总长。留鄂陆军诸生，前已电令仍入陆军校，并未汇款，希转达吕君及诸生。又中央来电，请由广西、四川两处分拍，庶免迟误。锷。江。印。

176. 致南京内务、司法部电　1912 年 4 月 3 日

南京内务部程总长、司法部伍总长鉴：内密。前据云南第二师长李根源鱼电称，腾龙沿边十土司，平时苛虐土民，有事乘机煽动。而干崖刀安仁夜郎自大，狂悖谬妄，尤为各土司之冠。此次腾、永起事，始则附会革命，愿助兵饷；继则入城自称都督，苛索银至二三万金，索枪至三百余杆，并勒索各土司地方亦不下万余金，复敢煽动各土司许其独立，反抗汉人。居心叵测，罪不容诛。又接李师长阳电称，复搜获该土司命令耿马土司文一件，略称本都督与张都督同时起义，各担义务，各司应向本都督府填写誓表，所有应完钱粮各款，即上归各属民部委员等语。并分给弯甸、耿马夷文函二件，内附誓表格式各一纸。细译文义，其意均系兴夷灭汉，帝制自为。乞赐查核，将刀安仁拘留在省，听候查办等情。时该土司因到省要求封爵，并索银三十万两，此间未便允许，该土司遂由海道赴宁，当即电请程总长设法拘禁。兹接住宁滇同乡来电得悉，大部已饬警厅将刀安仁及其弟刀安文一并捕获囚禁，特将该土司罪状，先行电陈，请即查核惩办。详情及证据另咨。锷叩。江。印。

177. 复李根源电　1912 年 4 月 3 日

永昌李师长鉴：三十一电悉。公担西事，从事独贤。而太翁往返

调和，俾益甚钜。即论酬庸，亦应宜然。况执事家非素封，宁堪因公亏累，希即毋庸固却。又永绅邀留，自可暂为布置。惟榆事亟须整理，仍望早日启行。锷。江。印。

178. 复韩建铎电　1912年4月3日

武昌黎副总统转滇军韩师长鉴：列密。援蜀情形，得公陈述，俾释疑团，所益甚大。滇省财政困难情形，公所素稔。反正以来，勉力支持，幸得维持现状。然无源止涸，设因饷绌致生事端，后患何堪设想。盖滇介两大，与他省情形不同，内部一有纷扰，必立招外祸，大局且为摇动。然保持治安，在在需款，滇夙贫瘠，罗掘已穷，惟有望中央接济。滇原受协省分，又关国防，想中央断不能置之不顾也。公到京见袁总统及财政部首领时，万望为滇请命，痛切陈之。务请先拨发二三百万，以济目前为祷。锷。江。印。

179. 致袁世凯、孙中山等电　1912年4月5日

北京袁大总统、各部首领，南京孙中山先生、参议院均鉴：滇军援蜀，致启嫌疑，当即饬滇军撤还，免生冲突，迭经电陈，计达钧览。近接滇军各将领电，已次第分道撤还。惟滇军撤退之后，川境复乱。□□□前于二月底滇军甫退至泸州，而嘉定川兵复变，肆行抢掳。重庆所驻成军于巧日枪杀滇兵二人，伤三人，已经和平交涉，川军允议恤议赔，正法首要。马日首要尚未处决，成军突然变乱，抢劫富户，又戕毙我见习员刘镇藩及兵三名。渝政府办公人员全行避匿，渝、成外国人异常恐慌。我军须妥为保护，以免酿成外交，兼防川乱波及滇境。迭据滇军电陈，并据泸州商民电请留驻滇军，以资镇慑，均饬令迅速撤回，勿庸过问，免生轇轕。兹又接电称，川中兵匪相通，乱机勃发，隆昌、合江尚有数千之大股匪党，其余数十数百者，指不胜屈。顷德国领事由渝到叙云，巫峡土匪击毙美国教习一、伤一，恐惹外人干涉等语。查滇军对于川省，迭遭疑谤，此后无论如何糜烂，滇军决不与闻。惟兵匪相通，乱机勃勃，不独扰害内治，亦恐牵动外交，心所谓危，不敢不告。尚望妥为设法，俾川事早平，大局幸甚。滇都督锷叩。微。印。

180. 复谢汝翼电　1912年4月5日

昭通飞送泸州局转叙府谢旅长鉴：幼密。艳电悉。川境乱机勃勃，已详电中央。此后无论如何糜烂，我军不可过问。昨电执事请分一部退驻大关、井渡，余悉由执事率回，计已达览。现叔桓赴北京军界统一会会议，此间军事需人，且久暴师于外，亦属非计，切望执事早归。锷。微。印。

181. 复陆荣廷电　1912年4月6日

桂林陆都督鉴：鱼、奉、卅电敬悉。滇桂均属穷边，向资协济，现在协款中断，不能不望补助于中央。惟敝省关于此事迭经电陈，均归无效。兹复详加筹议，得一妥善之法，拟沥陈滇桂情形非他省可比，强邻逼处，虎视鹰瞵，而沿边土司亦有举足左右、便有轻重之势，此实关系国防，不独为滇桂两省之利害。若只整理内治，则本省之力尚足自持。应请将内治、国防经费划分为二。其内治经费由本省自行担负，至国防经费须中央派人主持，庶可巩固国家之防，而纾边省之力。如此措词，觉两省持之有故，而中央亦责无可辞。是否，请酌复，再行拟稿电陈。锷叩。鱼。印。

182. 复李根源电　1912年4月9日

永昌李师长鉴：月密。江电悉。此次永乱，商民损失颇巨。前经由守将积谷分赈，仍令切实调查，以凭酌量赈恤。乃商民任意浮报，多至倍蓰，实亦难应其求。军兴以来，各省灾民十百于滇，无法救济。滇幸不遭蹂躏，然财力奇窘，亦为他省之冠。永城灾情虽重，亦只能称量而予。若商民浮报，希图□赈，不惟无以博施，而蒙自灾民援例而来，亦觉难于应付。现拟赈款至多以一万两为率，仍须用以工代赈之法，或浚河或修路，或推广习艺所。总期民受实惠，款不虚糜，尚希酌量办理。锷。佳。印。

183. 为土司事通电　1912年4月10日

南京内务部程总长，上海章太炎、熊秉三两先生，神州、民立、大共和日报、时报各报馆鉴：云南沿边各土司，无事鱼肉土民，有事勾结煽乱。前清官吏利其贿赂，置之化外。而土司不胜苛索，则借外力为护符，边徼危机日甚一日。去岁各省起义，干崖土司刀安仁据腾越称都督，命各土司报誓表，并勒派饷糈巨万。各土司群起抗之，所招士兵又因饷缺哗噪。该土司乃由缅绕道来省。此间闻其到河内，即电河口副督办招待到省，后住省议会，礼遇甚优。该土司乃请加封爵，并索饷银三十万。此间以封爵非中央不能颁赏，而款绌亦难应其求。该土司遂航海赴宁。其时此间尚未知其在腾状况。嗣接第二师长李根源来电，具报该土司勾结煽乱，苛派饷糈情形，并搜获该土司命令耿马土司汉文扎一件，命令弯甸、耿马夷文函二件，内附誓表格式各一张。细译文义，多系合夷灭汉，帝制自为之词。而刀上达因争袭职，惨戮永康官民，皆其主使。乃电请内务部将该土司设法拘留。旋准内务部霰电开，已令警厅将该土司暂行拘禁，罪案请速寄来宁等由。当将全案证据咨部核办。此关于刀土司案之大概情形也。云南沿边土司大小五十余处，割据自雄，凌虐土民，暗无天日。土民铤而走险，辄酿外交。现全国同享共和，而土族犹沉黑暗。为大局计，为国防计，不能不筹议改流。惟幅员辽阔，兼顾不易，不兼顾则此牵彼动，其难一。边地多系瘴乡，人或裹足，诸不应手，其难二。极边各处，异言异服，骤言治理，适形扞格，其难三。故取渐进主义，以振兴教育，收揽法权，代清财政为主，济之以平治道路，奖励开垦，试办警察，提倡实业。行之数年，潜移默化，不改之改，收效较易。迭经电商李师长，现即抱定此旨，办理渐有头绪，□舍亦甚相安。前因内务部电询，对于土司采用何策，当将此意详陈。此现在对土司之大概情形也。顷阅《大共和日报》载鹤望君《政府对苗疆之疑问》一篇，引《民立报》电文，觊觎内地，潜纵来宁之语，以为二者之意，毫不相□。不知《民立报》访员既未见全案，致有此不相适应之词。而鹤望君复望文生义，致生疑难。此亦报界常有之事。惟此事关系边境安危，若未悉此中详情，而徒摭代远年湮之历史，东鳞西爪之传闻，以为熟习边情，能得真象？万一当局荧听，放虎还山，贻误边疆，谁执其咎？鹤望君志行学识，夙昔所钦，对于滇事极望匡正，惟据不完全之电文，而评悬远之事实，窃为鹤望君不取。至土司犷悍，冥顽懵□，不识世事，前因滇人虑其沦入他族，怂恿东游，以冀开其榛莽。乃刀安仁到东，聘日妇数名，云归兴办织业；返干崖后，悉成为内嬖如夫人，于织纺毫不兴办。此滇人所共晓者。而世方以赵武灵王、彼得目之，真不值一噱也。近日报界中《共和报》颇有价值，惟闻主笔某君为川人，因川滇轇轕，某君为感情所驱，故每不慊于滇事，此则滇人所不必斤斤争辨者。因土司事关重要，故详陈之。滇都督锷。蒸。印。

184. 致吕志伊电　1912年4月10日

南京司法部吕次长览：闻孙中山先生有游历各省之说，甚望来滇一行，此间极表欢迎。何时首途，经由何省，请先示知，以慰渴望。又此间极望兄偕赵君伸、张君大义返滇，并邀约三四人同来。杨君友棠同回甚佳，或在宁暂候，俟殷叔桓过宁，挈之赴北京亦可。并希电复。锷。蒸。印。

185. 为川事致各省通电　1912年4月11日

上海大共和、神州民立、天铎、时、申各报馆鉴：川滇轇轕，迭诸报端，孰是孰非，当凭公论。惟《大共和日报》三月二十四日载川事客谈，云滇督之派师也，实简桀夏之军，告以蜀富，可恣略夺。彼其意，以邻国为壑，非真有仗义恤邻之志。又云，彼其发轫之宗旨，为货贿来也。一旦川乱已平，遽奉陆军总长之命，振旋回滇，淫掠之愿未偿，于是有索饷四十万之举；而参谋团命之援陕，则抗不奉命。又云，尹督犒军十万，客军已允赴陕，想日内顺流直下，当在忠、万之间。而甘人已赞共和，秦陇解兵之期当不远，则滇又得肆扰于房、郧之间。其言诬滇军实甚，不能不辨。滇军之初发也，以蜀省发难最先，受祸最酷，故匍匐赴援。然恐蜀省人民不悉宗旨，特派官滇蜀人郭灿、陈先源诸君为巡按使先行宣慰。而军队中将领兵士川人亦多，又设川滇协会。关于援蜀事件，均与协商，凡鄙人申儆援军之言，川人共闻共见。乃以滇督派师，告以蜀富可恣略夺。其诬一。滇军援蜀共六千余人，弥历四五月。出师之始，筹备费八十余万，军中饷糈又四十余万。蜀省助饷尚未及半，如以利而言，所得不偿所失。乃云发轫宗旨，为货贿而来。其诬二。滇川北伐条约第二条，滇军北伐一个梯团，所需薪饷由川政府担负，每月二十万金为率，除四个月分于重庆交纳外，后均按月接济。此系双方调印有效条约。滇军索饷，自属正当行为。乃云淫掠之愿未偿，于是索饷四十万之举。其诬三。滇军在川兵力所到，匪徒敛迹，人民安堵，商旅畅行，此旅川外人所同声共道者。所经之地，则黔蜀数千里；所驻之兵则叙泸数府县；所历之时则去岁十月以迄今二月，试问川省居民果有被淫掠者否？乃并未到之地，而亦云滇军将肆扰于房、郧之间。其诬四。和议告成，南北统一，此间即于三月微日电饬敝军撤还，并于鱼日电达成都。在四川八号奉陆军总长三月十七号电令班师，几至一月，乃云奉陆军总长振旅回滇，淫掠之愿未偿。其诬五。蜀军张都督元月宥日来电云，陕省告急，危险万状，已会同黄、陈副使及黔军代表议决，联师援陕，请贵军第二梯团由泸速到渝，经长寿向兴安前进。第二梯团仍此道接续进行。敝省当即电复，拟令敝军出襄阳，以截敌攻鄂攻秦晋之后路。又接陆军黄总长元月祃电，请滇军全数取道汉中援陕，前后路令川人前后保护。又接黄总长二月真电，西安告急，请饬到川滇军，星夜往陕西，俾早日肃清。时敝军方由泸下驶，复接成尹、罗两都督三月东电云，川省编练四镇，内清匪患，外援秦陇，尚可强任其难，不劳贵军。又接虞电云，援陕由川独任等语。故饬敝军停止进行。乃云参谋团命之援陕，抗不奉命。其诬六。援川本救灾恤邻之志，同仇敌忾之师，纪律严明，商民欢庆，闻滇军撤退尚复电请邀留。乃匪徒不逞，编播流言。川军政府复以其得民心也，而深怀疑忌，始则疑为侵略，续则诬以骚扰。滇军不胜其忿，遂亦有措施失当之举，诚无庸为滇军讳，要亦激之使然。至鄙人始终主张和平退让，于川省则尽忠告之谊，于敝军则多督责之词，所有与川省及敝军来往文电，实可以共白于天下。亦望评此事者，原始要终，勿徒摭传闻之辞、无根据之事，以挑拨滇川两省之恶感，则大局幸甚。滇都督锷。真。印。

186. 致北京全国联合进行会电　1912年4月11日

北京全国联合进行会、上海各报馆鉴：《大共和日报》三月二十七日载全国联合进行会电，顷闻《大版每日新闻》载有新加坡华商反对袁总统，并载有广东、云南反对等语。不识该报何所据而云。然我国政体确定共和，惟幅员辽阔，统一匪易。此时有能挈五族为一家者，敝省无不服从，以期民国早日成立。况袁公一代伟人，中外钦仰，敝省曾于南北未合之时，以中国有必为共和之时机，袁公亦诚有被推总统之资望二语，于上年冬月敬日电陈黎副总统，曾登载武昌《中华民国公报》。及袁公受职，敝省复肃电奉贺，非徒表欣戴袁公之意，实亦喜统一国家之成也。惟滇处僻远，每多传闻失实，现在国基甫定，岂宜复任此等播弄之语以摇惑人心。万望全国同胞，勿因旁观之挑拨而启内部之猜疑，大局幸甚。滇都督锷叩。真。印。

187. 致袁世凯暨黔粤桂电　1912年4月12日

北京袁大总统、广州陈都督、桂林陆都督、贵阳唐都督鉴：滇介缅越，逼处强邻。自滇越铁路成，危机日迫，不惟滇缅线路屡被要求，即滇蜀路权亦有垂涎之势。前经滇省设立公司，极图自办，而路长款绌，迄无端倪。滇中五金矿产之富，甲于各行省，只以输运未能捷速，无人投资开采。间有集股试办者，每因销路不畅，成本过巨，多所亏折。即如已办各矿，个旧之锡虽著成效，但运送至港，仍须弯道越南，路权在彼，动遭挟制。东川之铜则须陆运至蜀，始能改由水运，艰险万状，窒碍孔多。故目下存铜至百数十万斤，行销极滞。如此货弃于地，致启外人觊觎之渐者，皆由铁路不通，交通不便之故。然熟审边地情形，滇蜀一线尚可缓图，滇桂一线尤为切要，其路线尤以曲靖经兴义、百色达南宁为宜。若此路修通，厥有数利：一则线路较短，成功较易，需费较省。一则滇粤交通互相策应，可固国防。一则与滇越不平行，免资外人口实，且离越较远，利于兵事。一则经滇、黔、桂三省之地，可扩商业，可辟荒土。一则滇川、滇黔两线将来便于延长。一则东昭矿产便于转运，且此路一通，则滇越一线之势顿失，即可以阻其伸张之势，并可以徐图赎回之机。故前清李督密奏，请先修滇邕，又以滇省奇穷，应归部办，皆得部复允准，并已派员踏勘。改革之际，事遂中止。现大局已定，亟应先为筹计，继续进行。惟锷前游两粤，近复来滇，足迹所经，详察形势，觉滇省铁路自以先修滇邕为宜。而滇邕路线尤以延长至龙门岛，〔查龙门岛〕去南宁不过四百余里，岛屿环抱，为泊船最良之海湾，而风浪不惊，较北海为尤善。以之辟为商港，则粤、桂、滇、黔四省之物产，皆可委输于此，商业可期发达。且此中海水深广，可泊兵轮。而港口甚窄，间有暗礁，所到之船，亦难遽窥堂奥，可并营军港以屯海军。将来铁路、军港首尾衔接，滇桂不至坐困，庶可巩固国防。至滇桂铁路叠嶂层峦，工程较巨，然为久远计，拟采用广轨，期与粤汉路衔接较便。虽需费较多，亦可不惜。惟滇、黔、桂均属瘠省，筹款匪易，不能不望中央主持，拟请大总统饬部核议电示，由滇、黔、桂、粤四省分段承办。事关西南大局，望早决定兴办为祷，并裁复。滇都督蔡锷叩。文。印。

188. 致袁世凯电　　1912年4月16日

北京袁大总统钧鉴：内阁成立，薄海欢庆，此后政令有总汇之区，即各省可收统一之效，欣慰莫名。惟官制尚未发布，各省行政机关组织不无歧异。锷意先从军事、外交、财政三者先谋统一之方，就中以军事为最难着手。现北京设立军界统一会，各省代表到齐，当能妥筹办法。至外交、财政亟宜归中央主持，凡各省外交、财政人员拟请中央委派，庶外交可昭慎重，而财政亦便清厘。又，滇省上年片马之案，争持数月，未经议结，嗣因军兴，遂尔中止。现在大局已定，此案又将发生，将来非由中央派员会勘，不能定夺。此时外人尚未提议及此，勘界人员似未便遽行委派。惟边省外交重要，拟请遴选声望素著，熟习滇缅边务之员先充云南外交司，俟片马事发生，即以为勘界专员。庶可先事筹维，不至临时仓促。是否，敬候核示。滇都督蔡锷叩。铣。印。

189. 复黎元洪电　　1912年4月17日

武昌黎副总统鉴：文电敬悉。敝省援川军队已全数撤还，现已将军兴以后西南各防新募之营，陆续遣散，即以还滇军队分派填扎。又云南瓯脱之地，土广人稀，现已派员调查。如有可以开垦采矿之区，并派军队分驻，略仿屯田之意，借行实边之策。是否，仍希指示。滇都督锷叩。筱。印。

190. 致北京政府暨各省通电 1912年4月25日

北京大总统袁暨国务院、武昌副总统黎、南京留守黄、各省都督钧鉴：宣布共和，薄海欢欣，喁喁望治。乃匝月以来，内则遍地皆伏危机，外则列强尚未承认。究其原因，皆由全国省自为谋，未能统一之故。前曾电请大总统，先从军事、财政、外交三者亟谋统一之方，以免纷歧之患。意疏词简，无当高深。惟默察近情，事机尤迫。以云军事，则各省自举义后，军队骤增，未经训练，以尊严之军界而变为匪徒麇集之薮，偶一睚眦，操戈相向。加以饷糈日绌，哗变时闻。将窳兵骄，皆有不戢自焚之虑。旋经镇定，而风声传播，军心浮动，海内汹汹，乱机四伏。以云财政，则军兴而后，用度浩繁，财源枯竭，各省一辙。挹注既属无方，而支销不能稍待。于是有募集公债，发行纸票之举，以暂济眉急。割肉补疮，得过且过。深恐捉襟见肘，经济恐慌之象，即在目前。各省不能支撑，中央亦无从提挈。财政紊乱，国体分裂，不知所届矣。以云外交，则国际团体尚未加入，外人徘徊观望。至谓临时政府虽已宣布，而各省势力尚分，外交行政一时万难统一，故承认之通牒尚难实行。或利用此时机以侵我主权，兵队任其增加，内治渐有干涉，听之则丧国权，不听恐伤交谊。彼且伸缩自由，而我几不能为正式之谈判。万一匪徒作据（?）贻以口实，一国挑衅，大局何堪。综此三者观之，安危之机，间不容发，非亟谋统一，则险象环生。锷意现时军队之凌杂无纪，除分别裁留外，实无他法。拟请中央通盘筹计，划定军事区域，酌定应编师数，凡溢额之兵可裁则裁，酌予恩饷，次第遣散。若势难骤裁之兵，则分别汰留，从事开边，以为消纳。至各省外交、财政官员须由中央委派。盖国际交涉各自为谋，易多枝节，尤碍外人观听，于国体大有妨害。至各省财政旧制，散无纪律，在平时已为国病，若犹一味放任，则目前既苦艰窘，急何能择，不得不歧出纷乱，以后积重难返，终酿成不可收拾之势。中央之于地方，微转盈虚，无可酌剂，直恐出纳不能过问。事势至此，是不啻以世界上庞大无伦之国而自脔而割之也。吾国势分力薄，积习已久，全国士夫咸思建造一强固有力之国家，以骤跻诸强之列。然政权不能统一，则国家永无巩固之期。在大总统维持全局，或不欲骤与纷更。然大权所在，不能不收集中央，以图指臂相连之效。即各省都督眷怀国事，亦岂有自为风气之思。机不可失，时不我待，望早裁决施行，以巩国基，而消隐患。滇都督锷叩。宥。印。

191. 致北京、上海电　　1912年4月30日

北京邮传部、上海电政局钧鉴：查电报之设，原为灵通消息。自军兴以来，各省电报骤增，又各机关因不出电费，至寻常文牍亦用电报，有累累数十万言者。电局应接不暇，遂多积压。而滇处僻远，每处来电每有已登报月余，而电迄未到；或虽到而字数太多，满纸错讹，不可卒读。又由滇至腹省，电线分为滇黔、滇蜀、滇桂三股，然或因雨水坍塌，土匪砍断，常致交通隔绝。非亟加整顿，设有军事、外交重要事件，贻误机宜，实匪浅鲜。拟请厘订章程通行各省局查照，非急要事件，须用公文，借以疏通电报。并请通饬电局，收发电文不得积压，如有搁置至数日者，应分别议罚。其云南要电。尤请特加注意，实为公便。办理情形，希即赐复。滇都督锷叩。卅。印。

192. 致袁世凯暨四川都督电　　1912年4月30日

北京袁大总统钧鉴，四川尹、张都督鉴：阅法文《哈发士报》载，路透电云，华兵被藏兵击败儿降，缴枪一百五十枝，藏军偿卢比八千元。又云，据新喇电，华兵与藏兵互战，华兵败后，逃入某寺内，系属确闻。此消息自达赖喇嘛营内传出，至其起事原因，以华藏会议某问题藏会长反对太甚，致起冲突，藏会长惧而逸于距拉萨三□之某寺内。华兵追之，乃成恶战云云。查今春藏兵至察木多，近逼川界，曾电商川贵都督，共筹办法。嗣得川都督电，以藏事自当独任其难，故滇不复过问。兹阅路透电文，殊深焦灼。西藏为我国雄藩，外人垂涎已久，非亟早规画，终非我有。西藩一撤，后患何穷。应请大总统早为布置，以固边圉而除后患。大处对于藏事计划如何？希详示知，用释悬局为荷。滇都督锷叩。卅。印。

193. 致袁世凯电　　1912年5月2日

北京大总统袁钧鉴：临时政府早经成立，而各国承认之通牒尚未

实行。致以吾新兴之中华民国不得加入国际团体，深堪愤慨。锷意欲各国承认，自以统一内政为先，而联络邦交亦不可缺略者。昔美利坚合众国之独立也，先以佛兰克令至法国，请其扶助。及战胜英军，法人即首先承认，荷兰、瑞典等继之，合众国遂以确定。今各国承认虽有动机，然尚未得本国训令为词，游移观望。多一日延缓，即多一日危疑。窃意宜派中外仰望之员为礼聘大使，能先得一二国承认，则其余亦易赞成。如孙中山先生肯一行，则尤为适当。是否，伏希酌择。滇都督锷叩。冬。印。

194. 致北京政府电　1912年5月5日

北京袁大总统暨国务院、武昌黎副总统鉴：前以民国成立，而各省各属纷歧，宜亟谋统一之方，从军事、外交、财政入手，并请委派外交、财政人员。旋奉大总统铣电嘉勉，无任欣感。复以高尔谦曾任云南交涉司，熟习边务，请大总统任命为云南交涉司，亦承国务院电致高君劝驾，仰见轸念边陲至意。兹更有请者，湘人袁家普曾在日本毕业经济专科，顷因事来滇，适当建设之初，深资赞画，现奉财政部熊总长调，拟即赴京。惟滇省需才甚殷，拟仍留该员襄助。若以充云南财政司，则尤为相宜。如蒙允准，请大总统任命该员为云南财政司，即与任命高尔谦外交司同时宣布。是否，敬候核示。滇都督锷叩。歌。印。

195. 为黔事通电　1912年5月6日

北京袁大总统暨国务院、武昌黎副总统、南京黄留守、各省都督、各报馆鉴：黔省匪风甚恶，民不聊生。选经绅商文电请援，虽以唇齿之亲，未忍坐视，然恐以恤邻之谊，又启猜疑，故婉辞谢之。及敝军北伐取道黔中，父老复力求援助，此间仍催敝军赶程前进，不必留黔。嗣因黔军统领黄泽霖扣饷生变，黔事甚危；绅民复急电请援，乃饬唐司令赴筑镇慑。黔人以唐司令有拨乱之功，推为都督。黔事甫定，不能不暂为维持。现匪乱渐平，商民复业，援黔义务已尽，滇军即应撤还。近闻前都督杨荩诚率部回黔，绅民惶恐，万一发生冲突，又必贻操戈同室之讥。且滇军到黔，饷糈皆由自给，财政本属奇绌，接济实属为难，应恳大总统速派贤员主持黔事，俾唐司令早日交替，振旅还滇。□得滇军得卸仔肩，即黔省亦不至再罹兵刃。迫切陈词，伏候裁示。滇都督锷叩。鱼。印。

196. 致袁世凯等电　1912年5月6日

北京袁大总统暨国务院、武昌黎副总统、南京黄留守鉴：今春藏兵肇乱，逼察木多，曾电商川都督协力防御。嗣接复电，以经营藏卫，蜀当独任其难。时滇军驻川，方遭疑忌，故即将军队撤还，不复与闻藏事。嗣接云南第二师师长转印度陆兴祺电称，西藏因饷缺兵变，达赖迫令缴械出境，诡谋自立；迫逐班禅逃入印境；官兵尽为禅〔驱〕逐，饥留印境，拉萨被围，惨杀汉人无算。又阅法文《哈发士报》载，华兵被藏兵击败几降，缴枪一百五十支，藏兵偿卢比八千元等语。当经前后电陈大总统在案。顷复接腾越局转靖西同知马师周由印度致四川都督电称，后藏江亚已失，拉萨危在旦夕，务恳火速救援。前因饷械均缺，迭电告警，未蒙示复。今被迫出关，抱病在印。又陆兴祺由印致川电称，藏人军械足用，又获我大宗军火，今调集大兵盘据拉萨，日夜操练，已成劲敌，进击为难，可否咨滇军兜援等语。查藏卫西藩，关系大局，一有破裂，则滇川有唇亡之虞，况藏事危急至此，不能不早为之图。惟滇军早经撤还，未便复出，且悬军数千里，滇力亦恐难胜。况前经川人固拒，派兵又必生疑。坐视危疆，焦急万状，应请速为筹处，以救危机，并请裁示。滇都督锷叩。鱼。印。

197. 为片马事通电　1912年5月8日

北京袁大总统暨国务院、武昌黎副总统、南京黄留守、各省都督鉴：滇缅界务，轇轕经年，北段界线迄未勘定。前清光绪三十一年，革道石鸿韶与英领烈敦往勘，烈领所争以大哑哑为界，系以尖高山起，直上高黎贡山，由山顶北往西藏。石道所拟，以小江边为界，系从尖高山起，抵九角塘河，复另行横出过小江源至板厂止。烈领所指之界，滇、蜀、藏边也，被其割去者数千里。外务部谓其直是分割华境，断难允从。即石道所勘之界，于腾越、云龙、龙陵土司领地弃去甚多，亦经外部驳诘，遂未定案。乃英人于前清宣统二年，忽有进兵占据片马之举。滇人愤激，群起抗争，李前督持非退兵重勘不可，英始退兵，重提永租之议。义军适兴，议遂中止。英人复乘间派兵阑入于片马附近地方，私竖界石，展修道路，宽可行军，并于他戛官寨、把仰赧雾茨竹林及沿小江、恩梅开江等处驻扎多兵，以规取浪狩〔搮〕、狱夷等地。各该处居民自旧岁即征收门户钱，每户缅洋一元。观其行动自由，不惟不留重勘之地，且并不复顾永租之说。似此节节进步，势必尽蚀我腾、永、丽、维之边疆，上穷里塘、打箭炉，直拊卫藏之背，挈四川之领不止，后患何堪设想。前经请大总统裁处，并历陈对待之方。旋奉示谕，以界务重大，已饬外务部妥慎筹办，仰见大总统慎固封圻至意。惟英人载骤骎骎，一日千里，一有抵触，则恐生衅端，听容所为，则贻害大局。西陲关系，非独滇危，用特迫切电陈，恳请迅为筹办。各省都督如有伟见，并望时赐教言，幸勿以为边远地秦越视之，是所感祷。滇都督锷叩。庚。印。

198. 为军民分权事通电　1912年5月8日

北京袁大总统、国务院、参议院，武昌黎副总统，南京黄留守，各省都督，各报馆钧鉴：阅报载黎副总统侵、筱两电，备陈军人柄政之害，谓宜将军务、民政划为两途，辞恳虑周，无任钦服。惟锷愚见，流弊固当预防，而现势亦宜详审，要未可以一概论。第就滇省而言，地逼强邻，眈眈虎视，而山深箐密，伏莽犹多，时虞蠢动，非地方官之势力所能镇慑，一有骚扰，立酿外交。改革以来，人情惴恐，乃匪徒不得逞志，外人无凭借口者，实赖军政统一之故。现在遣散冗兵，安插羡卒，与夫一切军事计划，尤息息与民政相关。若军民分权，互相推诿，互相掣肘，哗变之事，在在堪虞。滇省自设立都督府以来，凡民政、财政、外交、教育、实业各有专司，都督并不加干涉，惟皆隶属于一机关之下，故行政甚为敏活，号令不致分歧，而部曲将卒亦从无干预民政之事。窃意军务、民政将来必须画分，始足除武人政治之弊。惟目前国事甫定，而边省情形不同，不能不统一事权，以立纲维。锷厕身军界，适当改革之秋，猥以武人遂操政柄，明知此论一出，必有把持民政之嫌。然治乱所关，不容含默。为边疆起见，□非自便身图。如得大总统派一文武兼资之员，以承其后，锷即可奉身而退，长归田园，不欲久揽政权，并不愿再操兵权也。区区之诚，尚希鉴察。滇都督锷叩。庚。印。

199. 为军人干预党社事通电　　1912年5月10日

北京袁大总统暨国务院、军界统一会，武昌黎副总统，南京黄留守，各省都督，各报馆鉴：民国成立，望治方殷，海内士夫，咸思组织党社，以为促进共和，改良政治之地。数月以来，成立者已数十起，足征我国人政治思想、国家观念之发达，可为民国前途庆。惟军人入党，则锷窃有隐忧，虽发起之初，不过借军人为提倡，然流弊滋大，自应预防。请略言之：此次改革，数月告成，军人之功，炳耀寰宇。惟审查现在国情，伏莽未靖，国防未固，此后整军经武，责任尤巨，专心一志，并力戎行，始能举优良之成绩。若复为政界分心，军事难期整顿。其弊一。凡一国内政党分立，政见各殊，各出其才力以相雄长，每因竞争而国家愈益进步。故一政党组织内阁，复有他政党监督其旁，政府可收兼听之益，而不致流专断之弊。然以军人入党，则因政见之争持，或至以武力盾其后，恐内阁之推倒太易，实足妨碍政治之进行。其弊二。自军兴以来，各省多增募兵卒，市井无赖混厕军籍，呼朋引类，歃血联盟，甚至军队变为山堂，将领称为哥弟，拔剑击柱，军纪荡然。虽政党性质不同，而士卒有所借口，方且谓统兵者亦身入党籍，更何以禁士卒之效尤。会党军队混为一途，部勒偶疏，动生变故。其弊三。虽此时祸机未著，而流弊要可逆睹。锷私忧过计，以为国家进步，政党自然发生，然宜让政客之经营，而军人勿庸羼入。非独消极的以限制军人之行为，实欲积极的以完全军人之责任。伏恳大总统明颁禁令，申明条例，以振纲维而杜流弊。愚昧之见，尚希查核，而详教之。滇都督锷叩。蒸。印。

200. 致北京政府暨各省电　　1912年5月13日

北京袁大总统暨国务院，武昌黎副总统，南京黄留守，粤、桂、黔各省都督鉴：云南自滇越路成，危机日迫。滇省人士痛深切肤，屡议赎回，苦无巨款。且此路下游，仍属越境操纵，由人赎回，亦归无用。乃议修滇蜀铁路，已由公司招集股本。近岁详加审察，以滇邕铁路可以便滇桂两省之交通，并可以夺滇越铁路之势力，较滇蜀为尤要。前清邮传部议定，先修此路，滇人舆论亦已趋重于此。而锷往复滇粤数年，知之最稔，尤以此线延长至龙门岛为宜。前虽电请大总统饬部核议在案，近复有一事足为滇忧者，个旧产锡输出外洋，向来自碧色寨运到海防，每吨需车费四十元。现滇越铁路公司议加五元，已禀河内总督，俟批准后即便实行。查滇土瘠薄，生计维艰，自禁种鸦片以来，专恃矿产为命。而运输未便，仍须仰鼻息于外人，若运费日增，生机将绝。此外种种险象，尤不待言。故敢迫切渎陈，伏恳大总统迅赐裁夺，无任屏营之至。滇都督蔡锷叩。元。印。

201. 致北京政府电　1912年5月14日

北京袁大总统暨国务院、武昌黎副总统、南京黄留守鉴：滇系山国，又逼强邻，伏莽既多，外患尤迫，思患预防，非屯驻重兵不可。前请编制陆军，云南已成一镇，然兵力尚嫌单薄，故以巡防队为补助陆军之用。自反正后，因援蜀、援黔，陆续添练，统计内外军队已成二师。就云南地位而言，非有此重兵不能镇慑。然滇省财力奇绌，饷项万难自筹。历来边巡各防所有常年饷糈，均系指拨他省筹解。及开办新军，需款尤亟，除本有之常年协饷仍分批照拨外，复指拨各省关协款至二百五十余万。诚以国防所系，决非滇省之力所能揹持。故各省虽筹款维艰，亦无不勉力协济。军兴以后，协饷遂停，经费所需，万分支绌。惟改革之秋，人心摇动，内部稍有不靖，即启外人蹈瑕抵隙之端；而川黔匪势方张，亦有滋蔓难图之虑。故内则驻兵防守，外则分兵援助。虽库藏如洗，而悉索敝赋，不能不勉为其难。今幸内外安谧，不致贻大总统南顾之忧。然以穷边而捍卫中原，实已气尽力索。此后整顿军备，巩固国防，不能不由中央主持，非滇省之力所能及。若漠然不一省顾，坐令边省垂危，锷一身不足惜，如国家领土何？锷目击滇事，日夜忧煎，呼吁频繁，不知所择。伏恳大总统饬国务院迅为筹处示遵，不胜迫切待命之至。滇都督蔡锷叩。盐。印。

附：袁山凯复电　1912年5月16日

滇蔡都督鉴：电悉。滇系受协省份，兵衅以来，援蜀援黔，滇军甚有名誉。筹兵筹饷，畛域不分，艰困情形，早深廑系。现在边界未靖，正赖得力军队借以建威销萌。所请规复协饷及指拨各饷各节，已交财政、陆军两部从速核办，特先电知遵照。大总统。铣。印。

202. 为蜀都督事通电　1912年5月15日

北京袁大总统暨国务院、武昌黎副总统、南京黄留守、各省都督、各报馆鉴：近阅报载，中央有任命王人文或岑春煊为四川都督之消息，此或出于外间疑议之词，姑存此说，以促川军政府之憬省，而望其改良亦不可知。若果见诸事实，锷以为不可。川省自铁路风潮首先发难，独立后复遭变故，民不聊生。上年十月，有赵康时、董福开等在四川组织中央国民军，以川军不能维持治安，曾电商改选政府。此间连电劝阻，谓川军政府势力虽薄，然既已宣告独立，只宜辅助之以戡乱，不能摧挫之以生嫌。滇军方在叙、泸，其势甚锐，诚不难长驱直入，摧陷廓清，然仍令联络蜀军，不许轻举。诚以荡平匪乱，自可互相援助；至经营善后，不能不让蜀人之自为谋。今蜀中秩序次第恢复，公口名义亦经取销，尹、张两都督之功自不可没。此后徐图补救，则匪患自可消弭无形。一有更张，人情疑异，万一匪徒铤而走险，势必全局糜烂，恐岑、王两公之贤，亦无以善其后；或致多烦兵力，蜀祸更无已时。此时惟有责成川督，整顿内治，力图治安，而不宜轻易更张，复生枝节。至西藏问题，关系重要，非派专员率精练之兵，迅为筹备不可。滇蜀毗连，见闻较稔，一得之见，率敢冒陈，伏维垂察。滇都督蔡锷叩。咸。印。

附：北京任命唐继尧为贵州都督致蔡锷电　1916年5月15日

滇蔡都督：奉大总统令：鱼电悉。滇军在黔，实有定乱之功。现因杨荩诚撤兵回黔，该省绅民恐启争端，纷来呈诉。业经迭电湘鄂，就近调停两方，尚未解决。现在唐继尧已任命署理贵州都督，黔民挽留正切，只可从缓调回等因。奉此，相应电知查照可也。国务院。删。印。

附：贵州各界致蔡锷电　1916年5月15日

云南蔡都督暨执政诸公鉴：本日奉国务院电开：贵阳唐都督奉大

总统谕，已经任执事署理贵州都督。杨荩诚业令来京，另加委任。驻常军队，另电湘都督妥派干员分别安插布置，以前军队不准到黔。执事即化除意见，勿负委任。国务院。有。印。全黔欢庆，知念敬闻，祈转告旅滇黔人为祷。黔绅商军学各界公叩。

203. 为西藏事致北京政府电　1912年5月16日

北京袁大总统暨国务院钧鉴：顷据本省丽维统领孙绍骞尤电称，前清因藏事危迫，乃设川滇边防大臣一员，专办边务。法固未尽完善，然五年间尚能收复盐井、江卡、察木多，开辟定乡、文宕、空撤、贡脚、德格、登科、包旭、米多等地方，亦既完税课，置官吏，设学校，规模初具。惟自去岁川乱以来，秩序破坏，官吏逃亡，戍兵溃散，蛮气复炽，现闻有据定乡等处之说。前功尽弃，深为可惜。且闻蒙古喇嘛屡经来藏，唆使班禅宣布独立。大势日迫，宜早绸缪。可否恳请转电中央政府，速派洞悉边情知兵大员一人，为川滇边务将领，办理筹边一切事宜，以固边宇而绝觊觎。又据丽江府姚春魁寒电称，接巴塘顾占文来函云，川边前驻边军五营，西军三营，久经战事，额多虚悬。前大臣傅，去岁进关剿匪，随带三营，余在边地，营虽有五，兵仅千零。且边疆辽阔，分扎零星。今正定乡逆番聚众抗粮，焚毁粮署，伤我边防。文以兵力太单，本拟暂缓剿办，乃该逆番聚守要隘，害我川滇商旅，当抽派新西两军舒、刘两帮带，督率奋勇三哨，驰往剿办。孰料匪焰甚炽，联结藏番不下万人，且多快炮。我军众寡悬殊，奋力杀进，会同该处防营，均被逆番围困。大小数十战，旋因粮弹告罄，水道断绝，兵力不支，拼命冲出重围，全队返巴。是役也，阵亡哨弁长三员，兵四五十名，受伤者约七八十名。然定乡既失，牵动各区。盐井闹廛，道途被困。里塘抗粮，纷纷告警。伏思边务关系川滇，贵治毗连定乡，且为商家必经要道，若不早为肃清，川滇为【患】匪浅。兹已备文上渎贵军政府，敬乞大力维持，早示筹边良策，迅图恢复旧疆，借安危局。两省同人，共庆再生云云。似此情形，藏中危迫已极，应如何对付之处，请速电示机宜等语。查藏中情形危迫，迭经电陈大总统，旋奉电谕，已电尹都督等筹办矣。滇藏接界，关系殊重，该都督亦应随时确探情形，密为筹备，以重边卫等因。兹复据丽维统领等电称各情，自应切实筹维，以副大总统靖难绥边之至意。窃念云南军队训练夙精，前经援蜀援黔，均属耐【苦】敢战。现已陆续抽调回滇，若以之防剿藏乱，必能得力。惟滇省饷糈向由各省协济，现协款停顿，滇力难支。屡经请命中央，迄未奉复，一若云南边陲可弃置不顾者。若势不得已，只有裁兵，复何余力戍边，为国家捍卫牧圉？万一边境相继沦胥，实惟国务诸公之责，非滇省所能任咎。迫切陈词，伏维鉴察。滇都督蔡锷叩。铣。印。

204. 致李根源电　1912 年 5 月 16 日

大理李师长鉴：文、寒电悉。藏事危急，关系滇川。我军训练夙精，若以之防剿藏乱，必可得力。惟滇藏虽属连界，而地方辽阔，道途险阻，悬军深入，殊非易事。且此次番逆啸聚至万余人，欲图勘定，兵力不宜过薄，至少亦须二三千人。边荒之地，无粮可囤。而本省财政奇窘，巨饷万难筹措，非得中央接济，不敢轻于一行。兹复汇前后各电，陈请中央核议矣。先此复闻。锷。铣。印。

205. 致北京政府电　1912 年 5 月 18 日

北京袁大总统暨国务院鉴：云南财政状况迭经电陈，计均登览。查前清宣统三、四年预算案，云南岁出年约需库平银六百余万两，地方行政经费尚不在内。而本省岁入不过三百万，故每年除由部库拨款及各省协济一百六十余万外，尚不敷一百余万。上年九月，滇省反正，其时库储不过四十余万两。诚恐政费军需，日久必无以应付。幸全省安谧，秩序如常，公私帑藏，未经损失，而各属钱粮，除因偏灾豁免外，余悉如数按期完纳。人民急公好义，捐输踊跃。且因商旅通行，厘税亦未减免。又经裁减薪金，厘剔冗费，刻意节流，每年政费可节省五十余万。故现在司库存积至百四十余万，较反正前尚有增加。若在闭关时代，以之整理内政，亦足维持治安。惟滇省介处强邻，形势危迫，非有重兵防御，亦无以望武装和平。故从前编练新军已成一镇，复有巡防队以为辅助，每年经费约计三百一百一十余万金，皆仰给于各省协饷及截留练兵经费、解部洋款、解关摊款等项。军兴以后，复因援黔、援蜀，添练军队已成二师，而黔蜀两役军费至百余万，诚恐日久未能支持。故前此屡经呼吁者，实出于长治久安之计，而并非财政紊乱，望政府填此谿壑也。窃念云南虽属瘠壤，然矿产之丰，罕与伦比。近锡矿虽用土法，而每年输出已至六百余万斤。至铜矿所出，尤可供全国鼓铸铜币之用。苟有实力开发，实中国之奥区，固不必以协济累邻封，而并可为国家图发展。乃货弃于地，仰屋嗟贫，罗掘既已无方，惟有望中央之提挈。即在平时，固已如此，况现在西藏不靖，缅界时有违言，事机之危，日甚一日。明知国基未固不能委曲求全，然思患预防，万难稍弛戒备。惟审时度势，滇力实所难胜。以后国防所关，应请由中央筹备。今共和成立，五族一家，满、藏、蒙回犹期版图巩固，而独梁州禹域日迫危亡。国务诸公，决不出此。情词迫切，不惮渎陈。伏乞大总统饬国务院核议示遵，不胜企祷。滇都督锷叩。巧。印。

206. 致北京政府电　1912年5月22日

北京袁大总统暨国务院鉴：云南夙多矿产，而铜矿尤丰。前清干嘉时，每年额解京铜六百余万斤，加之本省鼓铸、外省采买又数百万斤，计岁产在千万斤以上。嗣因咸丰回乱，各厂废弛。迨军事渐平，部檄促采京铜，年约六七十万斤，所办毛铜亦在百万斤以外。现在东川改设司，认真经理各厂，收铜之数，日有增加。惟近因京铜停运，存储甚多。前经电商各省来滇购运，嗣接湖北、江西、清江浦等处来电订购，为数无多。查滇产紫铜，质料不亚日本。惟因交通未便，购运较难，故各省鼓铸铜元，多系购自日本。在各省则利权外溢，而在云南则货弃于地，深为可惜。如云南造币厂添置机器专铸铜元，以供全国之用，不独可塞漏卮，而云南矿业借以维持，民间之生计日舒，则全省之政费日裕，庶不致以财政支绌，日烦中枢廑念也。伏恳大总统饬部核议施行，并乞赐复。滇都督锷叩。养。印。

207. 致北京财政部电　1912年5月23日

北京财政部熊总长鉴：云南财政状况迭经电陈。昨奉大总统电谕：滇系受协省份，兵兴以来，援蜀援黔，滇军甚有名誉。筹兵筹饷，畛域不分，艰困情形，早深廑系。现在边界未靖，正赖得力军队，借以建威销萌。所请规复协饷及指拨各饷各节，已交财政、陆军两部从速核办，特先电知遵照等因。查云南财政虽极艰窘，然近因厘剔冗耗，节裁薪金，行政经费较前锐减。若望维持内治，亦足自揩。惟地当边陲，强邻逼处，国防所系，不能不屯驻重兵。而经费所出，向资协济。现协饷停办，滇力实有难胜。故前清国防经费悉归中央主持，否则次第裁兵，以纾滇力。查云南军队编为二师，现在援蜀军还，秩序甚为整饬，自将领以迄兵士，皆知严守纪律，保卫地方，即使遣散归农，亦殊甚易。惟边防重要，戒备未稍疏。反正以来，人心摇动，外兵环伺，险象隐伏。幸内部敉平，衅隙无从发生。故各省间多俶扰，而全滇犹为完全之区，此间防危维持，亦可以告无罪于天下。若因饷绌而生变故，或因裁兵而启戎心，则前功尽弃，大局堪虞。故前之迭请中央主持者，实在为此。兹奉大总统电谕周详，自应静候核示。第念滇省饷项，仰给中央，年复一年，殊非常策。查滇为山国，矿产最丰，近时铜、锡各厂开采镕炼，仅用土法，而个旧之锡每年约出一千余万斤，东川之铜每年约出二百余万斤。若认真整顿，则锡每年可出至二千万斤，铜矿能规复前清干嘉时旧额，亦每年可出至一千万斤。此外，金、银、煤、铁、铅、锑所出亦夥，而森林、畜牧之利，随地可以经营。果能以得一千万元，实力扩张，则年可增数百万之岁出，不独拨给之款无须久累中枢，而岁有羡余，且可上供国家之用。迭经预为筹度，实觉确有把握。惟经营整顿，须有巨款以培其基，而滇省财政困难，无余资可以助长实业。前曾筹借外债，英法领事屡请代为介绍，外商多愿承揽，惟借债必须抵押，终恐有碍国权。审慎迟回，未取遽行决办。兹幸大总统轸念边疆，凡军事所需，已蒙饬部筹议，将来兵单饷绌之事，自可无虞。然根本之图，则尤在振兴实业。如能由中央筹拨巨款，以为提倡实业之用，则将来滇力日裕，当可陆续筹还。用特详细缕陈，尚乞鼎力玉成。云南幸甚。滇都督锷叩。漾。印。

208. 复李根源电　1912年5月25日

大理李师长鉴：漾电悉。执事因整顿西陲，积劳至病，此间同人，均切悬系。前此屡促来省，一则常时聚处，随时可以协商，一则省城医药较便，可资调养，故甚不愿执事久居于外。惟近闻西事表面固已敉平，而民莠匪多，危机潜伏，得执事暂为坐镇，自可弭患无形。一旦旋踵，乱端爆发，不惟前功尽弃，而迤西生灵，何堪重罹兵燹。顷接丽江姚守及丽江、楚雄绅商学各界迭电请留，亦以大局粗定，人心未安，兹闻师长引退，各郡绅民恐慌万状。惟是吾辈倡义，本为民耳。今民方倚我为生，而执事宜可恝然耶。执事屡电辞职，高节可风。然国步方难，尚非吾辈息肩之日。现拟留执事仍暂驻榆，借资镇慑，一俟西陲底定，即约樾老并驾偕来，以慰群望。夫留执事以拥高位，席厚禄，此可辞也；留执事以消祸乱，保治安，宁可辞耶？近日□种多此言，我国人只知破坏，不知建设，尤愿与执事一雪此言也。锷、承瓛、佩金、汪度。有。印。

209. 为借债事通电　1912年5月25日

北京大总统、国务院、参议院，武昌副总统，南京黄留守，各省都督鉴：吾国财政奇绌，在满清时已然。军兴以来，财源涸竭，而军费政费日有增加，罗掘既已无方，支销不能稍待，于是外债之议复燃。全国人民虽知清之亡即由借债，而民国甫定，需款甚殷，诚念时势艰难，不欲复伸抗议。乃各国乘我之急，益肆要求，至迫唐总理取销此款，并欲监督用途，与盐、茶二税作抵。我国民睹外人之多方要挟，惕然于借债之贻害无穷，于是有提倡国民捐者，有主张发行不兑换纸币者。自黄留守首倡此议，各省翕然和之。现闻中央亦已提议及此。以目前大局计，此不足救中国之危亡。惟锷窃谓，只求收入之方，而不谋节流之法，则随集随散。来日方长，恐竭吾民之脂膏，仍不足以填无底之谿壑。前阅南京临时政府决算，一月经费几至九百万元；又接黄留守啓电，留守府直属各军队饷银，每月约需款五百万元以外。以前者计之，年需一万万元以外，以后者计之，亦需六千万元以外，而南北十余省之军费，尚不在内，国何以支？且闻孙中山先生因邀一己之名，以耗国家之费者亦至数十万元。今袁总统受国民之托，建设新猷，或不至如南京政府时之财政紊乱。然唐总理一南行，而消费至二十余万。今交通部又复纷纷派洋员赴各省查勘。电线之宜修固不待言，然不先询各省何处应修，即派员分报查勘。云南至毕节一路，前已由滇修通，曾经电明，何以复派洋员往勘。此等费用，宁非虚耗。总之，民国非刻意节流，则财政万无整理之日。锷意此时节费之道，首在裁兵。查各省自反正后，任意添招，兵额浮滥，财力竭蹶，此为大端。拟请中央划分军事区域，酌定应编师数，通令各省责成统兵大员查明办理，其溢额之兵悉裁汰。或谓遣散之后，恐生事端，此实拥兵自雄之借为口实。云南近顷裁兵至三十余营，上下帖然，毫无他故。兵犹火也，不戢自焚。宁坐视其燎原，而不自行扑灭，民国罪魁，厥在军人。若能一律裁兵，规复旧额，则各省出款锐减，无须嗷嗷待哺中央。其夙称殷富省份，仍可照旧解款以供国家之用。即以云南贫瘠，亦可勉力支持，不求协拨，免致陷中央于破产之地，而贻国家以覆亡之忧。如中央未定用途，遽行借债，不能用之于助长实业之地，而徒以耗诸遣散军队之需。则今日借赀，明日告匮，谚台日筑，何有已时？埃及之祸，即在目前。愚戆之辞，伏希鉴择。滇都督锷叩。有。印。

210. 为借债事再通电　　1912年5月27日

北京大总统、国务院、参议院，武昌黎副总统，南京黄留守，各省都督钧鉴：借债问题，纠辖数月，尚未解决。外人乘我之急，方胁以谋我，借债虽成，损失必巨。而中枢之亟亟于此，虽牺牲利权，蒙垢忍辱，而不稍顾恤，国民之吞声饮泣而莫敢伸异议者，亦以为安插发大难、建大功之军人地耳。而外人于借债之条件，一则曰监督财政，再则曰监察裁兵，且思要索利权，垄断债务，不遂不止。埃及亡国痛史不见于亡胡窃国之日，而成于共和成立之年。人心未死，讵复堪此！然迫而成此局者，实吾辈神圣之军人，则军人实祸之首、罪之魁矣。吾知稍具天良者，宁甘饿殍，必不受此嗟来之食，以促我国命也。锷窃拟办法数端：一、立即将借债念头打断，如有成议，则即取消作废。二、照黄留守倡办国民捐，而捐款者仍填给公债票。三、痛陈借债利害，使军人晓然大义，自行解散归里，仅由公家酌给川资，将校尤应以身作则。四、各省于财政应自为谋，不仅不作待哺于中央之想，且应以所余奉之中央，恢复昔年度支旧况。五、各省军人有不知大义，或思拥兵自雄，或作乱殃民者，照陈都督炯明对待黄和顺、石锦泉例，决不与共戴天，举国共弃之。以上五端，势在必行。滇中行之确有把握，绝无流弊。数月以来，已裁去防军几三十营，陆军亦行将分别退伍遣散。滇省夙称贫瘠，常仰给于中央，亦愿勉力支持，不求指拨，免致陷政府于破产之地，而贻国家以覆亡之忧。愚昧之见，如蒙赞同，请即电陈中央，立废借债之议。民国存亡，在此一举。滇都督锷叩。沁。印。

211. 复赵藩等电　1912年5月27日

大理赵巡按暨迤西各属官吏、自治公所、商会、绅民鉴：电悉。西事转危为安，全借李师长之力。惟积劳致病，悬系殊深。屡接来电乞归，此间皆劝其来省，借资调慑，并可随事协商。顷闻西事粗安，危机犹伏，已于有日切电慰留李师长暂行驻榆镇慑，俟西陲大定，仍赴省垣。李师长夙具热诚，当能力疾从事，仍望就近敦劝，勉顺群情为幸。锷。沁。印。

212. 致各省都督电　1912年5月27日

武昌黎副总统、长沙谭都督、杭州蒋都督、福州孙都督、苏州程都督、成都尹都督、贵阳唐都督、广州陆都督、奉天赵都督、西安张都督鉴：民国告成，迄今数月，建设之事，犹若棼丝。固由缔造艰难，然亦因政界乏人能定大计。锷意此时亟宜访求通才不可。新会梁公启超为国先觉，闳才硕学，道高德懋，海内所知。徒以政见素持稳健，致为少数新进所诟病。现为羁身海外，实为民国惜之。兹拟合词电请大总统为国求贤，以礼罗致。如果敦促回国，必能翊赞新猷。特先电商，倘蒙赞成，希即径电武昌，请由副总统主稿挈衔合请，并希裁复。滇都督锷叩。沁。印。

213. 复李根源等电　1912年5月27日

大理李师长，腾越李镇台、黄护道鉴：李镇、黄道铣电悉。藏事迭经电陈中央，近接国务院复电，有迅拨劲旅，会同蜀军，协力进行，奠安藏境等语。惟查滇距拉萨数千里，道路崎岖，悬军深入，馁馈匪易。而乱氛方炽，兵力不宜太单，至少亦须拨派三四千人，乃能敷用。滇力奇窘，饷糈尤为不资，兹复详电中央，望其接济。一面拟派探险队调查丽维径达拉萨情形，以便筹办。先此复闻。锷。沁。印。

214. 致李根源电　1912年5月28日

大理李师长鉴：有、沁两电计达。西陲重要，倚执事为安危，务希力即从公勉顾大局。现时仍暂驻榆镇慑，一切权职均应照旧办理，并希电尊处通电迤西各属文武官员知照。近因各属闻执事乞退，人心皇皇，合请电文纷集。望即时承诺，以慰群情。锷。勘。印。

215. 为军民分权事再通电　1912年5月30日

北京大总统、国务院、参议院，武昌黎副总统，南京黄留守，各省都督鉴：前因军民分权事略陈意见，惟第就滇省而言之，而意义亦有未尽。窃谓一省之中，凡司法、财政、教育、实业、交通一切民政，原应各有专司，固不宜军人揽其权，并不容军人与其事。果有以军人而侵越权限，则统兵者之军纪不严，而非军民隶于一员之故。若以现在军民统于都督，而指为军人柄政，则界限殊觉未清。盖今日各省都督不必尽属军人，如第就都督一职而主张军民分权，则今日都督之非军人者，将改为民政长，而别设一都督乎？抑虽非军人仍以为都督，而别设一民政长乎？此皆极轇轕之问题，而未易解决者也。且满清时督抚并设之制，总督主兵政，巡抚主民政，其权限固分明矣。乃复因流弊兹多，而不得不思更易。今一省之中都督、民政长分立，与督、抚并设之制，何殊？故锷愚见，谓民国既已成立，亟宜近察本国情形，远瞻列邦大势，订定外官制，以期久远可行，而不必枝节为之，致通于此而隔于彼。查吾国省制，幅员大，度治为难，除边疆当别论外，余则行政区域势不能不缩小，将来划分，或为道，或为州，必破行省之制。至军事区域当视地方形势为之区划，而不能与行政区域同其范围。故每省设一都督、一民政长，其制必不能久存。与其多为更张，不如暂行维持现状，以速筹划一规制之为愈也。一得之愚，伏维甄采。滇都督锷叩。全。印。

216. 为募集公债事通电　　1912年6月1日

大理李师长、张提台、秦守，永昌由守，腾越李镇台、黄护道，丽江孙统领、姚守，并送永北丁镇台，维西李协台，顺宁钟协台、张守，普洱马镇台、王守，开化林镇台、张守，临安朱镇台、张守，蒙自何道台，昭通苏镇台、夏守，思茅刘道台，河口陆分统，麻栗坡张分统，广南王分统、杨守，楚雄黄守，东川秦守，曲靖杨守，通海向道，澄江敖守，各厅州县鉴：中央政府因国用枯竭，向六国银行团借债六千万镑。乃外人乘我之急，垄断债权，并要求财政监察裁兵。债约即成，国权尽失。前由本军府通电各省，阻止中央借债，如已有成约，即请取销，并建议募集公债。近接各省电，均竭力提倡公债及国民捐，义声所播，群情奋跃，存亡之机，争此一举。各界议定举行爱国公债，已设立筹办处于省议会，拟订规章，并筹商一切进行方法，详章续寄。先此电闻，卓见如何，并望电复。都督府。东。印。

217. 致北京政府电　　1912年6月3日

北京大总统暨国务院鉴：滇省财政状况迭经电陈，亟宜开浚利源，以裕民生而纾国用。惟开办之初，必须巨款。前曾电商财政部。旋接复电，以中央财政艰窘，正复相同，借款未成立以前，本部实难担任。窃意外债虽成，亦多隐患，而由本省自行筹措，难望其成。兹拟特订专章，招致华侨组织公司来滇开矿，并募集华侨公债，为滇省提倡实业之用。然非特派专员，恐无以联络商情。查有前法部次长吕志伊，久居南洋，颇为华侨信用，若得该员前往招募，必有所济。拟请大总统任命该员为云南招商使，专任前往南洋及美澳各埠招商募债事宜，以昭郑重而资鼓舞。滇都督锷叩。江。印。

218. 致李根源电　　1912年6月4日

大理李师长鉴：冬电悉。所筹各节甚为周妥，均可如议办理。熊守当即委任，敦促起程。至兴办地方商业实业等情，希即饬姚守预为筹划。西藏风云日亟，急宜经营。前月艳日又电陈中央，略谓派人入藏，宜分两途，川循巴塘大道而西，滇则特辟新路，由维西、茶砼、马必立之间出口，经貉貐野人地方，径达拉萨。此路辟出，滇藏间交通略可省千余里，而国防上尤有莫大之利益。滇缅界务自尖高山以北，英已自由行动。前岁侵占我小江以□□片马等地，今且阑入小江以北之浪猓，行恐席卷狱㺜夷，直捣巴里塘，不惟藏危，而川亦危。今趁彼力难骤及此路，预占地步，则将来国界在狱㺜夷、貉貐地方，无论如何伸缩，而巴里塘前藏犹为内地。惟事属特创，用力甚多，先之以侦探队，继之以工程队，然后大队节节前进。约计兵力至少亦须有一混成协始可敷用，行时饷糈军械亟须筹备，而后路之架电线，办兵站，移民招商，布置民政，尤属不可少。计第一年费用约需二百万金，应请设方筹措云云。此事只须中央财政问题解决，计当允许，拟先派人前往探查，以便着手。如尊处有朴实耐劳、精于测绘及曾习军事学者，希即酌派数人。如无此项人员，即由省遴派。如何，乞复。锷。支。印。

219. 复李根源电　1912 年 6 月 5 日

大理李师长鉴：东电允暂驻榆，群情欣慰，已通电迤西各属知照。西事甚繁，宜提纲挈领，置其小者，略资调慑，是至切望。锷、佩金、承瓛、汪度暨同人等。歌。印。

220. 为解款中央事通电　1912 年 6 月 6 日

北京大总统暨国务院、武昌副总统、南京黄留守、各省都督鉴：中央政府为全国行政之中枢，经纬万端，需款甚巨，现库储如洗，各省宁能坐视，致陷政府于破产之危机。滇虽瘠区，夙资协济，然百端节省政费，尚可支持。兹先筹解中央二十万元，以应急需，日内即由银行商号分别汇交。明知为数甚少，无补时艰，然积土成山，窃萛以此戋戋者，为千腋一裘之助。伏恳大总统察核。滇都督锷叩。鱼。印。

221. 致李根源电　1912 年 6 月 6 日

大理李师长鉴：两江电悉。边事日迫，急宜筹维，已于支电详达。任委深入㺜境遇险，恐非无因，自应另行派人前往侦察。所拟由国民军挑留目兵一哨，拨归景弁率领前进，以资防卫，尚属可行。迤西冗营，均经裁汰。惟现在边防未靖，恐无得力可靠之兵。现拟由省挑拨精练新军一营越〔赴〕榆，以资调遣。如得中央接济，即以此为经营西藏之先驱。否，亦可以驻边防，堵川匪阑入。如何，希酌复为盼。锷。鱼。印。

222. 为公债事通电　1912年6月7日

北京大总统、国务院、参议院，武昌副总统，南京黄留守，各省都督，各报馆钧鉴：民国肇端，财政枯竭，借款要挟，迫我危亡，非合全国竭力输将，实业无以资挽救。本省现议筹办爱国公债，通电各属征集意见，全体赞成。兹已拟定章程，克期开办。又本省公务人员薪俸自去岁十月即减成发给，最多者不过百二十元。现因国事多艰，再加裁减，凡政军学警各界，除分认爱国公债外，其原薪六十元以上者，均减为六十元，以下递减，惟目兵暂仍其旧。至财政部沁电所云军需公债，本省从前并未发行，合并声明。滇都督锷叩。阳。印。

附：军都督府查封《云南民报》令　1912年6月8日

令。元年六月八号，《云南民报》载滇军都督之演说一节，于并未道及之语，妄为羼入。实属任意捏造，扰乱邦交。亟应严行禁止。仰巡警局立将该报馆封闭，以杜莠言而示儆惕。此令。

223. 致北京政府电　1912年6月8日

北京大总统暨国务院钧鉴：顷接云南第二师师长李根源据丽维统领孙绍骞电称：据由藏来者言，本年正月驻藏联钦差隐谋串同达赖，起兵攻灭汉族。达赖即传檄各地，驱除汉官。兵民集众数万，围攻江孜。西藏陆军步炮各队前往应援。连战数日，阵亡目兵数十名，粮弹缺乏，该队尚死力相拒。经英、廓两领袖出而调合，将该队官兵护送出印。又藏京系二月初六被围，藏内僧人同时变乱，汉军死至七八百名之多，庙舍皆焚。汉军退至距藏京二站驻扎，仅千余人，至今未得消息。又据西藏江亚总区官谢式南函称，西藏自去岁九月起义，兵丁不受节制，四出抢掠，互相残杀约数百人，汉官罗长绮被匪缢毙，江孜监督马吉符暗通满奴。为首者见事不谐，有逃窜者，有被匪驱逐、拘留及抢劫者。探其乱因，则由于哥会大爷严步云、张子清、郭聘侯、刘汉章、罗光常、杨守王、文大光、花耀荣、梁士俊、陈渠珍、雷德源、马国栋等从中煽动，以得银四川为主义，不顾大局，仇杀官长。满员钟颖挟笼络之术，将上下三团之大爷尽行升用，并设议院，议长、议员均以大爷充之。达赖乘间调兵，尽征十六岁以上、五十岁以下者充之，以故蛮兵日多。汉兵既少，而军官又不明军纪，故攻后藏失守时，有管带大爷潘文华、队官大爷罗栋臣、理事府大爷刘一意与藏番议和，得银万余元，将枪弹等缴与番官。番官得枪，即进攻拉萨，时汉兵不满九百，英人亦有助藏枪械之事。后藏班禅因助汉人被蛮兵驱逐，全藏不日将失等语。又据中甸同知冯舜生电称，定乡叛蛮屡探驻甸兵数，五月巧日贡格岭失守，稻坝继陷，现往攻里塘。倘再破，则巴塘喉梗，川信阻，蛮焰张，难保不回犯中甸。甸虽兵单，应请准孙统领添募一营，以资防御等情。除饬孙统领添兵防堵外，谨电陈鉴核。滇都督锷叩。齐。印。

224. 复国务院电　1912年6月12日

北京国务院鉴：真、文两电指示一切，极佩荩筹。当即派参谋厅总长殷承瓛率先遣支队径赴中甸察看情形，再规进取，一切机宜，随时续报。至前派之探险队业经出发，除探查貉貐野人一路外，并令探查自中甸取道阿墩子、瓦笼、达洛、隆宗一带现在是否可行，再为电达。滇都督锷叩。文。印。

225. 为公费事通电　1912年6月21日

蒙自何道台、腾越黄护道、思茅刘道台暨各府、厅、州、县鉴：省外文官公费，前经划定通行，原系赅括俸给、公费及一切开支在内。近闻各属间有误会，以公费为本官俸给，而一切政费另行开支者；又有领兼差薪水者，殊与通章不合。兹已饬部另将俸给、公费分别规定，俟议会通过再行饬遵。至新章未颁布以前，暂照旧章办理。惟不得于公费外，另有开支，其兼差者不得兼薪。至地方收入，如粮税陋规及讼费等项，均应逐一报解，不得稍有侵蚀。仰即遵照。都督府。马。印。

226. 为内阁事通电　　1912年6月27日

北京大总统、国务院、参议院，武昌黎副总统，南京黄留守，各省都督鉴：临时政府甫经成立，而内则乱机尚伏，群情惊疑，外则列强观望，尚未承认，加以蒙藏两疆风云日亟，此时惟望国务诸公主持大计，协力进行。若因党见轧轹，致令内阁动摇，复陷于无政府之状态，万一祸机乘虚爆发，大局何堪设想。近闻唐总理引退，内阁势将瓦解之说。滇处边远，不悉内情，而眷念时艰，五中溃裂。万望国务诸公忍辱负重，措持危局，尤望各政党维持指导，不加旁挠，庶政务得以进行，大局不致牵动，民国幸甚。滇都督锷叩。感。印。

227. 为中国现状事通电　　1912年6月27日

北京大总统、国务院、参议院，武昌黎副总统，各省都督鉴：满清颠覆，建设共和，弥历半年，政府乃能成立，而内则祸机潜伏，外则警告频来，群情汹汹，国事益棘。较之清国恐怖时代，虽未见事实，而已露端倪。推其末流，必生二大恶果。一则回复专制。吾国革新，原以求人民幸福，乃革命后之现象，转有人怀自危之心，恐一般人民倚任共和政府之心日薄，反追慕帝制时代尚可以靖乱而平争，而专制淫威可以复活。如拿破仑之已事，即为前车。一则倾服外人。共和立宪足以保障民权，伸张国力，法美既行之而有效矣。乃输入吾国，转成一无气力之政府，而运棹不灵，全国有分崩离析之形，而不复团结。群将疑吾国人无政治能力，而不能不屈服于外人。由前之说，则必酿二次革命；由后之说，则必自投于奴隶之域，而国以沦亡。此虽过虑之言，然见微可以知著。窃谓吾国地广民殷，又当改革之后，非有强健有力之政府，不足以巩固邦基。而欲政府之有力，则躬膺国务者，宜有不屈不挠之毅力，专利于生死以之，始足以排大难而决大计。若一遇艰阻，便思引退，自谋良善，国事何倚。愚戆之言，伏乞垂察。滇都督锷叩。感。印。

228. 为政党事通电　　1912年6月28日

北京大总统、国务院、参议院，武昌副总统暨各省都督鉴：民国成立，政党发生，将来政治界之中坚必视政党为左右。惟现在政党林立，意见分歧，水火争持，党同伐异，或徇个人之攻击而忘国家之安危，政党之利未收而害已毕见。鄙意先将现时组织之各党自行解散，另结合政见相同之健全份子，以先立雏形，而不必急求党势之扩张，以致于破碎冲突，则或者议院、内阁得政党维持指导，而得以巩固邦基。锷前与海内同志发起统一共和党，于政界颇占优势。然鉴于时事，窃愿先自取销。尚望各大政党鉴核而裁择之，幸甚。锷。俭。印。

229. 为女子爱国捐事通电　1912年7月1日

北京大总统、国务院、参议院，武昌黎副总统，各省都督鉴：云南筹办爱国公债，前已电闻。现绅商认债尚属踊跃。近复筹议举办女子爱国富签公债，以专收女子首饰填给公债票为主旨。此事厥有数善：一、全国女子首饰，平均计算，每人所制，总在银一两以上，可以集少成多。二、以匣藏之手饰，凑集为铸金银币之资，化无用为有用。三、金银一成首饰，与消耗品无异，今收集之以铸为国币，可助金融界之活动，而毫无妨碍。四、吾国妇女侈糜之风，可借以裁制。此事迭经集议，众意佥同，刻已拟订章程，容再续寄。各省如何仿照，尚希采择施行。滇都督锷叩。东。印。

230. 致北京政府等电　1912年7月1日

北京大总统、国务院、参议院、吉林陈都督鉴：陈都督祃电论公债事，深佩闳识。锷前电陈大总统，亦力主张此说。顷已拟订云南爱国公债章程，其大概办法：公债总额为五百万元；发行额面分为一元、五元、十元、五十元、一百元五种；以本省钱粮、地丁银为担保。自民国元年起，十年以内分年偿还，不给利息。其发行及偿还本金，统由富滇银行本、支店及其指定之代理店经理。购公债票办法，凡公务员均照所约以购外，余悉照财产议购，纯以劝募为主，不得已时乃用强迫其途，得由省议会监督稽查。一切办法大致与陈都督所论略同。前设筹办处办理，已有端倪。现正设局委员专任其事，并分电各属筹设分局，官绅商民认债者尚称踊跃。用特电闻，详章另文呈核。滇都督锷叩。东。印。

231. 致北京政府电　1912年7月2日

北京大总统、国务院、参议院，武昌副总统钧鉴：副总统敬电论用人事，博深切明，无任钦服。吾国省界之严，牢不可破。自改革后，各省地方官吏多任用本地人，隔省之弊一除，而排外之风转炽。推其极，必至各省自封畛域，益成分裂之形。故锷鄙意所主张者：一、地方行政官自知县以上，宜由任用而不宜由推选。二、可用本省人而不宜用本属人。此间任用官员始终即抱此旨办理，故官吏尚无营私植党之风，而人民亦少甲拥乙攻之弊。去冬曾以此事电商谭都督，复电亦极赞同。兹读副总统敬电所陈，尤为痛切。现值编订官制，应请酌加采择。滇都督锷叩。冬。印。

232. 祝《西方报》电　1912年7月6日

成都总府街《西方报》鉴：藏卫为我西□岩疆，势同唇齿。历朝不振，徒示羁縻，雪海冰山，永沦荒裔。今则小丑跳梁于内，强邻荐食于外，寝□我忧，皆由我国士夫鲜悉边情之故。贵报揭此黑幕，使西陲情势昭然发蒙，此不独为报界之异军，而实为殖民之先导。至其取材丰富，持论闳通，犹其余事。谨寄数语，用祝伟筹。滇都督蔡锷。鱼。印。

233. 复李根源电　1912年7月11日

大理李师长鉴：月密。阳悉。藏乱关系滇川，理难坐视，加以中央连电敦促拨师赴援。惟由滇入藏，道阻且长，向无台站；番族中梗，悬军深入，转饷甚艰。且滇省财政困难，中央亦无力协助，饷糈一项，尤苦难筹。前议派先遣支队，前赴甸维，再定进止。统计月饷、驼运各费，每月约需银四万五六千两，现饬财政司先拨发二十万两，只敷三四月之用，以后如何接济，自应预为之筹。惟岁入只有此数，别无罗掘之方。曾议整理税契收入，尚有把握，而议会反对，致不果行。现将支绌情形咨议会，视其筹款能否别有他法。至中央来电，原令先援巴塘，惟滇军北趋巴塘，转察木多入藏，绕越太多。又滇川同趋一路，重兵云集，粮秣转运，供难给求。拟由维西出口，经貉貐野人地方，直达拉萨，途程较近，气候较温，且可预占地步，遏英人由片马席卷狘猔夷直捣巴里塘之路。前组织之侦查队，即令由此分道进行。卓见如何，希复。叔桓拟于二十四日前出发，并闻。锷。真。印。

234. 复北京政府电　1912年7月15日

北京大总统暨国务院钧鉴：午密。青电敬悉。滇军先派一混成协援藏，本月二十日前启行。惟藏事危急，前已电饬丽维统领孙绍骞，就近先拨一营前往援应。至入藏道路，似仍以经貉貐野人山，径达拉萨为宜。已派侦查队前往调查，将来或因情形宜有更动，届时再陈核示。滇都督锷叩。咸。印。

235. 复胡汉民电　1912年7月31日

广州胡都督鉴：午密。啓电悉。联合各省，一致进行，保障共和，监督政府。热诚闳识，佩仰莫名。惟现在南北猜疑未释，党见复深，非开诚布公不足以化除畛域。中央政府如初产婴儿，似以拥护维持为急。若举措失当，则彼此互相协商，竭诚忠告，非万不得已之时，不必过加督责。鄙见如此，尚希卓裁。滇都督锷叩。卅一。印。

236. 致谭延闿电　1912年8月9日

长沙谭都督鉴：维密。前请湘军援藏，拟由尊处代筹饷械，未蒙赐复。近接前电，以湘军过黔，诸多妨碍，且黔事解决，戍黔滇军尽可次第抽回，亦无须越境调兵。此间各将领亦多主张此说。前议请即作废。惟鄙意湘省地居中央，为全国枢纽，一旦有事，居中策应，胥赖湘军。宜精练于平时，始足以资战守。湘军素称朴勇，近闻稍逊于前，应请力加整顿，使成劲旅。国事乡心，时萦寤寐，用特奉商，尚希鉴察。锷叩。佳。印。

237. 致北京政府电　1912年8月10日

北京大总统暨国务院鉴：接黔唐都督电，意欲力请解职，率军回滇。此事在唐一身可以脱然无累，且戍军撤退，在滇亦可少弛负担。

惟唐军在黔，匪徒敛迹，黔中黎庶始获安全，一旦撤归，黔局必有变动。现在内忧外患，纷至沓来，何堪复蹈黔民水火之域，而重贻大总统以南顾之忧。兹因唐都督嘱，不能不代为陈情。惟眷念黔疆，实深顾虑，故谨缕陈，伏乞鉴察。滇都督锷叩。蒸。印。

238. 致熊秉三电[1]

北京魏染胡同新《中华报》转熊秉三先生鉴：坤密。唐君继尧在黔定乱扶危，黔民感戴。徒以黔人同盟派之在外者，横加攻击，决计欲归。嗣奉大总统任命督黔，唐君深感大总统训励，思忍辱负重，以身许黔，卒能靖匪安民，当在洞鉴。乃因杨荩诚事复起轇轕，致湘鄂亦渐启嫌疑。此事原因复杂。一则赵均腾曾在黔办陆军小学，颇不理于正绅，意在回黔借图报复，而黎副总统以赵熟黔事，颇信任之。又因黔人之前在陆军中学者，现多隶黎公部下，亦亟图拥赵回黔，力诋滇军。赵又秘与杨部议举伊督黔，且谓鄂湘兵多饷绌，如滇军撤回，可以湘鄂军填驻，既减负担，且增势力。黎、谭均为所动，故力袒赵。一则杨军驻常，谭恐于湘不利，亦亟欲其返黔，非必有嫌于滇军，实多出于自计。窃谓黔事轇轕已久，滇军撤还，固唐君所极愿。惟现在党争剧烈，国本动摇，曾切商黔、蜀、桂各都督，意在拥护政府，保障西南，以戢某政党之狂潮，而纾大总统之顾虑。各都督顾念大局，幸皆赞同。而唐君爱国爱民之心尤为坚卓，一旦舍去，不独黔省良善无以安生，且全黔又必为某党势力所弥漫，于国家前途关系匪浅。尚希密陈总统，毅然内断，任贤勿疑，大局幸甚。锷叩。□。印。

239. 为政党事通电　1912年8月12日

北京大总统、国务院、参议院、各省都督钧鉴：临时政府成立数月，内阁瓦解，改组綦难。政府现兀臬之形，国本有动摇之象。非必当世贤达，置国家于不顾，实因政党为厉之阶。自改革以来，政党林立。在诚心爱国者，察世界之趋势，欲以政党趣国家之进步，用意非不甚善。无如标箓既揭，浅者不识□□，复剽窃名义，竞相标榜。是

[1] 此电原件未注明日期。以下未注明日期者，均为原电稿缺。

丹非素，伐异党同。如旋风卷地，一入其中，迄颠倒而不能自拔。常士固然，贤者不免。无是非之公，则泾渭莫辨；有门户之见，则冰炭难容。祸机伏于萧墙，乱象悬于眉睫。驯至强邻伺隙，狡焉思启，犹复争持意见，等国事于弁髦。嗟我邦人，莫肯念乱，谁为为之，孰令致之？以锷之愚，窃谓治化演进，政党自然发生。然政党之成，必几经陶养，始达健全，而不能为一时之凑合。吾国一般人士岂惟乏政党之能力，抑且少政党之观念。今以数月之号召，遽纷纷树政党之帜，以博名高，灞上棘门，皆儿戏耳，一哄而集，无裨国闻。万窍齐鸣，徒翳人意。其弊一。国体新更，人心浮动，如新潮出闸，横决四溢；如沙砾走盘，屡抟不聚。故欲齐一心志，维持统一，虽极力芟夷枝节，使群伦视听，同归一鹄，犹惧弗克。若复多立门户，竞长争雄，感情所驱，不可遏制。竞争之极，斯互相倾轧。倾轧之极，斯取于破坏。恐法兰西恐怖时代之惨剧再演于神州。其弊二。政党者基于宪法，促国家政治之进行，而非必由政党之势力，可以制定良宪法。法国革命后以政党制定宪法，因政党迭相起伏，而政体之变更者九。北美建国后，以人民之公意，制定宪法，虽政党时有消长，而政体仍定于一。今吾国宪法未立，党派已繁，正恐编纂不成，已起盈廷之聚讼。他日奉行不力，又作翻然之文章。机局转变，轻若弈棋。根本动摇，危于累卵，其弊三。锷初不察，亦尝与闻党事。今默观时局，熟审国情，窃谓此时以讨论为重，而不必强于主张，以培养为先，而无庸急于号召，较为得之。若广招党员，坚持党见，究之利也而不胜其弊，则有也反而不如无。今海内大党，无出同盟会、共和党、统一共和党右者，锷妄不自揣，愿与三党诸君子首倡解散之议，以齐民志而定危局。锷前为同人敦迫，厕名党籍，今即宣告脱党，诚不敢隐忍瞻徇，致贻国家之祸。尽此狂瞽，惟赐察纳。滇都督锷。文。印。

240. 复汤化龙等电　1912年8月14日

北京魏染胡同《新中华报》肖立诚转汤、孙、刘、张诸公鉴：坤密。元悉。讨论会及国民协会会员多一时贤俊，夙所心折。即商榷书所建议，均属国家大计，切实可行。今拟多集健全分子，发生新党，于国家前途关系至巨，极望早日成立，拯此危局。惟锷素主张军人不入党，未便自破其藩。且文日通电各省，力陈党祸，倡仪取消。今复自行组党，出尔反尔，亦无以昭示天下。故坚守超然主义，期于独伸己见，不至为党约所拘。至锷对于诸公，则心神契合，无间万里。此后国事友谊，苟锷力所能及，无不竭诚以报，借补歉衷。区区之忱，尚希鉴谅。锷叩。盐。

241. 复国务院电　1912年8月23日

北京国务院鉴：筱电敬悉。修正官制，原案酌理准情，筹画精详，极深钦佩。惟锷愚意，此事关系国家经制，宜规久远。吾国省制相沿日久，然幅员太广，治理为难。故前代于州县之上，复置府道，府道之上，复置督抚。层累而上，期于递相督察，耳目易周。然阶级既多，互相钳制。地方官救过不暇，无余力以考求民间之利弊，而谋地方之治安。治窳民疲，实由于此。今欲扫除此弊，惟有缩小行政区域，减少监督官厅，庶无鞭长不及之虞，亦免十羊九牧之害。至军事区域，则当视国防重轻，另为划分，而不必以行省为界限。将来军事区域与行政区域分别划定，则军民分治问题自不烦言而解。若此时惟于都督省尹之间，为迁就调停之计，意见既难一致，推行未必咸宜。故鄙意为目前计，可暂仍现状，以免纷议。而为久远计，宜别筹良法，以利推行。谨贡刍荛，伏希采择。滇都督蔡锷叩。□。印。

242. 复尹昌衡电　1912年8月26日

打箭炉尹都督鉴：贵军围攻里塘，并出巴塘、昌都，首尾夹击，川边指日荡平，闻之极深欣慰。滇军入藏，前以取道巴塘，绕越太多，且川滇同趋一路，亦恐粮秣难供，故拟经由貉貐别辟新路，曾经电达。嗣奉大总统电，以贵都督请饬敝军迅拨劲旅，联合进藏。又因番氛日炽，巴、里垂危，迭奉中央电催，径赴巴塘，会师援剿。且连接边报，番兵分窜阿墩，近逼中甸。敝处为大局计，不敢复避险远，始饬殷司令先援巴塘，互相策应。兹接电示各节，藏乱自易敉平，已饬殷司令暂驻阿墩，以固丽维门户。如果番氛大定，毋庸前进巴塘。除陈中央外，特此电复。滇都督锷。□。印。

243. 致北京政府电

北京大总统暨国务院钧鉴：前以滇军入藏，取道巴塘，绕越太多，且滇川同趋一路，亦恐粮秣难供，故拟经由貉貐别辟新路。迭经电陈。嗣奉电令，以川督请饬滇军迅拨劲旅，联合进藏。又因番氛日炽，巴、里垂危，且闻分窜阿墩，近逼中甸，乃饬殷司令改道，先援巴塘。兹接尹都督电开，蜀军围攻里塘，不日可下，并分兵巴塘、昌都，首尾夹攻，川边指日荡平。闻殷司令拟由维西入巴塘，边关地瘠民贫，需用缺乏，祈速电阻等语。想尹都督成算在胸，藏乱不难戡定。已饬殷司令进驻阿墩，以固丽维门户，如果藏氛大定，不必前赴巴塘。除复尹都督外，谨陈。滇都督锷叩。□。印。

244. 致殷承瓛电

丽江专送殷司令鉴：顷接尹都督电，蜀军已抵里塘，并分兵巴塘、昌都夹击，川边指日荡平。闻殷司令拟由维西入巴塘，该处需用困难，祈速电阻等语。刻已电复，略谓我军进驻阿墩，以固丽维门户，如果藏氛大定，自可不赴巴塘云云。特此电闻，仍希率队径赴阿墩，再行相机进止。锷。□。印。

245. 致殷承瓛电　　1912年8月27日

丽江专送殷司令鉴：有电悉。我军暂驻阿墩，昨已电达，并陈中央。如藏乱非蜀力能平，自当前往援助，所得地方仍应交还川府。至布置民政一层，非滇所能担任，希仍照宥电办理。锷，感。印。

246. 致北京政府电　　1912年8月30日

北京大总统暨国务院鉴：敬电悉。滇军拟驻阿墩，暂缓前进，昨已电陈。至径捣拉萨一节，应俟川边底定，滇北门户可保无虞，乃能相机进取。届时再妥筹请示。滇都督锷。感。印。

247. 为土司事致参谋部电　　1912年8月30日

北京陆军部、参谋部鉴：司法部效电，刀安仁案已由国务院交贵部开正式军事法庭裁判，曾于号日将其罪状声叙咨达。兹复据迤西道杨觐东电称，前盏达土司刀思必治因案正法，其子鸿升、鸿祺争袭，几酿巨案。经前腾越厅丞龙文请兵解散，委刀思必发代办。乃刀安仁前踞腾越，改委鸿升承袭，夷众不服，几酿事端。现仍委刀思必发代办，并会同腾越镇李德泳饬营防范等情。查刀安仁前在腾越，僭称都督，令沿边各土司均投誓表；复指已革土司刀上达占踞镇康，戕官戮民；其弟刀安文复勾结各土司抗拒改流，潜谋附外。万一该兄弟幸逃法网，必致扰害边疆。务请早日提京，讯明严办。滇都督锷。卅。印。

248. 致吕志伊电　1912年9月3日

上海民国新闻天民鉴：前接函承允赴南洋招华侨来滇办矿，或募集商股，因报馆事，暂缓启程。现闻将南行，希电告启程日期，以便详商办法，并汇旅费。锷、祥。支。印。

249. 致北京参谋部电

北京参谋部钧鉴：〇密。闻云南干崖土司刀安仁案，已交钧部开军事法庭裁判。此事关系边疆颇巨。谨将□等在滇所闻，关于此案确情报闻。查该土司自去秋假革命名义，号召土司，令投誓表，阴图割据。旋因苛派结怨民间。又滥招士兵，时时哗饷，该土司不能节制，乃潜赴省城，要求巨款、封爵。所图未遂，复航海赴南京。嗣经云南第二师长李根源详陈该土司罪状，始由蔡都督电请南京核办，案悬未结。适闻该土司重赂律师戴彬力为辩护，几至开释。其弟刀安文复昌言归释后，当以兵力与滇军府为难，否则求英保护。滇中舆论大哗，谓放虎还山，沿边数千里必无宁宇。乃急电请苏督查照原案，迅为结办。兹闻提归中央，由钧部裁判，想该土司兄弟必不至幸逃法网，贻患边疆。查滇省各土司顽梗犷悍，上不奉法，下不恤民，黑暗野蛮，惨无人理，又受外人笼络，时存归附之心，非及早经营，终为边患。现滇军府持渐进主义，期于潜移默化，消患无形。惟各土司地幅员辽阔，休戚相依。而刀安仁曾经出洋，尤夜郎自大，联结蛮众，颇存野心。处置失当，必多牵动。拟请严加监禁，以杜枝节而免后患。范□□、吴□□同叩。

250. 致胡景伊、尹昌衡电

成都胡都督、打箭炉尹都督鉴：宥电计登台览。惟细绎尹都督致中央电文，有滇军占巴，则川军右臂全断，边藏用兵，无从联络云云，未免过虑。查此次藏乱，关系国土安危，迭奉大总统电饬川滇会师进藏。滇省距藏较远，加以饷项奇绌，然为大局计，不能不勉力出师。原拟取道貉貐，径捣拉萨，复奉大总统电，以稻坝、里塘相继失陷，定乡蛮寇甚炽，倘巴塘有失，则滇边即为动摇。饬滇军径行取道巴塘，协力援救。滇军乃议改道，径赴巴塘。诚以川边未靖，则滇境必为动摇，而入藏亦多顾虑。故拟与贵军协同一致，为对外之举动，期边境早日荡平。曾电饬殷司令专以兵力助川，如收复川边各地，即请川军派兵驻守。至粮运刍秣，亦于丽维、中甸设置兵站，源源接济，无庸仰给邻封。且前因滇蜀两军感情未洽，故此次于出师前，即切戒各将领，须持亲爱退让之忱，以释前嫌而顾大局。即各将领存心亦只求为国家弭乱，毫无争权好胜之思。将来藏事底平，滇军当即撤退。其经营善后，仍须望诸贵军。区区谋国之诚，想尹都督当能鉴谅。如仍存彼此疆界之嫌，而未谅兄弟御侮之意，则敝军惟有退保滇边，防番氛之侵轶，藏中之事，仍让贵军独任其劳也。如何，尚希赐复。锷。□。印。

251. 致北京政府电　1912年9月20日

北京大总统、国务院鉴：辰密。铣电悉。滇军入藏，迭奉大总统电令速援巴塘。遵饬殷司令督师赴援，前军已复盐井。曾经声明收复川边各地，仍交川军经营，意在专以兵力互相应援，至民政则仍归川军布置。惟体察形势，盐井为滇师入藏门户，其地向归丽江土司所辖，感情素厚。滇军一至，悉愿投诚，顺而抚之，其势甚易。今该地早经克服，川军何必再拨营往攻？正宜分道进行，以免两军接触。且滇军前进，当取道搽瓦龙，则盐井为必由之路。现川军恶感尚未消融，盐井归其接收，滇军后路不无可虑。应请暂归滇军管辖，以资驻扎而利转输。其两军用兵区域，亦请明为划分，庶不致别生枝节。至尹都督所云，分兵合击，军令必统一于一人，所见甚是。已饬殷司令，军事机宜，此间未便遥制，凡一切计划皆商承尹都督办理，以便策应，而【免】纷歧。是否，仍祈电示。滇都督锷叩。□。印。

252. 致殷承瓛电　1912年9月23日

丽江专送殷司令鉴：西密。我军入藏，原拟取道貉貐，径捣拉萨。嗣因奉中央电催先援巴塘，乃改道阿墩，收复盐井。自应节节进取，早奠边疆。惟近日迭准国务院电，巴、里已复，川边渐次肃清，滇军可无再进，致有劳师殚财之虞。而尹督亦屡电阻止，恐两军逼处，别生枝节。曾将滇军进止情形，分别电达。顷闻达赖已电请中央，仍旧属服，惟要求不改省、不用兵等条件，而英亦从中干涉。故川电有如滇军冒进，致酿成交涉，其咎并不在川等语。我军此时万难深入。即以本省财政论，巨饷实有难支，中央亦无从接济。现经再三筹划，惟有照前议经营野人山、貉貐一带，从事改土归流，一以固滇藏之边隅，一以防英人之侵轶。至军队则无庸过多，可酌留一二营，余悉撤还分驻，仍由执事与各将领悉心筹办，希先详复。锷。□。印。

253. 致尹昌衡电　1912年10月5日

打箭炉尹都督鉴：前据殷司令电称，滇师入藏，当取道搽瓦龙，盐井为后路所关，应暂归滇军管辖，以资驻扎而利转输。当经据情于号日转请中央核示。适奉中央号电，以川边抚剿，尹都督既任专办，殷司令不必再进，致生枝节，即电饬殷军撤还。旋据该司令电称，奉令班师，遵将盐井交张世杰率川勇驻守，滇军退扎觉弄。殊张委通译叶玉春暨川军撤差哨官郭继中等，与藏民阴连江卡蛮匪，大肆掳掠。滇军闻警驰救，张委已逃盐井，房舍烧掠一空。滇军进击，蛮匪败走，擒斩甚多，叶、郭及番众窜入距井八里之法教堂，借作护符。滇军一退，势必复出滋扰，现仍暂驻盐井镇慑等语。又国务院电传大总统令，滇军由搽瓦龙入藏一节，自应缓议。至盐井地方应否暂归滇省管辖，以固滇北门户之处，即由该督等协商呈候核酌等因。查滇军拟驻盐井，原为协助贵军，分进合击起见，既奉令勿庸由搽瓦龙入藏，则盐井亦无须归滇管辖。一俟该处蛮匪平靖，仍须遵令撤还。除呈中央暨饬殷司令遵照外，特闻。锷叩。微。印。

254. 致殷承瓛电　1912年10月5日

丽江殷司令鉴：准国务院电传大总统令，略谓：藏事关碍交涉，已饬川督先清川边，暂勿西征。来电所拟滇军由搽瓦龙入藏一节，自应缓议。至盐井地方，查参议院议决四川选举区表，盐井即系该管，应否暂归滇省管辖之处，即由该督等协商候核等因。查我军驻盐井，原为入藏后路起见，现入藏既已从缓议，我军自毋庸争此。惟前接艳电称，我军因蛮匪肆扰，仍暂驻盐井镇慑等情，当经电陈中央在案。一俟匪势平靖，仍照前议撤还为妥。该地如有利可图，川军在所必争，若无厚利，得之亦属无益，徒滋轇轕而已。希即查照。锷。微。印。

255. 致北京政府电　1912年10月

北京大总统、国务院、参议院鉴：新会梁先生为国先觉，中外钦佩，前曾电请大总统敦聘回国，优予礼遇。奉谕：建设方殷，此才岂宜终老，已交国务院核办等因。复承黎、程、李、赵、陆、唐诸公互电交推，深表同意。顷阅报载，先生返国，各界欢迎。以先生学识之闳通，筹谋之精审，必能式抒伟抱，康济时艰。且闻先生意在不入政途，注重实业，于国家前途关系尤巨。谨肃电以附海内欢迎先生者之后，并以谢大总统为国求贤之盛怀。滇都督锷叩。□。印。

256. 致各省通电

各都督鉴：新会梁先生学识闳通，筹虑精审，实为康济时局所不可少之人。民国肇造，经纬万端，正宜资以擘画。顷闻先生已归国入京，于国家建设前途，关系甚巨。拟请各都督致电欢迎，以为海内想望先生者之倡。夙稔贵都督推贤爱士，谅表同情。锷叩。□。印。

257. 致张国淦电

北京国务院张秘书长鉴：云密。国会召集瞬已届期，正式政府行将成立。将来编纂宪法，为国家盛衰强弱之基，关系民国前途甚巨。现在国基未固，外患方殷，非有强固有力之政府，不足以维持国脉。窃谓宪法为国家之根本法，宜体察本国现势，与夫历史民情，为之制定。总以使政府能伸张国权，发展国力为要归，而不宜取他国印板之文，谬相仿效而加之厉。惟揣国会议员议定宪法，难保不偏重党见，趋于极端，徒为防制行政首长之条规，致失国家活动之能力。临时政府之疲□不振，国本动摇，实《临时约法》有以使之然，可为前鉴。拟请台端转呈大总统，倘以锷言可采，祈密召海内贤达，如梁任公、杨皙子诸人，速将宪法草案拟订电知，俾得联合各省都督，先期提出，以资研究而征同意，期收先入为主之效。将来草案交院议决，若议员所主张，总统有认为滞碍难行者，通电各省，锷必与各都督联名抗争，务期达拥护中央之目的。某亦缔造民国之人，宁不思为民权之保障？特以民权恒视国权为伸缩，必国权巩固而后民权有发展之期。总统当国家行政中枢，负人民付托之重任，使因少数人之党见，减削其行使政策之权，恐一事不能为，必致陷国家于不振之地。时机紧迫，后顾堪忧，失此不图，势成坐困。特遣范君熙绩来京面述梗概，随当再派肖君坤具陈颠末。事关国计，本无所用其秘密，惟发议之始，诚恐胥动浮言，致为进行之阻，是以不能不翔顾耳。希缓宣布，并祈酌示办法为幸。滇都督锷叩。□印。

附录：主要人名表

姓　名	字号或别称	当时的主要职衔
蔡　锷	松坡	云南都督
周钟岳	惺甫	云南都督府秘书长
端　方	午桥	清川汉铁路大臣
赵尔丰	季和	清署四川总督
蒲殿俊	伯英	成都军政府都督
罗佩金	镕轩	云南都督府军政部总长
何国钧		云南蒙自关道员
夏文炳	（豹翁）	云南开化镇（今文山）统领
张世勋	（芗翁）	云南开化府知府
黄　兴	克强、堇午	南京临时政府陆军总长，后为南京留守
黎元洪	宋卿	副总统

姓　名	字号或别称	当时的主要职衔
伍廷芳	秩庸	南京临时政府司法总长
朱庆澜	子桥（紫樵）	成都副都督
杨荩诚	伯舟	贵州都督
赵　藩	樾村	云南迤西巡按使
李根源	印泉	云南都督府军政部总长、师长，后兼迤西国民军总司令
张文光	绍三	滇西都督
尹昌衡	硕泉	四川都督、川边镇抚使
韩建铎	幼泉	滇援川军师长
李鸿祥	翼廷（仪廷）	滇援川军第二梯团长（旅长）
谢汝翼	幼臣	滇援川军第一梯团长
唐继尧	蓂赓	滇北伐军司令，后署贵州都督
张开儒	藻林	滇援川军步兵联长
方声涛	韵松	云南讲武堂教官
叶　荃	香石	黔军第一师长
张培爵	列五	重庆军政府都督
夏之时		重庆军政府副都督
李蔚然	大茂	腾永士绅，李根源之父
陈云龙	天星	云南滇西都指挥
程德全	雪楼	江苏都督
龙济光	子诚	广东副护军使
王正雅		清末湖南清军武字营统领，民国初年任湖南常澧镇守使
罗　纶		成都军政府副都督
戴　戡	循若	贵州都督府参赞
周　沆	季贞	贵州都督府政务部长
唐省吾	尔琨	贵州提督兼黔省盐务
陆荣廷	干卿	广西都督
孙中山	逸仙	南京临时政府临时大总统
袁世凯	慰廷（项城）	清内阁总理大臣，后为北京政府临时大总统

姓　名	字号或别称	当时的主要职衔
杨毅廷	觐东	云南派往南京的参议员
张耀曾	镕西	云南派往南京的参议员
郭　灿		云南援蜀巡按使
陈其殷	先沅	云南援蜀巡按副使
王人文	采臣	川滇宣慰使、四川宣慰使
胡景伊	文澜	重庆镇抚府总长，后护理四川都督
赵德全	纯臣	贵州副都督
由云龙	夔举	云南永昌府（保山）知府
吕志伊	天民（莘农）	南京政府司法部次长
张一鹏	云搏	各省都督府代表联合会云南代表
段宇清	漱泉（叔全）	各省都督府代表联合会云南代表、南京临时参议院议员
郭重光	子华	贵州耆老会会长
谭延闿	组庵	湖南都督
刘显世	如周	贵州都督府军务部长
钱大丰		云南滇西统领
彭　蓂	尧阶	云南滇西统领
刀沛生	安仁	云南干崖土司、同盟会员
刀上达		云南永康土司土目
庾恩阳	泽普	贵州都督府军务部副部长
黄泽霖	弗卿	贵州巡防营总统
张百麟	石麒	贵州枢密院院长
熊范舆	铁崖	贵州派往南京之代表
刘显治	希陶	贵州派往南京之代表
殷承瓛	叔桓	云南都督府参谋部总长、滇援藏军总司令
沈汪度	石荃	云南都督府军务部次长
李曰垓	梓畅	云南都督府军政部次长

姓　名	字号或别称	当时的主要职衔
张大义		南京内务部总参事
傅嵩林		清末曾住川滇边务大臣
联　豫		清末任驻藏大臣
熊希龄	秉三	北京政府财政总长
汤化龙	济武	湖北军政府民政长
梁启超	卓如（任公）	
任可澄	志清	贵州都督府参赞
华之鸿		贵州财政司长
温宗尧	钦甫	辛亥时曾任革命军临时外交代表
赵均腾		民初曾任湖北都督府军事顾问、贵州宣慰使
张国淦	干苦	时任北京政府国务院秘书长
杨　度	哲子	

后　　记

《天南电光集》，原为周钟岳（1876—1955）辑，所收全为云南军都督府军政电文。辛亥云南起义后不久，云南都督蔡锷委任周钟岳为都督府秘书长，专司文牍。据周钟岳《惺庵回顾续录》记载，辛亥云南“改革之初，军书旁午，每日文电至百数十件，皆蔡公命意，予援笔伸纸书之，自黎明至夜分不少休息，而志气甚锐，颇不觉有疲劳也”。又说、“予撰拟文电颇多，爰择其稍重要者汇为一编，颜曰《天南电光集》，云南光复以后之事，借此可略窥一斑矣。”

周钟岳死后，《天南电光集》手稿下落不明。不久前从云南省政协文史资料委员会获见一手抄本，署书名为《电光集》，显系别人所转抄。阅读全文，应为周钟岳所辑《天南电光集》。经征询周钟岳亲属胡肃秋同志意见，她同意发表。本稿整理以后，又在云南省图书馆找到《电光集》三册，第一册封面题名为《惺庵电光集》，第二、三册皆题名为《电光集》，系手抄本。其第一、三两册，即本篇所整理的文电。第二册则是唐继尧 1922—1923 年间的文电，与周钟岳本人所说《天南电光集》是辛亥云南军政文电原意不符，故未收入，当另行整理。

现在看到的《电光集》抄本，电文编排未成系统，时间错乱，时详时略，错漏不少。原电文虽有标题，但文字没有标点。为了核对这个抄本，我们在云南省图书馆、云南大学图书馆和石屏县图书馆共找到七本《云南政治公报》（旬刊，云南军都督府法制局编辑出版，1912年2月上旬创刊）。把《云南政治公报》所刊的部分要电，与这个抄本电文进行核对，改正了部分错漏，并补充了部分电文。但由于现存《云南政治公报》不全，而且所收仅系“要电”，大部电文未收入，因此，相当一部分电文无从校核，其中少数文电词字不清，可能有误。对于一时难以弄清的个别词字，则以□符号代替。原电文标题一般较长，整理时作了修订。原抄本大部分注明了日期，但亦间有错误，整理时尽力改正，同时注明公元年月日。少数电文，原件未注明日期，又无从判明者，暂置于后面。

电文中涉及的人名，择其重要而又直接有关者，列表附录于后，以供参阅。

此集所收电文从1911年12月25日起，至1912年10月5日止（最后少数电文没有日期）。据查，周钟岳始任云南军都督府秘书长的时间是1911年12月8日，故所收电文在此之后。此集所收虽是不足一年的电文，却仍能反映辛亥云南起义后的基本形势和辛亥云南军都督府所采取的政治、军事方略和决策，包括对迤南、迤西的措施，对援川、援黔、援藏的军事行动，对南京临时政府和袁世凯北京政权的态度，以及蔡锷对梁启超的推崇等。这不仅是一本研究辛亥云南的重要资料，也是研究辛亥革命史和民国初年政治史的重要材料。

这个资料是由云南省政协文史资料研究委员会供稿，谢本书整理。

罗福星革命案（节录）

编者按：辛亥革命的胜利，给予台湾人民以极大的鼓舞，仅在1912年至1913年两年中，较大规模的抗日斗争就有五次，其中以同盟会员罗福星革命活动规模和影响最大。这份资料完整地记录了以罗福星为首的台湾爱国革命志士，响应武昌起义，从事革命组织活动，计划推翻日本帝国主义的殖民统治的斗争，为研究台湾人民革命斗争史，提供了珍贵史料。本文系据日本统治时期台湾总督府档案译出，原刊于台湾出版《中华民国开国五十年文献》一书，现仅节录其中《逮捕罗福星之报告》、《调查罗福星之报告》、《审询报告》、《罗福星之手记》等刊出，另将1954年出版的《台湾省通志》所记《罗福星革命》一节作为附录。正文中之“编者按”、“中略”、“下略”等，均为原编者所加。

（一）逮捕罗福星之报告

民法第五八四号

大正二年（民国二年）十二月二十二日

台北地方法院检察官长　小野得一郎

台湾总督伯爵　佐久间左马太　殿

罗福星住址：新竹厅苗栗一堡牛栏湖庄

右被告前因违犯匪徒刑罚令为临时法院以缺席判决判定死刑，尔来搜索中，于大正二年（即民国二年）十二月十八日深夜为淡水支厅所逮捕。其人持有手记二册及其他文件。手记之一，列记加入革命党者之姓名、住址，合计二百三十一人，按厅管辖区分之如：

台北厅　八十三人

士林支厅　十四人

新庄支厅　十八人

板桥支厅　九人

淡水支厅　三人

台中厅　三人

新竹厅　三十人

桃园厅　三人

锡口支厅　五人

苗栗支厅　四人

基隆支厅　二十二人

瑞芳支厅　五人

顶双溪支厅　一人

其余住址不明者　三十一人

迄本日已为所辖司法警察所逮捕及着手调查者，台北厅部分如下：

直辖台北厅警务课第一监视区　五人

直辖台北厅警务课第二监视区　五十七人

直辖台北厅警务课第三监视区　四人

士林支厅　九人

锡口支厅　三人

新庄支厅　十八人

板桥支厅　六人

淡水支厅　一人

基隆支厅　十一人

瑞芳支厅　一人

另一手记之记事，于搜查上殊为有益，现正翻译中（见附录一）。

据罗福星供述：彼于大正元年（即民国元年）十二月为福建都督差遣，与左列十一人来台：

刘习修、徐金固、吴达江、江巴山、林修五、吴修建、金星桥、陈震东、林志远、古维新、罗国亚（编者按：此处姓名似多为化名）

罗福星与罗国亚同于淡水登陆，其他人员分别自福州及东京来台，非同日渡台。又云：不知十一人今在何处。同人号称“实任募集主盟充责员”，负责于台北及苗栗地方募集；其他人员，各于其担当区域内募集之；又云由彼募集者，总计一千五百余人，手记记载以外之名册，于本年农历七月刘习修及农历八月吴达江归国之际，令其持去。

右谨报告。（编者按：参照附录（一）之手记，则刘习修似为刘士明，吴达江似为吴觉民。）

附　罗福星所持之文件

编者按：各文原件应为汉文，兹从日文档案译出；惟其中诗歌则为汉文抄件，与《台湾省通志稿》所采用者稍有出入，故仍录之。

1. 文件之一——大革命宣言书

由五大洲六大洋组成之世界中，面积占三分之一、人口最多者，唯我中华民国。然而，吾民不知国家为何物，不解爱国心为何物，亦不知团体为何物。今仍固守野蛮之性质，顽固之根性未全脱除，更无进取之气象。独我华民之居留南洋群岛者，十年以前，已有开化之志，辨君臣本分，知亡国之耻辱，悉邻国之苛政。诸君试观被俄国灭亡之犹太国，仅不出二十年，而种族见灭，文字被废。而犹太国之人口四百余万，面积东西六十二英里，南北百二十六英里，人口之多，实为我台湾之二倍以上，为世界中最先开化之国度，然今为俄国视若犬马！诸君不观乎琉球亡于日本，仅不过二十年，而种族已灭，文字亦废！今亡国之民，家破失业，多沦为乞丐，厥状悲惨。我台湾人民，犹不猛省，恐将遭遇如犹太、琉球人之境遇！台湾亡于日本，于兹十有九年；人民蒙害，譬如身体，今不过剥我皮肤，又四五年后，而削我骨肉，八年十年后，必至吸我骨髓矣！我台民不知日本意欲亡我民族，夺我财产，绝我生命，哀哉！诸君不解此中道理，甘受日本之苛政，不久将至失家、夺财而身亡！我岛民于苛政下，如何艰苦，今详述其惨状于下：

一、人民之产业，全为官方强夺，人民不得生存于社会。赋课繁重，民入不敷税课，生活陷于穷境。今我台民，虽营商兴业，然日本政府之施政如此，故不出数年，必至陷于败业破产之境，无法扶养妻子，不得不沦为盗贼土匪，掠财糊口。至其时，而民悉被捕处死，全家灭亡！现今日本之治安方针，势欲逼使岛民为盗贼土匪，而加剿灭；可恶日本政府以此阴毒之手段，灭我岛民！

二、事业、营业之有利可图者，悉归官营专卖；对岛民之薄利营业，征以苛税，民多苦之，此吾人愤慨之至者也！资本仅有三四百元之小贩，视之为千元以上之资本家而课其重税；以十万资金营商者，少则年课税十数万。即如小小之营业执照，一介商人，欲贩卖杂货，或酒、烟草、盐等数种物品者，需领数张营业执照；每一营业执照纳费一元、二元不等，则贩卖数种物品，仅执照费一项，即需十数元矣。不止此也，更课以极重之地方税、营业税、房捐等等；再付店员薪金，扣去餐费，则收支不能平衡。嗟呼！商人何以为生！日本对殖民地营业税之课赋，如斯之苛！

三、不见乎我台民之轿夫，汗流浃背，劳动非常，日得二三十钱耳！年不过数十元，而轿夫营业税，年课数元。扣除房捐、地方税、官税，所余犹不足畜妻子；未闻世界之殖民地，有如斯之苛税者，独台湾有之。榨民膏脂！诸君试观世界之殖民地，诸如印度、爪哇、吕宋、菲律宾、孟嘉拉、苏门答拉、安南、缅甸、日星（?）、高兰波诸岛，无营业税，仅马车、电车课此税。

四、最可叹者，厥为路边之游动摊贩。彼等之资本不过三四元，一日之利润仅二三十钱；缴纳营业税、执照费，致以资本金充糊口之需，日耗八钱十钱，不出数月，而告贷为活，沦为失业者，终至身亡。试观挑担叫卖街头之小贩，卖一碗食物，只赚一厘钱；不幸而遭遇警察，往往罚金一元，以致收不偿支。呜呼！自东至西，生活艰难之声响彻云霄！我岛民中，受官虐待而哭泣，生活困苦不堪者，莫过于此等小贩。

五、屠宰业亦然，年纳猪税二元，屠宰税数十钱，营业税数元，养猪税十五钱；于市场出售时，征贩卖税数钱。种种苛税，入不敷出，惨状莫此为甚！

六、最可恶者，乃地方之警察。彼等借口保甲费、警察费、壮丁费等名义，征金于民，以肥私囊。其凶猛如虎狼，诚乃村中之国王。民皆率相优遇之，赠贿多者，得与之交结，而万事方便，参与商议，获得平安。否则，不事款待者，常受其苦。故富者都伏遇之，而贫者则受虐待。富者于岁首季节，赠彼鸡鸭、酒肉、菜料等；贫者无此送礼能力，故常受虐待。环境卫生亦然，富者积污门前，犹得默许；贫者之家，稍有尘埃，即受殴打侮辱，遭受毒害。区长、保正、甲长等地方名誉职，亦不经由公平投票选举产生，违反民意所归，而采用警官自己适意者，全以谄媚警官者任之。故为人廉洁，及负众望之人才，咸弃诸野。曾以金钱买得上述职役者，免除其服役植路树、修道路、伐生蕃及其他劳役之义务，此诚不公平者也。彼等以户口调查、视察鸦片吸食为借口，常至民家，见有合意之物，辄要求不止，不予奉赠，他日必受其害。彼等不察下民之贫苦，不分昼夜，辄至民家，令杀鸡备酒，巡回饮乐，民多苦之。如斯警察，从未见诸他国，独日本警察，如此逞威贪财，横暴待民。故三百余万岛民，无不抱不平不服之心。至若供职于日本官衙之厅参事、保正、区长、巡查补、通译、庶务员、教员、隘勇、壮丁、甲长者，实出于不得已，以救妻子之饥饿耳。

七、讨伐生蕃事：据云佛兰西占领亚奇岛，于兹三十三年，讨伐生蕃，渐自平地驱入山内，已二十九年之久，蕃未降伏。未闻征发民间人夫之事。讨伐之二三月前，政府必出告示，募集人夫。决非如台湾然，采取残酷之政策，不问家中有无人力，每家义务出役人夫一人。试观征集人夫讨伐台湾生蕃，如何不公平，残酷至极：寡妇贫家之无男者，不得不鬻卖自己之子女，雇佣人夫，以尽义务；被佣者仅为四五十元，而出卖自己之生命。足见日本之法律，非为爱民、保民而设，乃为灭我岛民而设者也。诸君其勿忘之！

八、特务刑警横行，惨不忍睹，亦不堪闻。彼等常借口至民家搜查侦探，威胁诈取愚民；视收贿之多寡，不问罪之有无，或拘或放，无辜之民，冤情惨状无由申诉。如此情事，不遑枚举。试举一例：刑警逮捕一窃盗犯，拷问之，以得不实之自白，且命之曰：“出庭时若推翻对我所作之自白，勿忘待汝出狱时，必予汝以苦头吃！”此时有钱人辄得救。呜呼！无辜之良民，向何处申诉冤情哉！

九、我中华民国国民渡台营业者，遭台湾政府虐待之情，不堪言状！华民常无故被警官殴打、暗杀，鱼肉见夺，蔬菜被掠。泣诉之，则曰：“此为殖民地之制度、法律。”然此法律、制度，不适用于同样在台之外国人，如英、美、德、法之民，而独适用于我华民！以遂其虐待，此一事实诸君所深知也。

十、华民渡台居留者，应出人夫讨伐生蕃；捐款予学校。未闻万国公法令外国人负如此之义务者。若他国而有此法律，则佛兰西之讨伐生蕃也，可令居住该地之我国同胞，出财服役，然吾未闻有此一事。

十一、我华民在台，被警官暗杀毒害者，不遑枚举。现桃园厅下三角林庄张上清君，被当地警官暗杀之事实，经我调查，证据昭彰。张上清君籍属广东镇平。

上述日本政府之虐政，凡我中华民国之国民，闻之不胜愤慨！

以下详述我之来历：

中华民国元年十月六日，我奉福建都督之命，与十二名志士，同为调查、视察，并募集华民联络会馆会员事渡台。主盟人为刘士明君，台北财政局长为林达荣君，台中财政局长为刘金甲君，台南财政局长为魏中兴君，台南副主盟为邱维潘君。我十二士为募集主盟充责员。至今日已募集会员达九万五千六百三十一人之多，皆有革命之志。籍属民国之华民，为募集会员，假装人参药贩入台者，亦有二万人。三月十九日，余以一函托吴颂贤转呈广东都督，略以广东都督谅必有意光复台湾，请即予承认以吴颂贤为募集主盟充责员，组织共和联络会馆，特派赴台湾，与我华民联络会馆联合，广为募集会员。八月一日，广东都督派吴觉民调查共和联络会馆应募会员人数，时会员已达五六千人。八月十六日，余于台北大瀛旅馆，与吴觉民、吴颂贤二君相会，有所论议。十九日，派遣金星桥君赴闽叩询闽都督之意，闽都督与我意见相同。九月十八日，接都督公文云：“今闽、广两省已联合。”余明告诸君，本年六月黄兴先生特派潘□□君赴台，从事革命会员募集运动。七月间黄兴先生更令陈士、王渊二氏渡台，调查会员，二十七日会合于基隆承洋旅馆，开秘密会议，就革命举兵事有所商议。二月间余视察于台南一带地方，知林季商之会，已有会员二万，今四会（四会指福、广、闽、林季商四党。——日档原注）联合，称为华民联络会馆，将大有所为。呜呼！不料吴之部下，泄密败事，以至多少社员士气沮丧；然我部下被逮者不过十数名耳。于举事何妨之有！今我将与吴颂贤、叶水传，粉身碎骨，杀身成仁，而为台湾人民之纪念人物。古人曰：“杀头相似风吹帽，敢在世中逞英雄。”人生不二死，该死不死，污名流千载；死得其时，垂芳名于百世，此真男儿也！唯欲以此雪国家之耻，报同胞之仇耳！

我两党人员被捕处刑，台湾人宜加纪念者也，古人曰：“谋事在人，成事在天。”生存于地球上者，生死乃天命，不必求长寿。今我十二志士伟人，咸愿粉身碎骨，为革命而牺牲。我一人虽死，尚有十一志士为我报仇。我敢断言，今后台湾官吏，不得一日安宁矣！

2. 文件之二——罗福星之自叙传

事成则岛民得安，事败则我民族见灭。吾虽犯日本国法，然我事业乃天命也。台湾总督府之官吏乎！今年我虽失败，仍期明年成功。一日不承认我台民之独立，必举事一日，不幸事未成，吾等一举，掀起翻天覆地之骚动，以苦汝等日本政府，然此绝非无谋之骚动！我之事业，乃欲脱离汝等野蛮国，以树文明国之美举。世界伟人拿破仑、华盛顿，唱共和政体主义，虽屡次失败，终告成功。近年伟人孙逸仙先生，备尝辛苦，倡导民族主义已十有八年，事业未全失败，亦未全成功，失败而意志愈坚强，能耐能忍必有成功之一日！日本政府诸官！汝等勿忘！汝虽惨杀我同胞，我福建政府未即干涉；此次我华民被汝等惨杀，为台民之纪念，华民之纪念，而对日复仇之念益深！汝等勿忘，安重根刺杀伊藤博文之事！今我一死，只为救出台民于虎口。我虽死，我十一志士将继承我志！

数年前，我于台湾有家屋焉，然见日本官吏之恶逆、专横、不仁，愤慨至极，乃抛弃家产，乙巳年（一九〇五）秋归返故乡，执教于村中学校者二年，奉当时广东学务部长丘逢甲君之命，赴爪哇视察学务，达到目的后，返回广东。

丁未年（一九〇七）春，任新嘉坡华侨学校校长，在职二年，不适水土，故辞职而往巴达维亚，为当地华侨学校校长。

辛亥年（一九一一）春，与胡汉民、赵声、林时爽（福建林鸿年状元之子。——原档注）游历各岛。三月二十日至西印度机关部，时温生才于三月十九日刺杀孚奇将军，接电报云二十九日将于广东举事。同志四人，自西印度归省，三月二十六日抵香港，二十七日到省城。是日（按：当指三月二十九日），百余名志士攻击总督衙门；于此举黄兴左手指遭枪伤。四月三日我与胡汉民避难香港；闻林时爽于三十日被枪杀于总督衙门，我与胡汉民同赴暹罗避难。五月杪往巴达维亚，不意与黄兴相会。七月二日，黄兴自巴达维亚归国。

八月十九日为义旗大举，此即武昌之战（编者按：即指武昌起义）。二十三日接巴达维亚机关部电报，通知我等二人召集民军；二十八日募集民军二千余人，九月二日率之自巴城至香港，此时香港已禁港，故仅胡汉民登陆。二十四日往广东，我等与民军，同于二十五日抵省城，领受武器。十月四日受胡都督之谕示，乘战舰至上海，即入苏州。十二月六日解散归家。

壬子年（即民国元年）春，再供职村学校长。七月二日得刘士明君书翰，大意谓："调查、视察台湾，以举事于台湾，愿君同赞此举。"吾甚喜，乃于七月三日离家赴闽，得都督之公文，与十二志士同游南京、上海、天津、武昌、湖北一带地方。十一月二日抵汕头。九日乘汽船来台，至大稻埕。十三日互议，十六日十二志士分南北路，著手募集会员。我抵苗栗，一探民意，人民甚热心。至二月（一九一三年）末，募集会员五百余人。三月二日余北上，接罗庆庚电话，谓予被人密告，教我逃遁避难。我想人生必有一死，何足惧也！四月中，被苗栗支厅传唤，事于糊涂中过去，旋被释放。五月二十四日，与黄增富君、罗国亚君乘六时之火车，同来台北，大事策画，三人同至会馆歃盟（歃盟乃切指出血立盟之谓。——原档注）。后寓居大瀛旅馆，幸得借该旅馆充苗栗机关分部事务所。七月，彭云轩来北曰："苗栗方面宜秘密从事，切勿泄事，盖苗栗会员皆奉官职公职之上流人士。"八月二十日，余为与下级机关分部接洽事务赴南部。九月九日自台南归苗栗，调查至入夜。二时许，于黄公德君处开会，此时尚不知吴、叶二氏已泄漏事机也。十四日余离苗栗转台北，尚无变故。九月二十日夜，接苗栗罗巡查补书翰曰："明日望避于他处协议机关分部事，是夜余投宿稻新街张某宅。"接罗之书翰，即赴机关分部，待罗来会。二十一日夜二时，与罗巡查补有所商议，是日留于稻新街张氏佑妹家。二十六日华民社员前来报告吴、叶二氏事泄之始末。于是余谓："事至此，何惧一死？死之，反为岛民留一叶青史，为一纪念，我实喜之。"十月十五日刘君□□曰："据云，台北即将开始搜索。"故余移苗栗机关分部事务所于他处。如上所述，足见余之意志如何坚强。万一不幸我死，事态亦不足忧。台湾政府呵，我愿受死刑者也！勿多审问，福建政府自始即未与汝斗争，与汝斗争者，我一人耳！台湾政府勿惊惶，静观明年我等如何行动！台湾政府今后决无一日安宁！总督府之官吏呵，勿仓皇！明年我十一志士，将为翻天覆地之大举。今我一死，以垂芳名于千载，今我虽未雪国耻，未能报仇而毙，我十一志士，将继我志，报我仇。台湾官吏勿仓皇，速谋地方治安之策可也！我思汝等如何讲求治安之策，人民仍决不信服。天若救我，事不泄，则华民与台民取得联络，共唱共和主义。台湾人之已入会者，富者捐献军费，贫者出人力；在台华民则为敢死队，被台湾政府杀害之岛民之子孙，加入之，策画举事。台湾政府若欲剿杀全岛岛民，他日必有大祸来临。

我中华民国，绝非仅派人来台募集革命党员，且于去年六月中，设同盟联络社于北京大直街、山东省城西门横街，主盟人为告秀斗君。朝鲜人民于上海四马路角街、南京西泉街、天津西门外街、湖北武昌六扇街等处设华族同盟会。我华民联络社会之主盟人为方桂云君。凡此分布于各地之联络同盟会，为日本政府所不知；又对同盟会之主义旨趣，亦不知之。而台湾政府仅注意在台湾之我华民秘密社会，不值一笑。自来我华民与汝日本人有冤仇。我政府表面上虽与汝政府缔结邦交，然民心仍怀恨汝国，故同为中华民族之台湾人，一闻我等此举，皆全力赞助之。富者欲助军饷，入会者多达数百人；贫者喜之，愿为军士者，亦复不少。无不以此为美举，而大呼快哉！

我华民曾盟誓，事如不成，断不留此世，今台湾吴、叶两君，泄漏机密，致事不能举，华民同胞闻之无不愤慨。彼两氏若不泄漏，华民举事已近，而日本政府尚不知也。江亮能、黄国琳、黄光枢等被捕事，曾转报我政府，上司任端木年君为台湾总调查员，现正归省中。在台华民之卖药者、艺术者、人参贩、厦门茶工、专卖局烟草工厂之职工及广东人之渡台者，台湾政府须加注意，彼等皆为秘密会员。会员最多之地为台北、台南、桃园、基隆、宜兰等，农工商之外，入会者之比例：巡查补中入会者十分之四，铁道部员工中入会者十分之三，隘勇（编者按：类似今日之山地警察）蔡清麟之部下，邮局局员中入会者十分之三四，区长、保正、甲长中入会者十分之四以上。如不信，精密调查之，即可判明。

3. 文件之三——罗福星之歌词

于兹我但愿被处死刑，惟欲留名于台湾，乃作歌：

独立彩色汉旗黄，小万横磨剑吐光，齐唱从军新乐府，战云开处阵堂堂。海外烟氛突一岛，吾民今日赋同仇，牺牲血肉寻常事，莫怕生平爱自由。枪在右肩刀在腰，军书传檄不崇朝，爷娘妻子走相送，笑把兵事行解嘲。背乡离井赴瀛山，扫穴犁庭指顾间，世界腥膻应涤尽，男儿不识大刀还。弹丸如雨炮如雷，喇叭声声战鼓催，大好头颅谁取去？何须马革裹尸回。勇士飞扬唱大风，黔首皆厌我独雄，三百万民齐奋力，投鞭短吐气如虹。青年尚武愤精神，睥睨东天肯让人，三州区区原少弱，莫怕日本大和魂。军乐扬扬裂唤鹅，天风情长感慨多，男儿开口从军乐，可唱台疆报我仇。东来客旅雷我原，驱逐夷蛮我国尊，白种更传黄祸事，何难今日此争存。

祝我民国词：

中土如斯更富强，华封共祝著边疆，民情四海皆兄弟，国本沧桑气运昌。孙真国平著先唐，逸乐丰神久既章，仙客早贻灵妙药，救人于病身相当。

4. 文件之四——罗福星之报告书

为救济华民，急呈仁慈之都督阁下：

余原籍广东省镇平县高恩乡大地村，曾为该村学校之体育教员，民国元年十月中，为视察日本政府之警察、军法、学校、商务、税务、土地调查等制度来台湾，此原非受民国政府之委托而来，乃吾平素之志愿，独自来台者也。生来台湾，为糊口计，营商于台中，预定明春归国。然自四月（一九一三年）一日余见台湾政府讨伐生蕃事，驱不持武器之岛民，迈向死地，致顽强之生蕃，死伤已愈数万，凄惨不可名状！九月下旬苗栗台民大举义旗，该地警官报告上司，诬其反击日本政府，欲借此报南京日人被害事件之仇。总督府未为周密调查，轻信警官之报告，凡华民之贩卖人参者，悉捕去拷问；因之同胞失去意志，自供叛乱之事，被台湾政府惨杀者数百人，下狱者数千人，冤情无由申诉。义民多为我广东、福建、广西三省之民。且华民之营业税，为台民营业税之三倍。华民一入村落，贩卖人参，辄遭警官无故殴打。台湾政府讨伐生蕃时，使役我华民为军夫，或向我华民征收苛税，此乃我华民不胜悲愤之所在。我民国政府何至不知日本政府如此虐待我华民也。十月六日夜十时郑人之店铺，为警察所烧毁，郑人当时不在，知情而逃，因警官搜查甚严，迄未归宅。据苗栗可靠人士言，目下同人之部下有六七万云。

（以上各件译自《台湾总督府公文类纂》第36卷，永久保存类第6门。）

（二）调查罗福星之报告

民法第九七号

大正三年（民国三年）二月六日

台北地方法院检察官长　小野得一郎

台湾总督伯爵　佐久间左马太　殿

罗福星住址：新竹厅苗栗一堡牛栏湖庄三百十四番地

明治十九年（一八八六）一月二十九日生

右员前于临时法院以缺席判决判处死刑，闻风潜伏各地，所在不明；乃于大正二年（民国二年）十二月十九日清晨二时为淡水支厅所捕获，当时该员持有手帖二册、论文四篇，其中不少重要记事，且手帖之一为革命党员名册。经数度调查，大要如左：

一、被告所持手帖之一，列记加入革命党者之住址、姓名，合计二百三十九人。各姓名之上，不少记有旅长、团长、营长、队长、兵士、秘书等各人之职务；姓名之下，捺有印章者。据被告供言，右列人员，皆为江亮能所募集者，另有傅清风、谢德香、黄光枢等所召募者，别有名册，同志之一吴觉民归中国之际，交与持去，今不在此云。

（依名册所记载者，加以检举，惟多数使用别名，大半难得真确人物；经严密调查，多类似者、嫌疑者之后，就其最适确者加以检举；又，虽不在名册内，惟确有入党证据者，与前者合计二百三十三名。听取各被告之陈述后，已移送临时法院。——原档注）

二、手帖之另一册，为被告之手记，起于大湖支厅始行着手检举本案之大正二年（民国二年）旧（历）九月九日，系作为纪念失败之记述；论文四篇，为被告闻知被判死刑之缺席判决后，自己起稿者云。（附手记、论文及其翻译）此等文件可为被告罗福星前被缺席判决认定：被告于大正元年（民国元年）十二月十六日渡来本岛，与谢德香、傅清风、江亮能、黄员敬、黄光枢等相结托，企图于本岛募集多数党员，鏖杀日本人，使台湾复为中国之领土等事迹之有力证明；惟其记载之内容，不足信者亦复不少。如被告企图于本岛革命一事，记载云：非被告一人之策划，乃得中国官宪之援助，及中国本土有力志士之支援；又如载云：民国二年七月于福州南门大街刘士明住宅协议，受福建都督孙道仁之命，与同志十一名渡台，已募集同志达数千人。至若置本部于大稻埕，干部屡次秘密协议之记载，可疑之处不少，以之屡讯被告，被告一味肯定毫无虚构情事，殊不易窥破其真相。（中略）

三、然则罗福星何以有此图谋？必然引起此一疑问。关于此点，已如本席前于大正二年（民国二年）十一月二十日之报告，彼系先于本岛召募多数同志，遣归中国，以求取有力人士之援助，为他日大举之用；手记论文之记事，盖将其理想现实化之记述也。征诸被告与吴觉民交换有关革命之手段，将一部分党员名册交予吴员，同乞中国官宪之援助等陈述，亦足识其真意所在。谨报告如右。

（三）审询报告

民法第一一九号

大正三年（民国三年）二月十六日

台湾总督府临时法院

代理首席检察官　小野得一郎

首席法官　安井胜次

台湾总督伯爵　佐久间左马太　殿

临法发第一一四号

本法院于新竹厅苗栗一堡苗栗街八十四番地（苗栗支厅内）自本日起开庭公判。谨此报告。

1. 罗福星之供词

民法第一二五号　大正三年（民国三年）二月二十六日法务部长阅

一月十六日上午九时开庭公判。安井、富岛、大里各法官，小云、松井两检察官会审。

罗福星不服缺席判决，其理由如左之供词：

前判决以我违犯匪徒刑罚令判处死刑，但我于大正元年（民国元年）十一月间渡台时，其目的在于视察台湾之状况，断无企图不轨之心。大正二年（民国二年）四五月间，我之视察业务已毕，将返中国，乃向后垅支厅申请护照，屡诉苦况；该支厅不允我渡航中国，且不让我停留该地，为之大加压力，使我无容身之处；不得已与谢德香相联合，募集革命党员之动机，于焉形成。虽然革命以先纠合同志，后日与中国政府相谋，求得中国之支援，使台湾复为中国领土为目的；但此不过为一腹案耳，殊非胜算，即为一未必然之事；而临时法院即以缺席判决判处死刑，不能不云至为不当。我之出于此举，罪不在我，实在政府也。

于是法官又问彼于中国及南洋各地时之行动，罗之陈述，大要为：中国革命时，与黄兴、胡汉民等相识；于南洋时，与华侨团体等对中国革命多所尽力，此与彼所持手帖之记载，颇相吻合。

视察台湾状况，系视察教育、警察制度等，依福建都督之意见，以大地村公立学校校长名义渡台，今尚持校长衔。因广东都督胡汉民之介绍而面晤福建都督，面晤都督一事，系大地村协议会之决定云云。

渡台之际，随身携带旅费四十元，预定大约视察五个月后返回中国；若旅费不足时，准备处分苗栗之共有土地及借款，以补不足之额。

我之所以募集革命党员，乃出于后垅支厅之压迫，又系谢德香劝诱我，非我所始议；惟接受其劝诱时，谢德香以何相语，今已失记忆。

募集党员事，虽与谢德香言及；然我未曾命令募集员，募集员系听命于谢德香；募集之方法、劝诱之言辞，我一无所知。

顾左右言他，否认各罪。终于审判长严词套询之下，供认曾与江亮能、黄员敬等会过面之事实；又承认大正二年（民国二年）五月间，得邱匪查浦之秘密通知，与之会于苗栗伯公庙，而有所协议。

我被捕时所持手帖之人名，皆系入党者，为江亮能所募集。

示以交予江亮能之任命令。问："此系罗福星所交予者"答曰："然"。问以任命书中何以有福建都督孙道仁之名，对曰："因来日将拥孙道仁为台湾革命之首领故也"。

手记中所载"宣告文"一节，系为江亮能、黄员敬等被处死，将来举行祭祀时，将予宣读之祭文。

手记中所载非难总督府之施政十条，为调查结果所得，我自信其为事实。其所以记入手记中，乃相信万一被捕，必定立刻为警察官吏所斩杀，载之以慰区区我心。

至是庭上宣布中午休息，下午继续审问。

下午一时二十分开庭（审问罗福星）。

入会费每人征收二元七十六钱，其中二元寄送汕头东部，七十六钱充募集员之费用。

任命令系对入会者之身份调查过后，由我及江亮能调制发给者。

入会费各人均等，不因职位之高下而异。缴于我处之入会费，共约百元，其中六十元，予吴觉民返回汕头时，托其送去，其余充台湾募集员之费用。

2. 检查官要求判处罗福星死刑

被告于大正元年（民国元年）十二月十八日登陆淡水，以傅清凤、江亮能、黄员敬等为部下，于台湾募集革命党员，企图发动一大暴动，以驱逐在台日人。此一事实，由前经本法庭判罪之被告供词及其证物，并罗福星所持文件及供词等得以明确。被告虽于本法庭作甚为暧昧之供词，然大体而言，由其自白，其罪犯之事实，昭然若揭。人们对本案素抱种种疑惑，苦于不解罗福星之真意所在。罗之行动及态度如何，对本案真相之明了最为重要。本席对罗作十余次郑重讯问之结果，起初，被告陈述本阴谋案，非彼一人之企图，系依中国官宪之命，选派多数募集员；又，手记论文亦稍事修饰。待其十余次重复陈述，乃至渐次自白事实真相，推翻前供；罗言虽不免夸大其词，然亦非单以欺诈为目的，此可由被告之经历及其思想知之。被告之真意，可谓企图纠合党员于台湾有所作为。被告曾为中国革命而奔波，且有广东人所共有之革命天性，故被告一人空想成事。被告之手记及其计划，系就其空想之原形记载之，且以之告人者。致若因被告之劝诱而入党者，或惑于眼前之利益，或不以日本政府之统治为然，或为恐怖所驱策，动机虽异，要皆赞成革命而入党。其能纠合如此众多之同志，乃被告为之主动。被告适用前缺席判决时所引匪徒刑罚令第一条，应处死刑。（下午二时二十五分审理完毕）

（四）台湾总督府向日本内务大臣报告审判经过

民法第一七五号

大正三年（民国三年）三月十三日发

（编者按：本件右上角注有“大急”两个大红字）

左案仰高裁

案为罗福星及其所属部下匪徒，及中部地方沈阿荣、张火炉所属各部下匪徒事件，自大正三年（民国三年）二月十六日起开第三次临时法院公庭。

罗福星及其所属部下匪徒，由临时法院检察官受理者，计二百四十七名；其中九十八名予以起诉，百四十九名因证据不足，而为不起诉之处分。

罗福星系本岛阴谋事件之首魁，第一次临时法院开庭时，曾为死刑之缺席判决；客岁（按即民国二年）十二月十八日，为淡水支厅所逮捕。而其部下之匪徒，则据罗福星所持手记予以检举，罗以外二名对缺席判决提出异议者，已同移临时法院审判。

中部地方沈阿荣、张火炉及其所属部下匪徒，由临时法院检察官受理者，计百三十六名；其中五十二名予以起诉，八十四名因证据不足，而为不起诉之处分。

中部地方之匪徒，为意欲引起本岛革命之暴徒，惟与罗福星一派无联络。

审判自二月十六日开始，罗福星及其所属部下匪徒，依次审理，于同月二十六日审理终结，同月二十八日宣布判决。

受公判者，总计百五十名。

审理慎重公平，判决结果如下：

死刑	二名	（其中一名缺席，一名提出异议）
有期徒刑十五年	三名	（其中一名缺席，一名提出异议）
有期徒刑十二年	三名	
有期徒刑九年	八名	（其中一名提出异议）
有期徒刑七年	二十九名	（其中六名缺席）
有期徒刑五年	百五名	
有期徒刑四年半	一名	
合计	百五十一名	（其中八名缺席，三名提出异议）
无罪	一名	
死亡（按即审判中死亡者）	一名	

有期徒刑囚犯中九十名，于三月一日移监台中监狱；死刑囚犯及其他有期徒刑囚犯，于三月二日押送台北监狱。

因此一判决，匪徒事件已告一段落。以本月三日府令第九号，废止临时法院；以府令第十号，撤消台北监狱苗栗支监。临时法院之职员同前次者。

谨报告如上。

台湾总督呈内务大臣。

附呈临时法院处理人员表及判决誊本（略）

（以上各件译自《台湾总督府公文类纂》第38卷，永久保存门。）

（五）罗福星之死刑执行报告书

民法第一四七号　复检发第三六七号　复审法院检察局

大正三年（民国三年）三月三日

罗福星　无业　年二十九　新竹厅苗栗一堡牛栏湖庄三百十四番地

右被告因违犯匪徒刑罚令，经设于新竹厅苗栗之台湾总督府临时法院，于大正三年（即民国三年）二月二十八日判决死刑，为执行此判决，因同法院检察官之嘱托，已于本日依成规，于台北监狱执行完毕。

依例报告如左。

大正三年（即民国三年）三月三日

复审法院检察官长代理　松井荣尧（印）

台湾总督伯爵　佐久间左马太　殿

（译自《台湾总督府公文类纂》第37卷，永久保存门。）

（六）罗福星之手记

——苗栗部共和党机关失败风潮纪念

（编者按：本手记原件应为汉文，今未之见，兹从日文译件再译为中文。日文原档页首右角标以红色秘字，可见日人视此为重要文件。）

民法第一七八号

大正二年（民国二年）十二月二十六日

台北地方法院检察官长　小野得一郎

三村秘书课长　殿

台北地方检亲第七五号

罗福星之手记，已翻译完毕，如别册。请呈供总督阁下高览。

手　　记

九月九日

（按：此为中华民国二年农历九月九日，以下日期均属农历。）

晚十时半，共和党之机关已告失败。是夜二时，机关部同志谢绍堂，自大湖来苗栗，报告吴、叶（编者按：即吴颂贤、叶永传）二人泄露事机；因此即于是晚招集四五十名会员，欲誓天地，有所协议，乃警察突然破门而入，内有八名被捕（集会地点为大湖天后宫）。我一闻此事，即派出数名会员于各地，招集各会员，于黄公德处开临时会议。四时半，约集合八十名会员，我训戒之曰：

一、吴、叶二人虽泄露机密，诸位应坚定意志，万一被捕受刑时，亦不可供述累及各同志之事。

二、不可泄露时局之机密。

三、不可供出会员姓名。

四、不可告以秘密机关事务所。

五、不可告以实在之人数。

六、凡事宜待机而动。

七、不可滥诬未入会之本岛人（即台民）。

八、即使被杀，亦不可告以实话；应酌加改编，以假乱真。

九、若此事成功，可获得大幸福也。

十、若被迫至供出同志之姓名，本社断……不予承认。

上述十诫，诸位务必注意，不可稍现于言语举动。乃与来集之会员立誓，四时五十分散会。散会后，急派罗浮云君赴通霄支厅；谢绍堂君赴内狮潭；谢森鑫君赴三叉河、湾里一带；吴荣□君赴大湖一带；叶敏枝君赴后垄、造桥地方；各将前记十诫通知七百余名会员，命彼等严格遵行。

九月十日

本日五时三十五分，我到苗栗火车站。时叶永传君于候车室等火车。

我：叶君大清早您往何处去？

叶：欲往台中旅行。

我：曾否泄露您机关部之机密？

叶：无其事也。

我：您我如兄弟，共赴此事，何故不实告我也？

叶：实无其事。何故以此事见问？

自思尚非谈论真事之时，于是我购买车票上车；自车窗伺之，见巡查补罗庆庚君带叶君走向火车站来。究为何事，我心虑之。

七时五十五分火车抵达三叉河，即连同较（编者按：此字恐有错误）云金君赴大湖，调查傅日东案。下午经闩门棍庄罩兰，投宿一夜。翌日下午转赴台中，与募集员刘盟修君，就机密事项，有所协议。搭是晚七时之夜快车返苗栗。此时领收集来之调查费二百六十七元，纳入社账。

九月十一日

我于六时离苗栗，赴嘉盛庄绍堂君处。九时许，转赴田藔庄轻铁会社，访徐□（字体不明。——原注）庚君，就时局有所议论晚餐后，又转赴社藔岗庄谢云玄君处。谈论不久，罗清霖，谢立球君二人来，语及叶君被捕事。于是我装不知，问以叶君何许人也，何故被拘？彼曰："据苗栗人士云，叶君为富家子弟，不致窃人物品，不知何故被捕。"彼又云："叶君之父叶士添，有五十万元左右之资产。"是夜我投宿宜人馆。八时许黄南球君来，谈至十二时始归去。彼云："此事不可漫不经心，宜尽速策画，并乞求督宪（督宪乃中华民国之都督——原注）谕示。"并云："急需费用几何，我可支给。"黄君约有百万元资产。

九月十二日

为侦探国事，今朝派出汤耀芬于大湖一带地方；为调查事，派出苗栗机关部秘书詹国恩于大湖一带地方。下午汤君报告由吴、叶两君所交出之手记，知会员有被逮捕者：

一、大湖区长吴某及保正等以下九十四人被捕。

二、因吴、叶两君泄露机密，我同胞大为所困。

三、大湖支厅管辖内入会者多为富豪。

四、近三日内被拘者达百余人。

五、八月二十五日大湖支厅有枪三十七挺，子弹四百余发被窃，窃盗尚未就擒归案。

九月十三日

为部署人员，今晨离苗栗赴五湖庄，决定：

一、以吴大雄君为会员代表。

二、以叶敏枝为机关本部临时事件调查员。

三、选定赖达兵、吴天来、钟瑞祥、钟□□（按：字体不明。——原注）、罗国、亚黄（编者按：此处原标点似有疑问，恐为罗国亚、黄□□）六人，任暗杀日人事。

因警察会滥捕同胞，横加拷问，为预防计，特命此六人注意。同时亦布置临时秘密侦探员（其中有巡查补）。

九月十四日

晨七时半离旅馆赴火车站，原不打算回来；因未赶上火车，乃步行至后垅火车站。大湖至后垅有一里路。途中见黄□□（字体不明——原注）君与首部特别侦探同行；我知其理由何在，未问何事。黄□君乃我社人员（以下二十五字字体不明，未译——原注）。一时（下午）遇刘□（按：当为“士”字）明君于火车站，请我稍候，片刻复来，告我云：“您危殆矣！吴、叶两君似已泄露吴觉民事；昨日警察来我处，问我吴觉民友人曾否来此，我答以未来。”如此谈话，走至刘家。

九月十五日

晨八时，我赴本社，听取一切报告，并商讨机密泄露事件之对策，亦谈及吴等如何供述，则如何应付之策略。士明君以为：被捕之同胞，均曾立约誓言，决不致供述本社内情，可不必挂意。又云，被捕者虽将被处刑，此事断不中止，盖皆有所觉悟也。为此决定午后三时起开特别秘密会议。下午一时许，本社接江棒衡君来信。信云：

敬启者：社内同志，伟雄别后，于兹阅月。据闻苗栗部吴、叶两君泄露秘密，同志们大为所困。思本社前途，不无可虑。小生昨日会晤刘易修君时，谈及弥补时局之对策。自思我会员之辛苦不可毁于一旦，若不速求救济之法，将陷于不可言状之困境。在苗同志诸君，于此有所决定，谅您等已知悉矣。方今我同志心切报国家之仇，以慰三百万台民民心之秋，愿慎重将事！

九月十六日

上午十时半，接苗栗汤耀芬来信报告曰：

一、苗栗机关部之事务大乱，警察等昼夜从事侦探；苗栗支厅得别处警官二十名，巡查补四十名之援助；武装单骑侦探本社机关。

二、见吴党会员名簿，名簿内记有三千四十五六人名字；入会者：有蕃界隘勇一千四百名，及清国时代之草泽英雄七八百名。此等会员，取得武器，跃进蕃界矣！

三、马那邦庄及乌牙羽一带之蕃界，未有隘勇，生蕃出草，为害甚烈。当地土民报之支厅，支厅乃求于苗栗厅。本日自台北、台中军队中遣兵三百余名，旗鼓堂堂，进向其地。

四、昨晚十时半，我义兄弟来报曰：本日至蕃界，据陈亚金云：我党临时联合以举事，同志们潜居加里山下，计划募集义民。又据陈云，吴之部下进入蕃界者，均携带武器，唯粮食缺乏。而以未能与贵部联合，深感遗憾！

我见此信后，复以注意同志之心意，务使不致动摇。

午后一时，接供职大湖支厅之巡查补——实为我国事侦探员——王八义之来信曰：

有黄增富者投书于支厅长。又据王云，今日本社未与共和党连合，实为大幸。共和党人员之被捕者，已一一自白其党员姓名，因之地方人士为之骚然。大湖支厅之警察、官吏，入夜则无外出者。昨夜邮局局长遭暗杀，闩门棍之警察二人亦被杀。警察人人惊悸。数日前至今日止，投书于支厅者，达五件；其中四件，经我交予支厅长，内容不得其解；独苗栗支厅免职巡查补黄增富之信件，有如次文句：

敬告苗栗支厅长：此次事件之主盟者为吴党民。吴近来大湖，与吴颂贤、叶永传等，就革命事有所接触。今年三月间，吴返归清国之际，受关东都督（编者按：当为广东都督，以下同）之命。今关东都督派遣中国人三十名来台，秘密调查国事。此事因窃于今年九月十八日因某案搜查大瀛旅馆之际，见投宿其间之叶永传给吴党民之复电电文中有：革命费用由我负担，请勿挂意等语，故而知之；若不相信，支厅长可迳赴邮局查问，当即可知。窃虽被免职，犹欲为日本帝国之臣民，乃密告此事也。免职警官黄增富拜。

昨日午后，吴炳垣君于大湖律师处得悉，供出吴党人名之黄君，籍隶民国，前为本社募集委员长，后被吴党诱去。黄携带之文件中，有记载人名者如左：

桃园募集员：

一、朱新乡　二、刘青松　三、徐亚任　四、翁亚源　五、黄推笑　六、蔡元培　七、陈鸣来

为逮捕上开七员，警官虽大肆搜查，而我志士幸均安然，请勿介意。

列席秘密茶会之七人姓名如下：

主盟　刘士明
财政　林达荣
秘书　黄武志
基隆募集员　陈志成
艋舺募集长代长　吴金云
实任募集主盟充责员　金星桥
实任募集主盟充责员　罗东亚

协议事项：

一、是否将革命事件危迫之理由报告于省？

二、泄露事机者，虽非我部内人员，我是否应予相助？

三、若日本政府忽而承认台湾独立时，对各志士如何处理？

四、若不承认，应如何？（刘士明之提议）

决议：

一、报告于省。

二、赞成（予以相助）。

三、若然，则实任募集主盟充责员之部下四人各给三十元以为交代如何？

四、不承认时，应派代表二名返省（以请示都督）。（林达荣之提议）

前记协议事项，作如右之赞成决议，署名捺印后，共誓："此事尤须机密，必不可告于同志。"散会。

上午十时许，供职于苗栗之巡查补邱支士，押送犯人上台北，顺道来本社，谈话四五小时，报告如下：

一、案发以来，已经数日，而我部下皆无事。

二、叶永传于苗栗大湖支厅陈述如下：

支厅长问：叶永传汝不是有相当身分吗？何故干出这种颠覆国家之恶事；难道不知干这事要处死刑的吗？

叶答：知道，虽照例要处死刑斩首，然如此大事，已成功一半，何可就此放弃不顾耶？您可知道台湾人如何困苦？

试观台湾之官吏，不以德治人，而以力虐人；汝深居简出，恐不悉外间情事。横不讲理之警察（日名巡查）、巡查补，捕捉无辜老幼，不问善恶，拷问殴打至半生不死，凡此汝不知吗？此可谓为文明国之警官吗？汝为官，我为民，我无可奈何。

问：今日加入为汝之革命党员者，有几许人？

答：全岛三百余万本岛人，苟有灵魂，无不入会。革命党非仅我党，他处亦有，汝不知吗？巡查补、密探亦入会，汝不知吗？勿多问，速杀我！汝不闻罗东亚之部下，现已有三四十万矣！快整军防备台湾吧！我志士之握有枪炮者，比比皆是，不胜枚举；我死留名百世，喜为世人所知；今我愿死于汝手，请休问，吾断不作答。

问：供出罗东亚之住所，则放你，干不干？

叶：（此时不答何事，只摇摇头）

问：汝不照实供来，拷问汝，看汝还不自白？

答：畜生，笨蛋厅长，吾不答就不答，想打就打吧！

此时叶被拷问得半生不死，尚不自白，于是又拘入留置所。

三、吴颂贤之陈述：

问：汝为何干此事？

答：我华民与汝（日本）国民有旧仇在焉！此番事业，今日若不成功，仍期明年大成。要知今年我同胞数百人被杀，明年我义士将杀汝等日本人数十万人！革命党非独台湾有之，旅顺、朝鲜各地均有革命党，非鏖杀日本人不休止。汝不知吗？于北京、南京，我华民已杀汝等日本人二三千人矣！觉醒吧！今之民国，非昔之清国；今之国民，亦非昔之中国人可比！何故受汝等日本人之主宰也！莫不欲除此虐政，故我一唱与汝斗争，则义民大喜捐款，今已有军费二万元矣，此非得自我国家之军费也。今吾愿为革命共和党而死，汝欲杀则杀之，我不欲再语焉！

支厅长又问及预定民国三年二月七日举事等，因未置答，再拷问至半死，押回留置所（即拘留所）。

四、黄员敬之陈述：

问：汝为黄员敬吗？何故干此阴谋革命事件？

答：我非干革命事业，初吴来语云："有老人会，出二元以上之基本金则可入会，除外尚需六十五钱之手续费。入此会，则会员之家族死亡时，可得其余会员所出之香奠费，以为相助，诚为良会。"并劝我入会，后我乃出费入会。听友人说，此即革命之会，预定明年（按：即民国三年）二月七日起义，始知原来如此。

问：是些什么人物？

答：不知其姓名。

问：快从实说来。

答：叶永传为财政部长，吴觉民为会头，吴颂贤为副会头。

问：你认识罗东亚否？

答：我不知有其人。

调问过后，黄又押回留置所。苗栗大湖支厅管辖内之警官巡查补，极为繁忙。（以下一行，字体不明，不能译。——日文档案原译者注）

邱巡查补因时间已到，即行离去。后募集员汤文成，及新竹之吴旅长□永三君来谈话，我告以邱之报告。下午七时□□粤聚茶行店东来告：昨夜刘青松君被三十名左右之警官及巡查补捕去，如何是好？我云：刘君非我之会员，或系吴党之会员，我实难帮忙他会之会员。彼即离去。九时半接报：高桥律师为交涉黄炳垣事赴苗栗。

九月十八日

南部来信，促我速行返省谋事：

一、台中实任募集主盟充责员：刘习修君。

二、嘉义实任募集主盟充责员：林吉祥君。（嘉义街土名中街一五三楼上）

三、南投募集代议员：陈康凤君。（住南投街二二）

四、彰化社内评议员兼特务调查员：钟贞祥君。（彰化街五〇）

五、台南实任募集主盟充责员：吴立球君。（潮州街五三）

六、苗栗募集员长：□□□君。（住苗栗坑仔庄五五六）

下午三时半电闽省政府，请其承认我此举，并祈出兵援助，同时报告籍属民国之华民二三百人被日本政府杀害之事。八时半募集员长江翘翀君来，语及时局。与江会晤，此系首次；彼吐露赤心，语多愤慨，为一踏实之人，颇关心时局。诚不愧为民国之民，我信其为栋梁之材。

九月十九日

晨十时苗栗募集员傅日东君前来报告云：昨日黄昏时共和党之会员来我家云："我共和党员已供出一切，事已至此，迟早必有一死，勿宁近日中举事，是否相助，请您一访台北之罗东亚问其意向"云云。幸好我部与彼共和党未曾联合，若与其联合，恐我机关部亦全归失败矣！傅日东晚餐后返苗栗。

午后我赴社就社务有所商议，互相语及应使我民国之救国军知道台民在日本政府铁蹄下如何悲惨至极之情形。忽接台南电报云："何时举事？我待之（不解电文之意。——原译注）□（按：当为刘字）士明君及林达荣二人明日赴苗栗调查如何？"我见过电报后去谢春妹处，春妹告我刘秀明被捕，郎君请早避难别地；我转返家，烈女佑云：虽刘秀明被捕，不足惧也。

九月二十日

午后三时接苗栗詹□□之信云："急出救兵，苗栗即将发难。"

四时又接耀芬君之信云："三百余人被逮捕，咸认大难临头；事不急谋，不能成功。"

阅函未了，朱新卿君忽来报曰："先生别无变故否？昨夜数名警官欲来捕我，幸先得巡查补之秘密通知，逃之夭夭，今日来到此地。"

余曰："朱君！今日之事，无须焦虑。男人生此世界，欲留芳百世，此其时也！朱君！您为何失败？据告知原因，原来十六日黄炳垣君被捕时，黄君所持之手记被发现，事机暴露，终至引发今日之苗栗事件。台北无事，何故警官偏要逮捕属于桃园之您也？"朱曰："正不知何故。"余曰："事败，警官不捕苗栗八百余名之会员，却于桃园严加检举，不知理由何在？"朱曰："黄君箱中，谅未收有秘密文件，我试往探视，若有，则宜行烧毁。"后二人同赴李廷立君店铺语及此事，命李君若有文件应行烧去。二人又去陈城君处，谈及时势时，朱君演说曰："我等今日欲建独立国家，遭逢何种障碍亦不可中止；思后日之名誉，应努力奋斗！今日正是为被日人惨杀之同胞报仇之时，请各自惕励！诸君，功成之日，鏖杀在台日人，以慰我同胞之灵。我等举事，虽粉身碎骨，乃为同胞报仇。人生如花然，朝开夕谢，其馥郁香气不可长留。诸君勇敢行事，不惜己命，与花同谢，任世人歌咏吧！我闻刘青松及徐亚二人，供出我名，今我即将遭受惨杀，见义就死，乃大丈夫之志，何敢忧虑！又闻，刘青松时而自白，时而否认，致被拷问至半生不死；今我与诸位诀别，后日再会于阎罗王前。"语至此，众皆热血沸腾，激昂慷慨！陈城曰："朱君有此坚强之意志，真大丈夫也！"余曰："朱君，我等回去，若您遇难，我部下必不忘君言，为君复仇。"乃话别归家。

晚餐后，有志士来，乃告以朱君之演说。九时半朱氏归去。我修函二件，一寄吴觉民，一寄闽省都督。

呈闽省都督书

极急，呈书督宪：不肖今日之事，非三月之事（意义不明。——原译注）陈情涂炭生灵之被害事件，以请救兵。吴之部下不守秘密，泄露事机，生民大困；我之部下，严守机密，未败露事机，照办业务，全皆无事。今应如何处理；他日有事时，应如何办理之处，即请谕示。余将呈书广东都督，组织临时联合会，以为举事之用。然则，我名已为全岛警官所知，搜查极严，时局急迫，若不火速出兵应援，余之生命固无论矣，即全岛台民之生命亦危。近来我华民为日人杀害者，不遑枚举，请速出兵。（原文欠明晰，文理矛盾。——原译注）福建省都督孙□□先生。青电。

与吴觉民君书

敬启者：前书谅已赐览，而知悉一切矣。今贵部之人蒙受惨害者不少，若不讲求拯救之道，势必益形涂炭。吴、叶二君前被拘捕，其后如何，未能判明。闻台湾政府成立临时法院，此临时法院随手逮捕人犯而斩杀之。足下若不设法，讲求拯救之道，则台民被害者必益众多，同胞之疑惑，莫此为甚。今鄙人之部下，已被供出五人之姓名，惟警官尚未予以逮捕。足下务必遣人前来调查为盼。台湾全岛各地邮局之往来信件，恐都被启视；今后相互通信，无济于事矣！罗东亚顿首拜启。

九月二十一日

早餐后九时许，余心情不佳，与佑（编者按：据该案日文原档检发字第四四七三号所载：被告张氏佑，年二十一，住台北厅大加蚋堡大稻埕六馆街四十九番户，业制茶。）谈及时事。佑曰："苗栗事件，日益急迫，谣言纷纷，如何是好，真不胜悬念；妾赴苗栗调查，郎君以为如何？今郎君不得往彼处，书信不通，消息不明，挂虑之至。"余答曰："卿之志诚可嘉也。我为国家图谋，而卿助我，余何可不自励焉……"（原文一行不明。——原译注）语未毕，忽有二三人来，连呼："Agoltp！Agoltp！！Agoltp！！！"来到前楼，与佑寒暄后，佑语我云："侦探来矣。"余即以毛毡蒙身隐蔽。佑于室外，问诸位来自何处。着黄色洋服者答云："我是罗庆旺，来自杨梅坜九斗庄，有事欲与东亚面谈，不知东亚在家否?"佑答以："东亚今外出，若有事，等他回来如何?"我心想着黄色洋服者会是何人，于是贴耳室内闻之，乃苗栗支厅罗庆庚君之声音也。彼又曰："我实在有事，请老实告我他去何处。"

佑：我不说谎，东亚始终在外跑动，少来此处。若真有事，请直等他来。

罗：东亚君不是始终居此吗?

佑：东亚早出晚归，时而一周来一次，时而四五日来三晚。去时又未告我往何处去，故不知其去向。彼非我夫，而我亦非其妾，又非其情妇。

罗：我有事，非早归不可，请早告我!

佑：我说的全是实话，东亚今晨早出，迄未归来，三餐即不在此，去向亦不知。

于是三人下二楼，其中一人为大瀛旅馆老板之子刘秀明，年二十。另二人一人为台北高等特务侦探曾国英，一人似为曾之部下。三人一下楼，罗巡查补亦下至楼梯中位，再回到阶上：

罗：佑姊！东亚君若回来，请代转此信。

边说边自怀中取出一信，交予佑。

佑：敬悉，东亚若来，必定转给他。

罗巡查补突将两手插入裤袋，思索了好一会。

罗：若东亚回来，请其赴大瀛旅馆一趟。

佑：敬悉。

罗：恐祸害将及我身，请转告东亚，希望取消入会名册中之我名，千万拜托。

佑：敬悉，东亚来时必代转信件；若未来，亦无可奈何。

罗巡查补被佑瞒过，乃下楼而去。佑自窗口窥伺彼等之踪迹，见曾国英走入稻新街荣春栈，刘秀明走向太平横街。彼等离去之后，我急下楼梯，自后门逃出。

佑将家中秘密文件尽数烧毁。未及二十分钟，又有三四人陪两名警官而来，虽搜查家宅，并未发现什么文件。警官见佑烧弃文件之纸灰，问佑这是怎么回事，佑答以东亚今晨写信写错烧弃者也。警官云：恐非东亚所烧弃者，定是你烧者，然否？佑答：不是。罗巡查补取出一皮箱，一启视，取出一张双连坡公地地图，佑即趋前夺之。罗等二三人再夺回佑手中之地图，并乱打佑。佑云：何故打我？罗巡查补云：莫要啰索，畜生，打你又怎样？

警：你为何欲夺走地图，莫非知情，明白说来！

佑：什么都不知，东亚出去时告我，若羞于见此，则切忌见之他人，故不使别人见及。若认此为与官厅有关之地图，请早按图索骥，则可免于难。

除外无可说者。仅地图被取去，其余无事。

罗巡查补看看床棚上之皮箱云：此莫非东亚之皮箱。

佑：别胡说，难道你见过东亚之皮箱不成。

罗：明明是东亚的，快说实话！

佑：此箱实十年前华人亚芳赠我者也。

佑答话真有趣，于是又被打。

佑：妾今在此被打，虽不还手，须知你等他日必遭天谴。

罗：哭甚么？将你当猪犬般打杀又怎样！

接着警官等取出室内所有物品，屋内外一一查过。罗巡查补、曾国英及苗栗警官二人手持房中搜得之物。佑两手被缚，被拉了出来，作如下之问话：

警：你认识罗东亚否？

佑：认识。

警：彼今日去何处？

佑：未告知我前往何地，故不知。

警：彼来你家多久了？

佑：一月余。

警：彼常在家否？

佑：不，或一周一度，或四五日来三晚。

警：是否在你家用餐？

佑：不一定。

警：彼每晚来此干吗？

佑：不干什么，有时写信寄返乡里。

警：来访者多不多？

佑：来者不多，偶尔一二中国乡里人士来访。

警：台北人士中，有否东亚友人？

佑：无，彼不谙闽南语，无法与本岛人交际。

警：你是否见过东亚携带多量金钱？

佑：未见持有四五元以上。

警：东亚寄宿你家，与你多少钱？

佑：东亚寄宿一夜，给二三元。

警：彼是否养你当妾？

佑：无其事。

警：彼干何职？

佑：东亚告我彼系卖高丽人参者。

警：是否见彼带过人参？

佑：无。

警：彼今晚是否归来？

佑：不知。

警：今晚是否来此晚餐？

佑：时而来用餐，时而不来，我不知。

警：人云你不收他客，只爱罗东亚，是否多得其金？

佑：无其事，东亚非我夫，我非彼妾；不相信，请看看！我每日采茶为生，双手都起趼了。

一边伸手给警官看。

警：到底彼去何处？经常在何处？请着实说来。

佑：我实在不知彼在何处。

警：你不说实话，我可要严罚了。

佑：好，打杀我，我仍不知也。

佑一点事实亦不道出，于是警官又殴打几次。

警：如何？再不说，得带到警务课拷问了。

佑：遭逢严刑，或被打杀，何苦之有！

佑不语。警官大怒，乃捉著佑之女儿，问：你知道罗东亚吗？

佑之女儿，姓林名娇。

娇：我不知道。

警：东亚昨夜来此否？

娇：来过。

警：今日去何处？

娇：不知道。

娇亦不说实话，乃痛遭警官之虐待，而后被带往警务课。

四时许，佑抱衣服将入室，警官捉住问道：衣服系何人者？佑答：他人托我洗濯者。

娇被拘留于警务课，又遭拷问：

警：罗东亚去何处？说出方向来！

娇：如何询问我亦不知。

娇被带走后，佑洗衣服归来，曾国英问佑：

曾：东亚何以尚不归来？

佑：我不知彼去何处，亦不知何故不归来；恐到市场卖参药之梁芳处去了。

于是曾国英即刻使人去找芳。

六时许，稻新街沈矮之子永福，访亚祥之妻，来到楼下，问其事件发展如何，楼上之曾国英大喜，急呼沈上楼；沈一上楼，曾国英突捉住其辫发，将其踢倒在地，把头扭在一边，以足蹴之。

沈：何故如此乱打我？

曾：你何故来此？

沈：我来问亚祥之妻之事件如何了。

曾：这样嘛，暂留于此！

今日罗巡查补改穿便服，逍遥街头，不觉已日落西山。七时许曾国英归去。被命暂留之沈永福，尚呆坐于客厅，佑来此，二人闲谈起来。

沈：罗东亚识字否？

佑：精通中文，能文章，富智谋。

沈：彼谙闽南语否？

佑：不谙。

沈：日语懂否？

佑：不懂日本语，但精通英语、美语等各国语言。

沈：彼于中华民国干哪一行？

佑：据彼云似为学校之教员，兼自治会之评议员。

沈：东亚平时外出，带不带刀？

佑：不带刀，彼长于武术，五六人仍不是其对手，身边携带有六连发之手枪。

此时忽进来一个人，大叫喂，你们二人说什么？

佑：在闲谈。

□：别说谎，你们刚刚不是谈什么短刀、手枪吗？我耳闻矣！当我何许人？我乃罗巡查补也。

佑：沈先生问我，那人干什么活？是否经常带刀？我说不带刀，但带手枪，因台北附近多无赖汉，持之以为护身之用。

噫嘻！佑乃烈女！渠陷于如斯惨境，而意志仍如斯坚固；噫嘻！佑乃烈女！虽遭遇如斯艰难，而仍能忍耐。不辜负我志士之意思，不泄露时局之机密，不累及同胞，而对吾人之事业多所补益，真烈女也！佑常语志士曰：虎死留皮，人死留名；诸位勿逡巡不前，以免流污名于千载；诸位虽遭遇多大艰难，事业亦勿中止，应为义而死！古人曰：生死命也，富贵天也。唯望诸位为国家捐躯，以留取芳名照汗青。

我离家后，走访温文成君，寻找了二句钟头，会温于屋外，二人入屋内，我告以全部今日之事。三时许，为侦探地方之情况，与 Boen Boen Seng 及 Ti Yui Sam 三人，转过市内市场，四时至粤聚栈谈话，遣徐君赴佑处侦探情势。旋徐君回报曰：门闭着，走廊上二三侦探在站岗；我一开门，就往楼上跑，侦探连喊不可上楼，不可上楼。我仍往上跑，方知有人在搜查家宅。

须臾，我与徐君同去美国领事馆，将前记情形全盘通报。然后转往市场，访 Nuang Tekoen（按：或即为梁制军）通报情势，知 Tiree Tawng。六时半，返温家。饭后，我与温、徐三人一齐外出刺探消息；转过市场经太平街到达佑宅，见门口有一人轮番。徐君旋转往法主公街，我等二人暂立电灯影下。须臾至东荟芳，遇 Lim we son（林□□）。温先归去。后我等三人同赴 Gi Eek 茶行，途中于市场地方遇 Jak ka Tzia 君（按：或即为叶加车），乃同去茶行。命叶君往 Chun Oe Tin 君处打听警察之动静。又命徐君赴佑处，侦探搜查之情形。徐旋归报曰："警官二、三人饮酒于楼下"。叶君一去不回，不知前往何处，自思叶君不可恃。十时许，三人再外出，至东荟芳，遇 Tan Fin Rok（陈）、Jong Keng Tay（杨）、Gong Cong Hok 三君，即同赴太平横街，至 Kan TanSho，大谈国事，讲及有关机关部事务之政策。杨、陈二人赴 Fang Huo Pan（方）君处密议，方虽然之，但恐事泄。叶君问曰："今晚借宿何处？"我答曰："借宿温处如何？"时 Tioo Toe Toan Lim Wek Toaw（林）二人经过潮和君处，乃呼止，告知事态。旋七八人外出，于太平街散会。我与徐、蔡、林三人，共赴温君家，谈论机密，至十二时许始散会。

七时许芳上楼来，曾国英问佑：此即芳吗？佑答以：彼系夜晚来此，记不得了。

曾问芳：汝知罗东亚否？

芳：我不知道。

曾：罗东亚与你同卖人参，汝何以不知也？

芳：汝没告我罗东亚为何处人，何样人，突然问及，我全然不知，到底彼长相如何？

曾：罗东亚为清国人，皮肤黑，眼球突出，体型瘦，知道了吗？

芳：我不知有此人。若江亮能者，则为中华民国国民，与我同作人参生意，我认识。

曾：江亮能与罗东亚经常同出同入，汝何故隐瞒我？

芳：我实不知，我若知道，无须隐瞒也。

曾：总之，汝若遇此人，速即告我！

芳：是，是，请勿挂意，若遇之，必相告。

曾：请汝下楼给我注意一下罗东亚是否归来了。

芳：好，好。

乃下楼而去。

九时许，曾又来问佑：罗尚未归来吗？

佑直截了当曰：尚未归来。罗先生时或早归，时或晚归，从无一定。

是夜侦探搜查极严，与我有关者无人被捕。

可怜佑之女儿，今宵被留置于警务课拷问：

警：你知道罗东亚吗?

娇：知道。

警：彼来你家多久了?

娇：约一个月。

警：在你家干吗?

娇：我住在罗东亚邻室，故不知他干什么。彼于夜间来，片刻即离去，非居住我家者也；若居于我家，则我知之。

如此云云。彼因不以实告，乃又遭拷问，而后押回留置所。

曾国英至十二时始离去。另有一二人轮番至天明。

噫！若娇与佑二人不重义，今日焉得平安！

九月二十二日

晨七时左右杨君来，乃同去张君处，后一齐散步去。

今晨八时左右，佑被传到稻新街派出所，可怜，恐又遭拷问矣！

呜呼！据云彼自昨晨至今朝，未进粒饭，为我焦虑至此；而娇被警官拷问，遍体鳞伤。凡此，我同志恐或不知也。今日之事，若无此烈女，吾同志决不能高枕无忧。娇被带往派出所。警官又问佑：

警：罗东亚来你家多久了？罗东亚以你为情妇，供你生活费吧！

佑：彼来此约一月余，但非经常居此；仅夜间借宿，白天全不在此。彼未云以我为妾；唯投宿时给二三元耳。

警：风闻你卖淫不接他客，然否?

佑：罗东亚非我夫，我非其妾；东亚之外，别客亦来。

警：彼为中华民国国民，来台募集革命党员，有所阴谋，你知否?

佑：此事我不知也，此事若稍有知悉，必即告知。

警：你迄今接宿客人，未办宿客手续，处罚金五元。

调问过，佑被放回。佑典当戒指，得五元，以缴罚金。彼昨日离家时，仅有一元三十钱；今为我同志备尝辛酸，恐无遭逢若佑之惨境者，我北部之同志，不知此事实，未加抚慰，余深以为憾焉！呜呼，彼被警官拷问，皮肤紫黑，断食数日，肉落骨出，憔悴不堪。

余至此忽泪落纸上，不能执笔再写佑之事，乃搁笔。

曾国英、罗庆庚及苗栗警官，朝夕搜查余宅，持去家书，此等信件，不关国事。自昨至今，警官常川驻守楼上，等我归来。午后佑之女儿娇自警务课被放回，互语被讯问事，娇与佑不约而同作同样之回答，不能不谓诚上天保佑也。可恨者，娇因被打，颜面紫黑肿胀。

夜八时半，我到社里，告知社中人员全盘事情。刘、林二人为调查事赴苗栗。我问秘书员：中华民国方面有无好消息？秘书员曰：本日下午接彰化钟贞祥君之电报曰：吾部一人被捕，姓名不详。又接都督之电报曰：

二八物件定付去二件。（照抄原文，是否为二八物件中送去二件之意，不得而知。——原译注）

两人语及时局，对今后应如何进行有所协议。

秘书员曰："今日之事，虽彼（或指共和党。——原译者注）纷纭扰乱，我决不介意，守机密，图进行。若一旦误泄机密，以致事败，则生民无救，而我十二志士之千辛万苦，惨淡经营，亦尽归泡影。应不屈不挠，再接再厉，不可中途而废！即令阁下被捕，事业亦不中止，我都督亦不就此罢休。"

余答曰："今日之事，鄙人粉身碎骨以当其冲，虽被捕杀，亦不泄机密、语时局，吾抱定如此坚强之意志，为革命而献身，诚乃台民之幸福，而可为我中国夸耀者也。"

死后留名，此其时矣！今台湾一地有同志六七万人，死余一人，不足惜也！可忧者，泄露机密，而累及甚多同胞也。试观吴觉民之机关已破，进行事宜乃陷于困难状态。难之者曰："吴之机关，章程非不严密，奈因办事粗心，致有今日之败。此点，我社尚无遗憾；奈财政贫乏，若财政宽裕，可进行三倍事宜。"秘书员曰："诚然！事业之难于进行，只因财政缺乏。惟台民仅冀望光复国土，同享共和，以报国仇；而对实际行动，不甚热心。乃更加一层艰难。"余曰："真哉！我部下之人员，为金钱而干者，只一二耳；余均为忠义而干，诚义士也。苗栗部之失败，乃因部员为金钱所动；桃园之志士，猜疑之心尚未全去，动辄语及。北部之募集员，自九月一日至今，去私欲，不惜身，一味干去，此余所甚感欣慰者也。凡事不离金钱，必不成功。吾往日于民国之时，临事则离金钱，不惜辛劳，只重名耳。试观孙逸仙，费时十八年，劳其心，抛其财，毁其家；而今宿志已达，天下知名；其人即死，而名留万代。呜呼！吴、叶二君竟使一线希望，为之断绝，万劫不复；因此失败，而致良多同胞于涂炭，岂非遗憾之至！所可惜者，乃吴、叶二人也！彼等不惜金钱，重名誉，谋事由浅入深，不流于凶暴，颇热心者也。乃竟误事局，一致于此，岂可谓为忍耐之士哉！君子谋事有道，急者急之，缓者缓之；事急而缓之，则不成，事缓而急之，即临败机！缓急应变，以得其宜，而后行之，是可谓得其宜矣。”秘书员曰：“不知吴觉民君今后如何策划，吾思彼办事有始无终。”余曰：“不知彼之意见何在。”语未毕，苗栗来电，启视之，云：“黄栋梁君被逮捕。”二人再语时局，此时闻得屋外有人连呼“开门”、“开门”之声，来者又使用暗号，乃知其为我同志。开门迎入。来者问：“二位先生谈何事也？”秘书员答云：“谈中华民国之时局，及革命机关之事务上应采取之方针等等。”来者又恳问：“苗栗之事如何？与刘、□两君通消息否？”来者非他人，即美国领事也。

秘：“我部被苗栗共和党员举出姓名者，仅黄君与江君二人，其余皆无事。”

美领事：“鄙人今晚特意来此，并无他事，仅就时局稍作建议，并希望提出事务处理上之意见。

此时吾二人异口同声道：“敬请阁下指示，吾人愿聆高见，谅必得益不浅。”

美领事：“二位切勿谦虚，鄙人微不足道之建议，不知贵部采用与否？”

余曰：“阁下之建议，吾等焉有不赞成之理：今日凡给我社之秘密事业以赞助者，不论何国人士，吾人均表欢迎。”

美国领事之建议

实任募集主盟充责员之责任：

一、募集会员以来，于兹一年，入会员日见增多；若募集业务统由一处办理，恐不免流于仅知内部情形，而不知外部情况之倾向。

二、故募集主盟充责员，应赴各地，绵密调查，则对职员勤务情形，会员热心程度之知悉，必有大益。

三、募集主盟之旅费，宜尽量节省，约日支五十钱。

四、募集主盟赴各地调查，其调查事项应作成报告。

五、募集主盟认为必要时，可随时改善其部下募集员长之人选及责任。

募集员长之责任：

一、募集员长与募集充责员同等资格，募集员长办事不公时，由会员临时改选，令其停职。

二、募集员长怠于职责，为会员所确认时，经决议停其职。盖处事疏忽时，恐泄漏机关之机密也。

三、募集员长，对志愿入会者，定其入会保证金，使其入会后征收之。若当时缴付不了，应另取变通办法。

四、募集员长若不顾各会员之置评，滥用权柄，会员得开临时会议，重行选举。但选举时应采公平之投票法，以最高票者当选。

五、募集员长应派出地方职员，不断报告被逮捕者之罪状。

六、募集员长不必将会员之入会费缴诸本社；各地得设财政部，以收存所征收之会费。

七、募集员长有特权焉，会员无故不服从会令者，员长得向本社报告理由，本社将予以谴责。

八、以上七条，募集员长未予遵奉时，本社查明其责任后，得予革职。

美领事建议吾等，修正章程如上如何？吾等二人即予赞成。黄曰："阁下之高见，甚为有当，待刘、林二君归社后，关于实行事更仰电鉴。"

美领事曰："诸君今日之事业，恰似我美国募集人员时之状态，彼时亦曾数度修改章程，努力节省冗费。"语毕，即行离去。

九月二十三日

晨去张君处。十时温君来，告我云："请阁下外出时十二万分注意，免被认出；若阁下被捕，我等将群龙无首，迷惑之至。”

午后徐君来报告娇已被放出。

午后六时，林君赴佑处，窥伺消息。

我于七时由张处转往馆（系何处之馆，不明。——原译注）。二人不在……（此处字体不明。——原译注）归。林君一一详为报告。

七时许接江君来信：

敬启者：本社之机关谅定不被泄，今日之事，同心合力，以期事之大成，诚可欣喜。唯不胜杞忧者，恐一人被捕而累及众人耳。幸我社人人守密，可庆可庆。小弟明晨将赴贵处面谈。先此，不一。此致同志诸君。江翘翈拜。

今晚九时半，本社召开特别会议，出席者如下：

主　席　　黄武志君

副主席　　罗东亚

评议员　　金星桥君　杜修五君　吴则以君

吴则以君提议：“诸君！今日吾社之事业，尚未见破；然有甚堪杞忧者，若吾社一人被捕，供出其他会员之姓名，则吾社全体同志，即不得安全，亦未可知。闻日本警察方面，视罗东亚为革命之首领，急于逮捕，谅此系吴、叶党员所供出者。如此严密搜查，吾社行事困难甚大，暂时中止活动如何？”

主席黄武志君答曰：“不必如此挂虑，东亚非愚者，必能照应己身；万一不幸被捕，则物色后继者可矣。彼决不致泄漏秘密。被处死亦不为憾。凡此，皆不足恐惧者也。今若停止活动，必致丧士气，乱人心。即令遭逢风火，亦必守秘密。且 Berdy slan satoeper satoe laen jio du vumjnm。（不知何意。——译者）放任反而生害。”

余曰：“诸君！余若被捕，虽遭惨酷拷问，必至死不供败坏大局之事。男子以名为重，今日之事，已至半途，何可遽废！况吾部下被逮者，仅五六人耳，其余姓名均未被供出，志士有如斯坚强之意志，何忧之有？今余即令粉身碎骨，意志仍不屈也！名誉者，吾人事业之支柱也。余今为大难所苦，若得脱逃，是乃天佑，亦余之幸福；不幸而遇难，亦属命运，实无可奈何。吾一人赴死足矣！”

金星桥曰：“东亚君，今日 Tia si joe（张氏佑）之消息如何？闻被警官逮捕，惨受拷问，供出社员姓名；吾人不可大意。我社之会员名簿移置他处如何?”

余答曰：“张之事，吾人绝不足介意，此女非他女之流，君若不信，听彼陈述，即可明白。名簿可移置他处。”

黄武志曰：“诸君！张之事决勿忧虑。余深知之，彼之意志坚强，男人亦所不及。其陈述委婉，决不泄露事机。后日事成，彼之功劳，决不让我等。张氏供称罗东亚之部下约一千人以上，然未供出任何会员姓名。机关之事，全未泄漏。罗东亚之名字，彼甚至不出诸口；我社之会员数万众，恐无一人如张氏者。人必能忍耐，而后功成；不能忍耐，必致事败！”

杜修五曰：“诸君！余闻知张氏富智略，彼出劝同胞时，我之近邻，皆称彼乃秋瑾第二，视若再世，我同志曾闻其演说，士气大奋，办事加倍勤勉；彼时，若无张氏起而演说，我志士恐未必见义勇为。闻罗东亚君之部下中，不辞辛劳，重名誉，献身家国者，唯张女与江君二人耳；吾虽无机缘与此二人相会。然闻其名已久矣！昨日余于道路闻见人曰：张女尝语人：‘至死断不累及他人。’”

吴则以君曰：“今余闻张女意志坚强，不胜欣喜。七月十六日开会之际，陪东亚君者，即张女，诚感失礼。本社有如此人物，乃我社之福也。江君虽见过面，然未对谈，盖不知彼亦会员。”

黄武志曰：“诸君，我社会员，与日俱增，前途有望。唯忧事被发觉，余建议上报都督此间之情况，并有电知华侨团之必要。诸君之高见以为如何?”

余曰：“因苗栗机关失败，吴、叶两君供出余之姓名，如不速为讲求挽救之办法，恐祸及吾党。此际宜急电我政府，请予承认，并请救济。另请我政府派调查员前来调查目下之情况，谅我政府必然赞成。”

金星桥曰：“诚如两君所言，今日之事，至须急办，不待刘、林两氏归来。即可行动矣!”

如上议定后，黄武志君即起草欲发之秘密电文：

A W Aw L Y O F W (J) s A Ma st OK Yl h i CB B O t s Ga sa v R Y a sY Iy Pa

吾等阅后赞成，黄命工友持往邮局发电，电报费九十五元，由本社支出。

杜修五君问曰："罗东亚君，当日君如何避难?"

余曰："二十日夜，接苗栗罗巡查补庆庚电话云：'余接新竹厅之命令逮捕足下，搭明日头班车至张氏佑处，请足下速即避难。余因命令，不可不去；千万请早逃避，莫要被逮，以便仍为我社尽力。'是日归家，至张氏佑处，告以此事，准备逃难。"

金星桥曰："其后阁下有无张女之消息?"

余："未得任何消息，故余怏怏不乐。"

金："阁下曾否使人去侦探消息?"

余："未遣人去，余亦打算命人前往刺探情况。"

杜修五："无论如何，不知消息，双方口述恐不符合。宜早使人刺探去。十二志士中，最陷于困境者，仅阁下一人耳。事发，阁下可谓二度逃命，今后如何是好?"

余："人之生死乃天命也。古人云：'今日安知明日事'；若我不幸被捕。我必出以坚强之意志，断不泄漏机密。为革命而献身，慰三百余万之同胞，以留功绩于我政府（中国政府。——原译注）之历史中!"

林修五："不知中华民国政府如何处置，唯有翘首待我政府之回电；万一政府不予承认，再开会议商议。"

金星桥君正议论间，忽有一人持电报来，电文曰：

"罗被叶供有三四十万员。文光"（按：本电文原为汉文）

林直立湖南人，闽省第十九营旅长。

张金球闽省副司令军长兼直日署任。

本日闽省都督接台电（指台湾之革命党给闽省都督之电报。——原译注），知时局急迫，特遣人通报参众两院已予承认之消息，又谕示待北京政府承认后，定期举事可也。乃于五日午后开特别秘密会议，就机关事有所协议如次：

一、电参众议院调查在台华人被日本政府虐害之状况如何?

二、时局虽告急迫，诸位勿惶恐；两省事务已联合处理，独台湾不能与其联合，如何办理?

三、昨晚女志士张氏佑来社，故委以秘密事件。现今闽省兵力为十四万，兵舰十八艘；广东省兵力十万，兵舰十一艘，海军二万。

四、敢死队由台湾人士组织之。

五、粮食由闽省政府负担。

六、陈镜波为台湾总司令官，中旬后当来台，掌管军务。刘士明、林达荣两同志四日归台北，仍任调查之务。

苗栗事件发生后，我同胞咸抱不平，二十一日至今，警官被暗杀者，为数四十五六人；死于隘勇手下者，三十余人；通大湖之电线亦被切断。

临时秘密会议

张金球发言：

今日吴觉民领导之共和党机关已失败，时局紊乱，福建政府是否采取紧急措施？事态至此，不可荏苒踌躇，吴原定民国三年二月七日举事，今事已败；今后本社为迅速举事，应如何培养本社势力，布署人员？

刘子明答：

本社财政缺乏，势力薄弱，全岛乐捐军费约七百万元，不足之额，可劝全岛富豪捐献。粮食可就岛内获得充分之供给。人选问题，如实任募集主盟充责员之类负重任者，可选英勇豪杰之士任之，余为一般会员。本社自设立以来，入会者六万五千二百六十六人，此外林季商组织之敢死队员二万余人，与我社相联合。

林直立发言：

目下职员足否？□□（二字不明。——原译注）人员足否？

军人章程以临时章程适用之。

（1）旅长服务规律

一、旅长受司令官及副司令官之指挥从事军务。

二、旅长收到司令官、副司令官之公文后，应予办理；不可滥用自己之权力压制部下军人。

三、旅长总管四万五千十七名兵，一旅分三团三营，旅长坐镇于第一团以指挥之。

四、旅长带领五十人敢死队，时局危急之际，应指挥其活动。

五、旅长之部下，分团、营、队、排；每排六班，班长负责通信事务，班长由公举产生。

六、旅长置机要秘书（日本之战法。——原译注）。

（2）军人刑法

一、临阵退却者斩。

二、奸淫妇女者斩。

三、乱用军令者斩。

四、入村落拐诱人民者处死刑。

五、入村落掠夺者处死刑。

六、不服从军令者斩。

七、违犯命令者处死刑。

（3）团营队排长之责任

一、团长、营长、队长、排长受旅长指挥从事军务，不遵奉其命令者处死刑。

二、营长宜。（编者按：以下原档案缺）

（4）宣告文

时维民国元年十月间，弟子由闽省渡台湾，创设华民团体会，结义兄弟，以为谋复台湾一事件，事至半途，因大湖支厅共和党员叶水全、吴颂贤二人之机关失败，至拖累弟子之党员十余名生命被害也。九月九日晚，吴、叶党机关失败，吾党人员被供，今日已判决定罚矣！故此，今日宣告于死刑者江亮能君、傅清凤君、谢德香君、黄光枢君。四人已死，断不能复生之。虽然今日诸君不能报日人之仇，吾愿以为代君报之！（编者按：此文为汉文原件之抄录。根据本案罗福星之供词，可知此文为罗福星预备祭奠江亮能等被处死各同志之祭文。）

（5）暗号（一）

大总统袁（国王）	参众两院（夫妇）
福建都督（家掌）	台湾华民会馆（副家掌）
刘士明（妾）	林达荣（贰九）
十二志士（君子）	华民会馆秘书事务员（暗鬼）
募集员长（代杯人）	募集员（走方人）
旅（东王）	团（西王）

营（南王）　队长（北王）
排（飞王）　班（送信人）
书记（写帖人）　正司（土雷）
副司（山字）　志愿（心意）
履历（永远）　人员（若干元）
御（天字）　急（地字）
慢（元字）　迟（黄字）
兵（店员）　承认（定准）
公举（另旸）　事局（市并）
被捕去（被盗去）　死罪（余墓）
热心办事（汗流）　公益事业（家庭政治）
基金未纳（乏用资本）　基金已纳（清楚）
苗栗（中部酒）　基隆（首部酒）
台北（北部酒）　台南（南部酒）
台中（中中酒）　桃园（五加皮酒）
新竹（绍兴酒）　嘉义（高梁酒）
Taykoa（老酒）　Skaus(白酒)
Hentjoen（粟酒）　花莲港（花街酒）
宜兰（威据酒）　罗东（基镱）
淡水（西洋酒）　大稻埕（江密酒）
艋舺（双酒）　Tialaij（大黄酒）
尽心（勿介）　事破（市情并商）
平安（平平）　新闻破坏（市情不好）
胆略（货好）　准定（我定）
未定（我不安）　谣言（多话）
拘留（拘描）　岁月（〇只）
几日（〇时）　助金（增寿）
助兵（添丁）　证据（帖江）
印子（凋红色）　搜索（寻物）
调查（兕底）　甚严（急付）
放出（云开）　电报（天然）

秘密（莫言）
机关（我华）
家内（我屋）
事务所（厅堂）
事情未定（不敢断）
停办（中止）
实行办事（中行）

(6) 私信

接复（望月团圆）
F. L. Y.（君子爱心）
回信（通发）
补助（心实）
准来（二等）
移位（匆匆）

(7) 暗号（二）

大总统（正妻）
孙逸仙（母氏）
黄兴（婶姆）
黎元洪（娘）
孙都督（妾）
广东都督（副妾）
华民秘密会馆（正字）
刘士明（店主）
林达荣（雇员）
十二志士（杂货）
正司令官（大福州瓦）
副司令（小福州瓦）
旅长（元字瓦）
团长（黄字瓦）
营长（宇字瓦）
队长（宙字瓦）
排长（洪字瓦）
班长（荒字瓦）
事局紧急（起工）
事局待候（无要相干）
会员（资本〇〇圆）
见字速来（帮助）
秘密事务（永远）
承认（所以做大）
不承认（替正业）
被捕去（店里缺勤）
参众两院（郑家）
助兵（并市金〇〇圆）
战舰（渡舟）
海军（人力车）
敢死军（电话）
通信会友（货物起并）
已成（一定）
联合（开店）
再募人员（代请借银）
改良（换过）
加增日本兵（敢〇〇汜）
华国（大家）
交涉（交情）
有委来人（日来）
本处贵处得人员（贵人扶助）
昨时任（并金正高）
实任（并金员额）
南京（代员日本布）

北京（代足茶）	广东（代寄来白鹤酒）
上海（代寄来靴）	湖北（代寄来日本雨衫）
台北（上北酒）	基隆（首部酒）
桃园（红花山）	淡水（清酒）
台中（正中酒）	苗栗（粟酒）
彰化（高粱粟酒）	嘉义（五加皮酒）
恒春（麦酒）	台南（路酒）
宜兰（火酒）	罗东（日本酒）

（以上文件译自《台湾总督府公文类纂》第38卷，永久保存门。）

附录：罗福星革命[1]

罗福星革命，在台湾民族运动中，负有重大意义，但日人称为苗栗事件，视为与北埔、土库、林杞埔诸事件同一性质。并非轻视其意义，实为回避刺激台湾人之民族意识也。

罗福星别称罗东亚，又名罗国权，住新竹厅苗栗一堡田藔庄。生于广东省嘉应州镇平县高思乡大地村。民前九年，即明治三十六年，随其祖父来台，曾就学于苗栗公学校，未毕业。于民前六年，又同其祖父，搬回广东。路经厦门，即加入中国同盟会。归抵故乡，任小学教员。后旅行南洋，曾于新嘉坡、巴城，担任中国人小学教员。又至缅甸，就任中国同盟会所经营之书报社书记，往来于南洋各地之间，对于英语之谈写，学习得有相当素养。第一次革命时，曾加入革命军，暂居苏州，后又返乡里执教鞭。

在国内及南洋各地，奔波过一时期之罗福星，对于革命运动，颇有心得。于民国元年，即大正元年，十二月八日，再渡台湾，居无定所，常以台北大稻埕为活动基地，台南馆为其惯宿旅舍，三合兴茶行与广成茶行，罗亦屡往投宿。时常往来于台北、苗栗之间，宣传革命主旨，并招集同志。其间，结识华侨黄光枢、江亮能，及台湾籍之谢德香、傅清凤、黄员敬等，互相论及日本统治台湾，专用帝国主义之

[1] 本文录自1954年台北出版《台湾省通志稿》卷9。

榨取政策，优遇其本国人，而欺压在地人。在强权压制下之在地人，除以革命手段，推翻日本帝国主义而外，别无自救之路。

一日，罗福星、黄光枢两人某处密议，罗曰：台湾革命，军械子弹应仰祖国援助，此事我可能连络。至若军饷，当然是就地取粮。如有同志一千人，一旦起事，三百五十万台湾人，谁不箪食壶浆以迎我师？故无愁兵数之不足也。黄光枢为罗福星之热诚所动，终于与罗结为同志，誓同生死。两人更分头说服江亮能、谢德香、傅清凤、黄敬员等，皆愿意参加革命。罗更谓各同志曰，各位从今开始活动，纠合党员，依所募人数之多寡，可为十人长，百人长，千人长，事成之日，各有大臣之分。各同志受罗激励后，各随便以华民会、三点会、同盟会、或革命党名义，向各方面，努力于党员之获得。所得参加党员，人数虽不算多，但范围广及基隆、台北、桃园、新竹，各地皆有。

其后，罗福星偶于大稻埕路上，邂逅旧相识吴觉民。吴亦革命中人，为招募革命同志，于不久之前来台。两人互披肝胆，各述抱负，相许为同志，约束连络声气，互相提携。以后罗、吴二人，常密会于投宿之旅舍，北门外大瀛旅馆。黄光枢等五同志，在各地招募党员，必先举例证，说明日人欺侮台湾人，其次宣传祖国革命之成功，并共和政治之理想，使填者能充分理解。凡愿参加者，须纳入党费，分为五角、一元、八元三级，又要填写父祖三代姓名。加入后发给入党证，一切用语，概以记号代之，以防备发觉。例如：东王代旅，南王代营，飞王代排，西王代团，北王代队长，北部酒代台北，中部酒代苗栗，中中酒代台中，绍兴酒代新竹，西洋酒代淡水，首都酒代基隆，南部酒代台南，人力车代海军，店员缺勤代被捕去。（以下省略不列）

罗福星在北部台湾，筹备革命之间，中、南部亦相前后发生四起抗日事件，日人以之与罗福星革命合在一起，称为苗栗事件。此四起事件所发生之地方及主脑者如下：

一、台南关帝庙地方李阿齐

二、台中东势角地方赖来

三、新竹大湖地方张火炉

四、南投地方陈阿荣

李阿齐又名李阿良，住台南厅关帝庙地方，其父在日军南犯时，曾参加武装抗日团体，为一方之首领，后失败，为日军所杀戮。李阿齐对此杀父不共戴天之仇，每思报复。居无定所，常出入番界。民国二年即大正二年夏间，忽频繁往来于关帝庙支厅，及大目降支厅各地，从事宣传，为使一般人相信，特扩大其词，谓在番界已驻有抗日义民七八百名，且现时北部台湾，抗日军快要起事，日军必疲于奔命，我若振臂一呼，待机番界之同志，即可下山鏖杀日人，报我杀父之仇，救我同胞于被压迫之中。又要借迷信之力，谓山中有一神童，能知吉凶祸福，曾指点清水、盐水两泉，得以简易造饭，此回义举，神人合作，当不愁驱逐日人之不成功。受李阿齐之宣传，承诺参加起义者，在五甲庄有十余名。

陈阿荣住台中厅上拺东上堡水底寮庄，富有民族意识，对于异民族之统治，素抱不满。适祖国国民革命成功，深喜台湾革命时机已到，乃于民国元年，即大正元年初冬，开始活动，向南投、埔里、及东势角各地，宣传趣旨，招募党员，得隘勇徐香外八十余名，组织革命党。再著力广募党员，拟俟时机成熟，一举向南投进攻。

张火炉住台中厅拺东下堡阿厝庄，因武汉起义，祖国革命成功之影响，对于驱逐日人之起义，益增信心。于民国二年，即大正二年晚春时节，得黄炳贵、纪碙二人为同志，筹备组织革命党，准备待时机一熟，即从台中厅之大甲，及新竹厅之大湖，同时起事，募集党员近五十名，大甲铁砧山脚庄、大湖罩兰庄为基地。

赖来住苗栗三堡圳寮庄，素极关心祖国兴废事。当祖国革命成功，中华民国政府新成立，每思回国，以观其盛。奈旅券之请求不易，不得已，与同志谢石金密渡上海，滞沪数月，目睹革命后之新生气象，耳闻革命当时概况，大有“有志者亦若是”之概。翌年（民国二年），乃与谢石金潜渡回台湾，其后气魄，迥异昔时，胸怀大志，以驱逐异族，光复台湾为己任。其所计划，首先袭击东势角支厅，夺取敌人枪支子弹，更广募党员，再举直迫葫芦墩，次及大湖、苗栗，然后集攻台中，渐次收复台湾全省。更与谢石金商量，拟于中秋夜，乘月蚀之天象变异，突起行动，定可成功无疑。同志詹墩、谢辉，共招募有驱日义民八十名，集于东势角，待机举事。民国二年十二月一日夜，革命同志谢石金、詹墩、李文凤、张阿头、谢水旺、江阿呆、詹勤外数名集于赖来之家，设祭坛，中供五色旗，陈列武器，焚烧金银纸，立誓缔盟。于二日拂晓，各带刀枪，一同杀至东势角支厅。探悉支厅人员皆尚在睡梦中，乃各置粮食于蔗园中，呐喊一声，突入支厅办公室。值夜佐佐木巡查，立受斩于赖来、詹墩二人所持屠刀之下。荻原巡查，闻声出视，又为詹墩刺死。赖来、詹墩二人更向支厅长及巡查宿舍开枪，有赖镇汉巡查补，跳窗要走，被开枪击死。一同入办公室，破坏其电话机六架，以遮断其通讯。此时有竹内猛警部补，自宿舍出，同二三部下伏于暗处，不幸赖来、詹墩正副首领，皆受暗击，终于战死，革命军遂即溃散。

先是在民国二年五月中，日警探闻新竹厅后垅支厅，有组织革命党之风声。但不容易侦悉实情，只严密监视有可疑者之行动。其后日警又探悉台南厅关帝庙支厅管内，亦有革命党，于头发中央剃一圆形，作为标识。首领李阿齐，于同年七月初，曾与同志会于公共墓地，决定于农历十月中举事，先从五甲庄开始攻击，经关帝庙攻台南，以尽杀日人为目的。凡党员要集会时，为避免旁人注目，各带锄头、粪箕为暗号。

同年十月中，新竹厅大湖支厅仓库内，忽失去枪器六枝，日警发动保甲开始大搜查，大湖区长列名指摘为革命党之所为，于农历重九节日，在大湖天后宫，检举被指为革命党员者八名，由是扩大检举范围，至于全台湾在秘密检举中。东势角事件发生，日政府当局益感不安，检举网张得非常严密。自民国二年，即大正二年十月，开始检举，至翌年（民国三年）一月，共受逮捕被嫌疑者五百三十五名。

罗福星在日警未开始大检举以前，已感觉局势不稳，故即潜迹晦迹，至民国二年十二月十六日，逃至淡水支厅，潜伏农民查稻穗之家，拟俟机从淡水密渡回国，以暂避其锋。但日警早已利用保甲壮丁，日夜在该地戒严，罗之踪迹，终为兴化店派出所警员所探悉。淡水支厅长，即于十八日夜半，派出大批警察队，包围李稻穗家屋，罗福星及其同志周斋，遂为日警所捕，同时被搜去手记二册，一为党员名簿，一为感想录。读其手记，可悉其在逃亡中犹不忘革命。兹录一节列下：

依五大洲六大洋，形成五个世界之中，占有面积五分之一，人口亦占最大多数者，除我大中华民国而外，实无其俦。如此大国之民，竟不知国家之为何物，亦不解何为爱国心，更不识国体为何物，虽在今日文明环境，犹固执守旧，未能脱离顽固根性，毫无进取气象，诚堪浩叹。然居留于南洋群岛之我台民，自数十年前，即抱开化之志，辨君臣之分，深知亡国之耻辱，亦解邻国之苛性。想为诸君所知，为俄国所灭之犹太国，仅经过二十年，早已种族全灭，文字亦废。然犹太国人口四百余万，比台湾多，面积东西六十二英里，且为吾世界最先之开化国，今为俄国视若犬马，而彼徒作大言壮语，以自得意，其非狂即痴也。今略述我之来历，中华民国二年十月六日，我奉福建都督之命，与十二位同志来台，调查视察，并连络中华会馆，募集会员，以刘士明君为主盟人，林达荣君为台北财政局长，刘金甲君为台中财政局长，魏中兴君为台南财政局长，邱维藩君为台南副主盟。我十二士为募集主盟充实员，今已募集会员有九万五千六百三十一名，各抱有革命大志。外有华籍同志，变装为卖人参商贩，来台募集会员者，亦有二万人。我三月十九日，托吴颂贤一书，呈对广东都督，必可共谋台湾革命大事。

杀头相似风吹帽　敢在世中逞英雄

全台湾大检举告一段落，台湾总督府于民国三年，即大正三年二月十六日开临时法院于苗栗，任命安井胜次为裁判长，富田元沼、大里武八郎二人为陪席判官，小野得一郎、松井荣尧二人为检察官。后判官移动，以渡边启太郎代大理武八郎；检察官再增加土屋达太郎一名。审判范围：以苗栗之罗福星为首，关帝庙之李阿齐，东势角之赖来，大湖之张火炉，南投之陈阿荣等，及其各派党员，总共有九百二十一名。自二月十六日开庭，至二月二十八日。审判告一段落。因法官更迭关系，东势角事件关系之谢石金以外二十一名，延至二月二十九日，审判始告结束。民国三年三月三日，临时法院闭庭。受判决死刑者二十名，有期惩役二百八十五名，行政处分四名，无罪三十四名；在检察庭受不起诉处分者五百七十八名。受宣判死刑者，即日被执行。各受刑者，虽皆蓬头垢面，但意气自如，态度充容，无丝毫觳觫之状。罗福星在狱中慷慨赋诗。录下：

独立彩色汉旗黄，小万横磨剑吐光，齐唱从军新乐府，战云开处阵堂堂。海外烟气突一岛，吾民今日赋同仇，牺牲血肉寻常事，莫怕生平爱自由。枪在右肩刀在腰，军书传檄不崇朝，爷娘妻子走相送，笑把兵事行解嘲。背乡离井赴瀛山，扫穴犁庭指顾间，世界腥羶应涤尽，男儿不识大刀还。弹丸如雨炮如雷，喇叭声声战鼓催，大好头颅谁取去，何须马革裹尸回。勇士飞扬唱大风，黔颅皆厌我独雄，三百万民齐奋力，投鞭短吐气如虹。青年尚武愤精神，睥睨东天肯让人，三州区区原小弱，莫怕日本大和魂。军乐扬扬裂唝鹅，天风情长感慨多，男儿开口从军乐，可唱台疆报我仇。东方客旅雷我原，驱逐夷蛮我国尊，白种更传黄祸事，何劳今日此争存。

祝我民国词

中土如斯更富强，华封共祝著边疆，民胞四海皆兄弟，国本沧桑气运昌。孙真为国著先唐，逸乐丰神久既章，仙客早贻灵妙药，救人于病身相当。

罗福星寄沪上情人爱卿书

双眼泪沾襟，凄惨岂堪言。此情此景，欲向谁诉。知者唯卿与我。愿卿忍一时之酸辛，暂守闺闱。我今日之事业，总任命运于天。千里忆卿，执笔作书，是鸳鸯之情也。眼泪难禁，望月而哭，正是枕孤风寒之夜。三更孤衾，不得其温，悲闻雁声时也。鸡声报晓，尚未成眠，辗转反侧，百感交集，无端想起窗前画眉之梦。作情书，誓结比翼之契，此为往时之快乐。拟同栖，喜看连理花开，已成昔日之心愿。卿心即余心，互励志气，是当时灯下之盟。月寒梦未圆，是今夜之情。晓钟破梦，推被而起，开窗外望，天已明亮。天虽明，而余心暗，思乡故也。闭门独坐又思卿，仿佛卿姿浮眼前。立步数武，又坐而沉思，烦闷无法遣去。于是以泪磨墨，以笔代舌，报此情予卿知，落泪滂沱。书至此，又搁笔，因起断肠之思，艰于续笔。余归故乡，滞留不过六旬，奉命再到台湾，不幸相遇阎王。今我有五敌，天涯地角，到处天必祸我。海行，海若怒呼，沉没舰船，此天苦我于海路。陆行，虎狼横路吐毒，此天苦我于陆路。居乡时，全家灭亡，此天降灾祸于我家。我家世世皆未知名，我深叹之，卿其莫亡我有此五敌。今日之事，唯将命运，一任于天。我运途乖舛，进退维谷于他乡。欲乘船归去，其奈有虎门之关。他日若得接受余书，即可知是余无事归国。他日若无闻余之消息，即可知余已入鬼门关。但愿如卿所望，得有无事归返故山之日。书至此，泪下难禁。观现状，知须暂时忍苦。余弃故山妻子，奔走东西，是为忧国爱民。毙而埋尸台湾，永为台湾纪念；死而纳骨家乡，则永为子孙纪念；别乡离井，倘得大事告成，是永为国家之纪念也。虎死留皮，人死留名，古今英雄，同此志气。今日之离别，不变鸳鸯缔盟，尽可期于他日地下相逢。我为圣贤，卿为烈妇，是余之所望于卿者。幸而余有归国之日，岂敢忘卿恩而背义也。卿能容我于此世，奈何天不能容我。卿爱我之情，如山之高，如海之深，如余无报卿之日，则空余千载遗憾。人生斯世，最重人情义理，人如无情，禽兽不如。余对卿之情，浓于妻子。妻子之别，若三餐得饱，即可消忧，与卿一别，寸时难过。可悲哉，卿我鸳鸯，天各一方，殷勤望卿，切莫化为望夫之石。余归国之日，必报无恙于卿。愿卿莫因愁损其身。余非禽兽，胡能忘情。余志如铁，愈挫愈坚。书终，暗泪数行。种种思乡，无端忆起爱卿，有无限断肠之思。婚约虽定，尚未结婚。佳人才子，偕老之契，愿为同穴之盟。不幸此生若无重逢之期，当再会于阎王案前。千载夫妇之约，永远不变。卿其毋愁毋忧。余生不忘之情，益为国事努力，死而为鬼佑卿。灵魂驰回天地，护我民国。此言一字一泪，永留为卿纪念。

寄爱卿诗四首

人世因缘万劫空，欧风亚雨造英雄，
笔花不放江郎梦，辜负神娥夜夜风。

午夜雨风一段情，月光人影两分明，
台湾那有春秋别，连理枝头善感情。

浑身冠剑看如何，国际艰难感慨多，
走马归华国事琐，耳边听遍自由歌。

传语却敲无线电，留声且喜勾音筒，
于今造就飞行器，不似双星一夜逢。

死罪纪念　罗东亚

新中国武装解决和平记

廖少游

编者按：本文作者廖少游（宇春）于辛亥革命时，秉承段祺瑞之命，以袁世凯出任民国大总统为先决条件，于辛亥年十一月初一日（1911 年 12 月 17 日）与黄兴代表顾忠琛在上海秘密商定推翻清政府，确立共和政体等五条款。为此，袁克定、段祺瑞、靳云鹏等秘密串连北洋各军，胁迫清廷赞成共和，拥戴袁世凯窃取了辛亥革命的胜利果实。本文以日记体裁详述廖本人及靳云鹏等之幕后活动，所记史实，具有一定史料价值。原书于 1912 年由陆军编译局印行，现已流传很少，今全文刊出供研究参考。

新中国武装解决和平记序

辛亥冬间，南北和议屡梗，双方坐困，大局岌岌可危。华亭廖君宇春，间关奔驰京、保、汉、沪间，瘏口哓音，以祈达保全大局赞成共和之目的。迨民国基础甫定，海内粗安，越年八月，德全方由苏督任内赴申接收沪军事宜，适廖君邮寄所著《新中国武装解决和平记》见视，嘱为弁言简端。循览既周，乃濡笔以僭书之日，古今治乱兴衰之故，虽曰天命，岂非人事哉。使无庚辛后之贤豪俊乂，言论锋发，奔走呼号，恐此次军人倡议，不若是之灵且捷也。然使军兴后，无志士仁人，出万死一生之计，探军幕，入虎穴，掉三寸舌以说南北各枢要，化干戈为樽俎，变叔季为唐虞，恐共和虽成，而士女空闾巷，肝脑涂原野，兵连祸结，薄海骚然，其武装解决之肤功，又乌能若是其和平而迅厉哉。方东南扰攘间，德全迫于大义，拯苏民于水火，督师往来宁沪一带，时闻人谈及廖君来南，志在联合两军感情，以冀达共和之目的，窃幸联络内外之有人。今则大势渐趋统一，廖君昔年所抱持之和平主义，卒能使段军统有提挈十四万军人之电奏，以致诏布共和，捷如影响，夫亦可谓有志竟成也乎。虽然联络南北以赞成共和，破坏之美果也，巩固中央以奠定础磉，建设之首图也。方今党见纷争，强邻环迫，正宜联内外之心志以先固本根，化南北之嫌疑以调融意见。殷忧所以启圣，多难即以兴邦，范蔚宗论东汉之衰，危而弗亡，皆贤人君子心力之为。是所望于海内名公钜卿哲人杰士，懔被发缨冠之大义，誓抱冰握火之苦心，俾所谓武装和平解决者，常留璀璨庄严之声誉，以垂被无穷焉。是则德全所骧首企踵，昕宵翘歧〔企〕者也。

中华民国元年八月　云阳程德全雪楼甫

共和之发轫也，主动于黎军，被动于各省志士，然而其原动则孙、黄诸君也。共和之解决也，主动于段军，被动于各军将校，然而其原动则廖、靳诸君也。昔大禹之治九州也，驱除洪水猛兽，后世颂其德，以禹域名中原。共和之成立也，扫除数千年水深火热专制之遗毒，俾我国民煦煦然如登春台之数人者，厥功岂在大禹下哉。廖君诚不朽矣。健羡之余，因志数语于简端，以告世之读是编者。

中华民国元年季夏之月　津门蒋雁行谨志

共和颁布，民国肇兴，鲜不谓黎、黄诸公之力居多，而不知议和时代，南北奔驰，秘密运动，以哓音瘏口，促共和之解决者，其坚苦卓绝之诣，固未易一二为外人言也。吾兄少游，幼倜傥有大志，好吟咏，兼工书画，甫弱冠，游学东瀛，旋充东京使馆随员。回国后，历受知项城袁公、寿州孙公、南皮张公，争相罗致。冯公华甫、段公芝泉皆兄故人。二公创兴军学，先后襄办北洋陆军学校近十稔，成就学生者数千百人，而独居深念，其愤时忧世慷慨激昂之志，未尝一日稍息，往往发诸咏叹，盖其素所蕴蓄者为已久也。辛亥八月，武昌事起，天下响应，廷议起袁公总国事，冯、段二公督师南下。南北相持，同胞惨杀，大局岌岌可危。又以和议或兴或辍，迄未就绪，而举朝阘茸，咸以革命二字相诟病，卒无有牺牲一身，剖陈大义，为国分忧者。阋墙既久，外侮乘之，势不至酿成豆剖瓜分之祸不止。当此之时。若有丝毫顾惜身家之念，谁肯间关险阻，出万死不顾一生之计而联络南北之感情耶。而兄则谓不有国，何有家，何有身，大有救天下苍生舍我其谁之思。始终抱定尊重人道主义，中夜傍徨，寝食几废，不得已联合同志数人，潜赴汉阳说冯、段，感冯公知遇深，拥护尤力。偕夏君清贻莅宁、沪、说黄、程，洞中肯綮，订密约，返京华，说当道诸公，洋洋万言，甚于贾生之痛哭。与靳君云鹏数十日奔走骇汗，卒能和平解决，化干戈而为揖逊，俾我同胞，获享共和自由之幸福者，则兄之苦心焦思，有志竟成以至此也。兄可谓国尔忘家者已。今也民国酬庸，纷纷者半踞高位，而兄独甘浮沉在下，欲齿齐民。其所著有《新中国武装解决和平记》一册，叙次当时情事，皆极清晰简老，言微旨远，殊不欲出以问世。然副总统黎公十害三无之说，天下感泣，而最足为世针砭者，则在无责任心一语。顾亭林曰：国家兴亡，匹夫有责。以下位而谋国事，以书生而靖兵戎，吾兄当之，可无愧矣。是篇主要人物，除黄、段二公外，北军如靳君云鹏、夏君清贻、孔君庆塘、袁君克定、张君鸿逵，南军如顾君忠琛、朱君葆诚、俞君仲还，皆议和时代之伟人。吾兄恒曰：此次得运动推袁之策成功者，皆诸君赞助之力也。余思此册关系民国前途至重，不欲其秘而不宣，强索其稿以付手民，并为之志其颠末。且乞名流钜卿之品题，俾览是册者，即有以知兄生平之梗概云尔。是为序。

中华民国元年五月中浣　云间女士廖宇蕙叙于农安女校

缘　起

辛亥夏秋之交，人民积愤清廷专制，政治窳败，已达极点。大局阽危，改革无望，四千年神明之胄，几如燕雀巢幕，不谋朝夕。加以贵族用事，骄佚恣睢，民贼专横，甘为戎首。如请愿国会代表之拘禁，铁道收归国有之风潮，皆足以大拂舆情，遏抑民气。于是人心激奋，咸欲谋脱君主专制之羁轭，享民权自由之幸福。始而川乱蔓生，迨八月中旬，鄂变继起，各省骚然响应，如出一辙。所仅存者，惟豫、直、鲁、东三省，及蒙、藏外藩而已。

荫、袁先后督师出援，民势益张，半壁河山，相持不决。大局糜烂，即在目前。非南北裂土而王，即演成豆剖瓜分之惨剧，事机危迫，间不容发。清廷至此，亦复栗栗危惧，恐一姓之私产不能保存，乃徇臣工之请，下罪已之诏。颁布十九信条，昭示天下，并解除亲贵政柄，特任袁项城组织责任内阁，以图解免。无如人心为大势潮流所趋，虽有贤者，已难为力。挽回之术，不免告穷。

盖人心愈压制，其膨胀力亦愈大。中西往事，历历可征。此次民军声势极大，无论其不能扑灭矣。即以北洋兵力，勉强摧抑，然人心不死，余烬易燃，吾恐第二次革命，不旋踵又将复起矣。悠悠苍天，曷其有极。

当是时也，北洋各将校学生，亦均纷纷南下，齐集于招贤馆，冀为同胞有所赞助。各省将组织联军北伐，不下数十万人。北军受此影响，其势力益形单薄，此消彼长，众寡悬殊。且也，南军得报纸社会鼓吹之力，凡所以励激人心，发扬士气者，罔不周至。北军无此助力，是以汉口焚劫一案，众论哓哓，大不理于人口，南北恶感，因之益深。

南军之对于北伐也，万众出于一致。北军不然，于干戈遍野将士用命之秋，而忽有滦州、石家庄之变，其足以沮丧士气，摇惑军心，与南军适成反比例，优绌显分，于此可见。

未几复有炸弹团出现。闻其中皆激烈志士，组织而成。自凤山被难以后，继其踵者颇不乏人，局势因之一变。盖兵力可御而炸弹则防不胜防，此风既开，窃恐北政府之具有炸弹资格者，益危乎其危。逆料将来国体之解决，又不在兵而在弹矣。

闻南军敢死队之奋勇，能以血肉之躯，与枪林弹雨相搏。北军则利用机关枪，每一分钟连发至四五百出，可当一大队之战斗力。故南军之死伤独多。盖此次之战，虽系南攻北御之局，然荫昌奉命视师，初无大效。及项城一出，亲劳三军，旌旗居然变色。间尝推原其故，则第一军将士，率皆项城旧部，乐为效命，势所必然。南军虽多死士，卒以新募之军，器械利钝，相形见绌，不免小挫其锋，非人谋之不臧也。说者谓南北之争在满，吾谓南北之争，实不在满而在汉。闻者疑吾言乎，试观项城之用兵，从可知矣。而今而后，项城其为国体解决之枢纽也哉。

先是武汉事起，满起用项城，论者咸疑项城必有良弓狡兔之悲，断不应命，讵竟慨然奉诏。乃甫经就任，而张绍曾截留军火，吴禄贞谋断后路之警，已纷至沓来，项城几陷危地，至是始悟大势已去，断非一人所能挽回。虽表面强为支持，而其中已有转圜之意矣。越日，复拜内阁总理之命，论者又疑必不至京，已而入都之报腾布远近。稽其时日，则九月二十四也。于是贵族政府既覆，而项城内阁代兴，时局循环，差强人意。

虽然，项城入阁，则共和解决愈生困难，何也？项城之权，全由保护满廷而得，既已显膺重寄，即不能不故作声势，以掩众目。一旦而欲反其所为，万无此理。且贵族虽已引避，挟制之习未除，项城势处两难，动辄得咎，内招贵族之猜疑，外启党人之仇视，手枪炸弹，日伺其旁，危险之来，方兴未艾矣。

返观战局，南军一面，黎、黄率两湖之众，扼守汉阳，龟山襄河，皆具天险，北军虽勇，料难飞渡。金陵重镇，有张、铁负隅自固，亦足为中流砥柱。不意北军甫克汉阳，而江浙联军，愤激异常。竟以全力合攻宁垣，张、铁不支，遂为所据。两方至此，又成均势。于是外人集议，以为南北相持，终非久计，乃由汉口英领事出任调停之责，劝令双方停战，议和问题，于焉以起。

和议发起以后，内阁派唐绍仪为议和大臣，民党派伍廷芳为议和代表。其会议地点，先定于汉口，后改于申江。然而此次之结果，吾决其不能成功，以其不能明言项城之心理，虽舌敝唇焦，只门面语耳。

维时（十月十三日）余与靳君云鹏（翼卿，云南总参议）、张君鸿逵（志中，保定陆军预备大学堂总办）偶遇于京汉车中（是日由京赴保），二君皆关怀大局，忧时志士也。而靳君尤发扬踔厉，有不可一世之慨。然是时朋侪相见，无敢昌言共和者，余等乃别寻密室，促膝而谈。余谓二君曰：时至今日，危亡即在旦夕。二君以为君主愈乎？共和愈乎？请一言决之。二君曰：十九信条，果能实行，君权既废，责在内阁，中国不难转弱为强，与共和无异也。

余曰：十九信条，若颁布于革命起事之前，诚足以餍人心，乃不于其前，而于其后，际此天下扰攘，排斥君主之时代，虽百信条，亦不足取信于人，况区区十九信条乎？此等空言，何补中国之危亡。

靳曰：吾亦知十九信条，于议和恐无效力，然欲北军服从共和，谈何容易。

余曰：南北终于决裂，势必两败俱伤，同归于尽。目前虽有和意，然政体解决，目的不同，分道而驰，各宗一说，排解之术，尚待研究。

靳曰：余于共和，素所赞成，余于大总统一席，则不能无犹夷，窃揆北军之趋向，必不甘听命于南政府耳。

余曰：君之所虑，吾亦云然。吾辈所当研究之问题，正在此耳。以当代中国人材而论，新学界不乏坚卓怀奇之士，然能操纵一切，有军事上、政治上之经验，威望素著，兼得外交上之信用者，无项城若。

靳曰：北军之主动在袁，北军将士之感情亦在袁。倘南军果能赞成推袁之举，则最后之问题，某虽不敏，尚可以利害陈说当道，从此迎刃而解，亦未可知。但保护满清皇室，及恢复各省秩序之条约，似不可不预行议订。

余曰：吾等所筹之计画，果能如愿，匪特中国可保，皇室克存，即项城与北军诸将士之生命名誉，亦不至有所丧失，所谓一举而三善备焉。但入手之策，须以国利民福为前提，游说于两方面，必可得当。且南军已改变其最初方针，主张人道主义，注重政治革命，倘清帝能效法尧舜，宣布共和，则优待皇室，自是应有之义。今吾试立一假定议和条件，以质二君。

（1）保存皇室之尊荣。

（2）组织共和政体，公举袁项城为临时总统。

（3）优待战时之将士。

(4) 恢复各省之秩序。

以此四条为标准，然后共谋进行，无所顾虑，誓非达此目的不止，二君以为何如?

靳曰：纲举目张，颇得要领，吾等敬如君约。

余曰：此事关系大局存亡，我辈须具决心，虽死不能中变。

靳曰：英雄任事，一言取决，若首鼠两端，直伧父耳，君其毋虑。

张曰：靳君为运动北军之主力，廖君为运动南军之主力，各尽其责，何患无成。吾则勉附骥尾，遥为二君之后援可耳。

靳曰：吾在云南，殊憾蔡锷辈不谋于我，为排北举动，余受创不死而生还者幸也。本当披发入山，不复与闻天下事，第念袁、段二公，既陷绝地，且大局糜烂至此，若恝然坐视，漠不关怀，区区此心，良所弗忍。吾当先作汉渚一行，兼酬段公数年知遇之雅。段公天分绝高，不同流俗，必当有以报命。

余曰：天之留君北来，正所以救中国。存亡之机，唯君操之。仆不日当偕同志夏君清贻，赴南一行。南北两方，彼此分任利害祸福，在所不计。

张曰：计画既定，靳君可先成行，吾与夏君尚须谋面，以取南军之信用，廖君其速为介绍，商订会晤之期，届时当在京践约也。于是三人乃共述誓词，珍重而别，此即运动北军赞成共和之缘起也。以后逐日事件，另具记述如下，以供当世君子之粲正焉。

日　　记

自宣统三年十月十五日迄十二月二十八日

十月十五日　余由保定府属姚村陆军小学堂，专足致书于北京同志夏清贻君。夏君江南名下士，现充京师红十字会员，其略曰：

颂莱姻兄同志：大局纷纭，吾辈当求最后之解决，执事其大发宏愿，出而为排难解纷之举。吾侪或联袂南行，同谋大计。国势岌岌，已危若累卵，岂志士闭门韬晦时耶？志中亦渴欲与君一谈，君意云何？立盼惠复。附上意见书一纸。又草莽小臣私议吁恳皇上效法尧舜奏疏一篇，无聊之文字，顺博一粲。宇春敬白。

附：调停两方战事意见书

两月以来，南北两军，战祸愈演愈烈，其影响所及，足以覆亡中国者，约有数端：战端一开，金融骤滞，外债期限，迫于燃眉，且南北多一次战争，人民多一番涂炭，即经济界多一层损失，农工商贩，常陷于不确实之地位，精华既耗，元气大亏，此战事之影响于经济者一也。各省盗贼蜂起，假革命之名义，扰乱治安，农事失时，哀鸿遍野，闾阎涂炭，民不聊生，民军本欲弭乱，而适所以召乱，此战事之影响于生计者二也。各国阳号中立，阴主干涉，如接济军火，灌输外债，助拿租界革党，占据海关税权，且各处陆续进兵，以图有所劫制，是以蒙藏之噩耗方来，滇辽之警电踵至；而日皇对于议院之愤言，其心尤为叵测，瓜分之祸，逞于目前，此战事之影响于外交者三也。各省分崩离析，已呈无政府之状态。试以现象观之，或一省各举都督，政出多门；或内部互争主权，自相残杀；或朝推而夕贬，如孙都督之取消；或既戴而复仇，如焦都督之被杀。扰扰攘攘，秩序已紊；虽欲恢复，无从著手，徒授北军以口实，此战事之影响于内政者四也。四者有一，已足以亡其国，况俱备乎。无怪君主党人之谰言，以共和为不足恃，同胞无此程度，而耸人听闻也。总之君主民主之问题，不能解决，则屠戮惨杀之祸日深，官民两军之仇，益固结而不可解。在政府欲以一旅之众，扑灭南方勇敢之师，固属万难奏效。在民军值此天寒地冻之际，遽欲兴兵北伐，亦恐未易成功。然则南北相持，伊于胡底？愚意北军既据汉阳重镇，南军已夺北固雄关，势均力敌，就此结局，最为善策。闻英人有意解纷，劝令双方停战议和，自是正当办法。特目的能否达到，尚属疑问。盖政府派员，必系主张君主。民军派员，未有不争共和。试问两代表能以个人资格，变其固有宗旨，而归附于一方面之权利乎？吾有以知其不能矣。既曰不能，则和议终归无效，势须重整旗鼓，再角雌雄。尔时北军胜，则南军流离溃散，将变为流寇而不可制，同胞所希望之共和，定成泡影。南军胜，不但君主归于消灭，满族恐无噍类，即北军将士之效忠于清廷者，亦将被池鱼之祸。万一人心不死，旗籍勤王，祸结兵连更无穷尽。列强当此，岂肯旁观，协议既成，危亡立至，波兰天竺，俱在意中。呜呼！来日大难，隐忧未艾，仰天挥涕，哀不成声。宵旰傍徨，罔知所措。丁此存亡绝续千钧一发之际，吾党南北志士，正宜萃精竭力，急起直追，亟筹和平解决之方，共负旋干转坤之责，挽回劫运，此其时焉。况乎民军所要求者，在推翻清政府耳。今者摄政逊位，亲贵全黜，大权入于汉族之手，倘再戎衣相见，是不啻自残同种，岂仁人志士之本心哉。吾党于此，不欲调停则已，苟欲调停，当先忠告两方枢要人物，开特别密议，疏通感情，陈说利害，终以推袁为指归，则滔天奇祸，不难消灭于俄顷之间。所谓不战而屈大敌，正此之谓。而吾同胞寤寐萦怀之共和政体，亦可如愿以偿。从此拨开云雾，重睹蔚蓝，吾党对于亿兆同胞，应无愧色。黄帝有灵，定邀默赞。书不尽言，唯希公鉴。

草莽小臣吁恳皇上逊位奏疏一篇

中国草莽小臣，奏请大清皇帝陛下，效法尧、舜、华盛顿，以成千古之美德，而拯中国汉满同胞事：窃小臣审机观变，怵目恫心，慨种族之沦亡，痛神州之将陷，瓜分之祸，迫于眉睫，势将汉满仇杀，同胞流血无已时，而外人鹰瞵虎视，乘隙而入，两败俱伤。陛下仁慈隐恻，何若顺天应人，效法尧、舜、华盛顿，以存危亡之中国，汉满同胞，将涕零感激，讴歌皇仁，千秋万岁。且天下者，天下之天下，非一人之天下也。子舆氏曰："民为贵，社稷次之，君为轻。"以是观之，昔尧舜以揖让，而成官天下之美德；华盛顿以血战，而创共和合众之先声。其光明磊落之襟怀，大公无我之伟抱，较诸后世之君主，以天下为一姓之私产，其名义之广狭，相去奚啻霄壤哉。我中国人民，蜷伏于专制政体之下久矣。晚近以来，民智渐开，国家政治之思潮，种族强弱之观念，蓬蓬勃勃，有不可遏止之势。朝廷果能见机，早应幡然变计，实行易姓废旗之方策，变法自强，则汉满之融化已久，尚何种族之可言！朝廷不是之务，而自贵族政治发现以后，汉满之畛域愈深，政事日趋窳败，致演成二十世纪中国革命之惨剧。匝月以来，鄂乱蜂起，天下云响影从，声势滔滔，有一日千里之观。若川、鄂、吴、越、皖、赣、秦、晋、闽、桂、粤、湘、齐、滇、黔诸省，或称失守，或号独立，环顾四周，几无完土。国将不国，试问陛下将何以自存乎？袁世凯一代伟人，陛下不能用，其心之觖望，非一日矣。一旦事急，畀以全权，相依为命，先不问其心之真伪如何，第观其进退失据，未必能有只手回天之能力。陛下独处深宫，四面楚歌，谁为股肱？谁为心腹？台城之惨，可为殷鉴。为陛下计，与其顾惜宗庙，虚与委蛇，势将生灵涂炭，同胞流血，种族相仇，愈不可解，而终蹈灭亡之危机。何若效法尧、舜、华盛顿，慨然让位，徇革军之请，改为共和，不但与前圣后先媲美，吾知各省革命同胞，将弃甲曳兵，同声欢颂，而王位亦可永袭于万祺，化汉满为一族，杜外族之觊觎，实行民主立宪，不血刃而天下平，则陛下之圣功，弥天地，亘古今，岂不懿欤。愿陛下三思，非惟四万万汉满同胞之幸，亦陛下之幸也。草莽小臣，泪竭声嘶，罔顾忌讳，冒死谨奏。

十六日　接夏君颂莱复函如下：

少游姻长执事：伻来，披阅来书，极佩伟见，惟愧螳臂，不能攘大树，有负推许，奈何。我辈所图，尤宜秘密，意见书不可宣布，执事与张君，何日来京，面商一切。极盼极盼。尊拟草莽小臣奏疏一篇，已见报章，惟与狐谋皮，适恐为狐所嗤耳，一笑。清贻叩。

十七日　学生赵麟书，拟赴汉口第一军投效，因致冯军统国璋处秘书长陈紫笙一函，交赵生密藏赉去。其略曰：

紫笙老友执事：京华握别，不觉黯然神伤。南北风云日亟，戎马倥偬之际，而一老书生徘徊其间，其神情惝恍，慷慨悲怆，为何如耶？大树于北京出征时，春尝规以危言，不料曾几何时，汉口焚杀之案，喧腾报纸，大树居然为丛怨所归，众口铄金，积毁销骨，吾不能不为大树危也。迨日前与马统制锦门，遇于京汉车中，始悉大树之冤。春曾一再登报，为之剖白，聊答平生知遇之雅。惟大树数年悒悒，一旦当革命锋镝之冲，乃慨然欲牺牲生命，挽此狂澜，可谓壮矣。虽然，以春之審机观变，期期以为不可。盖天下大势，为革命风潮所趋者十余省，人心涣散，已达极点。政府虽有召集议员之令，然势力微薄，罕有应者。新内阁一付空场面，机关已失，万难支持，虽有圣贤，亦将束手，识时务者为俊杰，应天顺人之举，即为福民利国之媒。以清廷之存亡，与中国之存亡，两两相较，孰轻孰重，无待著龟。吾恐欲救清廷，转危中国，本求建勋立业，适所以杀身隳名，区区报纸之攻击，犹其末焉者也。老友与大树亦道谊交，何不乘间进以危言，能于此时上书枢府，密陈危亡大计，请皇上效法尧舜，俯顺民情，以揖让而布共和，事成则为首功，不独前嫌尽释，即天下后世，饮水思源，有不颂德歌功，馨香祷祀者哉。万一不成，急流勇退，至公之心，昭然若揭，亦足取谅于世人。倘计不出此，妄肆武力，以仇杀同胞为事，甘冒天下之不韪，为人民之公敌，身败名裂，为天下笑，窃为大树不取也。春二十年辛苦，积有微阶，岂不欲帝政长存，为纡紫垂青之地。无如世变日亟，祸悬眉睫，嫠妇尚不恤纬，况爱国男子乎。书不尽言，晤大树时祈郑重致意，国事危迫，端赖老友善言挽救。翘首汉南，千万珍卫。春顿首。

十八日 余赴京寓泰安楼旅馆，同志张君志中自保定来，孔君文池自云南来（云南临元镇总兵，印庆塘）。夏君亦来寓，志同道合，密计进行之手续者良久。大抵吾策须求王、冯、段三公之赞成，王公在京，而冯、段二公皆在鄂。当日议定，孔君赴汉为靳君之后援，张君在京、保间游说军界。余与夏君则先往汉口，再作南行。

十九日 偕孔君文池谒陆军大臣王士珍，副大臣田文烈。

二十日 偕孔君文池、张君志中，再谒田副大臣，密陈大计，田似首肯。

二十一日 复谒陆军王大臣，未晤。闻王屡萌退志。文池已略陈意见。未加可否。

二十二日 田副大臣，遣人持刺招饮。是日，闻议和大臣唐绍仪等已启程赴鄂。

二十三日 偕孔、夏二君，乘京汉兵车，连夜遄行。过保定、正定、彰德、信阳、广水，沿驿均设兵站。其兵站长，多陆军速成学生，见余咸来问询，途中与孔、夏二君讨论时局，佥谓满清于数年前，果能立意振作，易汉姓废旗制，化除畛域，实行宪政，荡涤积弊，与民更始，人心不至涣散若是；乃计不出此，匪独因循玩愒，又复变本加厉，致令贵族专横，怨毒日甚，致酿成今日革命之祸。呜呼！所谓天时人事者非耶。可见一国之君，必有正当之资格，如英日国民，皆能忠爱发于天性。我国皇统杂出，爱根已除，倘再乏君人资格，不亡何待。现在欲改政体，宁改国体，与其戴汉人为君，又不若易立宪为共和，庶国基可期巩固，不至复辙相寻。所患人民程度不足，尚恐另生枝节，将来大局奠定，民国肇新，必宜多方提倡，间取急进主义，俾人人皆具国民资格，始足以立于竞争之世，而永保生存也。

二十五日 早五时，抵大智门。晨光熹微中，先访军司令部。有军士擎枪盘诘，适遇总参谋张君馥卿，惊问余曰：君长途仆仆，昏夜而来有何要事？余曰：仆无要事，惟趁此停战时机，来观诸公之战绩耳。问冯军统何在。曰：军统，甚矣惫，中宵假寐，尚未醒也。继晤其副官李君壬霖、郑君士魁。李君拥衾畅谭第一军进攻汉阳事，士气如何奋勇，历历如绘。而南军战死投江者，不可胜计，言之可惨。并探悉冯军统，业已交卸；段军统以湖广总督兼统第一军。冯即于本日午后回京。十时偕文池谒冯公，相见甚欢。因行色匆匆，未能密陈计画，诚憾事也。维时在座者，为二镇统制王占元、四镇统制吴凤岭、六镇统制李纯。略谈数语，出晤同志靳君翼卿（现充第一军参议）。靳君密告余曰，吾侪之计画，可以实行，此间参谋，徐君树铮、曾君云沛，亦颇赞成。旋谒段公密陈大计，且述与夏君南行疏通之策。文池亦在旁怂恿，极言此行关乎大局，段甚韪之。并订密码电本，交靳君收藏。是日，闻议和大臣已赴申江。晚访陈君紫笙，兴辞后，门生张孝慈（第四镇执法）招饮。席间晤民军将校胡捷三、陈成城两君，此时已吴越一家矣。夜寓金台宾馆。

二十六日 午后四时，与孔君、靳君面订议和期内应办事件，并发冯军统一函，多规讽语。当以时机急迫，万不可缓。是日即偕夏君附乘美利轮船启行，舟中遥见长江两岸，皆有南北兵哨，相距数十武，结一团瓢，彼此遥遥相对。闻船中人语，皆自称民国矣。

二十七日 午前四时过九江，午后五时经安庆，八时半至大通，入夜一时抵芜湖。九江为马都督毓宝驻节之地，安庆则三易都督矣。闻孙都督毓筠，近与大通分府黎宗狱，因兵饷事，大生冲突，兵匪乘机勾结，四出劫掠，因之市面萧条，景象甚惨。愚谓孙、黎皆不应以小怨害大谋，以私仇败公义，均可谓不识大体。然探诸舆论，多不直黎。

二十八日　早八时舟抵江宁，下碇登岸，换乘宁沪火车，沿途搜查囊箧甚严。闻民军系十二日据金陵，后于北军据汉阳仅四日耳。是役济军勇略最著，首夺乌龙、幕府诸险，浙军继之，全力攻克天保城，然后诸联军始能破关而入。并闻镇军统带陶浚保，以扣留军械，不顾大局，惟知利己；苏某，以入城之际，擅杀旗民，纵兵劫掠，均经徐总司令查究得实，处以死刑。又巡防统领米占元，率众归附，照旧录用，仍领原军。由此观之，民军决不仇视满人及反正之将士，可以金陵之役为左证。是日获瞻紫荆、龙潭诸胜，皆新战场也。午初过镇江，金、焦分峙，极据形胜，即海军十余舰降革军处。午后经丹阳、常州、无锡、苏州、昆山等处，车中纵眺，风景依然，而举目有河山之异。回忆满清当勃兴之际，八旗劲旅，以弧矢威天下，明辽东经略杨镐，集兵二十万，于辽阳一战，被其挫折，全军几复。后复进规中原，渡大凌，略真定，破济南，擒德王，攻锦州，明廷请和。迨三桂乞师，多尔衮率大兵长驱入关，遂唾手而得天下，抚有区宇，垂三百年。降及今日，卒以专制过甚，大拂民心，遂至土崩瓦解，俯仰今昔，不禁感慨系之矣。七时抵上海，民军复搜索。是夕寓三马路旅泰旅馆，因该处交际往来，最形利便也。探悉黄大元帅与程大都督德全均莅沪上，议和大臣唐绍仪等，已于昨日午后二时抵申。

唐大臣寓戈登路洋员李德立之家。随员刘若曾等二十余员，皆系各省和议代表，均驻静安寺沧州旅馆，外人保护甚严。民军公推外交总长伍廷芳为议和总代表，温宗尧、王宠惠、汪兆铭、钮永建为参议。又黎元洪派胡瑛、王正廷等为武昌代表，参预和议。唐之参议为许鼎霖、赵椿年、冯懿同、欧赓祥四人。本日两方面总代表、各参议均备具凭照，会议于英界市政厅，以笔代谈判，极为严密，并订十一月初一日续行正式会议。

二十九日　见上海街市改悬五色国旗（红、黄、蓝、白、黑横道五）闻系由军政府制定颁发，以示合汉、满、蒙、回、藏五大民族组织共和之意。

自议和大臣抵沪以来，民党言论颇持强硬，佥以为和议万不可恃，非接续准备战斗进行方法不可。持议异常激烈，其原因甚复杂，兹择其最重要者胪列如下：

一、党人激于义愤，流血独多，抛掷头颅，牺牲财产，无非为共和代价，以谋同胞无穷幸福，倘功亏一篑，决不甘心。

一、前日上海党人，追悼革命先烈，莅会者不下万人，有女子军事团，捧诵诔词，声泪俱下。士女演说，莫不痛憾袁内阁以汉杀汉。此次议和，务先杜绝君主，誓达共和目的，以慰诸先烈在天之灵。人心感动，势力为之一振。又广东北伐队三千人，于昨日抵沪，主张激烈，气焰甚炽。

一、党人均言袁内阁此次一面倡言议和，一面进攻秦、晋。且指民军为土匪，进兵皖北，为远交近攻之计，其居心险诈，决无诚心，各报纸鼓吹尤烈。

是以民党倡言于众曰，吾宁亡国亡种，绝对不认君主政体，有背此主义者，吾党当以颈血溅之。以致与议各员，心常惴惴。余于是日遍访北来诸随员，均不遇，仅晤唐君宝锷，畅叙良久。据云，此行殊无效果，吾等虽参与其间，几如仗马寒蝉，一鸣即斥，且有性命之忧，惟有噤不发声，尚堪自保。余叩以最后之让步如何？唐曰：当先将民军所要求者电达政府。至如何让步，除唐使外，恐无一人知者。问询刘君浩春（即前赴武昌劝降者）寓所，知在法界名利栈，兴辞后即驱车访之。而刘君适出，未获谋面，怅然而返。复持第一军曾云沛君介绍函访严几道先生，亦未遇。闻昨日午后二时，伍总代表偕参议等与唐大臣晤面，互阅凭照毕，伍总代表首先提议，请唐使电致内阁，自十九日起在停战期内，各省均应一律休兵，不得再行进攻，俟复电承诺，再作正式之讨论。唐使允之。伍亦允电告武昌、山、陕各处民军，严守信约。先是各省代表，曾在武昌预期集议，对于议和大臣最要条件，其目有四：

一、清帝逊位。二、建立共和政体。三、允给清帝岁俸。四、汉旗实行平等。并闻唐使道经汉口时，曾与黎都督相见。黎曰：使君远来，倘能赞成共和，实为四万万同胞造福无量。唐使唯唯。是以此次会议，即由民军提出四款，内容与武昌议决各件大略相同。当经唐大臣电致内阁，请其裁答，并声明系属极端要求，碍难更改。旋得内阁来电，俟斟酌妥洽，即日作复。风传袁总理对于二三两款，极为踌躇。

又连日各省都督及军政分府纷纷电致伍总代表，略谓民国创建，群情激烈，誓达共和目的；倘清使不能承认，当以武力解决，请即毋庸开议，众志已坚，断不容留君主余孽，以作第二次革命之资料，而令同胞再相残杀也。其余措词，大同小异。

同日内阁来电已饬各省一律停战。惟民军必须遵约，务望切实宣告，以免冲突。民党则扬言曰，停战期限，瞬将届满，倘共和政体有解决之希望，尚可展期从容商酌，否则仍当诉诸兵力。

统观以上情形，唐大臣已陷于困难之危境。万一和议决裂，则前途定不堪设想。安危之机，间不容发。余与夏君密计，当此稍纵即逝之际，吾侪为国为民，不得不行最后之手续。决定以个人名义，疏通两方主要人物，而求适当之解决，成败利钝，一听诸天。是晚即与夏君造访民军机关部，当由南京先锋队联队长朱君葆诚介绍，得晤苏军总参谋顾君忠琛，及元帅府秘书官俞君仲还等十余人。订开秘密议会于文明书局之奥室，并表明余等此次南来，实因大局摧残，恐有复亡之惨，爰以个人名义，为同胞请命。其宗旨在疏通南北感情，以求平和解决，同志诸君，素以利国福民为务，谅邀赞成。

众曰：甚善，极表同情。

朱君曰：廖君向在北洋，办理学务。夏君系北京红十字会员，于北军不负责任，此事大可讨论。

余曰：春之此来，虽以个人名义，实为多数同志之代表，始愿所在，不仅空言讨论，要期见诸实行。不然，彼此坚持君民两说，各执一词，势必再启衅端，自取覆灭。是以吾辈首须破除成见，以顾全大局为本。即夏君办理红十字会，亦以郑重人道主义，保全同胞生命，为唯一之宗旨。而北军将校中之洞达时局，深明大体者，亦多赞成斯旨。

俞君曰：冯国璋焚掠汉口，何独不省人道？

夏君曰：汉口之劫，理由甚为复杂，言人人殊，或曰系铁忠复仇所为，或曰由两军炮火所炽。而据北军兵家之言，则谓房舍密集，有碍战线，两军利害相同，皆因取便动作，各有必烧之势，非一方面之咎也。又闻当时民军，曾有多数掩藏民家，乘隙狙击北军，兵士大愤，纵火报复，官不能制，遂使七八里繁盛市场，顿成火烬。余至汉枭，目击惨状，几不忍睹。访诸居民，始知本地流氓亦有纵火图劫之事，可见穷兵黩武，大非国家之福。

余曰：此案据民军之言论，及各报纸之鼓吹，似皆归罪于一人，然而吾甚为冯冤之。仆素主持公论，向无阿好，独于名誉所关，有不得不代为剖白者。汉口克复之报，为荫昌所电奏，可见当时荫尚未经交卸。迨冯接统北军，已在火起数日之后。且吴禄贞奏中，所请严行治罪者，只及荫昌、易乃谦、丁士源三人，而并未及冯，是其明证。试一寻绎，当可恍然。众均首肯。

顾君曰：吾夙知冯之为人，尚不至残酷若是。但此等恶感，皆由其首当革命锋镝之冲，甘为共和人民之敌，丛怨所归，亦固其所。

余曰：仆与冯公同游日本，共事多年，实为性情道谊之交，习知其人饶有肝胆，非卤莽灭裂者可比。

顾君曰：闻段军统颇有儒将之风，惜未一面。冯则于太湖大演习时见之矣，曾联缟纻之欢。

余曰：冯、段二公，在北洋资格最深，声望亦最著，而满廷以为袁党，忌而不用。当风山专权纳贿，滥鬻官爵时，二公独守正不阿，为世所仰。迨贵族弄权，二公益复侘傺无聊，朝廷虚与委蛇，置诸闲散之列，北洋将士，咸抱不平。

俞君曰：如君所言，二公非全无国家人民思想者，此次民军倡义，无非为改革政治，以富国强种为宗旨。各省闻风响应，足见性情虽异，好恶无殊，二公与项城皆一世之英，岂独于好恶同民之理，尚不了解？今试问满清恶劣政府，果足有保存之价值乎？古语曰："天下者，天下之天下。"又曰："君之视臣如草芥，则臣视君如寇仇。"先哲垂训，足以昭示万古。昔汤放桀、武王伐纣，在迂儒视为非常之举，而亚圣则谓之诛匹夫，以其无君人之资格也。本朝入关窃据神器，而多尔衮复史可法书，明言得之于闯贼，非得之于明朝。其欺天下后世，至今读之，令人发指。不料三百年后，以袁、冯、段三公之为人，犹甘助纣为虐，为虎作伥，诚不知其是何居心。

余曰：中国人民无爱戴君主思想，已非一日，其故一由皇统无血族之关系，一由君主无爱戴之价值。今民军进种族革命而为政治革命，用意极为正大。若夫中国之兵素知有将，而不知有国，更不知有君，此次北军所以誓死与民军为敌者，亦由其心理中不知有满廷，而唯知有项城耳。

夏君曰：吾于袁、冯、段三公，皆无一面缘，特以鄙意揣之，不但北军将士与满廷无丝毫感情，即项城之于满廷，亦何独不然。庚辛之间，畿疆糜烂，项城联合江、鄂，保障东南，厥功甚伟。嗣复经营燕赵，煞具苦心，乃两宫甫经升遐，即遭摈斥。若非南皮从中营救，几撄不测，良弓狡兔，令人寒心。项城决非愚呆，或坠诸渊，或加诸膝，而谓其绝无芥蒂，甘为满廷鹰犬，似可决其无是心理，但目前所处地位，有不得不然之势耳。

俞君曰：项城既与朝廷无毫发感情，现在权贵已黜，摄政逊位，皇统仅止一线，若存若亡，大权悉操项城之手，则南北所争者，已不在满而在汉。吾恐民军将移其仇视满族之毒，而加诸项城一人之身，毋惑乎举世疑其意欲篡取天下于孤儿寡妇之手之非无因也。不然，彼独深拒共和，又果何为哉？

顾君曰：民党中人，大都光明磊落，以国利民福为主，决无自私权利思想，但求共和成立，即便弃甲归田。黄、黎二公，亦皆如是存心，是以日前公举总统，均力辞不就。

余曰：项城之国家人民思想，亦未尝不加人一等，况现在人心大势所趋，如长江大河一泻千里，稍加遏抑便成溃决。项城身当其冲，岂不欲挽此狂澜，归于底定？而顾迟疑不决者，实因各国政治进化阶级，大都由专制而进于立宪，由立宪而跻于共和。中国人民程度，正在幼稚时代，教育尚未普及，一切征兵、纳税之义务，亦未实行，一旦躐等而享共和，恐人民不就范围，妄行不规则之自由，适足以扰乱治安，破坏秩序，此所以深思熟虑者一也。各省独立，党派纷争，如湖南都督，两次被杀，安庆都督，三易其人，九江马、徐之倾轧，芜湖孙、黎之自哄，攘夺相寻，意气用事，义务未尽，权利先争，不能为共和之福，转足为共和之害，万一大总统所举非人，大局更难收拾，此所以深思熟虑者二也。有此二端，不得不踌躇审慎者，大约为此。至篡取云云，石勒且不肯为，而谓项城为之乎？

顾君曰：然则廖君亦不赞成共和乎？

余曰：仆于共和非不赞成，前说特发明项城之心理耳。

顾君曰：法苦于路易专制，而创共和；美欲脱母国苛政，而建共和，皆事之显见者也。大抵人民文化程度，遏抑愈深者，其膨胀力亦愈大。若悠悠岁月，顾虑太深，中国永无自强之一日。况事已如此，急则治标，虽有小疵，不暇顾及。总之，现在大势非共和不能立国，非共和不能保种，否则饮鸩止渴，只速其死。至于各省都督，攘夺利权，紊乱秩序，尚不足虑。果使共和一旦解决，确立统一机关，大局自不难敉平。若勉强补苴，养痈贻患，将来再起第二次革命，则为祸更烈矣。

余曰：高见诚然。惟现当和战之交，大势已万分危殆，无论治标治本，均须一言解决，先救目前之急，俾全局不致终于糜烂，是仆之所望于诸君者在此。

夏君曰：北军欲扫荡南省，南军欲北伐中原，固是两方面心理中应有之希望。然细加推测，万难实行，其原因甚多，而大纲有四：一财政之艰窘；二外交之棘手；三军火之匮乏；四人心之厌乱。今者徼天之幸，北军甫规复汉阳，南军已陈师北固，势均力敌，两无大伤，乘此时平和了结，节同胞之热血，为一致之进行，中国尚可为也。否则鹬蚌相持，列强坐收渔人之利，吾恐四百兆神明之胄，将为奴为隶，万劫不复矣。追原祸始，伊谁之咎？

顾君曰：二君之希望和平，关系大体，深可钦佩，安得项城亦同此心理。总之项城赞成共和，则中国存，项城保持君主，则中国亡。存亡中国之权，悉系于项城之手。项城而以保皇为重也，必出于战，项城而以保国为重也，须归于和。和战之机，实惟项城操之。现在反正者十余省，联军北伐者数十万，决无屈服君主问题之理。项城果能颠覆清廷，为民造福，则大总统一席，南军愿以相属。

夏君曰：项城只可居于被动地位，其主动须由北军将士合力行之。所幸北军中人，近来赞成共和，颇不乏人。顾不能无所疑虑者，正恐南军所举总统为何如人。倘有畛域之分，将来即难免于冲突，是以观望不前。苟公推项城，君知天与人归，北军定当乐于从事，特迟延非计，应速请廖君北旋，密为运动，但得各方面之同意，则大事谐矣。

众曰：吾党欲公举项城，正苦无阶，此事全仗廖君毅力行之，可造中国无穷之福也。

余曰：仆与夏君，以保国救民为宗旨，是以联合两军同志，委曲疏通，力求融洽，虽躬冒危难，所不恤也。但吾辈私相计议，恐不足以取信于人，倘得黄元帅与程都督之同意，颁一纸证书，以为凭信，并订立草约，携之以归，则进言较易，而实行可期。众以为然，乃请之于顾君，君慨然允诺。

十一月初一日　顾君暨诸同志复来会晤。顾君曰，黄元帅与程都督均极赞成廖君之手续，可以保全中国，并可以消释两军已往之嫌，善莫大焉。元帅且云：前次各省推举某为临时总统，某所以坚辞不受者，正虚此席以待项城耳。前黄公致汪精卫书，颇主推袁。余曰，见之。言次当以黄元帅之委任状付余。余受而藏之，乃与夏君提出四款，请众讨论。今述其条文如下：

（一）优待皇室。（二）组织共和政体，公举袁项城为大总统。（三）优待满汉两方面之将士，并不负战时害敌之责任。（四）开临时国会，恢复各省秩序。

顾君与众人讨论再四，决议袁项城一层，无须明言，改为五条如下：

（一）确定共和政体。（二）优待清帝。（三）先推覆清政府者为大总统。（四）南北满汉出力将士，各享其应得之优待，并不负战时害敌之责任。（五）同时组织临时议会，恢复名省秩序。

以上条件各书一纸，与顾君彼此签名画押、互换，欣然而别。一切未竟事宜，则托夏君留沪办理。是日致汉口军司令部靳参议一电，其文曰：春、贻到申提议各条，黄、程二公均极赞成，请即如约实行。春即北旋，贻留申，春贻同叩。发电后，余即乘沪宁火车启行，午后一时开驶，七时半抵宁，寓万华楼。民军监察甚严，一夕无眠。

初二日　清晨冒雪而行。七时半登隆和轮船，直指汉皋。

初四日　午后四时抵汉。仍至金台宾馆，与孔君晤谈别后情形，始知和议又展限七日（由初五日至十二日）。靳君因公赴黄陂未回。孔君阅余日记，乃大欣慰曰：吾辈进行方法，得其半矣。两君之劳，不可没也。余遂晋谒段军统于军司令部，段公扣予协议情形甚悉。余先以日记进，继陈述江南民气激昂，所谓革命狂热，已达极点，断难和平解决，以大势而论，保存君主，南军必不甘心，势必仍出于战。当此民穷财尽，饷源已竭，战则两败俱伤，同归于尽，能赞成共和，和局自易就绪。又恐北军不能屈于南军势力范围之下，必有反抗举动，惟推举项城，则民军之希望可达，北军之威权不坠，两方感情，自能融洽，救时良策，无善于此。段公曰：项城焉肯出此。余曰：项城只可居于被动地位，而主动者，即在公耳。段公意甚动，然犹阳以军人不便干预政治为词，余向之略辩数语而退。初五日。复上书于段公曰：

宇春两月以来惕于时局阽危，南北奔驰，焦虑苦心，寝食俱废者，无他，实以民心为治国之本，国家存亡之枢纽，视民心向背为转移。现在民心既去，势难挽回，财政外交，毫无所恃，万一饷源不济，哗溃堪虞，列强乘虚，立将瓦解。待至束手坐毙之日，虽欲亡羊补牢，亦不可得，非过虑也。盖今者中国安危问题，不过和战两途，其事至明，一言能决。然以大势观之，与其战而两败俱伤，招豆剖瓜分之惨，曷若和而同心协力，为福民利国之谋。况此次议和之初，春以个人名义前往长江一带，悉心体察，窃见民党虽逞血气之私，迹似近于卤莽，然本原所在，无非歆羡欧美之郅治，欲步先进之后尘，雪数十年丧师失地之仇，为四百兆吐气扬眉之计，是以一唱百和，举国若狂。佥曰：民党不死，共和不生，破釜沉舟，等于孤注。虽其中主张君主立宪未尝无人，而为大势潮流所趋，如康梁一派，亦惟有改变方针作助澜推波之举，否则稍生异议，必遭不测之殃。春小住沪滨，惊心动魄，知专使之和议已陷于种种困难之危境，效力已失，险象丛生，倘有违言，便须决裂，若复干戈相见，必致沦胥以亡。际此一发千钧，不得不求最后之解决，遂偕同志夏君清贻毅然与民党最要机关开诚布公，陈说利害，并因势利导，委曲疏通，而推崇项城一言，实先出诸彼党之口，至优待北军将士一节，亦皆乐于赞成。当因事有端倪，爰即星夜遄返。惟是个人私约，何补时艰，大力回天，非异人任。若夫军人不能干预政治，春私心熟计，窃不谓然，盖聚人立教，原有经权，自古贤哲秉钧，必达变通权，而后可以决大疑、定大难，若墨守常经，拘牵成例，事机坐失，虽悔何追。不然，为臣当忠，汤何以有放桀南巢之事？为子当孝，禹何以有过门不入之时？无他焉，亦量其缓急衡其重轻而已，况乎我公兼膺疆寄，固有可以干预政事之权者哉。国事艰危，有如累卵，存亡二字，唯公择之。泪竭声嘶，继之以血，临风怆悼，不知所云。

书既上，是夕夜阑人静，私谒段公于寝室车中。公曰：所言诚善。但项城立于最危险之境，不可不慎耳。余曰：只要我公居于主动地位，项城之厄，不难解也。公然之，遂兴辞而出。惟见满天星斗，忽黯忽明，野宿貔貅，若隐若显，阴风飒飒中默诵古战场文及赤壁赋，不禁悄然以思，一时上下古今，存亡祸福，万感交集，殊不知处身何地也。午夜十一时归寓。

是日发上海夏君一电。其文曰：春抵汉，议订条件，段公极满意。靳赴黄陂未回。拟候一二日，偕文池赴京运动枢要。春。微。

初六日 晤各将校王芝春、蒋仲材、南辅廷、崔雨农、罗仲芳诸君，略谭南行宗旨。旋偕罗君乘车至中国街，遍览兵燹遗迹，烟火万家，均付咸阳一炬矣。租界均极完善，惟街口则用拦阻戒严。是时南北军将士往来络绎，俨然一家。而南军中人，亦有借此演说革命理由，以冀摇动北军者。余于双方留心察看，南军固多缺点，然北军纪律，亦颇紊乱，较在保定一带驻扎时大相径庭。闻前攻汉口时，尚有掳掠之事，外人谓中国军队以利为战，然乎否乎？是日并晤满人昆吉（湖北陆军小学堂教习）言革命起事时，漫无人道，伊全家在鄂，都及于难。谈次，其容甚戚，殊可惨也。又晤第四镇参谋某君，言北军将校士卒，全以禄位财货为第二生命，若毫无国家人民思想者，且军纪已紊，不可收拾，近复疑南人为奸细。仆南人也，故辞差而去。余窥其意，似甚不平。又晤该镇马队某管带，亦言兵心甚骄，夜间赌博，官长不能禁止，稍加裁制，辄抗言曰：军统、统制尚向吾等下跪，尔何多言。盖前次革军纵火焚烧药库，某军帅曾经屈尊求救；嗣攻汉阳，某统制亦曾下跪促其进兵也。或云当事机万分紧急之秋，成败在呼吸之顷，将帅屈膝，未尝无效。虽然，从此威严扫地，名分荡然，号令不行，军心解体矣。其言亦颇近理。某君又言此次南北交绥，北之所以胜南者幸也，武胜关、黄河桥、三道桥、均天然险要，倘敌人据关扼守，或将桥梁拆毁，则我军万难通过。不意守关之某某，首先投降，铁路桥梁又皆无恙，一幸也。历届秋操，向不携带炮弹，乃此次永平秋操，四镇炮队标统蒋仲材，忽携炮弹数十枚，因之攻汉口时大为得力，二幸也。机关枪本系湖北所有，特因秋操借用，岂料以湖北之枪即用以攻湖北，转移之间，获效匪浅，三幸也。北军从前皆隶项城麾下，项城奉命督师，人心为之一振，四幸也。吴禄贞计画若成，北军后路必将断绝，全师覆没，亦在意中，乃忽出一马蕙田，其危立解，五幸也。攻汉阳时，正攻必败，而冯军统独用侧攻，且有奸细愿为响导，并将地雷引线切断，炮台射击亦复中止，得以奏捷，六幸也。由此观之，或者天尚不欲亡清欤？至于北军兵士，体力强壮，亦其特色，且能忍苦耐劳，似为南军所不及。然南军中如学生队、敢死队袒裼而前，临难不屈，于枪林弹雨之中，而有视死如归之乐，其一种勇往无前之气概，亦可谓壮矣。是日静候靳君，仍未见返，急不能待，爰与孔君约日先后赴京。

初七日 检点行装，与段军统暨各将校兴辞回京，乘军用专车出发。孔君则拟明日先赴彰德会晤袁芸台君（项城哲嗣），面议进行方法，并探项城确实意旨。闻芸台促之归里，孔君运动芸台，曾在项城左右运动共和，遭左右疑忌，项城可谓探骊得珠。晚过驻马店。

初八日 晚过彰德，晤友人志元君（兵站长），时同车之第一军卫队，在彰德因购物与巡警交哄，几酿祸端。军纪之坏，于此可见。

初九日 过石家庄，至正太铁路局，略一瞻望，盖即吴禄贞死事之地。曩者吴闻张绍曾截军械挟武力以要宪法，辄皇皇然曰：好题目，莫要给人做去。遂自请说降晋军，单骑出入娘子关，参荫军，断路后，竟为部下马某所杀。吾于吴仅一面缘，曾于京保车中披襟而谈间岛事，以手枪要日人，扬扬颇自得也。人极有材，惜锋芒太露，想其英风飒飒，死事之惨，不觉凭吊低徊，流连不忍遽去。下午九时抵都，有北京探访队向余盘诘至再，并尾随至西河中西旅馆始去。

初十日 友人何君仲勇来谭和局事，言民军近日异常激烈。唐大臣来电，谓南省一致主张共和，毫无让步，并新从欧洲运到飞艇两只，预备空中战斗之用。孙文已由海外归来，物望允符，人心愈奋，势屈词穷，无从置喙，惟有请开国民会议，取诸公决。倘君主可以保存，固属幸事；即改建民主，皇室亦必优待。枢府得电后，于是内阁全体相率辞职，未准。乃开国务大臣会议，继皇室会议、御前会议，仍依违未决，且发言多不中肯。最后内阁再开会议，始由民政大臣赵秉钧提议，谓时局危迫，祸悬眉睫，生灵涂炭，了无穷期，神州奥区，素称天府，究不能因保全皇室，倾覆国家。侃侃而谈，倾动四座。乃决议全体上奏，请开国会取决君民政体。奏入，遂有召集国会之懿旨。

先是内阁因财源将竭，欲战无饷，曾向各亲贵要求，集资千二百万，尚可再战半年。亲贵鲜有应者，惟庆邸认筹十万，余则三五万不等。独载泽仅允五千，且系大清银行次年三月期票，最为可哂。内阁因大恚愤。

是日，入城谒王公（聘卿）、冯公（华甫）、田公（焕庭）、段公（香岩），均未晤。

十一日　唐大臣来电，言民军已认可国会公决，惟会议地点须在上海，即以南省现有之各省代表组织。并展限半月停战议和（自十二日至二十七日），北军应由战线起退出百里以外，南军仍在原地驻扎，其意盖因南军所驻系起义之地，而北军则进攻者也。

十二日　孔文池、袁芸台二君均由彰德来京。孔君力疾奔驰，特挽芸台同来运动项城。

十三日　偕孔君见禁卫军冯军统，详述南行密议情形，并将日记呈览。彼此辩论国家存亡问题，历数时之久。冯曰：我总疑革军不能成事，现在各处秩序紊乱已达极点，一班佻达少年，意气用事，各争权利，势必自相残杀，终招外人瓜分而后已，名为共和，实较专制为烈。即如此次议和，必令官军退出百里以外，公理何在？

孔君曰：君不得志于满廷，而郁郁久居人下，满廷之待我辈，含垢忍辱，以至于今，而君犹以为未足耶？何一旦手握兵权，竟欲效忠清室，岂高官厚禄，果可以歆动素心乎？

冯曰：满廷何德于我，我又何必效忠？但予终觉中国人格太浅，程度不齐，善泳者随波自如，善割者迎刃而解。否则未有不伤、未有不死者。今以不知立宪之国民，而谓能享共和之幸福，吾不信也。

余曰：如公所言，中国国民非但不知共和，抑且难言立宪，试问中国尚有自强之一日乎！黔首何辜，长遭桎梏，谁无血气，其何能堪！我辈出洋归来，迄今几二十年，岁月不为不久，虽魂梦中无时不希望政府改良，岂料屡经变更，竟演出一作福作威之贵族政治，非驴非马之立宪政体，曩日愁城坐叹，公岂忘之。春尝与公言变通旗制，竟成虚设，倘圣明在上，废八旗，入汉籍，开国会，节君权，黜亲贵，弛党禁，起项城，召康梁，旁求俊义，尊崇舆论，剪发易服，兴学育才，实行征兵，改良风俗，俾天下耳目为之一新，中国何患不强？有不赞成君主立宪者，吾弗信也。乃计不出此，徒饰外观，骄侈自肆，萎靡腐败，日促其亡，致召此次革命之变。是所谓革命者，乃满廷自革其命，非汉人革之也。然既有此举，本属死中求生，天下滔滔，人心已去，倘犹顾虑程度，妄思取消，止沸扬汤，因噎废食，坐待其毙，有是理乎？驽马日行三十里，加以鞭策，尚可倍之。促进文明，亦复如是。至于秩序紊乱，乃由人心不靖。人心不靖，根于国体未成。国体定矣，人心安矣，尚何紊乱之有？今者存亡中国之大权，惟公操之。春与公固感恩知己，且值利害生死之交，区区愚衷，敢不尽言。

谈次，王大臣（士珍）、段翼长（芝贵）、贵胄学堂刘监督（恩源）、禁卫军王协统廷桢，先后毕集。寒暄数语，王、段二公绝口不言国事，问之亦佯为不知。冯留晚馔毕，复谒陆军田副大臣，夜谭良久，文池亦在座中。田曰，袁内阁食少事烦，而诸亲贵又全无心肝，吝于助饷，大有听其覆灭之意。惟隆裕太后颇明事理，昨日国务大臣要求君民政体付诸国会公决之后，曾开御前会议，内阁自奏奉职无状，罪不容诛。太后慰之曰：卿勿尔尔，国家大事，既相付托，卿当勉为其难，即万一无术挽回，吾决不稍加责备。将来皇帝成立，尚当以卿之忠荩谋国、艰难困苦情形告之，令其明悉底蕴。言罢，遂与今上相抱而泣。诸臣睹此惨状，亦皆涕不可仰。袁内阁出语人曰：吾何以对孤儿寡妇。闻者黯然。

十四日　谒民政大臣赵智庵君，由丁君孔彰（名汝彪，齐人，亦志士也。）介绍，晤谭移时，聆其言论，大有倾向共和之意，且推诚布公，深明大体，以余所见当道诸公，均所不及。是日闻中山已被举为大总统，黎宋卿副之。

十五日　余恐推袁之举中途失败，心甚焦灼。亟访唐君天喜（字云小，卫队统带），幸获晤面。与议秘事良久，唐君慷慨激昂，谓项城左右，多怀富贵利禄，不顾大局，不畏危险，焉能有济。言次愤形于色。继又曰：芸台与项城父子之亲，尚有人进谗，以生离间，致令父子参商，不能一见，其他可知。余曰：民党炸弹队伏匿都下，实繁有徒。君能拥护项城，宣布共和，可免于难，倘告成功，当推奇迹。唐曰：君其转达民党，幸勿暴动，终有以报命。余诺之。乃嘱同志何君仲勇暗达党人。

十六日 至贵胄学堂晤刘文泉君。适浙江统制刘君询新从南来，人极伉爽。谭及南方情形，亦颇接洽。是日同志夏君由上海来函，言沪、宁两处重要机关，运动均已成熟，佥表同情，请速实行。

十七日 偕文泉往晤芸台，畅论大局。芸台曰：文池由彰德邀余来京，诚属解人，吾父子之隐衷，惟文池知之最稔，特不能为外人道耳。吾不知举朝之人皆严君旧属，而罕有明其心理者，冯、王二公，其最著也。两君曷弗剖陈利害由二公之前，以促其醒悟乎？芸台由大局利害，独具只眼，曩派朱君芾煌于武昌运动民军，朱几为第一军所害。盖于项城左右，屡次几谏，早为所动矣。此次与文池密计之后，即遣人四出游说，如张勋、齐耀琳、倪嗣冲等处，皆有专足赍函往劝。

是日复上海一电，其文曰：俞仲还、夏颂莱二君鉴：京师各方面渐次就绪，不日实行。春叩。

晚偕文泉晋谒冯军统，辩论许久。余谓冯公曰：中国存亡之枢纽，在和与战两者而已，公欲存中国，保皇室则和，否则战。冯曰：君以为中国之存，皇室之保，胥资共和乎？余曰：惟和则可存可保，不然，中国或尚有望，皇室断归消灭，且不独皇室为然也，即项城与各将士，亦恐有不虞之祸。春之疏通两方面，正所以联络感情，合为一致。故首以推尊项城为北军保持势力，并要求优待皇室，及出征将士，皆不负害敌责任，以争固有之权利，其所以为大局计者，至周且备，非空言也。春于此次南行，固与黄克强代表顾君忠琛已订密约，于以上诸节，皆有明条。冯曰：顾君为熊成基一案所累，前太湖秋操，顾为安徽参谋处总办，余曾阴为之助，今居何职？余曰：现为元帅府总参谋，晤面时尚谭及我公，颇为感激。冯曰：项城断不赞成此举。余曰：项城居于被动地位，心中已以为然，特口不能言耳。冯曰：何以知之。余曰。芸台尝为余言，且即不言，观其屡欲言和，且允北军退驻百里，皆赞成共和之明证。冯顾谓文泉曰：我欲战，君以为何如？文泉曰：战必须款，果筹得否？冯曰：尚可勉强筹之。文泉曰：勉强二字，殊难经久，且大局未定，人心不安，和战之间，最宜审慎。今既以热血所易之汉阳，甘于弃掷，已不知内阁是何居心，而犹欲以已退之师，无饷之众，贸然言战，非有十分把握，似不可冒昧从事。冯曰：若言退兵，亦战略上应有之义，恐其三面包围，第一军将处绝地，已成不得不然之势，惟出之革军要求，余气愤填膺，已累日矣。文泉曰：北军将士皆欲战乎？冯曰：诸将之意甚坚，张怀芝来电，已联合姜桂题、张勋、曹锟、李纯、王之春、陈光远等一致主战，并向亲贵要求军饷，绝无异议。余曰：以大局利害而言，决无再战之理，战则自速其亡耳。冯曰：文天祥、史可法非人为之耶？余曰：惜乎辛亥以后之历史，断不认公为文、史一流人物，虽一死究何以谢天下。冯厉声曰：人各有志，吾志既坚，虽白刃在前，鼎镬在后，所不惧也。余笑曰：公勿怒，一室之内，言论自由，庸何伤，吾闻暗杀党人，将有暴动之举，皇室与项城及公，皆处危地，吾不忍见公被其祸，今日之言，正所以报知己，听受与否，其权在公。冯曰：君意可感，然欲吾委曲相从，则有所不能。是时喧嚣之声达于户外，冯之卫队往来频率，足音跫然。文泉以目示余行，正纷呶间，文池适至，大笑而入，曰：吾来解围，公之真意，旁人前自不肯吐一字。我与公老同学，平日颇称相得，无心不谈，今彼此且为长夜之饮何如。冯曰：善。即命置酒，余与文泉兴辞而出。冯忽转嗔为喜曰：今夕之言，幸勿为外人道，事苟有可为，吾亦决不拘执。余曰：公出此言，为斯民造福不浅。遂别。回寓后，发第一军参议靳君翼卿一函，如下：

翼卿老哥同志：汉皋把晤，快慰良深。初四日，由申返棹，适驾赴黄陂，拱候两日。嗣以事关紧要，未便逗留，遂于初七匆匆就道北上。濒行曾将一切详情告诸仲芳，并留数行，倩其转达。初九傍晚抵京，即寓中西旅馆。翌日，各处探访，始悉和议急迫，奉懿旨略谓：内阁代递唐绍仪电奏，民军坚持共和，不肯开议，然此等问题，于对内对外，关系甚巨，非人民一部分所得而私，亦非朝廷一方面所能专决，自应召集临时国会，付诸公决，并经垂询国务大臣，及近支王公，亦皆赞成此意，著即迅速电令唐绍仪转告民军代表，预为宣示，准备召集国会，彼此先行罢兵云云。此等上谕，因王公不助军饷，内阁暨国务大臣有辞职之意，故迫而出此。十一二等日，唐来电云：国会公决，须在上海，即就现有之各省代表组织，北军退出百里以外，南军仍在原地停止前进。内阁复电驳之，令唐再与切实磋商，张怀芝联合诸将反对甚力。当轴诸公，弟与文池分别晋见，痛陈大计，无如大半非利禄薰心即堕入君主魔障中间，有一二似能默会，然顾虑太深，毫无定力。此辈贻误大局，殊非浅鲜。大约此事除由第一军主动，断难收效。用特函达左右，迅速主持一切，密订大计，时机已迫，万勿再延。执事登高一呼，众山必应。大局成败，在此一举。终夜徬徨，无任盼伫，老哥何以教我？

十八日 上项城书，余与文池具名，大旨谓：时机日急，迫于燃眉，中国存亡，决于和战。宫保躬操政柄，身系安危，舆望所归，群生托命，正宜力维大局，幸勿为左右所惑，致蹈危机。盖中外古今，断无独背民心，而可以幸然成事者。神机默运，端在此时。侧闻京师暗杀党人，日增月盛，诚恐一旦暴动，致令宫寝受惊。谁非人臣，讵能逃责。拟请速派禁卫军，保护两宫，暂幸热河驻跸，其大内留守事宜，即交世、徐两太保，会同管理。庶几有备无患，巨变可弭，倘荷施行，中国幸甚。书交芸台。

文池今日奉项城命，前往山东，调停官绅军队意见。余送至车站。临别，文池谓余曰：吾运动数日，效果甚微，惟赖君力，继续进行。余曰：一息尚存，此志不容稍懈，君其勿虑。文池曰：亦须审慎，究不可轻于冒险。余诺之。晚见芸台畅谈，言冯处尚须婉言相劝。

十九日 同志靳君翼卿由孝感第一军来京，言二、四两镇，已退至广水信阳一带，经余多方运动，赞成共和者，将校已达二百余人。此次代表第一军来京，联合各军，要求共和，拟订三种办法：

（一）运动亲贵，由内廷降旨，自行宣布共和。

（二）由各军队联名要求宣布共和。

（三）用武力胁迫要求宣布共和。

以上三种，自以第一种，最为和平，最为允当。特时机万变，究竟主用何策，尚未可定。

二十日　靳君谒见袁内阁，力陈大局利害，不能再启争端，况宫保一身，关系国家安危，尤宜俯从民望。袁曰：某为大清总理大臣，焉能赞成共和，以负付托。靳曰：人心为大势潮流所趋，非共和不能维系群情，必致瓦解土崩，存亡莫卜，宫保负旋干转坤之任，自当好恶同民。袁曰：南人希望共和则有之，北人恐未必然。靳曰：宫保误矣，人同此心，心同此理，南北程度，容有不齐，而其图谋幸福、好安恶危则一也。袁曰：段军统之意若何？靳曰：第一军全体一致，主张共和，并议推举宫保为临时大总统。袁惊曰：军心胡一变至此，将置余于何地？若欲使余欺侮孤儿寡妇，为万世所唾骂，余不为也。靳曰：宫保为四百兆人民代表，现在大局已危急万分，共和尚可图存，倘绝对主张君主，必致国亡种绝而后已。宫保试思保全中国为重乎？抑保全一姓为重乎？且民军倡言共和告成，皇室必加优待，正系两全之计。倘听其糜烂，外侮纷乘，国且沦亡，虽优待亦不可得，奴隶牛马，同听诸人，谁秉国钧，实阶之厉，宫保扪心自问，咎何可辞。袁曰：冯军统、张军门均极力主战，军队宗旨，断难一致。靳曰：宫保勿忧，某当凭三寸舌，以游说之，必令联为一气。言竟遂退。

二十一日　靳君谒军部王大臣士珍，力陈大计。王曰：余本不欲居官，迫于宫保敦促，辞不获已，始勉强出山。今初志既违，仍当引退，以避贤路。靳曰：如学生之微贱，可以藏拙，尚不甘遽自菲薄，期为国家稍尽义务。公居显秩，一言足为苍生造无穷幸福，何乃竟出此言？窃恐公欲归而不得归，且亦无家可归耳。王闻其言，但庄严自持，默然不答。

是日同志张君志中，赴禁卫军与相知将校陈说利害。

二十二日　靳君谒冯军统曰：天下安危，惟在公之决心。冯曰：战耳。靳曰：战不能救危亡。冯曰：死耳。靳曰：死有重于泰山，有轻于鸿毛，公何所择。冯曰：吾为国而死，名正言顺。靳曰：死生问题当以利害决之，公苟为天下人民谋幸福，虽生犹荣，否则徒欲以一死塞责，虽死犹辱。望公勿以一人生死为念，当以国家存亡为念。彼此辩论三时之久。余谓靳曰：君之三寸舌，胜于十万兵矣。

二十三日。晤杨度君（号皙子，湘潭人），由芸台介绍来访。余耳其名已久，闻其在东，曾与日人嘉纳治五郎论中国学理，预料将来有不可免之革命。其眼光如炬，令人可佩。惟比年以来，以宗旨反复，稍不利于人口。近复倡言为君主立宪党人，谅之者，谓其具调停之苦心；不知者，竟有指为共和公敌者。今聆其议论，畅言南北大势，尚非暗于时局，且谓吾朝夕以共和聒于项城之耳，其如人之不亮余心何。

连日和议问题，愈难解决，伍代表提议，国民会议定于十一月二十日在上海举行，内阁复电驳之。谓须移于北京，开正式会议，外藩蒙藏一体列席。旋接唐专使来电，仍坚持在申。内阁复电，谓民党欲以寡人专制，惟有停止和议，整军以待，至是唐遂陷于困难地位，电请辞职。内阁乃致伍代表电云：本政府委托唐绍仪赴沪，作为本总理之代表，专为讨论大局利害，本无裁决之权，乃迭据电开，与贵代表所议各条，均未先与本大臣商明，遽行签押，殊不合理。本大臣当以议案中，尚有必须更改之处，电令该专使切实会商。现据该专使一再来电辞职，未便强留，嗣后应商事件，即由本大臣与贵代表直接商办，以期简捷。伍复电谓：召集临时国会，贵政府既不愿以在沪少数人取决，本代表亦不必过于坚执，希即电知办法，要以和平了结，不使生民涂炭为准。内阁电答：略谓国体问题，付诸国民公决，贵代表既经承认，自应征集全国意见，其选举额每县一人，蒙回藏亦当划分区域一体选举，不得歧视，方为正当办法；今国会未开，国体未定以前，而民军竟组织临时政府，并以少数人选举大总统，显与公决宗旨相背，究竟是何意见？以后国会召集，倘仍赞成君主，则临时政府，是否取消？伍代表复电：略谓如果国民公决仍存君主政体，临时政府暨大总统自应取消，倘竟主张改建民主，则清政府及皇室亦应在取消之列，始昭公允。袁总统得此电后，颇以南政府成立为不然，决意宣明唐使所签条约，未经本大臣允许者，不能发生效力。伍代表一再电驳，不直其言。而南方报纸，复极力鼓吹，谓清廷议和，毫无诚意，既取消唐使资格，又于选举法规、会议地点，任性坚持，固执不下，其居心叵测可知。于是两方抵触，态度极为强硬，和议之事，遂无希望。

二十四日 同志夏君清贻由上海来，报告南方近状，并谓民党专候北军举动，履践前约，乃迟之既久，消息沉沉。黄、顾诸君，颇疑我辈无运动之能力。仆甚焦灼，是以兼程来京，一探究竟。

是晚靳君来寓，面晤夏君，畅谭各方面进行成绩，煞费经营，幸获告成，夏君甚慰。余乃转询前订推袁之约，民党尚能实践否。夏君曰：曩者定议，系在孙中山未经归国之先。迨孙任总统，黄克强君曾以吾等成约转告孙公，是以孙于被选时，即向参议院声明暂行就职，俟政体解决，仍当逊位。并一面致电袁公，宣布此意，似不至有违约之举。特事机瞬息万变，余自沪至京，已历七日，此七日中，未知有无变局，尚难预料。靳君曰：夏君仍应回南一行，可将吾等运动三策达诸民党，并告以不日即能收效，以坚其信。夏君诺之。

二十五日 晤第一镇炮队标统褚瑞甫君，劝其赞成共和，当荷慨允。并晤第二镇协统鲍贵卿君，谭悉袁芸台、靳翼卿所嘱授意各方面军队赞成共和之函已发出矣。

二十六日 接山东孔文池君来函，附录于下：

少游仁兄同道：弟此次奉项城命来东，调和官绅，昨已抵济。旋与各当道绅士接洽，极力疏通，颇见成效。五镇吴统制，经弟剖陈利害，亦能仰承项城意旨，不致稍生阻力。京事时萦怀抱，所幸吾兄与翼卿热诚毅力，劳瘁不辞，近来各军队想已通过。此局若成，实为同胞造福不浅。弟在津与张君怀芝晤面，亦曾规以不应提倡反对，令项城转处危地。渠虽口头强硬，然微窥实际，如果项城赞成共和，亦断不至显然为难，有反抗之举动也。大树想常晤面，拘执之见，有转圜否？见唐筠亭兄时，望即转告，切勿轻举妄动，必须事机成熟，然后一鼓作气，即日实行，固不可操切图功，亦不可游移寡断，相机行事，纵有少数反对，亦不暇顾。倘遇诚心破坏，妨害和平，此等冥顽已为人道公敌，即以严厉手段，制其死命，亦无不可。鄙见如是，未识高明以为然否。弟为东抚所羁，委令接统中路巡防各队，急难摆脱，有初鲜终，愧对奚似。大局收束，惟在二君，想一切手续定能智珠在握，井井有条，无俟鄙人赘言也。临池怅触，诸维亮察不宣。庆塘上言。

余得书后，即作复函，其略如下：

文池老哥左右：京华握别，吾道顿孤。幸翼卿兄为第一军代表来京，朝夕晤谈，共谋进行方法，尚不寂寞。顷奉手札，只悉种切。执事回东，为桑梓造幸福，亦即为中国建殊勋，况疏通军队，正为目前当务之急。独怪举朝衮衮诸公，惟知保全禄位，竟置生民涂炭、国家存亡于不顾。求如执事深明大体，始终以利害警醒痴顽，毅力热诚，殊不多觏，遥忆英风，莫名倾倒。夏君前日由申抵京，南方关节，均已通过，静候北方实行。惟民军继续进攻，诚恐构成恶感，未免于进行方法横生阻力，殊切隐忧。弟与靳君筹商仍倩夏君回南一行，向其枢要交涉，并重申前约，务使项城位置勿因孙氏中变。夏君慨然允诺，吾辈目的当能达到也。第一镇、第二镇将校，弟等已分投说项。靳君则连日谒见项城，及王、冯诸公，痛陈大计，舌敝唇焦。项城幸已拨开云雾，王仍唯唯否否，模棱其词，冯则外强中干，如电光火石，忽明忽暗。盖其所处地位不同，君主一关，不易攻破，缓以图之，未必无济。闻阮斗瞻、马锦门、袁芸台皆往游说，所可虑者，近日宗社党势力颇为膨涨，并有日人某某为之应援，或倡君主立宪，或倡南北分治，以致大树之门，民主之苏张，与君主之随何，络绎不绝，其脑筋十分复杂，解决之期，遂难预定矣。兹拟运动亲贵，合请内廷降旨，宣布共和为第一着。如无效果，则由第一军发起，纠合各军联名要求为第二着。倘仍不成，则用协迫之第三着。利害相权，自以第一着最为和平妥协，特未识能如愿以偿否也。匆匆。顺候起居曼福。春顿首。

二十七日 由芸台介绍，访朱君芾煌于西河沿中西旅馆，畅谈良久。朱君性沉毅，能识大体，不念旧恶。此次受民军委托，与内阁秘密交涉，于两方面疏通之力最大。谭次叙及大树之事，余颇曲为剖白。朱君曰：吾曩在武昌，与民军订推袁之约，过汉口，往见冯，几为所害，芸台力电营救获免，否则久为泉下人矣。虽然冯为公，吾决不置念，匪惟无修怨之心，且有保全之意，冯果赞成共和，则名誉所关，吾当完全负责。谓予不信，并可电达民军要求承认，倘始终执迷不悟，则吾亦无可如何矣。

是日致上海文明书局俞君一电，文曰：

俞仲还君鉴：运动计划，大致就绪，不日可以和平解决，由内廷降旨宣布共和。请告苳臣（顾忠琛君）、惕生（纽水建君）诸君，转达枢要，务祈克践前约，以国利民福为重，勿酿南北私争，大局幸甚。贻即南旋。春叩。

午后偕翼卿谒赵智庵、杨哲子，竭力怂恿二君，运动庆邸及诸亲贵，二君慨允。旋由杨君介绍，晤电报局总理杨君釆南印士钧。允余凡致南方密电，均不纳费。并谓如有要事，尚可提前速发，亦忧时志士也。闻上海各洋商团，有电致庆、醇两邸，要求早日宣布共和。庆邸询之外交团，知非假冒，乃奏陈隆裕太后，订于次日召集王公内阁御前会议。

二十八日 余乘马车，将赴田大臣宅，甫至东华门，群情恐慌，颇呈乱状，并有多人坌息而至。询诸途人曰：袁世凯被炸。余闻之惊曰：有是哉！亟命返驾，驰至编译局，发一电话，问之田宅。旋得复曰：宫保无恙。心始安。嗣探得袁内阁系赴御前会议，道经东华门外丁字街，突遇人猛掷炸弹，幸车已驰过，误中卫兵数名，伤十余人，管带袁正卿亦歼焉。暗杀者旋就获，讯知一名黄天鹏、一名张先培、一名杨禹昌。数人中以张之一击为最猛，均律以绞刑。京师寻戒严，凡剪发者，皆以嫌疑而被搜索。事后揣测，有谓系革命党人之举，有谓即宗社党人所为，何物狂奴，几败乃公大事。倘项城不幸殒命，吾恐大局立将瓦解，乃独幸免，中国之福也。盖项城此时已微露赞成共和之意，今日御前会议，即为解决问题而设，此等炸弹，亦可谓无价值矣。虽然烈士殉名，究较含辱偷生，人格悬绝，平心而论，似亦未可厚非也。

二十九日 伍代表来电，略谓讨论旬余，尚无头绪，今本代表承认提议，再行展限十四日，自十一月二十七日起至十二月十一日午前八时止，由两方面同时通告，一律遵守。

闻御前会议时，庆邸、伦贝子极力主张共和，经各亲贵暨蒙古王公讨论辩驳，争议甚烈。旋以关系极重，未易取决，乃订于初一日再开会议，以决从违。

是日各外交团佥至内阁慰问，孙中山总统亦来电探询，咸以袁氏存亡，关系匪轻，即吾同志四十日之奔走骇汗，亦几成泡影，险哉！与靳、夏二君，谭论洋商团一电，大为吾等助力，似由内廷解决国体，当可告成。即万一横生阻力，亦尚有第二、三著，可以补救，吾等宗旨，必能达到。夏君应即速行与黄克强君接洽，是否能照原约办理，迅来一电，时机迫切，万不容缓。夏君允于明日即行。

十二月初一日　夏君首途，乘榆关车绕秦皇岛进发。

是日庆、醇、恭、肃、那诸邸，及洵、涛、熙诸贝勒，伦贝子、泽公等，齐集内阁会议（系由原定御前会义所改）。

国务大臣一律列席，惟总理因在假内，未经与议。庆邸口吻一变，大反前日所言，似受人嗾使者。恭邸持之尤力。那王等仍主前说，众情一致，愤激异常。各国务大臣相对默然，惟赵大臣秉钧、胡大臣惟德、梁大臣士诒相继发言，其词意间隐言本非主持共和，特恐人心已去，君主终难保存耳。嗣因意见不一，未能立时表决，遂拟定再与内阁协商而散。

蒙古博尔济吉特培等，组织义务勤王敢死队，君主立宪党亦宣告成立，公举冯国璋为会长。闻岑春煊由上海分电内阁暨诸亲贵，力陈利害，请速赞成共和。近来各亲贵协同宗社党首领良弼，运动第一镇禁卫军合力反对共和。王金绶等和之，遍发传单，以冀耸动众心。

初二日　传闻宗社党人运动成熟，京中将有暴动，袁内阁已处于危地。余偕靳君翼卿同赴内阁，面晤芸台探访消息。芸台曰：现有多人，力劝宫保初三日赴津，暂避其锋，某公使并允同行，任保护之责，各部酌派数员留守。顷已电调驻滦曹军，编为卫队矣。翼卿惊骇，竭力劝阻，期期以为不可，恐出之过骤，京师秩序必将扰乱，尔时牵动外交，更难为计。余曰：宫保出京，曩日亦曾经主张此议，然以现在情势观之，似不宜有此举动。日来外间纷传，预备花车，已尽人皆知，倘再遇狙击，将如之何？且各部大臣，谁愿留守？吾见途中已纷纷迁徙，顿呈慌乱之状，窃恐京师立时糜烂，亦在意中。愚见不如从速调兵入京镇摄，然后宣布共和，决料无人敢生异议，可断言也。芸台曰：此计甚是，但调兵入卫，又恐亲贵见疑，不免犹夷耳。余曰：此事岂容犹夷。翼卿乃进谒宫保。宫保曰：出京一层，本非我意，特左右暨某公使之怂恿耳。芸台曰：此事尚待计议，务须秘密，不可宣布。余然之。

初三日　内廷召见庆、醇两邸。庆因连日为君主党人所恫吓，不敢再言共和。乃于八时呈递假牌请假。醇邸以庆不应召，亦于中途折回藩邸。余于是日晤外部副大臣曹汝霖君，劝其运动政界，赞成共和。复晤朱芾煌君，谭及民党炸弹不可妄施，恐激他变。朱君谓此次丁字街狙击，乃个人无意识之举动，决非民党所使。盖其所最注意者，尚须审慎出之，未肯漫然一试也。

初四日　内廷复召集亲贵开御前会议，取决国体。庆邸因请假未到，余则赞成君主立宪者，十居其九。恭邸等更力谏太后，勿为外人所惑。太后曰：吾亦以逊位之事，非常重大，是以商之尔等，既均不赞成，吾又焉敢擅专。言毕大哭，诸亲贵亦欷嘘不置。

闻冯国璋向内廷要求军饷六百万，并声明已派妥员前往河间招募精壮二十营，以备战斗。

初五日　宗社党上书袁内阁，其词旨极为严厉，略谓欲将我朝天下断送汉人，我辈决不容忍，愿与阁下同归澌灭。袁内阁览之，恍若芒刺在背，意不自安。

日友雨森良意来谈，主张南北分治之策。余曰：君为中国计，可谓煞费苦心，但民党决无此心理，宁为外人割据，万不自相瓜分也。雨森一笑而去。

是日袁内阁特邀荫昌、王士珍、姜桂题、冯国璋诸人密议大计。冯主战，王附会之，姜似不愿战，而荫则主和。袁内阁太息良久日，诸君既不避劳，惟有战耳。遂颁各军整备再战之通电。

初六日　恭邸、泽公主借外兵，以抗共和。蒙古王公则纷纷出京，各回本旗组织独立。本日往晤刘文泉君，恳其运动君主党人王金绶等反正，刘君允之。

阅某报载宗社党将以激烈手段对待靳君及余，此耗既传，多有劝余引避者。余曰：此次出而任事，早置利害于不顾，区区手枪炸弹，所不惧也；且芸台欲运动项城，于初三日赴津，吾辈阻之，今若舍之而去，何以对人。乃谓靳君曰：第一策既已失败，当筹第二次进行方法，偶然小挫，幸勿自馁。靳以为然。遂电第一军曰：内廷降旨，已为亲贵所阻，全归无效，请速谋第二策联合各军，上奏要求，事机急迫，万勿延缓云云。

本日由朱君芾煌，交来孙中山一电，内言皇室推翻之后，袁内阁须发表实行共和意见，文即向参议院辞职，再由参议院选举袁内阁为临时大总统。其清政府当与皇室同时取消，袁内阁即来南京政府就任，且须遵照参议院所定宪法履行，誓不违背云云。语极强硬，但取消北政府，而南政府并不取消，大有绌北伸南之势，盖欲以袁氏为傀儡也。倘北军愤懑，仍难和平就绪。靳君阅电，意殊不平，以为历尽艰辛，事仍无济，几欲披发缨冠，绝意进取。余激之曰：英雄任事，当具不折不挠之概，昔拿破仑不知难字为何物，是以功成名立，倘事皆易办，则人人优为之，何必英雄；孙电固强硬，可与抗议，但不遽徇其请可也。

初七日 清晨接同志夏君清贻来电如下：

北京廖少游君鉴：贻到沪、宁遍谒当道，赖汪兆铭、伍廷芳两君，极力调停，推袁一节，南中确已承认。惟清内阁应与皇室同时取消，袁以公民资格，由众公举，电到即行，万勿迟滞。停战期限，断难再展，贻。虞。

旋赴丁君孔彰之约，在座者为陆君建章，彼此筹计疏通各方面之事，畅谈数时之久。陆君、丁君力任其艰，诚属难能可贵也。

靳君连日奔走过劳，其形甚惫。本日早九时赴保，稍资休息，顺与第二镇协统鲍廷九君商议军队联名事宜，并订密码电本。今晨接第一军来电，内开：鱼电已悉，第一策失败，本在意中，此等大事，岂能过求完全，本军即日发起，通电各军联名入奏，希将各军人名地点从速查示为盼。

近日谣言四起，宗社党勾结禁卫军步军统领游缉队，将合而谋袁，同人大惧。时袁之卫队，仅止一标两营，约计不足三千人，势力甚薄。余与傅君清节谋，乞师于滦州，议既定，即携傅君之函乘车赴津。

初八日 早十一时，由津启行，车经芦台、唐山、开平、雷庄均稍停。雷庄即三营谋倡独立王怀庆收复处，曾斩烈士王金铭、白毓昆、何尚达、陈宏度于此，惨哉。午后五时到滦州，乘驴车至师范学堂谒镇司令曹统制锟。半晌始由阍者延入，晤曹于高楼上。曹衣短褐，班荆道故，既而惊问余曰：戎马倥偬，军书旁午，君长途仆仆，来此何事？余曰：君知宫保之危乎？泽、恭、良弼等，将鼓动禁卫军诛戮汉人，以泄积忿，宫保已临险境，恐二三日内必有巨变。况宫保近日颇主和议，亲贵咸疑其不忠，必欲去之而后快，闻将举赵尔巽为内阁总理，幸世中堂竭力调停，始姑容忍，又将以一等侯爵以牢笼之，宫保必不受，恐恶感愈激愈深，为患更速。君如率所部入京，不独救宫保救同人，且可以救天下。革军流血数万而未成，君提一旅之师，身入国门，即能解决，君之功名震全球矣。言次出傅君书，曹大愉快，欣然允诺。即电内阁曰：锟闻西匪猖獗，拟即统兵入卫。余曰：无论宫保允否，君须执将在外君命有所不受之义，决然一行。曹以为然。其秘书刘子宽君，亦从旁怂恿之。夜将午，内阁复电至，启视之，略云：京师纷扰，人心汹汹，恐有仇洋举动，速统混成一标入京，在天坛附近驻扎，以资镇摄。余即请其从速布置。曹曰：已于日间传令准备。余曰：君用兵神速，诚堪佩服。曹曰：余实不知宫保之意主张共和，若早知之，我进兵娘子关何为哉！

初九日 早十一时，偕曹君登车向北京进发。闻昨夜陈协统文运来访，余已熟睡，未获晤面，甚歉然也。车经开平，通永镇王怀庆来会，言接段电后，踌躇终夜，不得要领，君曾奉内阁电乎？电真乎伪乎？曹曰：阁令安得有伪。其仓皇失措情形，可见一斑。午后七时抵津，余与曹别下车，至电话局，电告北京内阁参议处刘询君，言滦军今晚十一时可到，驻天坛附近，望速派人前往照料。

本日第一军总统段公祺瑞，发起联合各军队十四万人，电奏朝廷，请颁布共和政体，以巩皇位，而奠大局。折中大意，谓待遇帝室皇族暨满蒙各条款至为优渥，从此皇位永保，真国家无疆之庥。是以薄海臣民，无不仰盼纶音，早日宣布，改建共和政体。乃闻为恭亲王傅伟、辅国公载泽等一二亲贵所厄，事遂中沮，贻害大局，莫此为甚。姑无论兵连祸结，情见势绌，不能再启衅端；即此饷械告穷，亦足以摇动军心，令人解体，一旦一蹶不振，窃恐丧师失地，宗社随倾，尔时尊荣，必将颠覆。祺瑞等治军无方，一死何惜，特捐躯自效，徒徇愚忠。君国永沦，追悔何及。况默察人心趋向，即由国会公决，仍不免出于共和。何如默运先机，预行裁定，速颁明诏，改建共和，示天下以至公，拯生民于水火，中国前途，实深幸焉。临颖悚惶，不胜激切待命之至。折内署段祺瑞、姜桂题以下四十七人，皆陆军中重要人物，诚千载一时之盛举也。余等同志之希望已达，心胸为之一快。本日伍代表复袁内阁电云，停战屡次展期，原筹和平解决，前与唐使签定各款，不意贵大臣食言反悔，致失人民希望，本代表不忍决裂，力劝临时政府，以最优之礼待遇满清皇室，已承贵大臣允许一切，乃于事机将定之时，忽尔中变，实为全国上下所共愤。目前大势，异常危迫，距停战届满之期，仅有三日，万不能再言展限，空误时日，贵大臣如果实心主张共和，祈于此三日内，速令清帝逊位，以安人心，而定大难。否则衅端再启，其咎不在满廷，而在贵大臣一人也。袁内阁得电后即复之云，唐绍仪所允之款，本大臣并未承认，不能视为有效。至逊位一层，本大臣亦未公然与贵代表商及，请勿误会。伍代表又致黎副总统电：日前唐代表电劝段君祺瑞赞成共和，讽令清帝退位，昨接段君回电，前因政体由内廷会议解决，是以静候，乃至今尚未定议，瑞已电内阁痛陈利害，并联合各军奏请俯顺舆情，以维大局等语。段能如此，洵明大义，祈尊处速派心腹代表，与之接洽。是所切盼。

前禁卫军协统、军咨府军咨使宗社党首领良弼，由肃亲王府议事回宅，有一军人自称崇恭，登门求见，良信之。迨晤面，突以炸弹猛击，中良股，股折，烈士当场毙命。良晕绝复苏，延日医救治，锯其一足，闻受伤甚重，性命难保云。烈士姓彭名家珍，号席儒，四川人，隶奉天军籍，崇恭盖其伪托也。人谓彭烈士之炸弹，能于革命史中放一奇彩，厥功伟矣。天津防务大臣张怀芝，接段总统发起联名具奏电，来京请示。项城曰：第一军与尔电，余不知情，何庸问。且余口中又何尝宣言共和耶？张惭而退，即回津，甫下车，忽有革党掷以炸弹，未中，复以手枪击之，仍未中，卒被警士擒获，发交营务处审办。闻烈士姓薛名成华，号敬臣，北京人，寄籍南京，年甫二十有五云。

初十日 袁内阁致伍代表电：现在筹商优待皇室条件，尚有少数亲贵把持反抗，又虑禁卫军等或有无意识之暴动，则北京秩序扰乱，牵动外交，为害匪浅。刻正密为布置，未可以停战期满相逼。

昨日段军统电奏到京，余刷印万张，派人分布京师全境，《国风报》亦印号外随报附送，人心称快。说者谓彭、薛二烈士之弹，段军统之电，足以夺禁卫军之魄而褫宗社党之魂，实乃祛除共和障害之二大利器也。是日余派发传单之人，两次为巡警拘去，闻君主党人多指段奏为伪造，王士珍亦言于项城，恐系段之左右青年所为。项城疑不能决，使人发电询段，段不答，始信之。赵秉钧、梁士诒、阮忠枢、傅良佐等，亦力言无伪造之理，项城于是入奏。

余于本日电告南京顾忠琛、夏清贻、俞仲还三君曰：北军联名要求宣布共和，今日入奏，大功可望成，希速代达枢要。春。灰。

十一日 洪自成率巡防队三营，来京保卫。京师一律戒严，良弼因伤毙命，袁内阁赙银一千两，并遣员往吊。内廷得北军联名电奏，太后以示各亲贵，皆相顾愕眙者久之。徐曰：此电未可尽信，尚须斟酌。不欢而散。

闻天津革党大放炸弹，攻击督署，当场擒获数人，并有一日人死焉。

是日余访禁卫军田标统凯廷不遇。闻靳君已早与接洽，田言决无反对项城之理由，况四标兵士皆汉人乎？

十二日 各亲贵特开御前会议，虽无正当之解决，然相对欷嘘，已无复从前之强硬矣。议毕，隆裕太后传谕内阁曰：段奏已悉，朝廷深愿和平解决，该大臣等宜仰体此意，从速布置。嗣又召袁内阁入内，嘱之曰：诸事听卿裁处，但求能保全余及皇帝之尊荣，亦无他求。并令拟宣布共和之诏，先交内阁尊藏，俟优待条件议妥，再行颁发。

此次段军统联名奏章内，无冯国璋、张怀芝、王怀庆、冯麟阁、张作霖诸人之名，而有姜桂题、张勋、倪嗣冲、吴鼎元，人多疑之。其实皆由事机急迫，仓猝举行，有未及通知者，有不便列名者，有虽通知而无确实赞成之意者，是以未能全体一致也。闻未列名者随后又补列名。

闻张作霖、冯麟阁俱以不获列名为憾，岂料后日忽又反对。姜桂题始而列名，继复向亲贵申辩。张勋则列名后仍攻革军。变幻离奇，皆足惹世人注意者。

是日访张君志中于西城，促其再疏通禁卫军官长，张诺之。晤刘文泉君，颇为余危，屡次劝戒，心甚感之。

十三日 接夏君清贻来电，略谓灰电已悉，伟功告成，同声欢庆，已由顾君代达临时政府矣。皇室已推未倒，以会议为延宕计，事机松懈，恐人心因之解体，可危孰甚，应速设法，以兵力胁迫，一举成之，勿再延缓！贻。文。余拆阅后，即携电至参议处，与傅君商之。傅云：已告急于第一军矣，闻段军统将带队入京，以清君侧云云。余遂电复夏君曰：已另筹办法，不至有变。冯军统国璋赞成共和，日日向禁卫军将士演说，多方劝导，大有倾向之意。其幕府陈君光宪，与有力焉。

是日傅君良佐与余议订组织军界统一联合会，余草拟宣言书，以电告于南军曰：

此次人民要求共和，始终依赖军队之力，以南军种其因，以北军结其果。所谓武装解决，由专制而进于共和，诚数千年莫大之盛举，四百兆同胞之幸福。但共和政体，不日颁布，南北公推临时大总统，组织临时新政府。内政外交，万汇待举。吾军界同人，自应振刷精神，首先提倡，化除私见，讲求公益，辅助大总统，确定坚强完全政府，立于地球之上，为最有权利最有势力之中华民国，岂不懿欤！所虑者南北军界万一意气用事，各树党援，互相残杀，不但足贻君主党人之口实，且糜烂大局，牵动外交，其祸较君主尤烈，岂吾军队希望共和之本心哉。同人等惄焉忧惧，寝馈难安，以为值此推翻与建设过渡时代，吾南北军人，必须协力同心，组织团体，先以三大纲领为范围，胪列如下；

（一）宣布共和后之安宁秩序。

（二）担任恢复各地方，中央统一新政府成立时，务须全国一致服从统一政府之命令。

（三）担任保护外人之生命财产。

以上三纲为吾南北军人应尽之义务，完全之天职，均应一律遵守，所有一切手续，拟俟本会成立后，由两方将校，讨论详细条件，由统一政府核定。有不遵者，当认为文明军队之公敌，实于中国共和前途，大有裨益。倘表同情，希即将赞成诸君衔名电知为盼。南北军界统一联合会发起人公具。

余与靳君云鹏更虑政界学界不能统一，爰创设共和宪政统一会。

余草拟宣言书电告于南省曰：

窃维中国人民蜷伏于四千年专制政体之下，处二十世纪竞争激烈之交，欧化之激刺愈深，民权之膨胀益力，一日崛起于水深火热之余，一夫发难，九州如响斯应，南北为大势潮流所趋。其究也，终以武装解决共和，超蒙昧之域，发自由之天，此等幸福，世界环球各国多有流血数十百年，求之不得者。而我老大帝国，竟以数万健儿之铁血，三四十日之时期，而购得之。是诚千载一时之际会，将与唐虞争治，法美比隆，奴隶之性既去，瓜分之说不闻，事出望外，岂偶然哉。可喜哉吾中华，可爱哉吾国民。虽然当此破坏建设之过渡时期，化吴越为一家，联南北为一体，业经两方枢府公认。吾同人痛定思痛，于河山溃裂之余，环顾四周秩序已紊，元气大伤，褊急之士，竞享自由，夸大之伧，妄争权利，甚至动辄暗杀，人道不存，风云诡谲，推波助澜，锢胎斯孕，厉阶已成。说者谓此为亡国之征，非共和之福，此志士之所以扼腕，同胞之所以忧惧也。盖推翻已过，建设方兴，共保和平，亟谋统一，化南北兵争之夙怨，捐兄弟阋墙之私争，实为当务之急，扼要之图。同人有鉴于此，公谋组织南北共和宪政统一会，联络两方机关重要人员暨深明大局之士，南北设总会各一，成健全之机关，为共和新政府之中坚，各省广设分会，为之后盾，以联络南北声气，主持和平，恢复秩序，讨论共和宪法，为政党之基础，作国民之指导，以宣布共和之日，作斯会成立之期，即由两方总会，派员协商，提议两方协商条件，以期机关敏活，意见融洽，以介绍于两方枢府，见诸实行，总以公天下之心，尊重人道，共谋国利民福，化除种族南北之私争，为第一要义。与军界统一联合会、共和促进会、南方之民社、国民协会等相辅而行。凡有意气用事，不顾大体，扰害平和，妄肆残杀，各会当视为文明共和之公敌，为吾同胞所不容，一切可危之弊政，当永远立为大防，毋授君党之口实，为列强所腾笑，则吾中华新民国之前途，幸福为何如耶？盖将来能否享受完全优美之和平，胥视吾同胞道德心之厚薄以为准绳。苟能协力同心，具洁白高尚之道德，各尽天职，则猜嫌俱消，嫌疑悉泯，吾知风声所树，南北志士必能声应气求，固结团体，以组成坚强完美之中央机关，然后雄视五洲，磅礴大陆，指顾间耳。凡我南北志士伟人，其共襄斯举而观厥成，大局幸甚。

云云。此会订立章程，经营草创，同人何君仲勇，门人张君孝慈，与有力焉。

十四日　余致同志靳君翼卿一函如下：

翼卿老哥健者：君去保之日，神情疲苶，面目枯槁，皆剧心劳形之结果也。此次第一军以武装倡导，和平解决共和问题，其功业之大，虽鲁阳挥日之戈，女娲补天之石，均不足仿佛万一。铜像巍巍，其庶几乎。君尚忆及曩日京汉车中之言否？吾不但为同志贺，且为同胞贺也。弟见京师兵力单薄，彼党叵测，时复抗拒，且到处煽惑，万一禁军暴动，京师糜烂，牵涉外交，立召惨变，宫保恐遭不测之奇祸，则我侪不能为功之首转为罪之魁矣。是日弟与傅君秘议调兵之举，而项城投鼠忌器犹豫不决，弟不得已奋身前往滦州，以利害游说曹军，曹公解人，慨然允诺，先调混成一标入卫。弟于初九日随队到京，往返仅止两日，可谓神速。但兵犹火也，共和宣布之后，局势稳固，仍以调出为是。盖四镇之事，可谓殷鉴，老哥以为何如？南北共和，畛域未除，意见难化，又虑夸大嚣张之习为扰害和平之媒。军政两界，要以亟谋统一，为当务之急。昨与傅君提议，拟组织南北军界统一会，又前次议及创设南北共和宪政统一会，以期联合两方，其公电宣言书皆弟所草，已电告南方，请其协赞矣。惟内容办法，尚祈健者筹之。又前者弟与执事文泉议定托外交团调停，已得允诺，专候驾到，会商一切。何日来京，以了此未竟之功，盼甚。顺颂勋祉。弟春上言。

是日驻京曹军、毅军、巡防队、禁卫军各官长联合开茶话大会。陆建章、马龙标、曹锟相继演说，颇极恳切。居然吴越一家，嫌疑悉泯，人心为之安谧。

孙总统电告北方将士，劝其反正，一时如冯国璋、张怀芝、姜桂题等，皆有复电，赞成共和，惟要求优待皇室。

上海伍代表致南京孙大总统、武昌黎副总统、国务总长、参议院、各省都督、北伐联军总司令公电，略谓：

廷芳自阴历二十八日，与唐代表议定条件，一为两方休战，停止进攻；一开国民会议，取决国体。甫经略有头绪，而袁氏忽尔中变，撤销代表，自与廷芳直接电商。廷芳当以议和之事必须面决，已定条件，尤难更动，始终坚持未允。迨停战限期满，解决无期，袁复要求继续展限。廷芳适接驻沪洋商团希望和平之忠告，复得临时政府之同意，再允展限十四日，并声明以后决不再展，以误时日。幸此期内清帝有逊位消息，彼此切实筹商优待皇室及满、蒙、回藏条件，以示民国并包兼容之度。继由孙大总统通告袁氏，倘能于清帝退位之后，发表赞成共和政见，由驻北京外交团转达临时政府，则当即日辞职，由参议院推举袁氏以继其任。凡此皆足表明民国竭力让步之真意。只期共和目的达到，毫无私见存乎其间。乃清廷少数亲贵把持，屡接内阁来电，均谓禁卫军意图反抗，恐秩序扰乱，牵动外交，已密为布置，未可以停战期满，前来相逼等语。是延宕战局，显拂舆情之咎，实在清廷，非民国政府始料所及。现在段君祺瑞联合统兵大员四十余人，奏请早日宣布共和，以定大局。段君总统第一、二军，处武汉前敌，廷芳已屡电黎副总统，与之接洽，如能联为一气，则武汉方面，当不致再有战事。至皖北、徐州两处，清军迭次违约，而反以违约责我，已严词驳诘，袁已允饬张、倪等遵照办理。其陕西一面，袁亦派员绕道持函赍赴升允军前，阻其再进。逆料停战期满，可望和平了结，万一彼先决裂，则非衅自我开，民国政府，外对友邦，内对国众，可告无罪。廷芳谬承委托，忝任代表，谨将和议始末大概情形通电布告，尚祈鉴察。廷芳。陷。

十五日 余致陈君子笙一函如下：

子笙老友执事：在京畅谈为快。弟以国事冒险进行，致累家慈抱恙，内疚实深。大树经执事诤劝，实具回天之力，佩甚。不识禁卫军近日部署若何？前代筹假外人为名，以主体为辞，亮蒙大树采择。执事与王、姚两君，已接洽婉词疏通否？昨闻大树在海甸，召集将士，讨论赞成共和，竟得多数同意。深愿趁此时机，发表意见，并上陈内廷请旨，即日宣谕，改建共和政体，以安人心，为各军之后盾，此举必能歆动民军，挽回恶感，所成全者甚大也，执事幸促成之。再，同胞争战未足云功，执事能言于大树，取消汉阳保案封爵，首为之倡，以示大公，民军益将闻风钦仰，意见更为融洽。敢布区区，希亮察不宣。

袁军遍发传单，声言闻某党人将与内阁为难，我等北方军队，皆出自内阁部下，倘有损其毫发，誓当诛灭种族以报复之。

北京蒙古联合会那彦图等，电致伍代表廷芳，表示赞成共和，结合五大民族，捍卫国家，抵御外患。

本日接同志靳君翼卿复函如下：

少游仁哥左右：手示只悉，统一会亟应组织，昨已函陈，请兄与诸同志详商发起办法为盼。此次吾兄以局外毫无关系之人，热心大局，不避危难，不辞劳瘁，南北奔驰，以解同胞倒悬之厄，方之鲁仲连，何多让焉？古今人不相及，岂其然耶！和局能早成一日，人民即早沾一日之惠，尚望与任事诸公，速促成之。弟甫经发汗，不可以风，一俟小痊，即到京面商一切。外交团本拟乞其助力，现在既可自行办到，亦无须再烦之矣。惟不必谢绝，以为万一不成，仍可为协商地步。昨读《民视报》载君主党人传单，谰语连篇，可发一笑，不知近两日气焰如何？该党内容，有无妨害大局实力，祈商之唐云亭兄，详侦为要。保定经此次电奏，军民和洽，潜伏之患，可望全消，加之鲍、张诸公，夙夜维持，当可无虑。此复。即颂筹安。弟云鹏顿首。

十六日 东三省总督赵尔巽反对共和，宣言如果逊位诏下，当不辞而去。冯麟阁、张作霖附和之，其焰甚张。内阁拟派张锡銮为东三省防务大臣，以为接收东三省之准备。

闻冯麟阁假名勤王，要求入都，内阁不许。段军统则声称带队晋京，陈请迅颁共和诏旨，并有挥涕登车，不知所云等语。

本日得陈君子笙复函如下：

少游道兄鉴：禁卫军就范，煞费苦心。大树先之以诚，继之以术，椎心泣血，开诚布公，招其极不安静之官兵，日日与之言利害。盖大树与若辈言，以势力不及而始迫而为此。若竟上折陈请，必与若辈大生冲突，殊于大局有碍。然其隐微之中，实已赞成共和。彼自云我尽我心，他非所计者也。优待之争，势所必然，亦不得已而思其次之意。王处弟未预闻。姚处委婉陈说，幸不辱命。弟于此局固始终愿效尺寸，不敢告劳。谬辱奖饰，何以克当。至取销封爵一层，弟当乘间讽以微言，以副雅命。匆匆布复，惟照不宣。弟宪顿首。

十七日 闻蓝天蔚率军自鸭绿江口登岸，即有奉天清军，迎拒接战，蓝军获胜。并闻连日亲贵，如恭、肃、那、泽等，均纷纷出京，潜往奉天运动独立。内阁电召靳君由保阳来京，商议要政。

十八日　内阁因南军无诚意，有主张由北方军队公推袁内阁为总统者，同志靳君翼卿沮其议。余复与傅君良佐、贾君昆亭等讨论数时之久，其事遂寝。盖恐重伤南军感情，破坏大局也。袁内阁提出优待皇室条件，已经民国临时政府参议院修正议决，其大意谓清帝必须退位，至于待遇皇室，不妨从优。又满、蒙、回、藏，一律平等，自为诸族赞同共和，协建民国，当然有此办法云云。

十九日　闻南北电商优待皇室条件，尚小有更动。如第二款岁费四百万两，永不减少。又特别大典经费，由民国政府担任。及禁卫军编制俸饷，皆仍其旧，并不隶属陆军部各节，正在磋商。

本日接夏君清贻由南来电。其文曰：

廖少游君鉴：铣电悉。尊处提倡南北军界联合会，及共和宪政统一会，各方面极表同情，拟即照办。余函详。贻。皓。

二十日　上海来电，参议院议决清廷帝号不废，以外国君主之礼待遇，仍暂居宫禁，稍缓再移颐和园。岁用四百万两，俟银币通行，即改为元。禁卫军关系戎政，应归陆军编制。其余优待条件，均可通融照准。

余见袁公子芸台曰：此次告成，皆君神机默运之良果。芸台曰：仆何功之有，君之功诚不朽矣。余曰：其实皆匹夫应尽之责，但求中国保存，即属第一幸事，若以是居功，品斯下矣。芸台首肯。继而曰：禁卫军近已疏通，尚无违言，不致有变。惟陕甘有升允，奉天有赵、冯、张，亲贵中有恭、泽、肃、那，皆恐为共和心腹之患，君其与朱君芾煌计画长策以消弭之。余诺而出，晤朱君于北京饭店，朱遂电达南方枢要，速筹抵制。

二十一日　闻袁内阁前致伍代表电云：优待条件，事关皇室，本大臣前以职在行政，未便与闻，是以两接来电，碍难答复。现本大臣已得全权，商办此事，请续停战，以便协议。旋得伍代表电云：北军全体赞成共和，毋须再议停战。近日段军统与黎副总统各派代表协商，已经妥洽，他军当可仿行。应一面由阁下电饬张勋、倪嗣冲，一面由临时政府通告皖、徐民军，迅速选派代表，互相接洽，以期安辑。至山、陕等处，亦应一律照办。如此南北联为一气，俟优待条件议定，概归中央统一，即可永泯猜嫌矣。特复。袁又复电允之。

连日外交警报迭至，日本派兵一万三千名，由奉天之大连湾柳树屯登岸。俄人则率师进占胪滨府一带，呼伦所辖全境，几成土崩之势。或云系皇族所召，然大局一日不定，此等险象，且百出而未已。有谋国之责者，其知所警乎。

余因组织共和宪政统一会，特约朱君芾煌，共同发起。朱君曰：此事颇关紧要，但鄙意破坏既将告终，即仆义务已尽，至建设之举，自有人才，非仆所敢希望。仆但求作一共和闲人，优游盛世，于愿已足。且仆近因调停和议，顿处嫌疑地位，颇受南方攻击，谓为变心，实则仆为大局计画，不得不委曲求全，区区此心，惟天可表。倘再联名，更贻口实，君系解人，谅能恕我。

二十二日 第一镇统制何宗莲电致孙大总统，请捐除南北畛域，调和双方意见，化敌为友，以维大局。并谓倘仍彼此观望，列强必来干涉，窃恐西北边境，蒙藏外藩，将入他人之手。大势既去，虽悔何追。公秉国钧，咎无可卸，幸留意焉。孙复电甚谦，并有退避贤路之语。

余偕卫队统带唐天喜君谒段总参议芝贵。段曰：吾之探访队，屡欲拘君，言君系一大革命党。问居何职，曰学堂总办候补道也。吾先不知为谁，及细侦之，始知为君。君非吾虽不死，亦当在囹圄中矣。余曰：某之不死，公之赐也。虽然大革命党之称谓，某不敢当，某之本意，特希望同胞之生，是以不暇顾一身之死耳。南北磋商临时政府地点问题，北方闻袁内阁须至南京就大总统之职，大生反对，颇为激烈。

二十三日 民国优待皇室条件呈进后，亲贵要求将逊位字样改为致政。又大内不愿迁让，以太庙尚在其中，请袁内阁竭力磋商。

伍代表通电各省云：

顷接广东陈都督庚电内开：和议订定，清帝仍居北京，不去帝号，王公仍旧袭爵，此耗传来，全粤愤懑等语。案此次北军赞成共和，由袁内阁与廷芳协议清帝退位后之优待皇室条件，往返电商，尚未决定，是以暂缓宣布。廷芳受议和全权总代表之任，而于关系重大之事，必先商诸临时政府，得其同意，始敢承认。至于各处，未能一一先行预谋，实由事机迫切，必为诸公所体谅。现在磋商优待条件，廷芳始终坚持，必清帝宣布赞成共和，然后中华民国于其退位之后，予以优待。如此则中华民国统一，南北之基础既立，对于前清皇室及其家族，以报酬而论，亦属应有之义。帝号虽存，待以外国君主之礼，其分位已明示区别。至王公爵号，纵不取消，而公私权利，均与国民同等，亦于共和团体，毫无妨碍，似无须过于争执。法兰西为民主国，至今尚有世爵，是其明证。廷芳受任议和，此中困难曲折，诸公或未能相喻。惟无论如何，必不使我中华民国稍留遗憾也，务希鉴察为幸。廷芳叩。

二十四日 黎副总统致南京政府电：

顷接段军统电开：祺瑞今日抵保，昨在信阳续发一奏，力催解决，当已入览。优待条件，所争者仅在虚名，希执事从中主持，以定大局。但政体既定，善后纲领，亦须预筹，方免紊乱秩序，咎外人干涉之渐。顷已电询孙、黄、伍三君，略谓政体解决，已有端绪，善后手续，自应先期准备。鄙意共和宣布之日，两方政府同时取消，临时大总统，并须预先推定，临时政府重要人员，以及暂设地点，亦应由两方公同决定。即以退位之日，为临时政府成立之期，庶统治机关，不致中断。诸公如以为然，请将以上各节，迅速筹办，即日电示，俾与北方军界公议，以杜猜疑，而期融洽。祺瑞才疏体弱，决无希图，一俟国利民福之目的告成，即当解甲归农，借藏鸠拙。区区微忱，统希鉴原云云。事关全局，希速议决电知，以便转达。元洪叩。

二十五日 夏君清贻来函云：此次优待皇室各款，皆委曲以求和平，人所共谅。而粤军独极端反对，经伍秩庸、汪精卫两君竭力解释，调停其间，始克就绪。

顺直咨议局致电内阁，言时局趋向共和，已经大定，而迟至今日，尚未宣布，道路传闻，群疑朝廷或有他变。若再迁延不决，恐内患外忧，同时并起，不但无以自存，且恐朝廷欲求如今日之优待而不可得。恳请钧阁代奏，迅速宣布，以弭乱源，而维大局，实为至幸。

孙大总统向参议院宣言，现在和议大致就绪，无可再延。倘一二日内，清廷再仍不宣布共和，民军决计取消优待皇室条件。

北京政府传述。明日必颁共和诏旨。

二十六日　宣布共和上谕（略）。

本日又颁布承认优待条件谕旨：

朕奉隆裕皇太后懿旨：前以大局阽危，兆民困苦，特饬内阁与民军商酌优待皇室条件，以期和平解决。前据复奏民军所开优礼条件，于宗庙陵寝，永远奉祀，先皇陵制，如旧妥修各节，均已一律担承。皇帝但卸政权，不废尊号。并议定优待皇室八条，待遇皇族四条，待遇满、蒙、回、藏七条，览奏尚为周至。特行宣示皇族、满、蒙、回、藏人等，此后务当化除畛域，共保治安，重睹世界之升平，胥享共和之幸福，予实有厚望焉！钦此。

附录优待条件略

今日共和诏下，南北人心，为之一快。南京孙大总统得电后，即开阁议，决定向参议院辞职，并促袁大总统速来南京，组织临时新政府。

二十七日　袁全权通电直、鲁、晋、汴、奉、吉、黑等省，略云此次朝廷辞政，与历代禅让不同，皇帝尊号仍存，优待各条，中外无不满意，各省官绅商民军警各界，务当深明大义，勿为谣言煽惑。倘有不肖之徒，秘密集会，托名反对，即是有心扰乱和平，应即严加捕办。

二十八日　南京参议院致袁大总统电云：

袁慰庭先生鉴：昨孙大总统辞职，经本院承许，业已电知尊处。本日开临时大总统选举会，满场一致，选定先生为临时大总统。查世界历史，选举大总统，满场一致者，只华盛顿一人，公为再见。同人深幸公为世界之第二华盛顿，我中华民国之第一华盛顿。统一之伟业，共和之幸福，实基此日。务请得电后，即日驾莅南京参议院受职，以慰全国之望。共和万岁！中华民国万岁！参议院叩。

复致各省通电云：

民国统一，共和目的，完全达到。孙大总统坚请辞职，经本院承认，昨已电达贵处。本日开临时大总统选举会，满场一致，选定袁君世凯为临时大总统，已电请袁君来宁就职；袁君未就职前，孙大总统暂不解职。谨此布闻。参议院叩。

南京由孙大总统提议布告各省，于今日举行中华民国统一庆典。

结　论

忆自京汉车中，余与靳君翼卿、张君志中，决议游说两方，运动共和，其时正十月中旬，迄今凡七十余日。此七十余日中，南北奔走，敝舌焦唇，鬓发斑白，无日不在忧急危难之中，即无日不有可记之事。今者共和发表，大局化险为夷，几如千钧重负，一旦释去，事后追思，遽然一梦矣。

此次自北军赞成共和，联名上奏，袁氏及隆裕太后，幸均承认，只以顾虑太深，不肯骤然宣布，譬之沉沉阴霾，闷人欲损。一旦拨开云雾，重睹蔚蓝，心神为之俱爽。又见通国报纸，累牍连篇，皆往来祝电，从此吴越一家，嫌疑悉泯，谓非盛事？而海外华侨，亦复喁喁向望，贺电争传，爱国之忱，溢于言表，阅之不觉热泪迸流。若夫朋辈周旋，谈及大功告成，靡不欣欣色喜。偶一入市，触处皆五色旗高悬空际，津门士女，且提议举行提灯会，大伸庆祝。耳目所接，一番新气象，则又令人喜跃欲狂。

英雄任事，往往失败，而靳君、夏君，运动改革，竟能如愿以偿，庸非天乎。然顾君忠琛、孔君文池、张君志中、俞君仲还、朱君葆诚诸人，赞助之劳，亦不可没。或谓此次北军解决共和，乃自然之结果，余不之辩。但夏不赴南，密为运动，预定推袁之约，焉能见信于北军，从何发起共和大请愿乎？倘北军自行主张，不与南谋，新政府岂能统一，大局又将如何收拾？且靳君到京运动时，几无一人不在君主魔障中，攻破此关，伊谁之力？特此辈居心，光明磊落，义务既尽，即天职无亏，决不与庸俗者流，竞一时之功利也。

月余以来，因游说当道，进谒军政两界巨公，王大臣落落寡言，凝神敛气。田大臣谦而有礼，和蔼可亲。段军统出辞虽简，而赞成之意，颇形于色。段翼长曩为同学少年，今也磅礴之气，咄咄逼人。冯军统慷慨激昂，嬉笑怒骂，拒人于千里之外，然于私交，仍有杯酒往还之雅。惟赵大臣利害了然，能识大体，其气概直可压倒廷臣。政界中如杨度、曹汝霖、李家驹诸君，亦时相晤谭，赞成共和，颇多建白。袁君芸台，恢廓大度，气宇冲和，然往往忧形于色，每遇密计，辄折柬相招。君于项城，虽有父子之嫌，然间接维持，婉言几谏，故能收效无形。君与朱芾煌君交最密，余识朱君，亦袁君介绍。朱君出死入生于议和时代，而事成口不言功，令人心折。共和宣布之后，余谒项城于迎宾馆，谦光下逮，温语慰劳，至为优渥。虽数年不见，老境苍然，然精神矍铄，当可为民国造无量幸福也。

此次共和问题，得以和平解决，扫除四千年专制之遗毒，廓清三百载恶劣之政治，碌碌如余，何足言劳？而靳君代表第一军，发起联奏，促成共和，其气魄之雄，精力之健，行事之果，见理之明，与诸大老破釜沉舟，痛陈利害，奔驰骇汗，急起直追，大有亭毒八荒，左右世界之气概，卒使中华民国，涌现于二十世纪东半球上，洵一代之伟人哉。我四百兆享受共和幸福之同胞，允当馨香祀之。

夏君颂莱，热诚毅力，奔走南北，往返数次。且于大廷广众之中，神采奕奕，慷慨陈词，剖说利害，娓娓不倦。文明书局，旅泰旅馆之会议，大有诸葛公舌战群儒之概。而下笔千言，著作等身，江南名望亦颇著。十二月十二日，上海《时报》所载运动北军反正记一篇，即夏君投稿，而匿其名，可谓不矜不伐矣。

顾君忠琛，本名忠深。余赴申江时，中山先生未回国，黄君克强，以大元帅统摄大权，顾君方任参谋，与余订密议。黄书委任状时，误作忠琛，于是顾君遂易名忠琛。顾君之更名，殆以是为吾党运动共和之纪念乎？余异日当质诸顾君。

余此次南下，本欲与曩日门生故旧接洽，不意于无意中，与朱君葆诚邂逅于沪宁车中。春申江上，仅勾留两日，不费手续，遂达圆满推袁之目的，是朱君介绍之功可感也。中心藏之，何日忘之。

运动北军反正记

夏清贻

编者按： 本文作者与廖少游共同参加1911年12月17日在上海与黄兴代表顾忠琛的谈判活动。当时夏清贻驻沪负责与南方革命党人联系，所记可与《新中国武装解决和平记》相互补充。原文刊于民国初年报纸，现据1912年2月上海有正书局出版《中华民国大事记》第二册录出。

旧历十月十五日，少游（直隶陆军学堂总办廖宇春）自姚村专差来函，略谓战祸未有穷期，我辈亦筹最后解决之策，治中[1]（陆军预备大学堂总办张鸿逵）亦竭欲与君一谈，尊意以为何如等语。当即作复，请即日来京一谈云云。此其发端也。

十月十八日，少游、治中到京，即访之于泰安楼。少游介于孔君文池（云南临元镇总兵孔庆塘）晤谈甚畅，并闻靳君翼青（第一军参议靳云鹏）亦表同情，是日谈判之结果如下：

一、南北两军兵力相当，北不能镇定南省，南亦不能歼灭北军，其结果非南北分国，即永无了期，全国人民，万难堪此。

二、南军宗旨不外革命与排满，只要确定共和，但成汉族之政府，即已达到目的；北与南利害相同，并不反对。

[1] 前文《新中国武装解决和平记》中为“志中”。

三、北军与南为敌，只系为袁总理出力，并无效忠清室之意，只要南军不排斥袁，北军决不仇南。

是日议定，我侪当循此方针，各就力之所及，以图进行。翼青在汉，尚须与之接洽也。

十九日以后，文池、治中陆续见陆军王大臣及田副大臣，密陈解决之策，王、田均赞成，田并允助力。

袁部诸将以王士珍、冯国璋、段祺瑞为领袖，我侪进行方法，必须约此三人之同意，王现赞成，冯、段皆在汉。于是决定偕文池、少游赴汉一行。时议和唐使已往汉，倘和议有成，则我侪之策可用也。

十月二十三日，由京赴程，二十五日早五点钟抵大智门，知冯已交卸，将于十点钟北上，少游即往见冯。冯傍午甚，少游欲密陈计划，竟不得闲。嗣偕文池见段，段闻策，首肯者再。是晚晤民军将校胡捷之、陈成城等，与我侪之计划，胡、陈等均赞成。

二十六日，偕少游访翼青，商榷意见，诉合无间，文池已任第一军稽查营务处事，于进行计划亦殊有益也。是日商定之条件如下：

一、确定共和政体，推翻清政府，仍优待清皇室。

二、举袁为临时大总统，以安北军将士之心。

三、南北军出力将士一律优待。

四、从速恢复各地之秩序。

翼青谓上开办法，南军是否同意尚未可知，且唐使已赴沪，亦须至沪方知和议情形。质诸段，段然之。乃属偕少游赴沪，是日即下驶。

二十八日早，由宁上车赴沪，途晤朱君葆诚。抵沪后，由朱君介晤顾君忠琛，并晤俞仲还诸君，即将我侪计划，相与商榷讨论处颇不少。鄙意谓，节约流血之量，缩短兵争之期，实为我侪惟一之宗旨，他非所问也。顾君允以此意转达黄副元帅。

二十九日，顾君得黄副元帅之同意，即委任顾君为代表，历经讨论，其结果订条件五条如下：

一、确定共和政体；

二、首先推倒清室者即举为临时大总统；

三、优待清废帝；

四、南北满汉各将士各享其应得之待遇，并不负战时害敌之责任；

五、同意组织临时议会，以恢复各地之秩序。

条件即定，少游返汉，留仆驻沪为两方之机关。自少游既行，随将此策达知诸同志之在南中政界者，俾当事诸君得为备一。一面通知翼青、文池促其从速进行。嗣后少游讯知段极满意，少游已偕文池入京，进行方法又进一步矣。

十一月十五日，以北中尚无举动，焦盼之下，殊不自安，不得已绕鄂北上。二十日抵汉，则北军已退。念一赴孝感访翼青，知已于十八入京，知此举又进一步矣。二十四晚抵京，二十五晤翼青、少游，始悉着着进行，十已通过八九。其大略情形如下：

一、北军各镇标统以上悉已赞成，我侪计划所未通者仅三数人耳；

二、冯初不赞成，经少游、文池、翼青三人尽力解说之后，已允不反对；

三、袁总理幕府中要人及其关系最密切者，均已赞成此计划。

嗣后，翼青即将此意直接陈诸袁总理，袁始骇，继而疑且怒。经翼青激烈之舌战，乃慨然曰：汝曹握兵权者，亦复如此，我尚何言，但使我得有面目与世人相见足矣。翼青谓果爱君者，谁不愿君早卸重任，惟北军之知识见解与君之感情，固君所知，诚敉君此时归田，各将士必多疑惧，反惹起意外之变端。一俟大局数定，君乃遂初高蹈，不可白此心于天下后世耶。袁乃首肯。

至此，事已垂成矣。顾军界而外，尚有政界、外交团及南中之三方面。因先访外务部之当事者，历述前此所经营，大得其同意，允于外交团一方面担保其决无阻碍。且曰国务大臣中赞成此举者，必逾半数，可断言也。

南中方面，即订有条件，且黎元帅及各都督亦早将此意见诸文电，自无庸疑。惟南中政府，斯时成立，举定总统，亦系订立条件后发生之事，究竟是否如原议，不能不加审慎。于是议定翼青任军界一面，少游任北京政界一面，而仆则至南中，文池先赴山东，对付军绅两界矣。

实行方法，拟分三种，第一由庆、醇诸邸进内陈说，俟其自行逊位。袁幕诸人所主张也。第二由袁要求逊位，宣布共和政体，政界诸人所主张也。第三各镇标统以上、各防营统领以上联名上奏，要求逊位，确定共和，我侪所主张也。仆濒行矣，政界中人谓第一种办法已有效，行且宣布，姑俟之。日复一日，不见明文，而丁字街之炸弹发，自行逊位之举，益复无望，乃与翼青、少游决用第三种办法，而仆于初一日绕秦皇岛南行。

初七日抵沪，初八日偕顾君忠琛赴宁，黄总长曰：一切如约。乃电达少游、翼青。十一日得游灰电，军队联合要求共和，今日出奏云云。当即转由顾君忠琛电知黄总长。